Uni-Taschenbücher 2005

W0180220

UTB
FÜR WISSEN
SCHAFT

Eine Arbeitsgemeinschaft der Verlage

Wilhelm Fink Verlag München
A. Francke Verlag Tübingen und Basel
Paul Haupt Verlag Bern · Stuttgart · Wien
Hüthig Fachverlage Heidelberg
Verlag Leske + Budrich GmbH Opladen
Lucius & Lucius Verlagsgesellschaft Stuttgart
Mohr Siebeck Tübingen
Quelle & Meyer Verlag Wiesbaden
Ernst Reinhardt Verlag München und Basel
Schäffer-Poeschel Verlag Stuttgart
Ferdinand Schöningh Verlag Paderborn · München · Wien · Zürich
Eugen Ulmer Verlag Stuttgart
Vandenhoeck & Ruprecht in Göttingen und Zürich

Hans Lenk

Einführung in die Erkenntnistheorie

Interpretation – Interaktion – Intervention

Wilhelm Fink Verlag · München

Die Deutsche Bibliothek – CIP-Einheitsaufnahme

Lenk, Hans:
Einführung in die Erkenntnistheorie: Interpretation – Interaktion –
Intervention / Hans Lenk. – München: Fink, 1998
    (UTB für Wissenschaft: Uni-Taschenbücher: 2005)
    ISBN 3-8252-2005-2 (UTB)
    ISBN 3-7705-3266-X (Fink)

©1998 Wilhelm Fink Verlag GmbH & Co. KG
Ohmstraße 5, 80802 München
ISBN 3-7705-3266-X

Printed in Germany
Einbandgestaltung: Alfred Krugmann, Freiburg am Neckar
Herstellung: Ferdinand Schöningh GmbH, Paderborn

UTB-Bestellnummer: ISBN 3-8252-2005-2

Inhaltsverzeichnis

1. Spinnennetze, Bienenwaben und das metainterpretierende Wesen

Karl Popper hat an den Anfang seiner *Logik der Forschung* (1934/35) ein Motto von Novalis gestellt. Dieses Motto heißt: „Hypothesen sind Netze. Nur der wird fangen, der auswirft." Diese Idee, daß wir mit Netzen die Welt einzufangen versuchen, und daß wir Netze tatsächlich auswerfen müssen, ist eine der Grundideen, die ich im folgenden im Zusammenhang von Erkennen und Handeln behandeln möchte. Dabei ist das Handeln in einem spezifischen Sinne dieser Analogie der Netze zu verstehen, die ausgeworfen werden, um Gegenstände, Prozesse, Ereignisse darin erfassen zu können, „fangen" zu können. Ich werde den Begriff „Erfassen" in einem ganz spezifischen Sinne benutzen: Er ist ein Zentralbegriff der folgenden Unterrichtungen, nämlich derart, daß er denkendes Erfassen und aktives „greifendes" Fassen (im wörtlichen und im übertragenen Sinn gleichzeitig) umfaßt. Ich werde ihn auch in einer pragmatisch-praktischen Hinsicht benutzen, nämlich als ein Handeln. Dieses „Erfassen" kann also ein darstellendes, beschreibendes Erfassen von etwas sein, das uns irgendwie „gegeben"[1] ist, und es kann auch ein Herstellen sein, ein „Fassen" in dem Sinne, daß nun die Instrumente und Mittel der „greifenden" Aktivität selbst erst gebildet werden. Natürlich kann man auch die vertrauten äußeren Handlungen in diesen Zusammenhang einbringen. Handeln ist meist ein „Fassen" – wörtlich oder übertragen verstanden. Umgekehrt ist das Erkennen auch ein Handeln. Die zweite Hauptthese wird sein, daß das Handeln auch in engem Zusammenhang mit Erkenntnis gesehen werden muß und daß es spezifische Formen des Erfassens, des „Netzewerfens", voraussetzt. Wir handeln nur immer unter gewissen Voraussetzungen, mit bestimmten Mitteln, in geeigneten Formen; wir werden diese dann „Schemata" nennen oder „Denk"- bzw. „Handlungsmuster", Handlungsformen. Es können auch Begriffe sein, Kategorien, Modelle, Theorien, Handlungsansätze, Perspektiven,

---

[1] Darüber ist noch zu sprechen, was es heißt, etwas ist „gegeben".

Blickwinkel. Alle diese spielen zugleich eine Rolle beim Erkennen und Handeln. Das Entscheidende daran in der Erkenntnistheorie ist eigentlich oft vergessen worden – nämlich, daß ein ganz inniger, ziemlich verwickelter Zusammenhang zwischen Erkennen und Handeln besteht. Das haben jedoch heutzutage die Neurophysiologen anhand der Untersuchungen der Aktivierungszentren des Handelns, des Vorstellens, der höheren Kognitionen im Gehirn ziemlich zweifelsfrei nachgewiesen. Es gibt ja heute nichtinvasive Verfahren, durch die man das Gehirn in Aktion dokumentieren kann, indem man mit den Verfahren der Positronenemissionstomographie oder durch die Kernresonanzspektroskopie gleichsam einen Monitor der Hirnaktivitäten betreiben kann, wobei man dann bestimmte aktivierte Zentren im Gehirn, die beim Vorstellen nötig sind, herausheben und mit solchen vergleichen kann, die für Handlungen innerviert werden müssen, insbesondere die prämotorischen und supplementärmotorischen Areale, die bereits, unmittelbar bevor wir handeln, aktiviert werden. Ein überraschendes Ergebnis ist dabei, daß wenn wir uns nur etwas vorstellen, ohne wirklich zu handeln, die entsprechenden prämotorischen Areale auch schon mitaktiviert werden. Mit anderen Worten – und das ist erkenntnistheoretisch von höchster Relevanz –: Das Vorstellen, die Kognitionen, das Denken sind auf *Handlungen* ausgelegt, und schon in eine mögliche Handlungsfolge oder Handlungsansätze eingebettet. Zurück zu der Metapher der Netze: Novalis und auch Popper diskutieren nicht darüber, wie diese „Netze" nun zustande kommen. Ein Fischer hat ja meistens sein Netz selbst geknüpft, oder jemand anders hat es hergestellt. Netze werden also von Menschen gemacht, sind Produkte des Handelns und zwar auch u. U. des planmäßigen Handeln des Menschen selbst. Wenn man ein sehr feinmaschiges Netz nimmt, dann kann man sehr kleine Fische damit fangen, wenn man ein sehr grobmaschiges Netz nimmt, dann kann man eben nur grobe, große Gegenstände fangen. Das ist alles insoweit plausibel. Auch in dieser Hinsicht ist also diese Metapher zu benutzen: Wir verwenden (auch im übertragenen Sinne) Netze, die wir selber gemacht haben, theoretische Konstrukte, theoretische Entwürfe, gleichsam „Netze" unserer Sprachformen, Hypothesennetze, unsere Theorien der Zusammenhänge. Diese Mittel brauchen und gebrauchen wir, damit wir überhaupt etwas in einem systematischen Zusammenhang erfahren, darstellen und erfassen können.

Diese Metapher der Netze ist im Grunde nicht so neu. Vielleicht haben Novalis und Popper das nicht gewußt. Jedenfalls gibt es eine berühmte Metapher, die sogar noch etwas besser paßt. Es sind eigentlich drei Metaphern, die sich bei Francis Bacon in seinem *Neuen Organon* finden (I, Aphorismus 95):

> „Die, welche Wissenschaften betrieben haben, sind Empiriker oder Dogmatiker gewesen. Die Empiriker, gleich den Ameisen, sammeln und verbrauchen nur, die aber, die die Vernunft überbetonen, gleich den Spinnen, schaffen die Netze aus sich selbst. Das Verfahren der Biene aber liegt in der Mitte; sie zeiht den Saft aus den Blüten der Gärten und Felder, behandelt und verdaut ihn aber aus eigener Kraft. Dem nicht unähnlich ist nun das Werk der Philosophie; es stützt sich nicht ausschließlich oder hauptsächlich auf die Kräfte des Geistes, und es nimmt den von der Naturlehre und den mechanischen Experimenten dargebotenen Stoff nicht unverändert in das Gedächtnis auf, sondern verändert und verarbeitet ihn im Geiste. Daher könne man bei einem engeren und festeren Bündnisse dieser Fähigkeiten, der experimentellen nämlich und der rationalen, welches bis jetzt noch nicht bestand, bester Hoffnung sein."

Man sieht, daß hier diese Metapher abgewandelt worden ist; Bacon setzt sich ab von den reinen Empirikern, Sammlern, positivistischen Wissenschaftlern, die glauben, es würden Erfahrungen und Experimente nur darin bestehen, daß man Ereignisse oder Gegenstände sammelt, und direkt dann in den Zusammenhang einordnet oder in einem solchen sieht. Offensichtlich gibt es aber etwas, was wir zu solchen Erfahrungen hinzubringen. Es ist gleichsam das Verfahren der Spinnen: Die Spinnen spinnen das Netz, in dem sie dann entsprechende Beuteobjekte fangen, aus sich selbst heraus, aus eigener Kraft. Das ist das Modell der Rationalisten, der dogmatischen Transzendentalisten, die meinen, man habe eine Art von System von Begriffen, Kategorien, Theorien, Modellen, das man aus sich selber heraus konstruiert, vielleicht sogar notwendigerweise in einer bestimmten Weise konstruieren muß, wie Kant das gemeint hat: Jedes vernünftige Wesen muß nach Kants Auffassung dieselben Formen des Verstandes der Erfahrung zugrunde legen, und erst auf diese Weise kann objektive, intersubjektiv vergleichbare Erfahrung überhaupt entstehen. Aus der Kraft des Subjekts oder des Organismus wird etwas herausentwickelt, was dann geeignet ist, die Welt zu erfassen, zu „fangen".

Bacon meint, dies sei eigentlich doch nicht das Verfahren der Philosophie bzw. der Erkenntnistheorie oder einer vernünftig räsonierenden Überlegung über das, was bei der Erfahrungserkenntnis in den Wissenschaften vor sich geht, sondern es *kommt* beides *zusammen* wie bei der Biene; es liegt in der Mitte. Das ist zwar eine Metapher, die durchaus auch das Kantische Erkenntnistheorieverfahren beschreiben kann. Nach Kant lassen wir sinnliche Materialien, Sinneswahrnehmungen aus der Außenwelt an uns herankommen; unsere Sinnesorgane werden beeinflußt, werden gereizt (Kant sagt immer: „affiziert"). Das sinnliche Material ist von außen vorgegeben, und wir bearbeiten es dann mit dem Verstand, wir bringen Ordnung erst hinein mit Hilfe der Verstandeskategorien, mit Hilfe beispielsweise der Formen der Ordnung der Ursache- und Wirkungszusammenhänge:

Wenn etwas geschieht, dann geschieht ein anderes notwendig auch, auf die Ursache folgt notwendig die Wirkung. Das ist nach Kant ein notwendiges Denkverfahren, das wir uns nicht anders denken können, wenn wir logische Operationen oder sonstige Begründungen auf zeitliche Ereignisfolgen anwenden. „Wenn A – so B", das ist das hypothetische Urteil nach Kant, die hypothetische Denkform: Wenn diese auf Ereignisse angewendet wird, dann handelt es sich um den Zusammenhang von *„Ursache"* und *„Wirkung"*, also um eine zeitliche Interpretation des hypothetischen Zusammenhangs von *Grund* und *Folge*, der in solchen Wenn-so-Aussagen dargestellt wird; und das ergibt für Kant eben der Zusammenhang von *„Ursache"* und *„Wirkung"*, die Kausalität. Das Kausalprinzip ist in diesem Sinne so etwas wie eine notwendige Bedingung dafür, damit überhaupt systematische Erfahrung von zeitlichen Ereignisfolgen möglich ist. Das ist ein gewichtiges Problem. Traditionell meinte man, man könne dies als logischen Satz beweisen, selbst Leibniz meinte das noch – und ebenso die rationalistische Schule. Die Empiriker, die Bacon nennt, insbesondere die Anhänger der Sinnesempirie, Bacon zum Teil selber, aber zumal Locke und insbesondere zunächst auch Hume hingegen glauben, diese Zusammenhänge der Kausalität seien aus der Erfahrung genommen. Hume verweist in seiner berühmten These darauf, daß diese Notwendigkeit freilich aus der Erfahrung nie sicher begründet werden könnte, sondern wir können allenfalls assoziativ eine Gewohnheit beschreiben, aber wir können niemals in irgendeiner *logischen* Weise und Stringenz beweisen, daß aus einer Ursache die entsprechende Wirkung folgt. Das ist unmöglich nach Hume. Dieser Skeptizismus wird übrigens bis heute noch viel diskutiert und hat in gewisser Weise auch heute Gültigkeit, wenn man besonders scharfe Anforderungen an den logischen Nachweis stellen will.

Bei der Biene liegt die Netzproduktion, wie gesagt, in der Mitte zwischen extremem Empirismus und fundamentalistischem Rationalismus. Was heißt das? Die Biene läßt sich anregen in einer Welt, sie nimmt Materialien wahr und auf, aber sie verarbeitet diese in Eigenproduktion und unter bestimmten genetisch fixierten Gesichtspunkten, nämlich unter den Anlagen und deren Möglichkeiten, die bestimmen, wie ihr Organismus oder ihre entsprechende Reproduktionsapparatur, auch die Sinnesorgane selbst „konstruiert" sind – „konstruiert" natürlich im Sinne der Evolution. Das Ergebnis ist ein zuinnerst interaktiver Wechselwirkungs- und ineinander geschachtelter Produktionsprozeß, bei dem Welt und Organismus unerläßlich und unabtrennbar ineinander- und miteinanderwirken. Bacon meint, daß auch das Werk der Philosophie so sei, d. h., daß man angewiesen sei auf die Blüten der Gärten und Felder; man könne nicht außerhalb der Welt sinnvoll philosophieren, aber man tut selber etwas hinzu: Man arbeitet mit seinen Geisteskräften, seinem Verstand, man formt das Material,[2] man greift so auch in die Welt ein, man strukturiert sie um. Die Bienen bauen sich ja sogar ihr eigenes Haus aus ihren eigenen Produkten, aus dem Wachs, und produzieren durch den eigenen Leib hindurch den Honig für alle Nahrung. In ähnlicher Weise, meinte Bacon, sollten auch wir unter Verwendung der Anreize oder der Materialien unsere Erkenntnis aus uns und den Weltbeiträgen zusammen„basteln" und zugleich interaktiv operierend und eingreifend strukturieren o. ä.. Dies geschieht, indem wir nicht nur Außeneinwirkungen wahr- und aufnehmen, sondern indem wir sie auch unter den Voraussetzungen unserer eigenen Erkenntnis- und Handlungsformen bearbeiten.[3] Dieses Bearbeiten ist als aktiv, aber nicht bloß in Anwendung auf ein passiv Gegebenes zu verstehen. Es ist nicht ein Bearbeiten von einem Material, das von uns passiv aufgenommen wird: es ist also nicht so, wie Kant sich das vorgestellt hat, daß wir Sinnessignale haben, die zunächst völlig unstrukturiert sind, die wir dann erst durch

---

[2] Ähnlich dachte es sich Kant: Der Verstand operiert auf dem Wahrnehmungsmaterial und gestaltet das sinnlich Aufgenommene um.

[3] Und diese Erkenntnis- und Handlungsformen sind selber durch die Evolution bzw. langfristig durch die Interaktion mit der Welt geprägt und umgeprägt worden.

den allein aktiven Verstand bearbeiten und in eine Form bringen, sondern offensichtlich ist der Vorgang komplizierter. Es gibt von Anfang an eine Wechselwirkung, eine Interaktion zwischen den Signalen von außen, die ihrerseits nicht unstrukturiert sein können, und den strukturierenden Tätigkeiten des eigenen Geistes, welche die Ordnung erst mit herstellen. Das gilt nicht nur für die Alltagserkenntnis unter dem Gesichtspunkt der Vergleiche von ähnlichen und unähnlichen Formen von Gegenständen oder Ereignissen, sondern das gilt erst recht für die systematisierteren Erkenntnisformen, für die Wissenschaften. Die Wissenschaften systematisieren, verallgemeinern, und müssen dazu dann entsprechende „Theorie"-Netze benutzen, welche die Menschen selber entworfen, gemacht haben, um das sich (durchaus bereits strukturiert) Präsentierende zu erfassen. Das „Machen" und auch das Anwenden solcher Netze ist aktiv, aber auch bereits die direkte oder indirekte[4] Vorbereitung oder Zubereitung der „wahrgenommenen" Phänomene („Präparierung" heißt es in der Quantentheorie). Erkennen ist nicht bloß passives Wahrnehmen, wie man sich das früher vorgestellt hat, sondern ist Aktion, ist aktives Handeln, ein Repräsentationshandeln, ein spezifisches darstellendes Handeln, und insofern schon – kann man sagen – mit der Grundverfassung des aktiven Wesens direkt verbunden. Und das Wahrnehmen selber ist bereits Selektion, Konstitution, „Konstruktion" i. w. S. (Neisser 1974, 1979).

Das ist übrigens eine Kritik, die bereits Herder Kant vorgehalten hat: Kant habe zu sehr getrennt, das Erkenntnismaterial, von dessen verstandesmäßiger Verarbeitung (bei der allein wir aktiv seien) separiert: Das Sinnesmaterial „macht" uns nur an, indem es uns einerseits „affiziert", aber wir tun nach Kant erst etwas, wenn der Verstand dieses dann ordnet, wenn wir es strukturieren. Herder (1891, Bd. 21, 117f.) meinte, das könne so nicht stimmen: Schon beim Wahrnehmen, beim Aufnehmen „metaschematisieren" wir, genauer: werden die „Bilder" – sowohl die Wahrnehmungs- wie die Vorstellungsbilder „in" die „Natur" unserer „Seele" hinein „metaschematisiert" (wie Herder sagt); und auch das jeweilige Wahrnehmungsorgan (z. B. das Auge) „metaschematisiert" „ein *Nebeneinander* dem inneren Sinn" (ebd. 118). ‚Metaschematisieren' ist ein etwas komplizierter Ausdruck, man könnte auch sagen:

---

[4] Mit groben Netzen kann man, um im Bilde zu bleiben, nur größere Gegenstände fangen, mit feinermaschigen kleinere.

Es bringen sich unsere Schemata in die Wahrnehmungsaffektion, in das Wahrnehmen selber ein. Wahrnehmen ist schon vorstrukturiert bzw. selektierend, vorstrukturierend, vorkonstituierend. Selbst die Aufnahme des sinnlichen Materials, wenn wir im Kantischen Jargon reden, ist strukturierend bzw. vorstrukturiert. Es gibt nicht die Möglichkeit eines bloßen passiven Rezipierens des unabhängigen Materials, das erst chaotisch sich präsentiert und *dann* erst vom Verstand strukturiert wird. Die sinnliche Rezeption selber ist in der Tat nicht so passiv, wie Kant sich das vorgestellt hat. Das ist übrigens eine These, die sich heute insbesondere in der Wahrnehmungspsychologie und -physiologie tausendfach bewährt hat. In der Tat vertreten die Psychologen ausdrücklich diese These, und das gilt dann für die Wahrnehmung wie auch für andere Kognitionen. So schreibt etwa Ulric Neisser, ein berühmter kognitiver Psychologe: „Kognition ist konstruktiv" (1974, 360). Speziell ist schon Wahrnehmen selektiv und Konstruktion i. w. S. Erkennen ist Konstruieren im weiten und im engeren Sinne (s. u.). Erkenntnis ist Konstruktion.

Das gilt für alle Schichten und Formen des Erkennens, das gilt also schon für das Wahrnehmungserkennen, für das schlichte, scheinbar unbeeinflußte Wahrnehmen. Und das gilt erst recht – und da würde natürlich der Kantianer von vornherein zustimmen – für die abstrakteren, für die verallgemeinernden Erkenntnisse, bei denen man bestimmte begriffliche Formen benutzt, welche die Erkenntnisse darstellen (im doppelten Sinne des Wortes!). Erkennen ist also stets aktiv, ist Handeln, ist konstruktiv, ist Aktion auf jeder Schicht.

Wie gesagt, das gilt schon beim schlichten Wahrnehmen, beim schlichten Sich-affizieren-Lassen durch das Signal-Material, z. B. wenn wir etwas sehen. Sehen ist ja ein relativ komplexer Prozeß, der sich sehr differenziert darstellt, dessen Teilprozesse sich etwa danach unterscheiden, ob wir nur Hell und Dunkel diskriminieren, oder ob wir etwas bereits *als* etwas sehen: In beiden Fällen ist jedoch eine Art von Profilierung, Kontrastprofilierung, Konturenprofilierung, Konstruktion i.w.S. schon einbegriffen. Wahrnehmungserkennen ist wie jedes Erkennen ein aktiver Vorgang, ist von bestimmten Mustern, Formen, vorgegebenen Formen abhängig, geschieht unter bzw. in solchen, ist also von diesen Formen nicht zu lösen. Allenfalls kann man begrifflich-analytisch die Phasen so unterscheiden, wie Kant das getan hat. Aber er hat das Separieren übertrieben, weil er glaubte, recht sauber trennen zu können: Das sinnliche Material, das uns beeinflußt, finden wir vor, wir haben es, wir nehmen es auf, sozusagen ein chaotisches Mannigfaltiges, das der erst folgenden Bearbeitung als Material zugrundegelegt wird. Doch erstens ist dieses „Material" nicht so chaotisch, sondern von vornherein strukturiert, und zweitens ist das Rezipieren aktiv selektierend, somit bereits akzentuierend, strukturierend. Erkennen ist also konstruktiv, aktiv auf jeder Ebene. Der Mensch ist als erkennendes Wesen dasjenige Wesen, das schon von vornherein das Material als ein bestimmtes strukturiertes Formhaftes auffaßt, interaktiv zwischen Welt und Rezeption prägt, bildet, konstituiert, also schon gedeutet, strukturiert, bereits geordnet hat. Wahrnehmung ist immer schon konstruktiv-interpretativ, stets interaktiv interpretatorisch geprägt, ist unvermeidlich deutend. Wir können nicht *nicht*interpretatorisch wahrnehmen.

Deswegen kann man sagen, der Mensch ist in gewissem Sinne von vornherein das interpretierende Wesen, dasjenige Wesen, das alles, was es aufnimmt, immer nur als Gedeutetes erfassen kann. Deutung bezieht sich nicht bloß auf Textdeutungen, sondern auf die Erfassungen von allem, was uns überhaupt gegenwärtig werden kann. Selbst bei den nebenbewußt auftretenden Affizierungen der Sinne ist das schon der Fall. Das Bewußtsein ist ja, wie wir wissen, zumeist auf einen Fokus- oder Brennpunkt ausgerichtet; es gibt Zustände bzw. Erscheinungen des Halbbewußten, Unterbewußten und auch Übergänge zwischen diesen und den bewußten Zuständen, und auch diese sind von diesen Strukturformen mitgeprägt. Aber das Zentrum umschreibt einen fokalen Bereich – und die Abtrennung dieses Fokusfeldes von den Abschattungen geschieht selektiv (sei es bewußt oder unbewußt), also aktiv und interpretativ i. w. S..

Man hat den Menschen als das „*handelnde Wesen*" zu definieren, zu erfassen versucht – in Abwandlung der traditionellen Auffassung des Aristoteles, daß der Mensch das vernunftfähige Wesen sei. Arnold Gehlen z. B. hat in seinem Buche *Der Mensch* (1940, 1960) das Handeln des Menschen, d. h. das zielorientierte planmäßige Verwirklichen von bestimmten Vorsätzen, als *das* Charakteristikum des Menschen angesehen. Wenn man das freilich als das einzige Charakteristikum des Menschen auffaßt, ist das sicherlich etwas zu eng gesehen, denn höhere Tiere können durchaus auch planmäßig Ziele anstreben, „intentional" (absichtlich) etwas verwirklichen, Handlungsfolgen herbeiführen und Handlungssequenzen durch„führen".

Man denke etwa an die berühmten Affen, die Wolfgang Köhler untersucht hat – allerdings im Käfig: Die Schimpansen waren in der Lage, Bambusstöcke zusammenzustecken, um Bananen von außerhalb des Käfigs zu angeln. Entsprechendes gilt aber auch in freier Wildbahn, wie sich herausgestellt hat – und zwar für das Leben der Schimpansen einzeln als auch in der Gruppe. Sie sind in der Lage, Werkzeuge zu benutzen, sogar Werkzeuge herzustellen, ja, sogar Werkzeuge zu benutzen, um Werkzeuge herzustellen, und sogar, um Werkzeuge mit Mehrfachgebrauch herzustellen: Sie „produzieren" ihre Stöcke, mit denen sie Termiten aus Löchern in ihren Termitenbauten herausfischen: Der Stock wird auf der einen Seite angespitzt, auf der anderen Seite – wie in Kamerun von Sugiyama (vgl. Becker 1993) herausgefunden – flachgeklopft, damit er eine faserige Ausuferung hat, sozusagen einen kleinen Besen aufweist. Mit dem spitzen Ende wird gebohrt, mit dem anderen Ende werden die Termiten herausgeholt. Das geschieht sehr planmäßig, und das Verhalten ist *nicht* angeboren; denn in Ostafrika findet es sich nicht, es wurde bislang im wesentlichen nur in Kamerun festgestellt. Ähnliche andere Werkzeugverwendungen wie das Benutzen von Steinen zum Nüsseaufschlagen finden sich in Nigeria. (Das ergab Untersuchungen vom Zürcher Ehepaar Boesch): Die Steine werden sogar als kostbare Werkzeuge mitgenommen, wenn sie besonders handlich sind, oder über Nacht im Laubnest oder in Astgabeln versteckt. Auch das Verhalten wurde bei den ostafrikanischen Schimpansen nicht beobachtet. Die östlichen Affen sind offenbar kulturell etwas „zurückgeblieben" ... Es hat sich bei ihnen jedenfalls nicht eine derartige Kultur des Werkzeuggebrauchs bzw. der Werkzeugherstellung in solch einem Maße entwickelt, wie sie an verschiedenen Stellen in Westafrika dokumentiert wurde. Man hat ja neuerdings sogar versucht, verschiedene biologische (Unter-)*Arten* von Schimpansen zu unterscheiden, und diskutiert darüber, ob die ost- und die westafrikanischen Schimpansen eine andere Unterart darstellen (wie ja auch schon die Zwergschimpansen, die Bonobos).

Die Angelegenheit ist auch deswegen besonders interessant, weil das menschliche genetische Material zu rund 99% mit dem der Schimpansen, zumal der Zwergschimpansen (Bonobos), übereinstimmt, so daß hier durchaus Zusammenhänge zu vermuten sind, auch was das Handeln, das Repräsentieren, das Präparieren von Werkzeugen, Strategien, „Plänen" und selbst das symbolische Handeln angeht. Auch Schimpansen können durchaus Symbole verwenden, das hat man ihnen besonders in der Gefangenschaft anzutrainieren versucht. Und es gelang dies mit gewissen Erfolgen nachzuweisen, selbstverständlich nicht in jener differenzierten und neue Formen erfindenden Weise, wie der Mensch das kann, aber die Schimpansen können gleichsam auf der intellektuellen Stufe eines kleinen Kindes durchaus Kategorien symbolisieren, Sätze bilden, obwohl sie dabei ein Symbolsystem benutzen müssen wie ein Scrabble-Spiel oder einen Computer; sie können nicht sprach-lich-vokale Ausdrücke bilden. Sie können aber symbolisch etwas darstellen. Offenbar vermag nur der Mensch *abstrahierend* neue Worte und Wortkombinationen – zumal über abwesende Dinge oder vergangene sowie künftige Ereignisse – zu symbolisieren oder metastufig Superzeichen über andere Zeichen zu bilden. Den Schimpansen scheint die Fähigkeit des Metarepräsentierens (vgl. Perner 1993) und des Metainterpretierens zu fehlen (Verf. 1995, 1995a).

Schimpansen können auch – menschlich-allzumenschlich – han-deln, indem sie Partner und Partnerinnen täuschen. Sie können „lügen". Sie können betrügen. Und das tun sie auch außerordent-lich oft. Es gibt ganze Bücher darüber. Volker Sommer z. B. bezieht sich im *Lob der Lüge* (1992) im wesentlichen auf Schimpansenbe-obachtungen: auf die Fähigkeit zu lügen, also etwas „falsch" zu prä-sentieren.[5] Das scheint auch eine notwendige Bedingung für die Möglichkeit zu sein, Darstellungen und Handlungen variabel und flexibel zu gestalten, die Welt in Modellen, die flexibel variiert wer-den können, zu erfassen. Wenn wir nicht betrügen und lügen könn-ten, könnten wir auch nicht denken und erkennen. (Das soll natürlich keine Entschuldigung für Lug und Trug im einzelnen sein.) Aber es ist ja nicht zu bezweifeln, daß der Mensch lügen und betrügen kann, und das leider auch zu sehr ausnutzt. Damit hängt allerdings zusammen, daß wir in der Lage sind, unsere Handlungen und Erkenntnisse und Darstellungen zu verstehen, zu deuten und u. U. auch ein Verständnis vorzutäuschen, das eigentlich nicht ge-teilt wird bzw. nicht gemeint ist. Diese Variabilität auf der symboli-schen Ebene spielt bei der Begründung jeglicher Erkenntnis und auch jeglichen Handelns mit, das auf Ziele ausgerichtet ist oder unter Werten stattfindet, das also von Vorstellungen, mentalen Re-präsentationen und Interpretationen geleitet und organisiert ist, in

---

[5] Und das setzt ein Als-ob-Handeln, ein Repräsentieren, wenn auch nicht not-wendig ein Metarepräsentieren, s. Perner 1993, voraus.

gewissem Sinne abstrakteren Formen folgt, die ihrerseits meta-repräsentiert werden können[6].

Vor etwa 25 Jahren habe ich versucht eine Handlungstheorie zu entwickeln (Verf. 1978), die mich auf die Idee des konstruktivistischen Interpretationismus brachte – auch übrigens im Zusammenhang mit einer Analyse der Kantischen Erkenntnistheorie. Ich faßte Handlungen als „Interpretationskonstrukte" auf: Handlungen sind nicht (bloß) Ereignisse, die direkt in der Welt geschehen und als reine Weltereignisse zu erfassen sind: Die körperlichen Bewegungen z. B. sind nicht an sich schon *Handlungen*, sondern sie werden oder sind erst dann Handlungen, wenn wir sie *als solche* auffassen, wenn wir sie in gewissem Sinne deuten, Ziel, Handlungsart, -motivation und den Kontext kennen. Handlungen sind nur als interpretativ geprägte zu erfassen; sie sind in diesem Sinne be-deutungs-geladen, gleichsam „semantisch" gefärbt: Sie sind insoweit Interpretationskonstrukte oder nur als Interpretationsergebnisse (er)faßbar.

Dieser Ansatz ist natürlich gelegentlich mißverstanden worden, von Kritikern, die gemeint haben, ich hätte behauptet, die Handlungen gäbe es in der Realität gar nicht. Das habe ich so natürlich nicht gesagt. Sondern die These ist eigentlich, daß Handlungen als solche nur *unter einer Interpretation, oder Deutung, oder Beschreibung* (Anscombe 1957) *erfaßt* werden, sogar nur so *gemeint* werden können. Handlungen sind immer nur unter einer Beschreibung und Deutung faßbar und definiert. Insofern sind sie Interpretationskonstrukte. Insofern ist das handelnde Wesen, wenn man insoweit Gehlen recht gibt, stets und überall auf Deutungen und Interpretationen angewiesen.

Doch ich hatte in der Tat auch festgestellt, daß das Handeln, die Kennzeichnung als das „handelnde Wesen" in diesem Sinne nicht zur eindeutigen Kennzeichnung des Menschen ausreicht. *Handeln*, ziel- und planentsprechend intentional (absichtlich) sich verhalten, das können z. B. Schimpansen, Gorillas und viele andere Wesen auch. Und sie können auch vieles Handeln handelnd lernen – man denke an die Dressurmöglichkeiten und das Lernen bei unseren Haushunden oder Springpferden usw. Mit anderen Worten: das

---

[6] Der „Bezug", der Referent ... der Repräsentation (Vorstellung) und die Beziehung, die Referenz, zum gemeinten Gegenstand oder Sachverhalt kann wiederum repräsentiert (Pylyshyn 1978, Perner 1993) und (meta)interpretiert werden, durch höherstufige Metasymbole dargestellt werden.

Handeln allein kann nicht ausreichend sein, um den Menschen zu charakterisieren. Ich hatte vor gut einem Dutzend Jahren versucht (u. a. Verf. 1983a), das Handeln als ein anthropikales Kennzeichen weiter zu spezifizieren, in dem Sinne, daß der Mensch dasjenige Wesen ist, das nicht *nur* handelt, sondern das seine Handlungen auch erstens durch bewußte spezifische Deutungen konstruiert, erkennt, kategorisiert, einordnet, deutet, und vor allem – zweitens – *bewertet*: Wir beurteilen unsere Handlungen und die Ergebnisse unserer Handlungen aus einem bestimmten Gesichtspunkt und unter Maßstäben – sei es ein Bewertungsstandard der Güte, des Erfolges der Handlung, der Tüchtigkeit des Handelnden usw. Der Mensch ist eigentlich dasjenige Wesen, das seine Handlungen bewerten und beurteilen kann, und dieses auch notorisch tun muß. Ich habe damals den Menschen als *„das leistende Wesen"* zu definieren versucht, als dasjenige Wesen, das nicht nur selber handelt, also ein eigen*handelndes* Wesen ist, sondern auch als das eigen*leistende Wesen*, welches seine Handlungen unter dem Gesichtspunkt von „besser" oder „mehr oder weniger gut", also anhand eines bewertet Gütemaßstabes bewerten kann. Ich habe damals dafür auch eine lateinische Formulierung gefunden. Der Mensch ist nicht nur das denkende Wesen, wie Descartes das es Auge hatte: *Homo cogitans* (im Besitze der oder besser in Identifikation mit der *„res cogitans"*); oder das (Aristotelische) rationale Wesen: *Animal rationale*; sondern das eigenleistende, Handlungen ausführende und durchführende Wesen, das Wesen, das durch Formen – oder wir könnten auch sagen: durch Schemata – handelt und das *über Formen* und *mittels* der Formen etwas darstellt (übrigens im Doppelsinne!), etwas (re)präsentiert oder interpretiert: *Homo performans – per formas performans et de formis formisque reflectans (interpretans)* (Verf. 1983a). Leistung und Eigenleistung sind immer interpretatorisch konstituiert und nur so zu erfassen. Das bedarf keiner weiteren Erläuterung.

Diese Formulierung ist von Odo Marquards Formel des *„homo compensator"* angeregt worden. Marquard (1983) war der Meinung, der Mensch sei in erster Linie dadurch gekennzeichnet, daß er seine Mängel – die das klassisch-traditionelle Mängelwesen aufweist, das ja biologisch nicht gut mit natürlichen Waffen und Subsistenzorganen ausgestattet ist – ausgleicht[7]: Der Mensch muß

---

[7] Übrigens eine Idee, die schon 1927 Max Scheler in seiner These von der „Überkompensation" als *einem* „Monopol" des Menschlichen andeutete.

notorisch seine Mängel dadurch kompensieren, daß er sich die Kultur entwickelt, die Symbolwelt erfindet und in Kultur und Symbolwelt dann lebt. Die Kultur wird ihm gleichsam zur Allzweckwaffe, zum Lebenselexier und Lebensmedium, zur „zweiten Natur", wie Plessner gesagt hat – übrigens im Anschluß an antike Vorbilder: Poseidonius hat das schon betont, aber Plessner (und danach auch Gehlen) haben diese Idee weiter ausgearbeitet. Ernst Cassirer ist dann sogar noch weiter gegangen und hat den Menschen als das *„Animal symbolicum"* bezeichnet, als das symbolische „Tier", als das Wesen, das die Symbole nicht nur benutzt, sondern auch schafft und in (s)einer symbolischen Welt lebt, in einem „universum symbolicum". Dieses ist die Kulturwelt, diese zweite, durch Symbole aufgerichtete und erzeugte bzw. geformte Welt. Das oben erwähnte Baconsche metaphorische Netz der „Spinne" oder das Novalissche Netz des Fischers sind jeweils Teil dieser Symbolwelt. Cassirer spricht übrigens in seiner Anthropologie auch vom „Symbolnetz" und versteht das in diesem Sinne.

Doch auch das Anthropikum der bloßen Kulturexistenz und Symbolverwendung wäre m. E. als kennzeichnendes, also u. a. als hinreichendes Merkmal des Menschen zu kurz gegriffen, denn auch Tiere verwenden Symbole. Man hat neuerdings sogar herausgefunden, daß Affen, und zwar nicht nur Schimpansen, sondern auch niedere Affen, grüne Meerkatzen in Afrika, ihre Feinde durch *unterschiedliche* Laute bezeichnen, also die Laute je nach dem gemeinten Gegenstand differenzieren (können). Sie haben also so etwas wie eine Sprache mit Darstellungsfunktion (innerhalb der Warn- bzw. Signal- und Appellfunktion). Man kannte das gar individuelle „sprachliche" Erkennen ja auch schon lange von den Vögeln: Diese zwitschern (je nach der Art) individuelle Erkenntnismelodien für den entsprechenden Partner oder die Partnerin; zum Teil sind die Melodien auch erlernt oder geprägt, und das Erkennungsmotiv kann u. U. ein ganzes Vogelleben lang vorhalten. Die Frage ist natürlich, ob es umgelernt werden kann. Manche Gesänge mancher Arten sind geschlechtsspezifisch – und nicht notwendig rein individuell. Ja, man kann sie sogar hormonell manipulieren. Hubert Markl hat berichtet, daß man Vögeln, und zwar weiblichen Vögeln mancher Art Testosteron gespritzt hat; daraufhin fingen diese an, die „männlichen" Melodien zu flöten. Offensichtlich hängt die Melodie auch wesentlich vom hormonalen Pegel ab.

Das Symboleverwenden und Interpretieren reicht also insgesamt nicht aus, um den Menschen gegenüber den anderen (höheren) Tieren eindeutig zu kennzeichnen. (Auch Delphine haben ja ihre Sprache, und man versucht heute auch, diese zu entschlüsseln.) Alle diese teilsprachbegabten Tiere freilich haben nicht die Möglichkeit, frei variierend ganze „Welten" von symbolischen Neubildungen zu erfinden, ganz neue Worte, Wortkonditionen und Sprachstrukturen zu erfinden und abzuwandeln wie der Mensch. Die sprachliche Kreativität, die Innovationsfähigkeit ist den Menschen gegeben; sie ist bei den Tieren, die Symbole verwenden, äußerst beschränkt. Das scheint also für den Menschen charakteristisch zu sein. Aber etwas anderes ist m. E. noch charakteristischer, und dieses Moment, das bereits erwähnt wurde, greift über Cassirers Ansatz hinaus: Der Mensch ist in der Lage, seine Symbolverwendungen und seine Interpretationen selber wieder zum Gegenstand von höherstufigen Untersuchungen und Analysen zu machen. Das heißt, er kann seine Symbole, ja, sogar seine symbolischen Sprachen, also die Grammatik, oder seine ganze symbolische Welt wiederum zum Gegenstand einer höherstufigen Untersuchung machen. Er kann die Beziehung seiner Symbole zum gemeinten Referenten wiederum symbolisch darstellen, sich mental vorstellen – also extern wie intern metastufig repräsentieren, metarepräsentieren. Er kann – metasprachlich – über Worte und Sprache sprechen. Er ist das metarepräsentierende Wesen. Und er ist das *metainterpretierende Wesen*: Er kann in Metastufen der Untersuchung und des Interpretierens aufsteigen, kann von höheren Schichten aus abstrahieren und unterschiedlich Abstrakta „distanzieren" bzw. konstruieren. Er ist also dasjenige Wesen, das seine Interpretationen wiederum interpretieren kann, das seine Symbole wieder in höherstufigen Symbolen zusammenfassen kann.

Superzeichenbildung, wie das die Informatiker häufig genannt haben, ist z. B. ein typisch menschliches Verhalten und eine Möglichkeit, mit der Mängelausstattung, mit der Begrenzung, nur sehr wenige Bits pro Sekunde aufzunehmen, dann doch komplexere Wissensbestände darzustellen. „Chunking" nennt man das in der Computerwissenschaft und der neurowissenschaftlichen Erkenntnistheorie, der Kognitionswissenschaft: Superzeichenbildung und Chunking sind also in gewissem Sinne die Bildungen von Zeichen über Zeichen, also Aktivitäten auf der Metasprachstufe, z. B. auch der metatheoretischen Ebene des Bezeichnens von Mengen und Potenzmengen oder der jeweiligen Metastufe der Zeichenverwendung. Der Mensch ist also das Wesen, das solche Aufstiege auf höhere Stufen der Darstellung systematisch leisten und variieren kann – und das auch ständig tut. Er ist das metainterpretierende oder metasymbolische Wesen, wie ich gerne sage. Er hat also die Möglichkeit, seine eigenen Symbolverwendungen und Zeichen wieder zu analysieren und von einer höheren Stufe oder von einer anderen Perspektive aus zu erkennen und zu verwenden. Er kann über seine Zeichenkonstrukte, über die Formen, über die Schemata, die er dabei verwendet, selber wieder reflektieren und diese von höherer, abstrakterer Warte aus oder durch Superzeichenbildung oder auf einer höheren Metasprachstufe (des Sprechens über Sprachen und Bedeutungen) von neuem repräsentieren – und zwar intern wie extern. Das alles muß er natürlich auch wieder mit, durch und in Formen durchführen, aber es sind dann metastufliche Formen, metasprachliche Ausdrucksweisen. Er muß mittels höherstufiger Formen die niederstufigen Formen erst als solche kategorisieren, auffassen und dann eben entsprechend benennen, verwenden. Das heißt, das Schemainterpretieren oder das Schemareflektieren geschieht auf mehreren Stufen, auf verschiedenen Stufen der Anwendung.

Wir müssen daher immer mittels bestimmter Schemata unsere Ordnungen strukturieren, ja, wir können sie nur auf diese Weise in einen systematischen Zusammenhang bringen. „Systematisch" bedeutet dabei nicht notwendigerweise „wissenschaftlich systematisch", sondern nur in einen bestimmten geordneten kontinuierlichen bzw. wiedererkennbaren Zusammenhang eingebettet. Dieses Integrieren ist stets gebunden an eine bestimmte Sicht, an einen (Handlungs-)Kontext, an eine Perspektive, Kultur- und Sozialumgebung, an einen Blickwinkel, an eine Situation, in der wir uns befinden.

Wir sind zudem wahrscheinlich tatsächlich, wie die englischen Empiristen das gesehen haben, in unseren Vorstellungswelten abhängig von den Erfahrungen, die wir schon einmal gemacht haben. Selbst abstrakte Vorstellungen sind irgendwie, wenn sie in unserem Inneren, also „mental", repräsentiert sind, doch wahrscheinlich vom Charakter eines Musters, eines Schemas, eines Zusammenhanges wesentlicher Kernmerkmale (die der Wiedererkennung und Reidentifizierung dienen, vgl. Millikan 1996). Es muß nicht direkt ein *Bild* sein, das im Gedächtnis gespeichert, aus der Erinnerung abgerufen wird, aber es kann und bei konfigurativen Repräsentationen muß es einen quasi-bildhaft strukturellen Zusammenhang aufweisen: Eine Quasi-Bildform scheint für manche Erfassungen und Speicherungen charakteristisch zu sein. Offensichtlich können wir uns nur sehr eingeschränkt etwas „vorstellen", was überhaupt nicht dieses (quasi)bildhafte Format annehmen kann. Wahrnehmen und Handeln ist an Auseinandersetzung *handelnder*, reagierender Art in einer bestimmten bzw. mit einer solchen Weltsituation gebunden. Wir leben gerade auch als Geistwesen nicht im luftleeren Raum, wie die Rationalisten, insbesondere Descartes, das gedacht haben. Das reine Denken, die Welt des reinen Geistes, „das denkende Ding", „*res cogitans*", in dem cartesischen Sinne gibt es wohl nicht; man kann allenfalls sagen, dies sei eine nachträgliche analytische Zurechtstutzung unter bestimmten Gesichtspunkten. Es hat sich auch neuerdings immer wieder herausgestellt – neurowissenschaftlich wie neurophilosophisch und auch erkenntnistheoretisch, z. B. interpretationsphilosophisch –, daß man den cartesischen Dualismus zwischen dem körperlich ausgedehnten Materiellen einerseits und dem Mentalen, Geistigen, andererseits aufgeben oder deren Erfassung zu bloß analytischen Interpretationsperspektiven relativieren muß. Die Welt ist nicht dualistisch getrennt, in zwei oder mehrere Schubfächer aufgeteilt, sondern selbst die Welt des angeblich reinen Vorstellens, des Bewußtseins, des Erkennens in diesem traditionellen rationalistischen Sinne ist verwickelt mit der Welt der Emotionen, des Handeln usw.

Antonio Damasio hat gerade in seinem Buch *Descartes' Irrtum* (1994, dt. 1995) versucht, dies als Neurochirurg, der er ist, nachzuweisen – nämlich, daß alle Vorstellungsgehalte, alle Erkenntnisideen, und seien sie noch so abstrakt und formal, insbesondere hinsichtlich auch ihres Auftretens oder der Motivation, die beim (Er-)Fassen mit ihnen verbunden ist, geprägt und beeinflußt sind von dem limbischen System, d. h. von Bewertungen und Gefühlen – und zwar unablöslich. Gefühle und Bewertungen gehen unerläßlich und zuinnerst in unser Erkenntnisleben ein. Es gibt nicht das absolut wertfreie oder gefühlsfreie rationale Denken. Das ist nur eine nachträgliche analytische Konstruktion: ähnlich wie Axiomensysteme nachträgliche rationale formale Konstruktionen sind, die, sehr sauber und klar dargestellt, nicht den Prozeß der Eingebung, des Einfalls, der Intuition, die eine große Rolle bei den mathematischen Entdeckungen und Erfindungen spielt, berücksichtigen. Poincaré (1921) hat das deutlich gesehen, erfahren und beschrieben, oder auch der berühmte Mathematiker Hadamard (1954), der Arbeiten über die Kreativität in der Mathematik veröffentlichte: Diese Autoren zeigten, daß unterbewußte Intuitionen und auch Bewertungen, Gefühlszustände schon beim (Er-)Fassen der neuen Ideen eine besonders große Bedeutung haben, und beim Selektieren der guten Ideen schon unmittelbar eine intuitive Bewertung stattfindet, ein Auswahlprozeß: Man „sieht" schon eine gute Lösung (Poincaré). Es geht also nicht gar so axiomatisch-rational im Geiste der kreativen Mathematiker zu, wie man sich das anhand der Enddarstellung im Zusammenhang mit einem Axiomensystem und den endgültig ausgearbeiteten Beweisen vorzustellen beliebt.

Derjenige Philosoph, der zwar in aphoristischer und unsystematischer Form, oft geradezu beiläufig, aber eigentlich inhaltlich fundamental auf diese Notwendigkeit des interpretierenden Schematisierens und des handelnden Ergreifens durch Deuten und Interpretieren hingewiesen hat, ist Friedrich Nietzsche gewesen. Schon in seiner *Fröhlichen Wissenschaft* hat er geschrieben:

> „Wir können nicht um unsre Ecke sehn; es ist eine hoffnungslose Neugierde, wissen zu wollen, was es noch für andre Arten [von] Intellekt und Perspektive geben könnte: zum Beispiel ob irgend welche Wesen die Zeit zurück oder abwechselnd vorwärts und rückwärts empfinden können (womit eine andre Richtung des Lebens und ein andrer Begriff von Ursache und Wirkung gegeben wäre). Aber ich denke, wir sind heute zum Mindesten ferne von der lächerlichen Unbescheidenheit, von unsrer Ecke aus zu dekretieren, daß man nur von dieser Ecke aus Perspektiven haben dürfe. Die Welt ist uns vielmehr noch einmal ,unendlich' geworden: insofern wir die Möglichkeit nicht abweisen können, daß sie unendliche Interpretationen in sich schliesst. Noch einmal fasst uns der große Schauder – aber wer hätte wohl Lust, dieses Ungeheure von unbekannter Welt nach alter Weise sofort wieder zu vergöttlichen? Und etwa das Unbekannte fürderhin als „den Unbekannten" anzubeten? Ach, es sind zu viele ungöttliche Möglichkeiten der Interpretation mit in dieses Unbekannte eingerechnet, zu viel Teufelei, Dummheit, Narrheit der Interpretation – unsre eigne menschliche, allzumenschliche selbst, die wir kennen ..."
> (KGA V, 2, 308)

Hatte nicht ein Ironiker gesagt: „Jede Interpretation ist falsch" – und da hatte er wahrscheinlich recht, wenn er damit meinte, sie sei unabgeschlossen, verbesserungsbedürftig oder vorläufig. Doch ebenso ist jede akzeptable Interpretation auch z. T. passend, in gewissem Maße, auf einem bestimmten Abstraktionslevel „richtig". ,Jede Interpretation ist eben auch nur eine Interpretation'. (Man spricht ja schon in der klassischen Hermeneutik von der Endlosigkeit, Un-endlichkeit der Interpretationen).[8] Das alles deutet natürlich auf die ständige Überholbarkeit der Interpretation(en) hin, auf die Nietzsche bereits verweisen möchte. Aber Nietzsche geht noch viel weiter: Er will nicht nur den perspektivischen und interpretatorischen Charakter der Erkenntnis jeglicher Art zeigen, sondern er bezieht das auch auf das Handeln –, das ohnehin – und sogar auf das „Geschehen" in der Welt überhaupt. Das zeigen andere Zitate:

> „Daß der *Wert der Welt* in unserer Interpretation liegt ..." (ebd. VIII 1, 112) „Der interpretative Charakter alles Geschehens. Es gibt kein Ereignis an sich. Was geschieht, ist eine Gruppe von Erscheinungen ausgelesen und zusammengefaßt von einem interpretierenden Wesen" (VIII 1, 34). „Man darf nicht fragen, ,wer interpretiert denn?', sondern das Interpretieren selbst, als eine Form des Willens zur Macht, hat Dasein (aber nicht als ein ,Sein', sondern als ein Prozeß, ein Werden) als ein Affekt" (ebd. 138).

Nietzsche wendet sich auch gegen den „Positivismus" der Tatsachen. An einer berühmten Stelle aus dem Nachlaß aus den achtziger Jahren sagt er:

> „Gegen den Positivismus, welcher bei dem Phänomen stehen bleibt ,es giebt nur Thatsachen', würde ich sagen: nein, gerade Tatsachen giebt es nicht, nur Interpretationen. Wir können kein Factum ,an sich' feststellen: vielleicht ist es ein Unsinn, so etwas zu wollen. ,Es ist alles subjektiv' sagt ihr: aber schon das ist Auslegung, das ,Subjekt' ist nichts Gegebenes, sondern etwas Hinzu-Erdichtetes, Dahinter-Gestecktes. – Ist es zuletzt nöthig, den Interpreten noch hinter die Interpretation zu setzen? Schon das ist Dichtung, Hypothese" (VIII 1, 323). „Der Wille zur Macht interpretiert: bei der Bildung eines Organs handelt es sich um eine Interpretation; er grenzt ab, bestimmt Grade, Machtverschiedenheiten. Bloße Machtverschiedenheiten könnten sich noch nicht als solche empfinden: es muß ein wachsen-wollendes Etwas da sein, das jedes andere wachsen-wollende Etwas auf seinen Wert interpretiert. (...) In Wahrheit ist Interpretation ein Mittel selbst, um Herr über etwas zu werden. (Der organische Prozeß setzt fortwährendes Interpretieren voraus.)" (VIII 1, 137f.)

Nietzsche also faßt das Interpretieren als ein Sichbemächtigen auf: Jedes Machtzentrum („Wille-zur-Macht"-Zentrum) versucht, sich der Welt zu bemächtigen. Es handelt sich um einen sehr ausgedehnten Begriff des „Interpretierens". Das Konzept ist natürlich übertrieben. Zuerst kann man wohl sagen, daß nicht alles Gesche-

---

[8] Man mag dem die End-losigkeit der Aufschichtungsmöglichkeiten für immer höhere und abstraktere (Meta-)Interpretationsschichten hinzufügen.

hen als solches bloß interpretatorisch ist, etwa allein durch Interpretation zustandegekommen oder (nur) in einer solchen besteht. Doch, so muß man wohl sagen, es ist nur unter einer Interpretation oder unter Beschreibungen zu *erfassen* oder *als solches* zu *beschreiben*. Diese notwendige Stufung zwischen Ansichgeschehen und Erfassung oder Beschreibung hebt Nietzsche nicht hervor, er achtet nicht auf diese perspektivischen Unterschiede zwischen dem erkenntnistheoretischen Blickwinkel und dem ontologischen Zusammenhang.

Selbstverständlich können wir nur etwas „als seiend" erkennen, wenn wir es *bezeichnen* – z. B. mit unseren sprachlichen Ausdrücken oder anderen Symbolen bzw. in bildlichen Vorstellungen oder quasibildlichen Wahrnehmungsvorstellungen oder Kognitionen nichtsprachlicher Art darstellen: in Vorstellungen, Phantasien, Halluzinationen u. ä.. Das aber bedeutet nicht, daß *alles* Geschehen an sich diesen Charakter hat, sondern nur: Die *Erfassung* dieses Geschehens oder jeglichen Geschehens hat diesen Charakter des Interpretatorischen. Wir können nur etwas durch und unter und mittels bestimmter Interpretationen erfassen, oder unter Verwendung von Schemata oder symbolischen Netze oder des metaphorischen „Spinnennetzes" á la Bacon. Mit anderen Worten: man muß die *Erfaßbarkeit* als einen besonderen Gesichtspunkt hervorheben. Es handelt sich beim Interpretationismus eher um einen erkenntnistheoretischen Ansatz und nicht um einen ontologisch-kosmologischen.

Wir können in der Tat (auch dies im doppelten Sinne!) Gegenstände, Welt, Außenwelt und auch unsere eigenen Zustände, unsere mentale, innere Welt nur erfassen unter Gesichtspunkten der Interpretation; und diese müssen freilich im Zusammenhang mit unseren Handlungsmöglichkeiten, Bedürfnissen, Affekten, Wertungen, Emotionen gesehen werden. Das ist zweifellos richtig. Insoweit hat Nietzsche recht. Wenn man von diesen unvermeidlichen Tönungen der Erfassung abstrahiert, schneidet man schon etwas weg.

Wir können Nietzsches Einsicht nicht nur verallgemeinern, sondern heute auch speziell neurowissenschaftlich „unterfüttern". Generell gilt auch heute: Abstraktion in diesem Sinne ist schon ein künstliches, symbolisches Zurechtmachen, und das Entsprechende gilt erst recht für die Trennung von Erkenntnis und Handeln. Auch das Erkennen ist auf das Handeln wenigstens in einem übertragenen und symbolischen Sinne angewiesen. Wir können nur erkennen, indem wir unsere Hypothesennetze bzw. die Netze der Schemata, die wir automatisch gleichsam über Wahrnehmungsphänomene stülpen oder mittels derer wir Wahrnehmungserlebnisse überhaupt fassen, selektieren und konstituieren können. Sie sind per se schon handlungsgebunden. Alles Erkennen ist an Handeln, an ein Anwenden von „Netzen", Mustern, Schemata, Bildern, Formen usw. gebunden. Wir könnten sagen: Alles Erfassen, zumal alles Erkennen – aber auch alles *Handeln* – ist interpretationsgeprägt, nämlich gebunden an die Aktivierung von den entsprechenden Schemata.

Die Muster, die dem Erkennen *und* Handeln zugrunde liegen, sind – so kann man heute spezifizieren – gebunden an Neuronennetze als physische Träger und an deren entsprechende Aktivierungsmuster. Man spricht von „plastischen" Neuronenassemblies, die sich in einem Aktivierungsprozeß in Konkurrenz zu anderen gleichsam „herausmendeln", wenn auch beim Lernen vielfach recht schnell. Christoph von der Malsburg (vgl. 1986) hat Mitte der achtziger Jahre die Hypothese aufgestellt, daß wir in der Lage sind, sehr schnell neue Neuronennetze durch wiederholte Aktivierung zu stabilisieren. Zugrunde liegen dabei die alten Hebbschen Regeln von 1949, daß Neuronenverknüpfungen eben dadurch *relativ* stabilisiert werden, daß benachbarte präsynaptische und die postsynaptische Neuronenzellen nahezu gleichzeitig aktiviert werden. Heutzutage hat man auch Vorstellungen davon, wie das Überbrücken des synaptischen Spalts bzw. der Membran durch Neurotransmitterübertragung durch die Synapsen u. ä. stattfindet und durch das elektrochemische Fortpflanzen des entsprechenden Aktionsimpulses über das Neuron hinweg. Das gleichzeitige Aktivieren von Prä- und Postsynapse aktiviert, etabliert funktionsdynamisch und stabilisiert ein Neuronenensemble mit spezieller Funktion – z. B. bei der Wahrnehmung und Wiedererkennung eines äußeren Gegenstands. Und dieses Aktivierungsphänomen ist in einem ganzen Netz von Nervenzellen ausgebreitet.. Dieses Neuronennetz wird durch oftmals wiederholte Aktivierung aufrechterhalten. Es ist so etwas wie die Etablierung eines bestimmten dynamischen Musters, in das man sich *einschwingen* kann. Singer und seine Mitarbeiter in Frankfurt haben die Malsburg-Hypothesen empirisch nachgewiesen und gezeigt, daß man beispielsweise eine Oszillationstheorie der Aktivierung und zeitlich schwingungskohärenten Stabilisierung von Neuronenassemblies aufstellen kann: Beim visuellen System ist das leicht zu verdeutlichen.

Man hat sich das an einem Beispiel etwa so vorzustellen: Man habe in einem Quadrat viele Lichtquellen angeordnet, die unregelmäßig flackern, und man gibt diesen dann z. T. eine „Bindung" vor – derart, daß bestimmte Lichtquellen, die etwa in der Form eines Tannenbaums angeordnet sind, in einem Gleichklang zu schwingen beginnen. Das Phänomen „erkennt" man sofort und kontrastverstärkend immer besser. Das Wiedererkennen stabilisiert die Profilierung dieses Phänomens; es entwickelt sich so etwas wie eine schnell zunehmende verbesserte Kontrastprofilierung; man erkennt dieses Muster vor dem gesamten flackernden Hintergrund. So kann man sich das Sicheinschwingen vorstellen. Man kann sich also das Bilden von Schemata, von Grundmustern des Wahrnehmens, Erkennens und des Kognizierens generell als einen oszillatorischen Schwingungsprozeß vorstellen – und hat somit ein neuronales Fundament oder wenigstens einen Trägerprozeß für das Verständnis bzw. das Zustandekommens von Mustererkennung erreicht. Das ist auch erkenntnistheoretisch ein recht interessanter Gesichtspunkt. Man kann durchaus sagen, daß solche Schemata, wie sie in der Erkenntnistheorie und in der Psychologie verwendet bzw. postuliert werden, auf diese Weise eine neuronale Grundlage bekommen und durch diese noch z. T. hypothetische Zuordnung dem Verständnis näher geführt werden können.

Man kann sogar das (konstruierende und rekonstruierende) *Interpretieren* generell als das *Aktivieren* von solchen *Schemata* verstehen. (Schema-)Interpretieren würde ich dann eben in diesem Sinne verstehen als das Aktivieren von derart neural konkretisierten Schemata. Auch bereits das Bilden, das Einschwingen und das Stabilisieren von solchen Schemata gehört selbst dazu. Generell sind Interpretationsprozesse schemageleitete kognitive Aktivitäten oder gar äußere (oder auch „innere") Handlungen. Interpretieren, Schemainterpretieren ist das Aktivieren, sowohl das Bilden wie das Stabilisieren, von kognitiven oder aktionsformenden Konstrukten, Konstituten, von Mustern überhaupt. Den Aktivierungs- und den Reaktivierungsprozeß kann man die Anwendung oder Instantiierung eines Schematismus bzw. eines Schemas nennen. Eine solche Anwendung von Schemata kann man als bewußte Durchführung, als Überlagerung, als Zu- oder Anpassung auffassen. Sie ist aber ihrerseits selbst als strukturiert unterstellt, z. B. durch Situationsmerkmale, Daten, Umweltreizmosaiken usw. bedingt. Bewußtes Schematisieren ist dabei als das Überwerfen eines hypothetischen „Netzes" über phänomenal scheinbar bereits vollständig Vorgegebenes, in Wirklichkeit aber als in einem Vorprozeß ähnlicher Art Konstituiertes zu verstehen.

Schemata können allerdings auch vorbewußt, unterbewußt, unbewußt zur Strukturierung von Situationen sowie kognitiven und/oder handlungsrelevanten Aspekten und den entsprechenden Perspektiven dieser angewendet werden. Alle Sinneswahrnehmung ist bereits schematisiert, da bereits die Sinnesorgane in Mustern erkennen, nur in bestimmten Musteraktivierungen funktionieren, und dann zu Gesamteinheiten, zu integrierten Erfassungen kommen. Bereits die Sinnesorgane schematisieren, wie Herder (1891, XI, 17f.) schon wußte: Die Bilder, die Bildgehalte seien in die Natur der Seele „metaschematisiert", sagte er, ohne zu ahnen, was er damit *en detail* meinen könnte. Hierbei würde man nicht von bewußter Anwendung sprechen, sondern von einer vorbewußten Strukturierung, einer durchaus in einem weiten Sinne strukturierenden, konstruktiven oder konstruierenden Zurechtstutzung oder Konstitution des jeweiligen Phänomens. Wahrnehmungs- und Handlungsstrukturierung können weitgehend quasiautomatisch vonstatten gehen – und tun es normalerweise auch. Wir sind auf das Deuten von Situationen dressiert. Wir können Situationen nicht ungedeutet lassen: *Wir vermögen nicht nicht zu interpretieren, wir können nicht nicht schematisieren, nicht von allen Deutungsschemata und Repräsentationen absehen.*

Der Mensch ist also das Wesen, das von Natur aus nicht nur schemainterpretieren kann, sondern dies sogar in allgemeiner Weise tun kann und muß, dies systematisch durchführen kann, auf höhere Stufen der Schematisierung und Interpretation aufsteigen, und die konstruktiven Gesichtspunkte immer höher treiben kann, immer neue Perspektiven einzunehmen bzw. zu entwickeln oder zu konstruieren vermag. Es wird also immer abstrakter und modellmäßiger zugehen, je allgemeiner und höherstufig die Zusammenhänge gedeutet werden. Und das ist typisch auch für die wissenschaftliche Erkenntnis, gilt aber weit über das Wissenschaftliche hinaus.

„Konstruieren" ist nun ein Begriff, der hierbei zunächst analogisch oder metaphorisch verwendet wird. Normalerweise konstruieren wir ja bewußt, anhand eines Planes. Wenn wir den Ausdruck ,Konstruieren' auch auf das un(ter)bewußte Bilden oder Erkennen von Strukturen oder Mustern anwenden, dann können wir vielleicht von einem *„Konstruieren im weiteren Sinne"* sprechen, nicht in dem engen Sinne des bewußt planmäßigen Konstruierens. Das

Konstituieren und das Reaktivieren eines Schemas sind grundsätzlich von gleichem Charakter, bilden sich durch den gleichen Trägerprozeß aus, realisieren oder instantiieren sich am gleichen Trägersubstrat. Das Konstituieren entspricht einem wiederholten und selektiv stabilisierten, ausgezeichneten Aktivieren. Das erste Etablieren eines Schemas, Musters oder Neuronenassemblies ist ein Prozeß, der mit einem ersten bahnenden Aktivieren anfängt. Das Stabilisieren geschieht erst durch häufiges *Re*aktivieren derselben Neuronenstruktur. Deswegen kann man sagen, daß die Konstitution und die Konstruktion im weiten Sinne dem *Konstruieren* oder *Rekonstruieren im engeren Sinne*, zumal dem bewußten Konstruieren im ganz engen Sinne, neuronal durchaus entsprechen – bis auf die Wiederholungsrate. Das Produkt auf der nächsten Stufe ist dann zunächst selbst ein Schema als Ergebnis eines solchen selektiven Aktivierens. Schemata sind in diesem Sinne dynamisch stabilisierte „Ergebnisse" oder Konstitute, Konstitutionsbildungen einer solchen selektiven Aktivierung.

2. Schemainterpretieren

Ein interessantes, aber auch abänderungsbedürftiges Zitat von Friedrich Nietzsche lautet: „Das vernünftige Denken ist ein Interpretieren nach einem Schema, welches wir nicht abwerfen können" (Aus dem Nachlaß der 80er Jahre von 1886/87, KGA 8. Band, 1, 197). Es ist ein sehr wichtiges Zitat deswegen, weil Nietzsche, wie bereits angedeutet wurde, einen Gesamtinterpretationismus entwickelt, der auch zu einer Art von Ontologie führt. Den letzten Schritt, den zur interpretatorischen Erzeugung des Ontischen, insbesondere allen „Geschehens", möchte ich hier nicht mitgehen. Aber es ist bedeutsam zu sehen, daß Nietzsche durchaus die *methodologischen* Aspekte des Interpretierens, und zwar genauer auch des Schemainterpretierens, also des Anwendens, Bildens, Aktivierens und Reaktivierens von Schemata, schon gesehen hat. Ich sagte, daß das Zitat änderungsbedürftig ist, nämlich in dem Sinne, in dem es verallgemeinert werden kann. Nietzsche bezieht das Gesagte auf das logische Denken – und er hat an anderen Stellen z. B. behauptet, daß die Logik oder das logische Denken „das Muster einer vollständigen Fiktion" ist, die wir „als Schema anlegen", indem wir die unendlich komplizierte Wirklichkeit, die „unsäglich anders komplizierte" Welt im Denken „gleichsam durch einen Simplifikationsapparat", durch einen Vereinfachungsfilter, hindurchpressen, eben „filtrieren" (ebd. VII: 3, 225f. a. 325). Und dies sei „nur möglich vermöge einer Abkürzung eines geistigen Vorgangs zum Zeichen" – man könnte da auch an Superzeichenbildung für Muster denken – so daß „Logik und Mechanik", sozusagen nur „eine Schematisier- und Abkürzungskunst, eine Bewältigung der Vielheit ... zum Zwecke der Verständigung" werden (ebd. VIII: 1, 194). Mit anderen Worten: die systematisierende, logische Erfassung mittels logischer, theoretisch-mechanischer und – so muß man wohl hinzufügen – auch mathematischer und anderer systematischer formaler Methoden, ist so eine Art von Konzentrations-, Simplifikations- und Zusammenfassungsprozeß, der sich in gewissem Sinne eben als eine Art schematischer Integration darstellt. Nietzsche bezieht das natürlich auch durchaus auf das Handeln: Er spricht auch vom

pragmatischen Schematisieren, vom Schematisieren in diesem kon-
zentrierenden Sinne und meint, beim Erkennen und sogar auch
beim Handeln gehe es im wesentlichen darum. Das Schematisieren
besteht darin, daß wir „dem Chaos so viel Regularität und Formen
auferlegen, als es unserem praktischen Bedürfnis genug tut" (Nachlaß 1888, ebd. VIII: 3, 125). Die Bedürfnisse also sind es, *„die die*
Welt auslegen" (VIII: 1, 323) und die dazu führen, daß wir uns unsere Welt in bestimmter Weise deuten, schematisieren.

Ich sagte, daß das eingangs gebrachte Zitat abgeändert werden
müßte insofern, als es verallgemeinert werden kann. Denn Nietzsche bezog es zunächst lediglich auf das logische Denken – und auf
physikalisch-mechanische Methoden –, aber das Wort ist natürlich
viel allgemeiner zu verstehen und zu verwenden. *Alles* Denken,
nicht nur das logische oder physikalische, *alles* Wahrnehmen, *alles*
Erkennen, *alles*, wie die Psychologen heute sagen, Kognizieren,
alles höherstufige Modelle-Entwerfen, ja, darüber hinaus sogar
alles Erfassen, in dem Sinne, wie ich den Begriff bereits eingeführt
habe, d. h. als Erkennen, Denken, Meinen, Antizipieren, alles dieses, im Sinne von (scheinbar sozusagen zunächst passivem) Erfassen, aber auch das aktive Handeln, „Greifen" – „Fassen" im
wahrsten Sinne des Wortes – findet natürlich, wenn es sich denn
um Aktivitäten handelt, die in einem gewissen systematischen
Zusammenhang stehen, sei dieser zeitlich oder sei er irgendwie
konzeptionell oder anders strukturiert, unter Schemata statt. Alles
Erkennen, können wir sogar allgemeiner sagen, alles Erfassen ist
ein Schematisieren, wird durch Schemata erst möglich, geschieht
aufgrund von – u. U. unterbewußter – Aktivierung oder durch die
Anwendung von Schemata. Das setzt natürlich voraus, daß solche
Schemata auch gebildet worden sind, z. T. ererbt sind, z. T. erfolgreich in Interaktion, in Auseinandersetzung, mit der Umwelt erworben oder ausgebildet werden, z. T. einfach übernommen oder
erlernt werden – etwa durch Nachahmung oder durch andere
Arten von Schemabildung oder Schemaabänderung. Diese letztere
erfolgt z. B. durch bestimmte Musterbildung – „pattern genera-
tion" nennen die Psychologen wie etwa Rumelhart das (das ist
dann eine Modifikation von Schemata) – oder durch die Bildung
von ganz neuen Schemata, z. B. indem man bestimmte Muster der
Erkenntnis, des Wahrnehmens auf andere Gebiete überträgt und
dort ganz andere Gesichtspunkte hineinbringt oder indem man in
einer anderen Weise Schemata, wie die Psychologen heute sagen,
„induziert" („schema induction") (vgl. Rumelhart 1978). Das stellt

natürlich in gewissem Sinne das bekannte klassische Problem dar, wie man aus bestimmten einzelnen Strukturen durch Induktion, durch eine Art Verallgemeinerung zu allgemeineren Strukturen übergehen kann (Induktionsproblem). Bekanntlich ist Induktion kein logisch zwingendes Verfahren, aber trotzdem ist sie heuristisch sehr wertvoll und wichtig.

Das Ausgeführte heißt insgesamt: Das Schemabilden und Schemaktivieren ist ein ganz besonders wichtiger Prozeß. Man kann sagen, daß beim Erkennen *und* Handeln – sowohl beim eher angeblich passiven, erfassenden Verfahren wie beim vorwiegend zugreifenden, erfassenden Handeln i. e. S. – Strukturierungs- und Rasterungsvorgänge und entsprechend natürlich auch die Bildungsprozesse der entsprechenden Schemata der Muster und Raster stattfinden, aktiviert werden und daß auf diese Weise gleichsam eine Art von abstrakterer Strukturierung unserer Erkenntnis und auch unserer Handlungszusammenhänge, Handlungsketten erst entstehen kann. Die wirklichen Aktivierungen (als Tokens verstanden) etablieren, instantiieren, stabilisieren – etwa durch wiederholtes Aktivieren und „Gewöhnung"- die Schemata (als Tokens und exemplarisch als Types).

In der Tat kann man den Begriff des Schemas hier sehr gut verwenden. Ich komme darauf anhand der Psychologie noch zurück. Aber zunächst sollten wir in die Philosophie zurückgehen und den Blick auf unseren großen deutschen Philosophen Immanuel Kant richten. Er hat diesen Begriff des Schemas bereits so verwendet – und auch allgemeiner in einer erklärtermaßen *erkenntnistheoretischen* Sicht. Er meinte, daß der Schemabegriff einer der grundlegenden Begriffe der Erkenntnistheorie ist, nämlich derjenige Begriff, der geeignet ist, die abstrakten, von Kant geforderten reinen Verstandesformen, die Kategorien – beispielsweise die sog. hypothetische Form des Urteils der Form „wenn a, so b" – auf Anschauungsmaterial anwendbar zu machen, indem sie – die Kategorien – zeitlich interpretiert werden. Dieser hypothetischen Form des Urteils entspricht die Kategorie der Kausalität[1]: *Wenn* eine Ursache eintritt, *so* geschieht danach (oder gleichzeitig) eine Wirkung. Die Kategorien sollen auf einzelne wirkliche Erfahrungen und

---

[1] Auch nach moderner Auffassung ist Kausalität zumeist auf einen zeitlichen und gesetzlichen Zusammenhang gegründet – allerdings auf die Idee der Verwendung von (idealerweise meist als quantitativ formulierbaren) Sukzessions-Nahwirkungsgesetzen.

deren Zusammenhänge bezogen werden, und das geschieht für Kant durch die Schematisierung. „Das Schema", dessen „Bild" er als ein „Produkt des empirischen Vermögens der produktiven Einbildungskraft" – und zwar „der reinen", erfahrungsunabhängig vorausgesetzten Einbildungskraft bezeichnet, stellt keine Einzelbilder dar, sondern ergibt die „Einheit der Anschauungen" in der Bestimmung der „Sinnlichkeit" (KrV B181). So wird die Funktion der Fixierung oder genauen Präzisierung erfüllt, welche die Verortung des „sinnlichen Materials" zum Ziel hat, oder, wie Kant sagt,: „zur Absicht hat". Es handelt sich hier also eher um eine „Vorstellung einer Methode, einem gewissen Begriffe gemäß eine Menge ... in einem Bilde vorzustellen, als (um) dieses Bild selbst" (B179). „Diese Vorstellung nun von einem allgemeinen Verfahren der Einbildungskraft, einem Begriff sein Bild zu verschaffen, nenne ich das Schema zu diesem Begriffe" (B179f.). Man kann also sagen, das Schematisieren ist für Kant eine vereinheitlichende Methode, wie man zu bestimmten allgemeinen Begriffen einerseits kommt und zu Erfahrungsmaterialien – oder besser „sinnlichen Materialien" andererseits – eine Verbindung herstellen kann, die eben das Material in der anschaulichen Erfassung systematisiert. Kant bezieht dabei durchaus den Schemabegriff als das Konzept eines solchen Verfahrens der sinnlich-begrifflichen Gestaltung in der Erfahrung und der Rasterung von „sinnlichem" Material nicht nur auf sinnliche Wahrnehmung, etwa auf das Sehen von Figuren im Raum. Er meint, daß wenn man sich ein geometrisches Dreieck vorstellt, man es nicht dabei bewenden lassen kann, ein einzelnes Dreieck zu intuieren, sondern man muß ein *allgemeines Verfahren* haben, wie man gleichsam den Begriff des Dreiecks, den für Kant (euklidisch-)geometrischen Begriff, auf einzelne Realisierungen oder Konkretisierungen, auf einzelne Figuren anwendet. Kant bezieht das also nicht nur auf Sehen von Figuren im Raum, also auf die äußere Anschauung, sondern auch auf die *zeitliche* Deutung *aller* Kategorien überhaupt. Das kann man sich besonders leicht deutlich machen an dem Ursache-Wirkungs-Zusammenhang, am Wenn-so-Urteil. Dieses ist ja ein begründendes, es bezieht sich auf eine Art von logischem Zusammenhang. Wenn man dieses auf zeitliche Ereignisfolgen anwendet, die dann noch bestimmten Bedingungen genügen, daß sie in der Nachbarschaft zueinander stattfinden, daß sie regelhaft und ausnahmslos nacheinander stattfinden, wenn man also Sukzessionsgesetze, raum-zeitliche Nachfolgegesetze im Nahbereich, mit kontinuierlicher Weiterverwendbarkeit betrachtet, dann hat man den Begriff der Kausalität oder der kausalen Verursachung. Das ist bei Kant eines der Hauptbeispiele für die Anwendung einer bestimmten Kategorie, hier also der Kategorie der Kausalität, auf das Weltgeschehen und auf alle möglichen Verursachungen und Wirkprozesse usw. Das heißt, die anschauungskonkretisierte Verbindung von dem abstrakten Begriff und dem anschaulichen Material heranziehen, ist die Aufgabe des Schemas, das der Einbildungskraft entstammt, das, wie Kant sagt, die „Methode", das Verfahrens des „Schematismus unseres Verstandes" sei. Unser Verstand ist so angelegt, daß er zu bloßen abstrakten Begriffen so etwas wie eine inhaltliche vorstellungsmäßige Erfüllung oder Ausfüllung produzieren, muß oder das Material wenigstens als eine Rasterung bzw. als Zusammenhang erkennen muß. Das geschieht insofern ‚als eine Art von „Bild" von dem „empirischen Vermögen der Einbildungskraft" bereitgestellt wird. Das Schema ist aber nicht das Bild, sondern es ist das *allgemeine Verfahren*, zu abstrakten Begriffen „Bilder" zu produzieren, das Abstrakte zu *verwirklichen*, zu *versinnlichen*, zu versinnbildlichen – so könnte man sagen. Kant sagt insbesondere (B181): „Das *Bild* ist ein Produkt des empirischen Vermögens der produktiven Einbildungskraft", also der Phantasie. „Das *Schema* sinnlicher Begriffe (als der Figuren im Raume)", sei „ein Produkt und gleichsam ein Monogramm der reinen Einbildungskraft a priori." Es ist also die erfahrungsunabhängige Einbildungskraft des Verstandes, „wodurch und wonach die Bilder allererst möglich werden, die aber mit dem Begriffe nur immer vermittelst des Schema, welches sie bezeichnen, verknüpft werden müssen, und an sich demselben nicht völlig kongruieren" (ebd.). Das wahrgenommene oder auch bildlich vorgestellte Einzeldreieck entspricht nicht genau dem Schema. Das Schema ist das Formale, Strukturelle, Wesentliche an diesem Dreieck. Und der Schematismus oder das Schema selbst – beides identifiziert Kant zu sehr – ist der Prozeß der Zuordnung von Bildern, von diesen Anschauungsbildern zu den abstrakten Begriffen. Also man muß Bilder und Schemata unterscheiden.

Kant sagt – und da müßte man heute natürlich weitergehen –: „Dieser Schematismus unseres Verstandes, in Ansehung der Erscheinungen und ihrer bloßen Form, ist eine verborgene Kunst in den Tiefen der menschlichen Seele, deren wahre Handgriffe wir der Natur schwerlich jemals abraten, und sie unverdeckt vor Augen legen werden" (ebd. 180f.). Das bedeutet: Wie dieser Schematismus letztendlich beschaffen ist, wie er im Untergrunde funktioniert, das werde man nie einsehen können. Ich glaube, daß das heute insbesondere in den beginnenden Höhenflügen der Neurowissenschaften ein wenig modifiziert werden muß. Man hat heute eine ganze Menge von Einblicken darin gewonnen, wie eine solche Schemabildung und -aktivierung erfolgt und wie dieses Aktivieren von Schemata mit dem Handeln – oder besser gesagt: mit den Handlungsentwürfen, den Vorstadien der Handlungsentwürfe – des Menschen zusammenhängt, wie diese Aktivierungen im Gehirn z. B. in verschiedenen Arealen des mittleren und des seitlichen Schläfenlappens und insbesondere des vorderen Neokortex verfolgt werden können. Man hat ja heutzutage, wie schon erwähnt, nicht-invasive Verfahren, bei denen man das Gehirn in Aktion direkt einem Monitoringprozeß unterwerfen kann, beobachten kann, begleitend z. B. zu bestimmten Tätigkeiten, die der Versuchsperson bewußt sind. Man kann dann gleichsam direkt „sehen", was beispielsweise beim bloßen Denken alles innerviert wird. Interessant dabei ist, daß das bloße abstrakte Denken offensichtlich bereits handlungsorientiert ist, weil die entsprechenden Zentren sowohl in den sensomotorischen Arealen als auch in den präfrontalen motorischen und prämotorischen Arealen mitaktiviert werden. Denken ist also fast schon so gut wie Handeln. Das ist eine sehr wichtige Einsicht, die natürlich auch aus dem Pragmatismus des letzten Jarhunderts kommt, von George Herbert Mead oder Freud, die das Denken als eine Art von innerem Probehandeln, als ein Experimentieren mit einem inneren oder internen Modell der Außenwelt, genannt haben. (Genauer handelt es sich natürlich nicht nur um ein Modell, sondern um das Manipulieren mehrerer Modelle, nämlich einmal um das Modell, das den Istzustand repräsentiert, mit dem man feststellt, wie die Welt gegenwärtig sich zeigt, und um ein Modell des Zielzustandes oder der nötigen Übergänge zu diesem.)

Ich kann im einzelnen hier nicht darauf eingehen, auch nicht auf die Problematik, die Herder Kant vorgeworfen hat, daß Kant zu sehr getrennt hat zwischen dem „sinnlichen Material" einerseits und der verstandesmäßigen Sekundärbearbeitung und Konstituierungsleistung andererseits. Er dürfte auch nicht genügend gesehen haben, daß unmittelbar das Erkennen in das Handeln eingewoben ist – und umgekehrt natürlich, was er durchaus deutlich gesehen hat – und daß dazu faktische Wechselaktionen und Interaktionen mit der Welt an sich notwendig sind und auch sogar das Eingreifen in die Welt. Erkennen ist letztlich nicht ohne interaktives Handeln und ohne Intervenieren in die Welt möglich. Das gilt selbst für unsere Vorstellungen. Insoweit haben übrigens die englischen Empiristen doch noch nachträglich in gewisser Weise recht bekommen: Selbst unsere Vorstellungen sind letztlich, was die bildliche Qualität usw. angeht, irgendwie abhängig von sinnlichen Erfahrungen, die wir in einer *wirklichen* Welt gemacht haben. Die absolut reine, weltunabhängige Phantasie gibt es nicht: Wenn wir phantasieren, phantasieren wir in Zusammenhängen, die tatsächlich auch (wenigstens quasi) bildlichen Gehalt und Strukturen aufweisen, wie sie annähernd realiter in Wechselwirkungen mit der Erlebnis- und Handlungsumgebung vorkommen.[2] In gewissem Sinne kann man sagen, daß der Erkenntnisapparat nach wie vor an Wahrnehmungszusammenhänge gebunden ist: Ohne Wahrnehmen könnten wir nichts erkennen, nicht einmal die abstraktesten Zusammenhänge in der Mathematik und Logik sind total in einer völlig von sinnlichen Vorbedingungen unabhängigen Welt entstanden oder als entstehbar zu denken. Und Erkennen ist in demselben Sinne abhängig von Handlungsplanung und Handlungs- wie Erlebensmöglichkeiten, von Interaktionsmöglichkeiten, von Möglichkeiten der Wechselwirkung zwischen Welt und dem erkennenden Organismus, Subjekt o. ä.. Auch das Erkennen muß natürlich in einer *Welt* passieren. Umgekehrt ist es doch wohl sogar so, daß Erkennen auch in gewissem Sinne immer – das ist natürlich erst in diesem Jahrhundert besonders stark durch die Mikrophysik, durch die Quantenmechanik, deutlich geworden – ein *Eingreifen* ist, ein *Strukturieren*, ein *Präparieren* des Systems in bezug auf das Erkennen und den so erklärten Erkenntnisprozeß. Wir erkennen nicht beliebig unabhängig von der uns umgebenden Welt, sondern

---

[2] Es gibt natürlich die Drogentrips – durch LSD usw., die erlauben können sollen, daß die Adepten sich völlig andere (?) Welten vorstellen. Ich selbst verfüge da über keine Erfahrungen – obwohl solche erkenntnistheoretisch gesehen natürlich ganz interessant wären. Manche wie Aldous Huxley haben solche Trips auch für die dichterische Produktion genutzt. Aber das ist, liegt schon eine Abstraktionsstufe tiefer, denn die Qualitäten der Erfahrung, die man sinnlich hat, dürften nur in geringer Weise von den Qualia der Farben und sonstigen Erfahrungen abweichen, selbst wenn sie es subjektiv sehr stark tun und chaotisch wirken. Es handelt sich dann eben auch um Farbeindrücke, Formeindrücke, Variationen usw. Mehr ist damit nicht gesagt, als daß letztlich ein sinnliches Material, das eben auch nur ein sinnliches Material der Sinne sein kann und in gewissem Sinne einmal gewesen ist, dann freilich in chaotischer oder vielfältiger Variation vorliegt.

wir präparieren eine Situation. Wir erkennen selektiv; mit anderen Worten: wir erkennen unter, in und durch Schemata, denn Schemata selektieren und dienen zur Wiedererkennung und Speicherung. Dies ist besonders durch die psychologischen Theorien des Erkennens deutlich geworden.

Das Schemakonzept ist eine Idee, die in der Psychologie eine große Rolle gespielt hat – und bis heute noch spielt. Der wahrscheinlich erste Psychologe, der in systematischen Zusammenhang den Schemabegriff verwendet hat, war Otto Selz, ein deutscher Psychologe Anfang des Jahrhunderts, der 1913 eine recht ausführliche Theorie des Schemabegriffs in der Psychologie entwickelte. Er sprach schon von produktiven Schemata, die von den Erkennenden benutzt und verwendet werden. Seine Arbeit heißt *Über die Gesetze des geordneten Denkverlaufs*.

Der geordnete Denkverlauf ist schemaabhängig. Die Schemata wurden von ihm schon aufgefaßt als gewisse gespeicherte und hierarchisch angeordnete, in sich gegliederte Strukturen, also als Wissensstrukturen, die häufig wiederkehrende oder tatsächlich erkennbare, wiederidentifizierbare Umweltkonstellationen, Handlungsfolgen usw. irgendwie mental erfassen, abbilden, repräsentieren. Das geschieht z. B. durch ein Hervorheben wesentlicher Merkmale, die für die Anwendung eines Begriffs notwendig und auch hinreichend sind. Sie sind natürlich dann mithilfe von Komponenten darzustellen, die Merkmale sind die Komponenten des Schemas. Man stellte sich das Schema durchaus symbolisch konstituentenkonstruiert oder -konstituiert[3] dar, wie man heute sagen würde.

Jedenfalls war schon bei Selz ganz deutlich, daß Schemata eine Art von Verknüpfung von Vorstellungen liefern, die über die bloße Assoziation, das bloße Aneinanderhängen, das Assoziieren von Vorstellungen, wie man es bis dahin, insbesondere im englischen Empirismus, gesehen hatte, hinausgeht. Er sprach schon von antizipatorischen, also von vorgreifenden Schemata in bezug auf

---

[3] Manche neuere psychologischen Theorien versuchen freilich die symbolische Konstituententheorie zu kritisieren, beispielsweise der Konnektionismus. Aber die allgemeine Fähigkeit der Repräsentation durch bestimmte wesentliche Konfigurationen ist natürlich unabhängig von diesem hypostasierten Symbolverarbeitungsprozeß: Man kann auch Strukturerfassungen und -bildungen konnektionistisch parallel verarbeiten und in einem entsprechenden konnektionistischen Neuroennnetzmodell deuten, ohne daß man in der Lage ist, einzelne Buchstaben oder Symbolteilfolgen etwa seriell anzuordnen usw.

Handlungskomplexe. Flach, auch ein deutscher Psychologe, hat 1925 eine Arbeit „Über symbolische Schemata im produktiven Denkprozeß" geschrieben, in der er symbolische Schemata als eine Menge oder Typenklasse anschaulicher Erlebnisgehalte auffaßt, welche den Denkvorgängen irgendwie erst ermöglichen, aber auch vorantreiben bzw. „bahnen". In der amerikanischen Literatur wird oft Bartlett mit seinem Buch *Remembering* (1932) als der erste Schemapsychologe zitiert, der er aber nicht ist. Er erkannte ebenfalls, daß Erfahrungen nur in Gestalt von und durch Schemata erfaßt und abgespeichert und nach bestimmten Merkmalen selektiert werden, daß früher wahrgenommene Erlebnis- und Erfahrungsinhalte durch Schemata wieder vergegenwärtigt werden. Durch bzw. in Schemata werden Erlebensgehalte bis auf das Wesentliche zusammengestutzt, strukturiert und dann gespeichert bzw. wieder

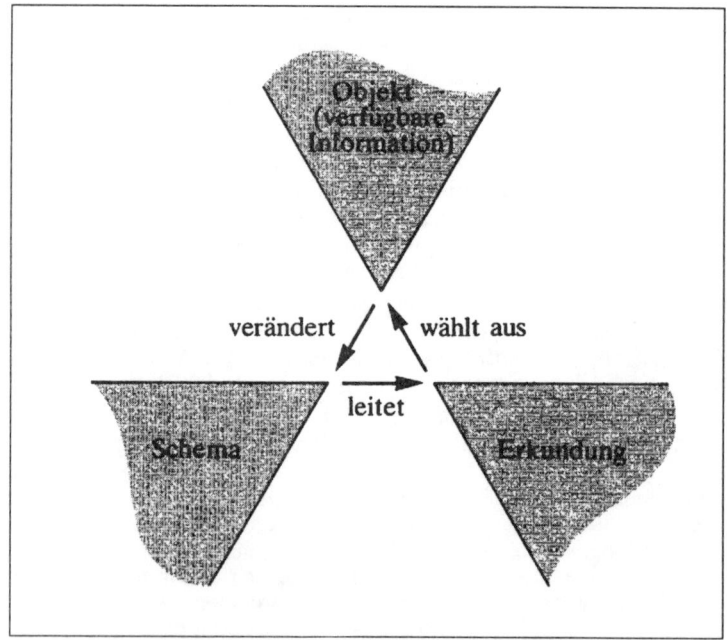

Abb. 2.1: Der Wahrnehmungszyklus

abgerufen. Gedächtnisinhalte sind dann also mit einer solchen Konzentration auf das Wesentliche gespeichert. Man speichert nicht alle Einzelheiten, sondern eben die wesentlichen Grundzüge und Merkmale, kann daran dann etwas erkennen und wiedererkennen, kann diese wesentlichen Grundzüge, diese Schemata wieder abrufen. Auf diese Weise kann man im Sinne der strukturierten Schemata überhaupt erst etwas erkennen. Es ist klar, daß in dieser Konzentration und Selektion auch die Quasistrukturierung und Rationalisierung, wie sie von Kant gemeint war, vorkommt und daß Schemata auch als veränderbar gesehen werden. Sie werden im Zuge der Erfahrung und des Erkennens in der individuellen Erfahrungs- oder Erkenntnisgeschichte jeweils „lernend" verändert und angepaßt. Es gibt dann einen Anpassungsprozeß, eine Wechselwirkung oder gar Regelungsprozesse zur Ausbildung und weiteren Veränderung der Schemata. Die Schemata sind flexibel, sie werden im Lichte neuer Erfahrungen bzw. in der Folge der Auseinandersetzung mit der Umwelt verändert. Z. B. hat Neisser in seinem Buch *Kognition und Wirklichkeit* (1976, deutsch 1979) ein Dreierschema aufgestellt, das er „Wahrnehmungszyklus" nennt, in dem die objektive Information, wie sie beispielsweise in Strukturen der Umwelt vorliegt, ein Zentrum bildet.

Dargestellt sind die Schemata, die die Erlebnisgehalte, z. B. Wahrnehmungsgehalte, strukturieren oder weitergeben oder ins Gedächtnis speichern, und das exploratorische oder „Erkundungs"-Verhalten. Neisser (1979, 26ff.) nennt das Prozeßgefüge einen „Wahrnehmungszyklus". Die vom Objekt, vom Gegenstand verfügbare Gegenstandsinformation verändert die Schemata, und unsere bisherige Erfahrung verändert diese Schemata, wenn Diskrepanzen auftreten. „Wahrnehmung ist immer eine Interaktion zwischen einem besonderen Objekt oder Ereignis und einem allgemeinen Schema" (ebd. 58). Die Schemata leiten unsere Erkundung der Umwelt, wir sehen selektiv, selektieren, fokussieren die Aufmerksamkeit auf das, was wir zu sehen gewohnt sind oder sehen wollen usw.. Jedes Urteilen ist ein Selektions- oder Leitzusammenhang; und das exploratorische Verhalten oder die faktische einzelne Erkundung selber wählt wiederum unter den Objekten die verfügbare Information bzw. die Gegenstände selber aus. Das alles verläuft in einem Kreisprozeß. Ein solches Prozeßgefüge ist bei der Wahrnehmung relevant; Neisser spricht daher von dem Wahrnehmungszyklus und meint, daß ein solcher Zyklus – das hat er in seinem Buch auch später (z. B. ebd. 90ff.) noch ausgeführt –

allgemeiner auch die Schemata des *Handelns* und Verhaltens in einer Art von Gesamtlandkarte des Geistes, in kognitive Landkarten, „cognitive maps", einbettet.

Neisser spricht allgemeiner von Orientierungsschemata. Dabei stellen die Schemata die „Landkarte" der Art und Weise dar, wie die Welt sich in uns mit ihren Gegenständen präsentiert. Entsprechend spielen dann natürlich auch die Fortbewegung und Handlung eine wesentliche Rolle, wie wir uns daran orientieren usw.. Sie werden ebenso wie die Erfassung und die Wahrnehmung interaktiv „strukturiert". Man hat somit also Anfügungen in dem Modell des Wahrnehmungszyklus vorzunehmen. Es kommt z. B. die wirkliche Welt dazu, die Welt als Gesamtheit der Objekte, die wirkliche externe Signalinformation, die von uns aufgenommen wird (allerdings in strukturell überformter Weise), sowie die po-

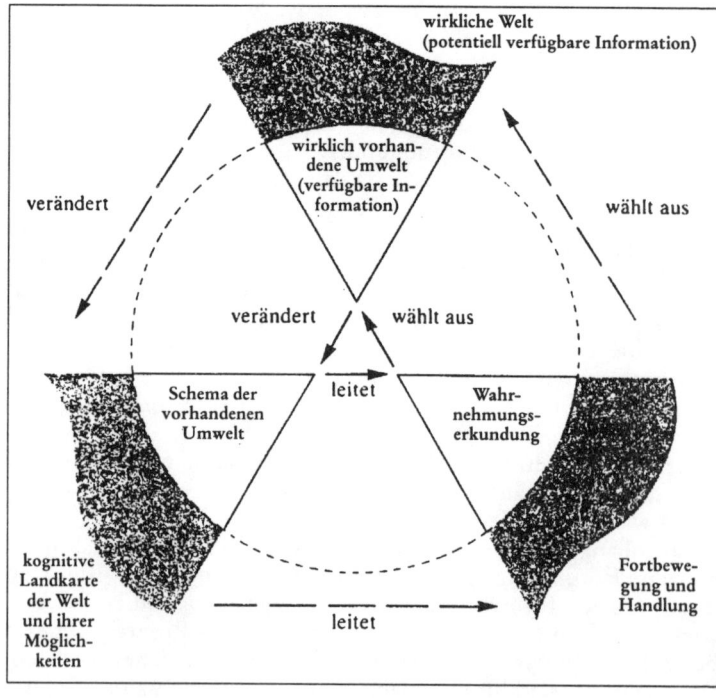

Abb. 2.2: Schemata in kognitive Landkarten eingebettet

tentiell verfügbare Information. Beides modifiziert u. U. die „Landkarte" der gesamten kognitiven Möglichkeiten, die Karte der Schemata, der kognitiven Erfassungsmöglichkeiten, und jedes Element verändert diese auch wiederum. Es hängt also auch von der „wirklichen" Welt und von möglichen Entwicklungsalternativen ab, was wir in unseren schematisierten „Landkarten" speichern können. Und es ergibt sich wieder ein kreisgeregelter Selektions- oder Leitprozeß, der sich hier nicht nur auf das Erkundungsverhalten, sondern auch auf Handlungen oder Fortbewegungen usw. bezieht. Es gibt dadurch wieder einen selektiven Einfluß auf die entsprechende wahrnehmbare Umwelt. Das Diagramm ist natürlich ein bißchen grobschlächtig gezeichnet. In Wirklichkeit gibt es hier keine scharfen Grenzen, das zu beachten ist vielleicht besonders wichtig. Dieser Kreisprozeß ist also vom Wahrnehmungszyklus auf einen Handlungs- und Kognitions- oder Kognitions-Handlungs-Zyklus generell verallgemeinert worden. Das ist wichtig und entspricht dem, was ich über den Zusammenhang von Erkennen, Handeln und Welteinbettung angedeutet habe. Schemata spielen dabei in verschiedener Weise eine Rolle. Neisser meint (ebd. 51), das Schema „ist ein Muster *von* Handlung wie auch ein Muster *für* Handlung". Es „führe" – glaubt er etwas zu homunkulussprachlich – Handlungspläne selber aus (ebd.).

Es sind besonders die antizipierenden, die Wahrnehmungen vorwegnehmenden Schemata, die auch bei Handlungen eine besonders prägende Rolle spielen. Geplantes, planmäßiges, zielorientiertes Handeln ist immer abhängig von Antizipationen, von Vorwegnahmen, von Ausdehnungen der Schemata auf künftige Zielzustände. Neisser sagt sogar explizit, Schemata *seien* Antizipationen (ebd. 27, vgl. a. 105ff., 117ff.), aber das ist natürlich eine ungenaue Sprechweise. Sie sind nicht bloß Phasen einer andauernden Aktivität, sondern sie sind in diese Zyklen eingebettet, können aber nur analytisch herausgelöst werden, und sind auch die Basis aller höheren geistigen Prozesse. Neisser sieht dabei deutlich, daß Wahrnehmung Handeln ist, eine Art von Handeln (ebd. 49 u. a.), das zwar nicht die Welt verändert, sondern den Wahrnehmenden oder seine Schemata wiederum verändert. „Das Schema ist", so definiert er (ebd. 50), „jener Teil des ganzen Wahrnehmungszyklus, der im Innern des Wahrnehmenden ist, durch Erfahrung veränderbar und irgendwie spezifisch für das ist, was wahrgenommen wird. Das Schema nimmt Information auf, wenn sie bei den Sinnesorganen verfügbar wird, und es wird durch diese stete Information verändert. Es leitet Bewegungs- und Erkundungsaktivitäten, die weitere Information verfügbar machen, und wird durch diese wiederum verändert." (Dabei spielt natürlich die Erinnerung eine große Rolle.)

Die Definition ist natürlich nicht sehr präzise. Was heißt es, daß das Schema Teil des Wahrnehmungszyklus ist? Dieser Zyklus ist eine gedankliche, hypothetische Konstruktion des Wissenschaftlers, und als solches ist das Schema natürlich dann ein Teil von diesem. Vom biologischen Standpunkt aus sei „das Schema ein Teil des Nervensystems": „Es ist ein aktiver Teil physiologischer Strukturen und Prozesse, nicht ein Zentrum im Gehirn, sondern ein ganzes System, das Rezeptoren, Afferenzen, ‚feed forward units' (Vorauskoppelungseinheiten) und Efferenzen", also Auswirkungen auf das Handeln, „umfaßt" (ebd. 50). Das entspricht dem, was man heute auch denkt, wenn man von Schemata, wie ich vorgeschlagen habe (z. B. Verf. 1993, 102f.), als den Konfigurationen von bestimmten dynamisch relativ stabilisierten Neuronenensembles spricht. Motive werden beispielsweise als „generelle Schemata", genauer: als dispositionelle Schemata, aufgefaßt. Neisser sieht auch, daß Schemata von vielen anderen Wissenschaftlern behandelt werden, die sie unter teilweise anderen Bezeichnungen und Analogien darstellen, etwa als *Programm* oder als *Format* in der Computerprogrammierung, als *Plan* in der neobehavioristischen oder subjektiv-behavioristischen Theorie (etwa von Miller, Galanter und Pribram in *Plans and the Structure of Behavior* (1960)). Ebenfalls werden sie als „*frames*", „*Rahmen*" bezeichnet, die ja sowohl in der Computerwissenschaft nach Minsky (1975) eine Rolle spielen als auch in der Soziologie, etwa nach Erving Goffman (1977), wobei diese jeweiligen Konzepte allerdings unterschiedlich aufgefaßt werden. Im einen Fall handelt es sich um eine Hierarchie von Einzelbildungsmöglichkeiten schematischer Art, im anderen Fall – etwa bei Goffman – ist es eine durch Konventionen gefaßte, strukturierte Auffassung, die die soziale Welt strukturiert und aus der sozialen Welt strukturiert übernommen wird.

Schemata sind also im Grunde jeweils ein Ergebnis ihrer eigenen Entwicklungsgeschichte (Neisser 1979, 55). Rumelhart (1978) hat die erwähnten Verbindungen der Schemata zu anderen ordnenden Gesichtspunkten in einer Art von definierender Illustration ausgearbeitet, indem er meinte, Schemata seien *wie Spiele* mit bestimmten Merkmalen. Sie sind vergleichbar dem *Drehbuch* eines Schauspiels. Sie leisten, dem „*plot*" oder „*script*" entsprechend, das Wesentliche der Handlungsstrukturierung. Oder sie fungieren *wie Theorien* bei der Erklärung. Sie konstruieren die Deutung von Ereignissen, Gegenstandskonfigurationen. Oder sie sind *wie Computerprogramme* aufzufassen – oder *wie allgemeine Verfahren, Prozeduren* überhaupt. Man kann sie auch als aktive *Strukturierungsnetzwerke oder -prozesse* verstehen. Sie leisten gleichsam *Konstituentenanalysen* wie die linguistischen Zerlegungsbäume, wie etwa eine semantische Analyse von Sätzen im sog. *„parsing".*[4]

Man kann auch noch mehr Analogien entwickeln. Rumelhart (1978) als jener zeitgenössische Psychologe, der sich lange Zeit am meisten mit den Schemata befaßt hat, konstatiert, daß Schemata *Variablen* aufweisen, in andere Schemata *eingebettet* werden können: sie also haben *Subschemata.* Sie sind ferner *hierarchisch* angeordnet, sie *„repräsentieren",* stellen Wissen auf allen Abstraktionsebenen dar – und sie repräsentieren in der Tat eher Faktisches oder Zusammenhangswissen als bloße Definitionen. Rumelhart kommt zu dem Schluß, daß unsere „Schemata unser Wissen *sind".* Alles unser kategoriales, Gattungsbegriffe verwendendes Wissen ist in Schemata eingebettet. *Wir haben nur schematisiertes Wissen. Erkennen, Wissen ist notwendig schematisiert.* Schemata sind *aktive Prozesse* – das wurde ja bereits erwähnt. Sie sind natürlich auch Möglichkeiten der Erinnerungs- oder Gedächtnisaktivierung, sie stellen Konkretisierungsmöglichkeiten („devices") dar, welche für die Wiederabrufung („retrieval") von Informationen nötig sind. Aber sie sind auch unerläßlich zur Bewertung, zur Erfüllung von Standards, fungieren als Gütestandards, Wertmaßstäbe usw. Sie werden geprägt und modifiziert durch bestimmte Entwicklungen, kontrolliert und gesteuert, sie können also geplant verändert werden, sie können aber auch von außen verändert werden. All das ist ähnlich wie bei Neisser. Schemata sind im Grunde alldurchdringend: Alle unsere Wissens- und Erkenntnis-, ja, unsere Handlungsprozesse sind durch und an Schemata gebunden, sind schematisiert. Mit anderen Worten: Schemaanalyse ist der Grundstock der Erkenntnispsychologie – und, so können wir ergänzen: auch der philosophischen Erkenntnistheorie: Das Anwenden und

---

4 Sie differenzieren die Verteilungen von linguistischen Kategorien wie Nominalphrase, Verbalphrase in einem „Baum" (das kennt man aus dem Chomskysschen Ansatz, bei dem entsprechende syntaktische und semantische Bäume verwendet werden: Man spricht von „Zerlegen" oder „Aufgliedern", eben von „parsing".)

Aktivieren von Schemata ist das deutende Erkennen überhaupt bzw. das Handeln i. S. der struktierenden und strukturierten Aktivierung von Dispositionen, Plänen, Verhaltens- und Handlungsneigungen überhaupt. Der Prozeß der Interpretation, die Auswahl der möglichen Konfigurationen von Schemata und etwa die Verifizierung dieser, die mit einer bestimmten, in der Erinnerung gespeicherten Datenstruktur oder diesen entsprechenden Fragmenten darin vereinbar sind, ist für Rumelhart (ebd.) stets bezogen auf das Gedächtnis oder das Erinnern. Zweifellos ist richtig, daß alles Erinnern im Gedächtnis schematisiert ist. Entsprechend gilt natürlich erst recht für alles Lernen, für alles Strukturieren selbst, zumal auch für die Veränderung von Schemata, sei es durch Einfügung von Modifikationen bisheriger Schemata, sei es durch Erfindung ganz neuer Schemavarianten oder sei es durch Lernen am Erfolg oder durch Begegnung mit Ereignissen in der jeweils unmittelbaren zeiträumlichen Nachbarschaft. Mit anderen Worten: das Schemastrukturiertsein ist so etwas wie eine Verfassung unseres Wissens – ähnlich der strukturellen Geprägtheit, wie sie durch eine (z. B. wissenschaftliche) Theorie dargestellt wird. Ein Schema ist nach Rumelhart – wie eine Theorie – eine Art von Datenstruktur[5], die in der Erinnerung beispielsweise kategorisiertes Wissen oder Gattungsbegriffe oder zentrale wichtige Merkmale speichert. Schemata sind, so der Titel von Rumelharts Aufsatz, „die Bausteine der Kognition". „Schemata: The Building Blocks of Cognition" (1978).

Diese These ist eigentlich auch heute noch richtig, selbst wenn man z. B. das Zustandekommen und die Arbeit von Schemata etwa auf andere Weise verstehen wollte, nämlich konnektionistisch[6] (ohne die Zusammenfügung von symbolischen Einzelbausteinen). Daß eine solche Schematheorie natürlich selbst (wie) eine analytische Konstruktion des Wissenschaftlers, etwa des Psychologen, für das Zustandekommen der aktuellen Strukturierung im Mentalen und der entsprechenden damit verbundenen Prozesse des Erinnerungsspeicherns und Abrufens, Aktivierens usw. ist, das ist natürlich deutlich: Es handelt sich hier um analytische Hypothesen oder hypothetische Konstrukte, um Begriffsbildungen, die uns unsere

---

[5] Diese Formulierung ist sicher etwas einseitig von der Computeranalogie beeinflußt!

[6] Zur Rolle und Erklärung der Schemata im Konnektionismus vgl. Rumelhart, Smolensky, McClelland, Hinton: Schemata and Consequential Thought Processes in PDP Models, 1986, 7-57.

Verhältnisse beim Erkennen und auch beim Handeln verdeutlichen können.

Offensichtlich sind Schemata zum Repräsentieren, zur Darstellung von Verhältnissen, Strukturen, Außenweltverhältnissen usw. geeignet. Man kann sie also variieren, man kann sie speichern, d.h., es muß also offenbar so etwas wie eine faktisch-physische Trägerschaft, einen Trägerprozeß der Schemata geben. Wie ist das nun zu verstehen? (Dazu ist oben schon einiges ausgeführt worden.) Wie kann man sich solche Schemata vorstellen, wie kann man sie *haben*, wie kann man, besser gesagt, über sie „verfügen" – oder was sind sie?

Der Kantische Begriff, daß „das Schema" eine Verfahrensweise der Zuordnung von Bildern zu allgemeinen Begriffen durch die Einbildungskraft ist, daß diese Verfahrensweise selbst sozusagen eine Fähigkeit und Tätigkeit der Einbildungskraft ist, die ihrerseits nicht wieder erforscht werden kann, ist – wie erwähnt – vielleicht doch ein wenig unbefriedigend. In der Tat scheinen die Psychologen seit 1949, seit Donald Hebb sein berühmtes Buch *Organization of Behavior* veröffentlicht hat, über eine gewisse Grundintuition zur physischen Schemaentstehung und -fundierung zu verfügen. Hebb hat nämlich in gewissem Sinne die Psychologie des Lernens und des Erkennens auf die Physiologie bzw. neurowissenschaftliche Erfassung von neuronalen Verknüpfungen, insbesondere auf die dynamischen Konfigurationen der Überbrückungen von Synapsen, den „Spalten" zwischen Neuronen, zurückgeführt – durch seine später so genannten berühmten Hebbschen Regeln.

Die Hebbschen Regeln besagen im wesentlichen, daß die Aktivierung einer präsynaptischen Neuronenzelle *zugleich* mit der Aktivierung einer postsynaptischen Zelle jeweils eine gewisse Verstärkung der Synapsenüberbrückung ergibt. *Wiederholte* Aktivierung benachbarter Neuronen erzeugt eine größere Verstärkung. Entsprechend hat eine wiederholte Aktivierung einer präsynaptischen Zelle ohne Aktivierung der nachgeordneten dann eine hemmende Wirkung. Das Ganze kann man sich dann als in einer Netzstruktur angeordnet vorstellen. Durch eine solche Synapsenbildung im dynamischen Gefüge entstehen dann *relativ* stabilisierte Neuronennetze, die man heute Neuronenassemblies bzw. -ensembles nennt. Diese können in einem Sinne die Aktivierung eines bestimmten Speicherinhalts, z. B. im Gedächtnis, oder die Aktivierung eines Wahrnehmungsschemas darstellen. Man hat häufiger ironisierend z. B. von dem „Großmutterneuron" gesprochen: Wenn ich die

Großmutter sehe, wird ein Neuron bzw. genauer ein Neuronennetz aktiviert, das stabilisiert ist durch die häufigen Begegnungen mit der Großmutter, und auf diese Weise kann man dann die Großmutter erkennen, besser gesagt wiedererkennen. Das ist natürlich als viel zu einfach vorgestellt und inzwischen ist diese Theorie des einen ‚Großmutterneurons‘ endgültig widerlegt worden. Aber im Grunde ist diese Aktivierungs- und Reaktivierungstheorie zur Bildung von solchen dynamischen relativ stabilisierten Netzgefügen beibehalten und ausgedehnt worden, insbesondere im den letzten zwei Jahrzehnten. Christoph von der Malsburg, ein deutscher Neurowissenschaftler, hat die Hypothese aufgestellt, daß es solche *„plastischen"* Neuronennetze (Neuronenassemblies) gibt, die sehr schnell – geradezu blitzartig – durch Aktivierung, entsprechend etwa den Hebbschen Regeln, gebildet werden können – und daß sie nach der Bildung und Reaktivierung dann über beträchtliche Zeit beibehalten werden können, sozusagen relativ stabil sind. Man hat diese These inzwischen auch empirisch nachweisen können. Im dynamischen Sichbilden, Sicheinschwingen von solchen neuronalen Ensembles, die sich auf einer Grundschwingung von 20-70 Hertz, also in einem Mittel von 40 Hertz, auflagern, sich kohärent oszillierend einander angleichen, ergibt sich eine Art von Stabilisierung eines solchen sich dynamisch bildenden Netzwerkes. Dies geschieht nämlich dadurch, daß die entsprechenden Neuronen, die Teil dieses Netzwerkes sind und die durch ihre gemeinsame „Aktivität" dieses Netzwerk erst definieren, sich von anderen dadurch abgrenzen, daß sie gemeinsam schwingen, in einer gemeinsamen Schwingungsrate sich einfinden, sich geradezu synergetisch (nach Haken) auf eine bestimmte Schwingungsfrequenz einspielen: „kohärent oszillieren". Das ist z. B. durch Singer und Mitarbeiter in Frankfurt bestätigt worden, aber auch durch amerikanische Untersuchungen wurden vielfach solche Bildungen von Neuronennetzwerken nachgewiesen.

Diese Neuronenassemblies können einander natürlich auch überlappen. Ein und das selbe Neuron kann zugleich Neuron eines anderen, nur teilweise „überlappenden" Assemblies oder gar Mitglied mehrerer Neuronennetzwerke sein, die sich entsprechend dann je auf verschiedenen Schwingungen aufbauen. Auf diese Weise kann man sich auch die Möglichkeit der Verbindung zwischen unterschiedlichen Begriffsinhalten vorstellen. Das sogenannte „Bindungsproblem" kann man sich grundsätzlich als auf diese Art lösbar vorstellen, beispielsweise, daß etwa Farben- und

Formenerkennung desselben Wahrnehmungsgegenstandes zusammengeführt werden können.

Mit anderen Worten: das hypothetische Etablieren, das Bilden von solchen Trägerstrukturen für Schemata ist als Einschwingungsprozeß von Neuronenassemblies vorstellbar. So kann ein Ensemble eine relative Stabilität gewinnen, ist aber dynamisch konstituiert. Es gibt also eine dynamische Vernetzungseinheit, die immer durch Wiederaktivierung, durch diese gemeinsame kohärente Schwingung der entsprechenden Netzwerke konstituiert ist und aufrechterhalten wird. Je häufiger eine solche Aktivierung auftritt, desto *stärker* ist die Bildung, desto besser kann sie wieder aufgefunden, reaktiviert werden. Übung, Einschwingung, Einspielen – das sind, wenn man so will, die Begriffe, die das Lernen in diesem Zusammenhang neuronal unterfüttern. Einschwingen ist die Meisterin des Lernens und Erkennens (Humes „Gewohnheit", besser: Gewöhnung in moderner, neurowissenschaftlicher Auffassung?).

Man kann durchaus meinen, daß Schematabildung sich neuronal auf derartige Neuronennetzbildungen oder neuronale Assembly-Bildung und der entsprechenden kohärenten Einschwingungsphänomene aufbaut – und daß die Bildung von relativ stabilisierten Schemata und deren Wiederanwendung ein und derselbe Prozeß sind. Man mag also hypothetisch sagen, daß die Bildung dieses Neuronenassemblies dadurch geschieht, daß solche Trägerprozesse neuronal systemartig aktiviert werden, sich dynamisch konstituieren, daß eine Einschwingungsoszillation die Grundlage bildet, eine bestimmte Frequenz z. B., in der die Neuronen der entsprechenden Assemblies dann gemeinsam schwingen. Die *Wiederaktivierung* ist dann natürlich im Grunde wieder dasselbe Aktivieren – nur eben wiederholt. Das Einschwingen und das Reaktivieren sind derselbe Prozeß des Aktivierens, nur eben im letzteren Falle das *wiederholte* Aktivieren. Mit anderen Worten: das erste Bilden, das Konstituieren von Schemata ist neuronal gesehen als derselbe dynamische Prozeß vorzustellen wie das *Reaktivieren*, das Anwenden von bereits etablierten Schemata. Nur *analytisch* kann man zwischen diesen beiden Prozessen unterscheiden – und das sollte man natürlich auch tun. Das alles bedeutet aber, erkenntnistheoretisch gesehen, daß im Grunde zwischen der ersten Bildung eines Schemas und der Aktivierung eines Schemas beim Erkennen eigentlich außer der Wiederholung oder der relativen Stabilität nach vielfacher Wiederholung kein grundsätzlicher Unterschied besteht.

Die Konstitution des Schemas, die erste Bildung ist eine Art von „Konstruktion" im weiten Sinne des Wortes. Konstruktion ist dabei auf dieser Grundebene natürlich *keine planmäßig* ausgeführte Konstruktion im engeren Sinne. Letzteres wäre erst das Wiederabspielen eines erworbenen Schemas unter bestimmten einschränkenden bewußtseinsgeprägten oder bewußtseinspflichtigen Gesichtspunkten. Das heißt, es gibt gleichsam einen (fast) kontinuierlichen Übergang vom ersten Bilden und Aktivieren zum Reaktivieren, vom „Konstruieren" im weiten, nicht bewußtseinsgebundenen Sinne zum Nachkonstruieren oder zum bewußten Konstruieren oder zum Rekonstruieren i. e. S., wenn z. B. ein erneut zu aktivierendes Muster schon vorliegt. Ich nenne das Aktivieren solcher dynamisch etablierten und relativ stabilisierten Schemata interpretatorisch-schematisierende (repräsentierende) Vorgänge oder schematisierend-interpretatorische Aktivitäten, die hier ausgelöst werden und ablaufen bzw. wieder abgespielt werden.

Interpretatorisch-schematisierte Aktivitäten oder *Schemainterpretationen* umfassen konstituierende Aktivitäten, also die erste Bildung von Schemata, wie ich es eben geschildert habe, das Aktivieren, Ausbilden, Entwickeln, Differenzieren, Stabilisieren von solchen. Das bewußte Auslösen oder Diskriminieren, Einschwingen auf bewußte, feststellbare Wahrnehmungsunterschiede beispielsweise gehören dazu. Auch das quasi automatisch verlaufende Auswählen, das Verfeinern von Schemata ist diesem anfänglichen Aktivieren verwandt. Das *bewußte* Entwerfen, Zuordnen oder Projizieren, Organisieren, Integrieren hingegen ist eher eine Konstruktion im *engeren* Sinne. Und dann gibt es noch die darauf aufbauenden Aktivitäten, wie das *neuerliche* Anwenden, Repräsentieren, Vorstellen bzw. das Wiedererkennen, Reidentifizieren, Zuordnen durch Einsetzen, Subsumieren, Klassifizieren usw.; das sind dann Prozesse, die eher *rekonstruktiv* genannt werden. Eine Sonderrolle spielt schließlich die Textinterpretation. Diese klassische „Interpretation", wie sie die Hermeneutiker untersuchen, ist ein Spezialfall dieser rekonstruierenden schematisierend-interpretatorischen Aktivitäten. Es gibt also so etwas wie ein Kontinuum zwischen diesen Aktivitäten, keine scharfen Unterschiede, weil das Konstruieren im weiten Sinne und das Konstruieren im engeren Sinne, das Rekonstruieren auf einem Spektrum nur analytisch zu unterscheiden sind: Sie sind miteinander verwandt, was sich durch die erwähnte Rückführung auf den neuronalen Grundprozeß des Einschwingens, des kohärenten Oszillierens, bzw. durch Konkreti-

sierung in diesem, auf diesem Prozeß als dem physischen Träger-
vorgang plausibel machen läßt. Deswegen ist es sehr sinnvoll, hier
von Schemainterpretation als Schemaaktivierung und -reaktivie-
rung zu sprechen; das Schemainterpretieren allgemein umfaßt dann
nicht nur diese interpretatorisch-schematisierenden Aktivitäten in
neurophysiologischem und neuropsychologischem Sinne, sondern
es umfaßt auch *inhaltlich*, gehaltsbezogen das Konstituieren, Konstruieren im weiten sowie im engeren Sinne das *bewußte* Konstruieren, das Rekonstruieren usw. Es handelt sich also um ein sehr
allgemeines Phänomen, das im Grunde dazu führt, das Interpretieren im weitesten Sinne des Wortes oder Schemainterpretieren als
das Aktivieren und Reaktivieren von solchen Schemata auf der
Basis selektiv relativ stabilisierter neuronaler Ensembles oder Neuronenassemblies aufzufassen. Auf diese Weise kann man sagen, daß
das Schematisieren eine Art von Grundprozeß darstellt, der zur
Gewinnung, Verfestigung und generell im weitesten Sinne verstandenen zur Interpretation aller Erkenntnis notwendig ist. Erkennen
ist Schemainterpretieren. Das nimmt die psychologische Erkenntnis, Wahrnehmung sei Konstruktion, auf (Konstruktion ist dabei
natürlich im einem *weiten* Sinne verstanden). Natürlich gilt das
auch für das Handeln. Handeln ist ebenfalls Schemainterpretation[7],
weil jeder Handlungsentwurf zunächst auf solche Modelle und
Schemata ausgerichtet ist, bevor die Handlung dann einsetzt.

---

[7] „Die Schemata für Handlungen ... machen genauso eine Entwicklung durch
wie alle anderen kognitiven Strukturen", meint auch Neisser (1979, 149), der
sich in seiner Diskussion aber als ansonsten stark auf die von ihm freilich explizit als handlungsförmig bezeichneten Wahrnehmungs-, Orientierungs- und
Kognitionstätigkeiten beschränkt (s. a. schon sein Buch *Kognitive Psychologie*, 1974, in dem er die Hauptthese verficht, daß alle"Kognition konstruktiv"
und von Schemata (= „kognitiven Strukturen") geleitet sei (ebd. 360). (Offenbar benutzte er an diesen beiden Stellen den Ausdruck „kognitive Strukturen"
in zwei verschieden weiten Bedeutungen.)
Neisser schreibt hier freilich (ebd.) „Die Schemata sind selbst solche Konstruktionen, die im Verlauf der Aufmerksamkeitsaktivität im jedem Moment
geschaffen werden". Als solche könnten sie aber keine Kontinuität und relative Stabilität aufweisen. Im zweiten Buche (1979) scheint Neisser dies still-
schweigend korrigiert zu haben.

3. Schematisierend-interpretatorische Aktivitäten und Interpretationsstufen

Das Interpretieren als Aktivieren von Schemata ist ein Begriff, der durchaus – wie wir gesehen haben – eine gewisse neurobiologische Grundlage haben kann, ohne völlig auf neurophysiologische Substrate zurückführbar zu sein. Man kann sich das so vorstellen, daß ein Trägerprozeß oder Trägerprozesse in vernetzten Zusammenhängen gegeben sein müssen, damit so etwas wie Aktivierung von Schemata zur Musterbildung und Mustererkennung möglich ist. Deswegen spreche ich von *„Schema*interpretieren" im Unterschied zu anderen Auffassungen und Definitionen des traditionellen hermeneutischen Begriffs des Interpretierens, der sich normalerweise an Worten oder Texten orientiert. Man interpretiert einen *Text*. Beim Schemainterpretieren hingegen kann u.U. auch ein konstruktives musterbildendes Geschehen vorliegen, das gar nicht von einem vorgegebenen Text ausgeht, sondern wir haben das Textinterpretieren nur als Spezialfall außenimprägnierter Schematisierungen zu verstehen. Aber natürlich ist es ein besonders interessanter und wichtiger Sonderfall.

Wenn wir von Gegebenem ausgehen – „Gegebenes" im traditionellen Sinne verstanden – so müssen wir, so haben wir gesehen, eigentlich schon *etwas* konstituiert haben, schon gebildet haben, um dieses der Interpretation zugrunde legen zu können.

Ich werde im folgenden noch detaillierter auf die oben angedeuteten Unterschiede eingehen, die bestehen zwischen dem Konstituieren, dem ersten Bilden von *etwas*, das dann weiter *als* etwas verstanden und interpretiert werden kann, und dem bewußten, planmäßigen Konstruieren im engeren Sinne und dem Rekonstruieren, dem Nachkonstruieren oder Wiederkonstruieren. Das heißt also, wir haben ein ganzes *Spektrum* unterschiedlicher schematisch-interpretatorischer Aktivitäten oder schematisierend-interpretatorischer Prozesse. Es geht darum, deutlich zu machen, daß diese Aktivitäten z.T. keineswegs bewußt und planmäßig ablaufen, sondern das Mustererkennen, das wir beispielsweise beim visuellen Wahrnehmen vollziehen, ist größtenteils ein unterbewußtes. Wir haben sozusagen schon unsere entsprechenden Musterbildungen parat und erkennen sofort Konfigurationen und Strukturen. Es handelt sich hierbei also um eine unterbewußte schematisch-interpretatorische Aktivität. Demgegenüber sind natürlich die bewußten Konstruktionen, die wir etwa in der expliziten sprachlichen Beschreibung vornehmen oder die wir bei Begriffsbildungen leisten, die wir neu einführen, z.B. bei Nominaldefinitionen oder beim Aufstellen von Axiomensystemen usw., natürlich auch schematisierend-interpretatorische Aktivitäten in dem erwähnten Sinne, aber eben *bewußte* Konstruktbildungen, also Konstruktionen im engeren Sinne.

Den Begriff ‚Konstruktionen‘ im *weiteren* Sinne möchte ich auf alle solche schematisierend-interpretatorischen Aktivitäten und Prozesse beziehen und den Begriff „Konstruieren“ im *engeren* Sinne für das bewußte planmäßige Konstruieren und auch für das bewußte Rekonstruieren reservieren, welches natürlich ebenfalls ein „Konstruieren“ i. e. S. ist. Alles Konstruieren i. e. S. ist auch ein solches i. w. S., aber nicht umgekehrt. Insofern muß nicht bei allem Schemainterpretieren im engeren Sinne „konstruiert“ werden, obwohl notwendig im weiteren Sinne „konstruiert“ wird. Das heißt, den Ausdruck ‚Konstruieren‘ benutzen wir absichtlich etwas mehrdeutig, einmal im weiten Sinne – und zwar noch nicht im Sinne der bewußten planmäßigen Zusammensetzung von Strukturteilen oder der bewußten Konstruktbildung, sondern eben, „i. w. S.“ überhaupt: im Sinne des musterbildenden und -erkennenden Schemaanwendens, des schematischen Interpretierens generell, wobei das unterbewußte Strukturieren oder Auffassen als ein Konstrukt natürlich dazugehört. Spezifischer ist das Konstruieren im engeren Sinne natürlich eine *bewußte* Konstruktbildung. Deren Ergebnis ist dann natürlich notwendig ein bewußt zustandegebrachtes Erzeugnis, das eben mit Bewußtheit verbunden ist und als Produkt bewußter Akte gilt (obwohl auch hierbei stets ein Großteil unterbewußt ablaufender Prozesse involviert ist).

Beides läßt sich leicht unterscheiden. Diese Terminologie vom „Konstruieren“ oder „Konstruktbilden“ i.w.S. ist übrigens auch in der kognitiven Psychologie üblich. Wenn z.B. Ulric Neisser meinte (1974, 360;1979), daß Kognition und insbesondere auch Wahrnehmung „konstruktiv“ ist bzw. (als Prozeß und Ergebnis) Konstruktion ist, wie er ausdrücklich sagt, dann kann er das natürlich nicht nur in bezug auf die Wahrnehmung und auch in bezug auf bestimmte Kognitionen im engeren Sinne verstanden haben, die nicht im eben erwähnten Sinne *bewußt* konstruiert sind, sondern er muß es im weiteren Sinne gemeint haben. Das bedeutet, auch die kognitiven Psychologen verwenden den Ausdruck „Konstruieren" z. T. in diesem weiteren Sinne. Es handelt sich hier natürlich nur um eine terminologische Frage und insofern um kein sehr ernsthaftes Problem. Man könnte und sollte vielleicht gar sauberer eine andere Ausdrucksweise einführen, indem man etwa das weitere Konstruieren irgendwie anders benennt, z. B. „Schema*strukturieren*", aber selbst der Ausdruck ‚Strukturieren' weist wohl auch schon diese Konnotation des bewußten Operierens auf. Jedenfalls ist klar, daß das eher unterbewußt Ablaufende erst eine Musterstruktur zur Gegenstandserfassung zu bilden ermöglicht: z. B. ist es beim Wahrnehmen eine „Aktivität", welche die Repräsentation eines Gegenstands samt dessen Struktur und Konfiguration erst konstituiert. Und diese Aktivität ist etwas anderes als das bewußte Konstruieren (i.e.S.).

Das erste stabilisierende Schema oder Konstruieren ist auf der linken Seite des Diagramms der schematisierend-interpretatorischen Aktivitäten aufgeführt. Dort finden sich also die eher unterbewußt ablaufenden Konstitutions- und Konstruktionsprozesse (i. w. S.), die man sich eben als auf den erwähnten eingespielten plastischen Neuronenassemblies aufliegend vorstellen kann. Dies ist natürlich eine vereinfachte Modellkonzeption. Diese mag im allgemeinen Gültigkeit haben, ohne daß natürlich das erkenntnistheoretische Strukturieren, Konstruieren, Schemabilden und -aktivieren auf das Spiel der Neuronen allein zurückgeführt werden könnte, etwa in dem Sinne, daß man rein physiologisch oder physikalistisch nun die kognitiven Gehalte durch das Zusammenspiel der Neuronen in ihren relativ stabilisierten Netzen, im naturwissenschaftlichen Sinne erklären könnte. Mit anderen Worten: die semantische Lücke zwischen der Trägerprozeßgestaltung oder -aktivierung einerseits und dem Erfassen des Gehaltes andererseits ist damit noch nicht geschlossen, sondern sie wird allenfalls durch diese grob-korrelative Zuordnung verringert oder vermindert.

Das *bewußte* Unterscheiden und Kontrastieren, das bewußte Auslösen etwa von Mustern, das man sich natürlich wie erwähnt als eine Abhebung von kohärenten Einschwingungsprozessen der relativ stabilisierten Neuronenassemblies gegenüber einem Hintergrund vorstellen kann, der sozusagen selber auch schwingt, aber nicht in dem Sinne kohärent, sondern eher chaotisch angeordnet ist – dieses prozessuale oszillationsfundierte Diskriminieren und konstituierende konstruierende rekonstruierende Aktivitäten

Konstituieren	bewußtes Auslösen	Entwerfen
unbewußtes Auslösen	Diskriminieren	Zuordnen
Aktivieren	Kontrastieren	Aufprojizieren
Ausbilden	Vergleichen	Variieren
Entwickeln	(Re-)Identifizieren	Kombinieren
Differenzieren	Darstellen	Organisieren
Stabilisieren	Auswählen	Integrieren
	Verfeinern	

von Schemata

Anwenden	(Re-)Identifizieren
Projizieren	(Wieder-)Erkennen
Durchführen	Unterscheiden
Konstruieren	Zuordnen durch Einsetzen
Repräsentieren	Subsumieren
Vorstellen	sortierendes Klassifizieren
Kognizieren	Verstehen i. w. S.
Darstellen	sukzessives
	Weiteranwenden

durch, mittels, nach oder in Schemata
(von Konstanzen, Formen, Strukturen,
Gestalten, Gegenständen, Ereignissen,
Prozessen, Fakten, Relationen, Kontexten)

bei Textinterpretation
(Re-)Identifizieren
Anwenden von Schemata
(Wieder-)Erkennen
Verstehen i. e. S.

Kontrastieren, kann dann eben auch zu einem mehr oder minder *bewußten (bewußtheitsfähigen) Auslösen* führen. Hier haben wir also eine Übergangsphase zwischen dem unterbewußten Konstituieren und dem bewußten Entwerfen und Konstruieren im engeren Sinne. Die wohl erblich angelegte Kontrastfeststellung zwischen Hell und Dunkel usw. wird damit *bewußt* und zugleich konfiguriert und kategorisiert, wobei sich schon in gewisser Weise also die Gesichtspunkte des Konstituierens, also des Konstruierens im weiteren Sinne und des Konstruierens im engeren Sinne verbinden. Im engeren Sinne handelt es sich dann ein bewußtes Kombinieren von Teilelementen, von Strukturteilen, um ein Organisieren von Elementen, ein Zuordnen, Entwerfen, Projizieren, ja, Subsumieren unter Wahrnehmungsklassen oder bereits unter Gattungsbegriffe usw. Selbstverständlich sind alle diese Bezeichnungen flexibel zu verstehen, und die Übergänge zwischen ihnen gestalten sich ebenfalls fließend, insbesondere wenn man von der ersten Bildung einer schematischen Kombination übergeht zu der mehrfachen wiederholten Anwendung, was dann eben erst zu der Stabilisierung eines *bewußt* repräsentierten Schemas führt. In diesem letzten Falle hat man schon eine rekonstruktive Tätigkeit oder konstruktive Aktivität (i. e. S.). Das bewußte Repräsentieren von etwas bereits Gebildetem (oder „Etabliertem" oder „Präsentiertem") ist stets eine *re*konstruktive Aktivität. Das gilt natürlich insbesondere für das Wiedererkennen, Reidentifizieren usw. Das heißt, wir stellen hier eine Art von steigender Bewußtheitszunahme bei der Strukturbildung bzw. auch bei der Aktivierung schon gebildeter Schemata oder Muster fest; wir finden insbesondere auf der rechten Seite des Diagramms bei den rekonstruktiven Tätigkeiten stets schon etwas Konstituiertes vor, das bereits *als* etwas vorausgesetzt ist, das erst danach „interpretiert" oder „verstanden", „rekonstruiert" wird. Es ist klar: Rekonstruktion setzt etwas schon Konstituiertes voraus, das erst dann *re*konstruiert werden kann. Ebenso ist klar, daß das traditionelle Textinterpretieren, also Deuten und Interpretieren im Sinne der Hermeneutik eine rekonstruktive Tätigkeit in diesem Sinne ist, die einen Text als „gegeben" erfordert, der als solcher im voraus konstitutiert ist bzw. vorausgesetzt wird. Verstehen ist bewußtes Rekonstruieren i. e. S.

Diese erste Übersicht bietet einige Möglichkeiten, noch feinere Unterscheidungen vorzunehmen, was hier nicht im einzelnen verfolgt werden soll. Wesentlich ist die Zunahme der Bewußtheit; wesentlich ist auch die Unterscheidung zwischen Konstruieren im *weitesten, weiteren* Sinne und im *engeren* Sinne und insbesondere das *Wieder*-Konstruieren, das *Rekonstruieren.* Wichtig ist auch, daß man überhaupt zwischen einem „Gegebenen", das tatsächlich aber auch schon als gemustert, strukturiert, konfiguriert erkannt werden muß, bereits *konstituiert* ist und einem expliziten und bewußten Konstituieren i. e. S. als In-eine-Kategorie-Einordnen eines Etwas unterscheiden muß: z. B. auch beim Verstehen i. e. S. Ich setze etwas Konstituiertes voraus, um es dann bewußt als ein Etwas verstehen, rekonstruieren, identifizieren oder wiederidentifizieren zu können. Ich kann etwas erst dann als (ein) Etwas identifizieren oder explizit als dieses Etwas verstehen – z. B. als Instanz einer allgemeinen Eigenschaft, Klasse oder Kategorie. Dies funktioniert erst, wenn ich dieses Etwas zunächst ausgegliedert habe, überhaupt erst als vorhanden, als „vorgegeben" ausgesondert habe – und es dann eben subsumiere, einordne in einen entsprechenden allgemeineren Zusammenhang, sei es in einen Gattungsbegriff, sei es unter bestimmte andere, bewußtseinserfaßte Ähnlichkeitsmuster.

Wir haben mit diesem Diagramm also insgesamt eine erste Übersicht über die schematisierend-interpretatorischen Aktivitäten und somit der Schematisierungsarten bzw. der Typen von Schemata in bezug auf die Abstufung der Bewußtheit und der Wiederholungen gewonnen.

Es gibt natürlich auch bei dem bewußten Rekonstruieren und dem Voraussetzen von etwas Gegebenem, wie es etwa beim Lesen eines Textes oder beim Textverstehen allgemein zu sehen ist, durchaus Varianten und Variationen des Interpretierens. Der sog. „gegebene" Text ist keineswegs absolut eindeutig, sondern unter einem bestimmten Aspekt bereits ein Konstrukt. Er kann u.U. in der Wahrnehmung schon unterschiedlich konstituiert werden, so meinen manche Autoren.

Auch methodologisch versierte Autoren sehen da z. T. große Unterschiede, z. B. Umberto Eco, wenn er vom „Modelleser" und „Modellautor" und von der „intentio operis" redet, d. h. also von dem Sinngehalt, den der Text selber „in sich hat". Letzteres ist natürlich bereits mehrdeutig und u. U. mißverständlich, denn Eco[1] unterstellt offenbar, wenn er von der „intentio operis", also von der „Absicht" oder „Intention" oder dem Sinngehalt des Textes spricht, daß es genau *einen* solchen gibt. ‚*Die* Intention' – das ist natürlich nach unserer Sprache als logische Kennzeichnung aufzu-

---

[1] Besonders in seinem Buche *Lector in fabula*, München 1990.

fassen, d. h., es gibt dann eine und nur eine Textinterpretation, die den Sinn des Textes wiedergibt. Aber das ist natürlich eine übertriebene, ihrerseits konstruktiv projizierte Unterstellung, ist also keineswegs immer richtig. Selbst Eco ist ja auch nicht dieser Meinung, wenn er sagt, daß der Autor sich z. B. einen Leser vorstellt und der Leser sich einen Autor vorstellt und der Autor sich von seinem Leser vorstellt, wie sich der Leser den Autor vorstellt, und ein wechselseitiges Interagieren und ein kompliziertes Geflecht in der Entgegensetzung dieser unterschiedlichen Modellfiktionen auftreten. Das zeigt eigentlich, daß hier ein dynamischer Wechselbeeinflussungsprozeß einer Interpretationsbildung und zwar einer konstruktiven Bildung im weitesten Sinne, aber oft eben auch im engeren Sinne, zugrunde gelegt ist.

Das Gesagte gilt natürlich keineswegs nur für das Lesen, es gilt für alle „Erfassungen", und zwar in dem Sinne, wie ich diesen Ausdruck benutze, nämlich für das erkennende Erfassen wie auch für das aktive „Umfassen", das „Fassen" im wörtlichen Verständnis sowie das Ergreifen („Begreifen") im übertragenen oder metaphorischen Sinne – was alles in diesem Ausdruck ‚Er-Fassen' mitenthalten sein soll. Das heißt, als handelnde und als erkennende Wesen sind wir der „erfassenden" schematisierenden und interpretatorischen Aktivitäten unterbewußter und bewußter Provenienz fähig. Diese Aktivitäten können sich in einer bestimmten hierarchischen Anordnung übereinander aufschichten; darauf komme ich noch zu sprechen. Wir haben somit die Möglichkeit, Schematisierungen – wenigstens der Idee oder der Grundmöglichkeit nach – auf die prozessualdynamische Bildung von Schemata auszudehnen, wie etwa am Beispiel der Neuronenassembly-Bildung exemplifiziert, aber das neurophysiologische Fundament bzw. das entsprechende Netzwerkmodell ist nur der Trägerprozeß und nicht etwa die Definition der Schemabildung im kognitiv-psychologischen Sinne. Es handelt sich nur um die neuro-physiologische bzw. neuromodellistische Grundlage, auf der das Kognitive und Handlungsgebundene erst aufbaut oder mittels der beiden Modellierungen *wenigstens der Möglichkeit nach* verstanden werden kann. Dies ist also eine Art von dynamischem Begründungs- oder Konstituierungs- und Konstruierungs- und Strukturierungsprozeß, der nicht allen Phänomenen voll gerecht wird, sondern der nur die Grundvorgänge im groben teilweise wiederzugeben vermag bzw. die höherstufigen und semantisch gehaltvollen Formierungen prozeßdynamisch plausibel zu machen erlaubt. Die Schemabildung basiert dieser Hypothese nach auf diesen neurophysiologischen oder neurologischen oder neurowissenschaftlich zu erfassenden Ensemblebildungen und deren Aktivierung und Reaktivierungen sowie Stabilisierungen nach den Regeln von Donald Hebb (s. S. 45). Mit diesen Regeln der Synapsenverstärkung aufgrund gleichzeitiger Aktivierung benachbarter prä- und postsynaptischer Neuronen kann man sich ein Modell bilden, wie der erwähnte Trägerprozeß beschaffen ist, der die entsprechende Schemabildung im kognitiven Bereich in bezug auf die gemeinten Gehalte ausbildet. Man erkennt, worauf der Schematisierungsprozeß aufgebaut ist, ohne daß man ihn nun im einzelnen derzeit auf das neurophysiologische Geschehen explizit reduzieren könnte, d. h., im analytisch-erklärenden oder naturwissenschaftlichen Sinne scharf zu erklären vermöchte. Es ist z. Z. nicht zu sehen, wie man diese Lücke zwischen dem Gehalt im semantischen Sinn, etwa der Bedeutung von (Konstrukt-)Ergebnissen von Schemaanwendungen, Interpretationen, ja, von sprachlichen Ausdrücken, Symbolen, also konventionell vereinbarten Zeichenanwendungen usw., etwa auf bloße Feuerungsraten von kohärent oszillierenden Neuronenassemblies im naturwissenschaftlichen Sinne zurückführen und strikt kausal erklären kann. Daß es da freilich enge Zusammenhänge gibt, ist wiederum klar: Die Geister in der Philosophie des Geistes unterscheiden sich heutzutage nur noch weitgehend danach, ob sie nun harte Naturalisten in dem Sinne sind, daß sie eine materialistisch-naturwissenschaftliche Erklärung auch des Gehalts oder des Sinnes, der Bedeutung, des Bewußtseinsgehalts, des intentionalen Gehaltes entwickeln wollen oder wenigstens mehr oder minder dogmatisch (als grundsätzlich möglich) unterstellen, oder ob sie von vornherein erklären, das strikte Reduzieren sei unmöglich, oder ob sie – wie ich es gerne vertrete – eine vielleicht vorläufige mittlere heuristische Position einnehmen: So weit wie möglich naturalisieren, also so weit wie möglich naturwissenschaftlich erklären – ohne zu behaupten, daß dies alles in diesem Zusammenhang überhaupt so erklärbar ist oder bereits erklärt sei! Wenn man unterschiedliche Interpretationsperspektiven anlegt – wie es dem vorwiegend methodologischen Interpretationismus entspricht –, so kann man die beiden entgegengesetzten Perspektiven sogar in gewisser Weise nebeneinander anerkennen, indem man soweit wie nötig oder möglich eben Rücksicht auf die Differenzierungen auch der Gehalte nimmt. Dies soll hier nicht weiter ausgeführt werden, da der allgemeine Ansatz des Schematisierens beide übergreift.

Die Schematisierungen aller Arten, beim Erkennen, beim Handeln, beim Musterbilden generell, ja, schon beim reflektorischen *Verhalten*, das ja vom Handeln zu unterscheiden ist, folgen im gewissen Sinne, jedenfalls abstrakt gesehen, dem gleichen Muster. Sie werden auf Trägerprozessen oder in Trägerprozessen relativ stabilisiert. Dieses Modell des kohärenten Sicheinspielens der Oszillationen von Neuronenassemblies, die sich dadurch, durch eine gemeinsame Schwingungsrate, definieren, abgrenzen, ist selber eine Modellannahme, die dieses Schematisieren auch der Gehalte in gewisser Weise verständlich machen kann. Und das gilt natürlich selbst dann, wenn die erwähnte semantische Lücke keineswegs (schon) geschlossen werden kann. In der Erkenntnistheorie der Psychologie und in der Wissenschaftstheorie der Psychologie hat sich herausgestellt, daß der gemeinte Gehalt von Ausdrücken, beispielsweise Gattungsbezeichnungen, wenigstens im weiten Sinne verstanden, auch von den *Weltbezügen* des Erkennenden abhängt.

Es gibt die berühmten Zweiterde-Gedankenexperimente nach Hilary Putnam (zuerste 1975, dt. 1979, 32 ff.), der meinte, daß wenn etwa „Wasser" auf einer Zweiterde nicht als H_2O vorliege, sondern als XYZ, aber sonst im Alltag davon ununterscheidbar sei – auch XYZ sei durchsichtig, durstlöschend usw. –, dann „meine" man, wenn man auf der Zweiterde den Ausdruck ‚Wasser' benutzt, eben dieses XYZ statt des H_2O und hätte somit – obwohl man die gleichen neuronalen Prozesse durchspielt wie derjenige, auf unserer Erde auf Wasser (=H_2O) „referiert" – im Grund eigentlich eine andere Bedeutung des Ausdrucks in einem *weiteren* Sinne. Die(se) Bedeutung sei nicht nur „im Kopf" des Deutenden zu verorten (ebd. 37). Die Psychologietheoretiker sprechen vom „*weiten* Gehalt", bei dem die Bezüge auf die entsprechenden Referenten, auf die gemeinten Gegenstände in einer bestimmten Welt, in einem Kontext, einbezogen sind: Es hängt von der jeweiligen Welt, den Umständen und dem Kontext ab, was der weite Gehalt ist. Er wird in zwei unterschiedliche Kontexteinbettungen verschieden sein, selbst wenn der „enge Gehalt"[2] in dem Sinne, daß er genau das um-

---

[2] Computermodelle des Geistes, welche die Bedeutungserfassungen an die quasi syntaktisch-formalen Symbolträger oder besser: physisch realisierten Strukturunterschiede von naturalen Elementen oder Prozessen knüpfen, sind demgegenüber auf den „engen Gehalt" bzw. einen Bedeutungsinternalismus eingeschränkt. Der „enge Gehalt" ist „nichtrelational", nicht in Abhängigkeit vom „äußeren Kontext bestimmt (Fodor 1987, 31).

faßt, was eben intern in den Neuronennetzen sich abspielt, derselbe sein kann. Das Berücksichtigen des weiten Gehalts führt dann auch auf die Theorie, daß Erkenntnistheorie eigentlich etwas Externalistisches (Weltbezogenes) an sich hat, also die Umgebung, die Bezüge auf die Umgebung notorisch mit einbeziehen muß, daß man den handelnden Menschen nicht im „luftleeren Raum" verorten kann, sondern daß der Mensch von vornherein selbst als erkennendes Wesen so gedacht werden muß, daß er sich stets in Auseinandersetzung, im Wechselspiel – „Interaktion" – mit der Umwelt befindet.

Es folgt, daß alles Erkennen letztlich ein interaktiver Prozeß ist oder wenigstens auf solchen interaktiven Prozessualitäten oder Prozeßmöglichkeiten basiert. Das gilt selbst dann, wenn man hochabstrakte Erkenntnisse entwickelt. Letztlich ist man in seinem Schemainterpretieren daran gebunden, daß bestimmte Schematisierungen in einem Interaktionskontext, in der „Welt", bereits einmal vorgenommen worden sind, daß man im gewissen Sinne eine Mustererkennung und -anwendung und -bildung in einer „Welt" geleistet hat, daß man wahrgenommen *hat*. Das gilt unter bestimmter Perspektive[3] sicherlich für alle Erkenntnis- und Kognitionsprozesse. Und das Ausgeführte gilt natürlich erst recht dann auch für *Handlungs*prozesse oder schon für das *Verhalten*, die sich mit einer widerständigen Umwelt oder Materie auseinandersetzen, die Umwelt oder die entsprechenden Gegebenheiten behandeln, manipulieren.

Man kann und mag hier noch weitere Unterscheidungen vornehmen, die das etwas besser verdeutlichen, indem man z. B. das Wahrnehmen von dem Kognizieren oder den höheren Kognitionen ohne Wahrnehmungen unterscheidet. Generell aber wird behauptet, daß *alles* Kognizieren, alles Erkennen, wie auch das Handeln abhängig ist von Schemabildung, also schemageprägt in diesem Sinne oder schemageladen oder schematisiert ist, eben von Mustern geformt ist, gebildet wird oder in Mustern stattfindet. Man kann etwa sagen, daß das Wahrnehmen i. e. S. dadurch charakterisiert ist, jedenfalls im prototypischen Fall, wenn es sich, lax oder normal gesprochen, auf das Wahrnehmen von äußeren Gege-

---

[3] Auch hier würde der methodologische Interpretationismus beide Ansätze, den des „engen" wie den des „weiten Gehaltes", als jeweils vom Untersuchungsziel abhängige zweckmäßige methodologische Optionen von selbst modellinterpretatorischem Charakter sehen. Der scharfe ontologisierende Dualismus wird also auch hier interpretationistisch relativiert.

benheiten, Signalen oder Einflüssen, Eindrücken und so etwas beschränkt. Das Wahrnehmen gilt dann als von den Weltfaktoren, die
wir unterstellen, „imprägniert".

„Imprägnieren" heißt „einprägen". Dies ist eine etwas spezifi-
schere Verwendung des Ausdrucks „imprägnieren" oder „Imprägnation", als die Wissenschaftstheoretiker und auch ich ihn früher
benutzt haben, wenn ich beispielsweise von einer „Interpretationsimprägniertheit" aller Erkenntnisse und Handlungen gesprochen
habe.[4] Damals meinte ich nämlich die generelle Interpretationsgebundenheit oder eben „Geprägtheit" von Schemainterpretationen
bzw. von Schemata oder Mustern. Ich möchte den Ausdruck ‚Imprägnieren' nunmehr und künftig aber auf eine spezielle Variante
zurückführen. Ich verwende ihn also in Absetzung von der traditionellen Auffassung der Wissenschaftstheoretiker, daß beispielsweise Beobachtungssätze jeweils auch theorie*imprägniert* sind, d.
h. „theoriegeladen" oder „-gefärbt", durch Theorie bestimmt oder
mitbestimmt sind. Indem ich den Ausdruck ‚Imprägniertheit' darauf beziehe, daß die Außenwelt oder die Welt „an sich" – auch
diese sind natürlich durch hypothetische, erkenntnistheoretische
Konstrukte erfaßt, die wir unterstellen –, einen Beitrag zur Erkenntnis oder generell zur „Erfassung" in dem Sinne liefert, daß
etwas als Wahrnehmungssignal oder als Menge von Einflüssen *von
außen* aufgenommen wird und eben in den erwähnten schematisierenden Prozessen strukturiert wird. Das ist ja auch eine Vorstellung, die Kant gehabt hat. Bei Kant war es allerdings so – und das
ist, glaube ich, der kritische Punkt –, daß dieses Sinnesmaterial, das
von außen in uns einfließt, als chaotisch galt, jedenfalls als unstrukturiert vorausgesetzt wurde.

Diese Ansicht ist sicherlich nicht aufrecht zu erhalten. Schon die
Rezeption von Sinnesmaterial ist von vornherein strukturiert, in
dem genannten Sinne schematisiert. Ich hatte bereits erwähnt, daß
bereits Herder Kant dieses vorgehalten hat, und zwar durchaus zu
Recht. Wir strukturieren, schematisieren bereits beim Wahrnehmen. Das ist auch wahrnehmungspsychologisch und wahrneh-
mungsphysiologisch, etwa beim visuellen Wahrnehmen, sicher, mit
an Sicherheit grenzender Wahrscheinlichkeit, nachgewiesen, also
vielfach bestätigt worden. Das bedeutet, daß die Eindrücke, die
schon auf der Rezeptionsebene vorm *bewußten* Wahrnehmen
stattfinden, bereits strukturiert, schematisiert, kontrastprofiliert

---

[4] Z. B. in *Interpretationskonstrukte*, 1993, sowie Verf. 1988, 1991.

sind. Z. B. gibt es das Phänomen, das man *laterale Inhibition* nennt, d. h.: wenn bestimmte sensorische Rezeptoren aktiviert sind, dann bleiben zur Kontrastprofilierung die Nachbarrezeptoren gleichzeitig *in*aktiviert. Es entsteht eben eine Art von Ausschließungs-, Behinderungs- oder ein entsprechender Durchsetzungseffekt, laterale Inhibition genannt. Die aktiven Rezeptoren behindern das Feuern der Nachbarzellen, damit so etwas wie eine deutlichere Kontrastbildung zustande kommt. Das zeigt schon, daß unmittelbar bei der Rezeption so etwas wie Selektion (Auswahl) oder Ausschaltung stattfindet, also eine Art von Strukturierung, usw. Wir strukturieren also die Sinneswahrnehmungen schon auf der Rezeptionsebene, in der Rezeptionsphase – und nicht erst, wenn wir sie aufgenommen haben und dann der bewußten Verstandestätigkeit unterwerfen, wie Kant es gemeint hat. Bei Kant ist das Sinnesmaterial „gegeben", und dann erst bearbeitet und strukturiert der Verstand dieses vorgegebene Material, bildet Gegenstände, Gegenstandsstrukturen usw. damit. In diesem Sinne also muß man wahrscheinlich Kant ein wenig abwandeln, flexibilisieren, wenn man so will. Das gilt insbesondere in bezug auf die Rezeptionsphase der sensorischen Erkenntnis. Aber ansonsten kann man sich die Verhältnisse wohl nach wie vor so vorstellen, daß beim sensorischen äußeren Wahrnehmen bestimmte Weltfaktoren[5] die Rezeptoren (i. e. S.) „imprägnieren", sich dem Erkennenden aufprägen. Man hat also ein Schemainterpretieren in der Konstitutions- und Rezeptionsphase bereits in dem genannten unterbewußten Konstituieren zu sehen – also einen *Interaktions*vorgang, der dann im Zusammenhang mit der Wahrnehmung „Imprägnieren" genannt wird. Dieses Konstituieren wird aber, wenn – ähnlich wie bei Kant – bewußte Strukturierungen, Einbettungen in Begriffszusammenhänge vorkommen, natürlich nochmals schematisiert und strukturiert, überformt wird von *rekonstruktiven* Schemainterpretationsprozessen in dem angedeuteten Sinne.

Wir können nun insgesamt einen Grundsatz aufstellen, der im wesentlichen besagt, daß wir auf beiden Stufen auf Schemainterpretationen überhaupt nicht verzichten können, daß wir alles, was wir (wiederum im doppelten Sinne!) „erfassen", im Zuge von Schemainterpretationen bilden oder neu bilden müssen, erst dann konstituieren und dann wieder *als etwas* erkennen oder durch-

---

[5] Die wir freilich unter erkenntnistheoretischer Perspektive hypostasieren, dazwischenschieben, gleichsam „inter-pretieren".

führen können. Man könnte also von einem *Grundsatz der Schemainterpretationen, der Schemageprägtheit jedes Erkennens und Handelns* – und selbst auch des reflektorischen Verhaltens, des Reflexverhaltens – sprechen. Insbesondere fallen darunter auch die Schemaimprägnierungen beim sensorischen Wahrnehmen. In diesem spezifischen Sinne des Begriffs „Imprägnieren" wäre also der Grundsatz dann ein Fundamentalsatz der *„Schemainterpretationsimprägnierung"* oder genauer: der *Schemainterpretation* (Schemageprägtheit) bzw. beim Wahrnehmen der *Schemaimprägnierung.* Dieser Hauptsatz besagt, daß alles Erkennen und Handeln, ja, alles Verhalten schon in diesem Sinne durch Schemabildung, Schemaaktivierung geprägt und strukturiert ist. (Doch das Schematisieren allein – so notwendig es ist – ist nicht genug: Es bedarf auch der durch Regeln kontrollierten Einbettung in Welt- und Sozialkontexte; dazu vgl. u. S. 78ff., 94ff.)

Wenn man spezifisch auf das Erkennen von etwas *als etwas* eingehen will, dann muß man hier noch zwei Stufen unterscheiden: Man muß erst mal ein *Etwas* sozusagen distanzieren können, auf das man bestimmte Kategorien oder Verständnisformen, in die man dieses etwas einordnen will, beziehen kann. Nelson Goodman (1973, 38ff, 76f) hat beim Repräsentieren, das konstituierende, schlichte Sehen oder Erkennen oder Repräsentieren, Wahrnehmen vom „Sehen" als „Etwas"[6], dem Wahrnehmen von etwas *als* Etwas oder dem *„Repräsentieren"* als Etwas unterschieden. Beides ist in der Tat analytisch zu unterscheiden, obwohl die Repräsentationsprozesse natürlich faktisch ineinander übergehen und realiter schwer zu differenzieren sind. Wir müssen also ein Etwas *als* ein Etwas schon konstituiert haben, damit wir es benennen können, damit wir es kategorisieren können, damit wir es bestimmten Formen, Klassen, Gattungen oder sonstigen Konstruktbildungen etwa bewußt zuordnen oder in diese einordnen können. Wir müssen also schon so etwas wie einen *Quasigegenstand* sozusagen „distanziert" haben, bevor wir das Etwas *als* ein Etwas mit einem diesbezüglichen Etikett versehen können, erkennen können als etwas von einer bestimmten Art. (Faktisch laufen die Prozesse der Konstituierung, Etikettierung und Einordnung natürlich oft ineinander oder zugleich ab.) Das Etwas ist ein vorgängig schon Konstituiertes, das nicht als ein solches etwa absolut gegeben wäre, sondern, wie wir gesehen haben, schon als „imprägniertes", als *Imprägnat*

---

[6] Vgl. a. des späteren Wittgenstein Analyse des „Sehens *als*" (PU XI).

abhängig ist von bestimmten Musteraktivierungen, Schemaaktivierungen und Anwendungen. Natürlich kann das, was nun ein solches Etwas ist, sich recht vielfältig darstellen. Es kann sich natürlich auf Sinneswahrnehmungen oder Sinnesdaten beziehen, es kann ganze Bewegungsformen betreffen oder Gesten und vieles mehr. Das Bilden von solchen Imprägnaten kann abhängen von Lichtstrahlungsdifferenzen, wie es etwa in der Wahrnehmungspsychologie nach Gibson (in der sogenannten ökologischen Wahrnehmungspsychologie) angenommen wird, derzufolge die wesentlichen Konfigurationen der Rezeption von Strahlungsunterschieden aus der Umgebung beruhen. Alles das wird von Gibson naturwissenschaftlich-realistisch dargestellt, und es kann sich auf vieles *anderes* beziehen: z.B. auf Schallenergiedifferenzen u. ä. bei auditiven Wahrnehmungen. Hier kann aber auch alles zugrunde gelegt werden, was überhaupt zum Gegenstand einer sensorischen Unterscheidung gemacht werden kann; hier sind recht große Unterschiede möglich.

Das Entsprechende gilt natürlich erst recht, wenn wir höherstufige Kognitionen bilden, wenn wir abstrakte Mengenklassen, Superzeichen, Zeichengruppen und Kombinationen davon bilden und anwenden und wenn wir beispielsweise verschiedene Elemente in eine Klasse zusammenfassen und diese Klasse wieder quasi vergegenständlichen, *als* Gegenstand betrachten und etwa dann wiederum einer höherstufigen Art unterstellen.

Diese durch Schemainterpretationen zustandegekommenen Ergebnisse, die „Etwasse" des konstituierenden Schemainterpretierens, etwa auf der linken Seite des obigen Diagramms (s. S. 53), oder die Ergebnisse des bewußten Konstituierens, Konstruierens in der Mitte des Schemas oder die jeweils rekonstruierten Konstrukte auf der rechten Seite, können nun zusammenfassend als *Interpretationskonstrukte* aufgefaßt werden. Die Ergebnisse des Schemainterpretierens habe ich *Interpretationskonstrukte* (vgl. Verf. 1993, 18ff. u. a., für Handlungen und Motive schon 1978, 1978a) im weitesten Sinne genannt. Dabei meint „Interpretationskonstrukte" natürlich: *Schema*interpretationskonstrukte, Konstrukte, die sich aus dem Schemainterpretieren ergeben. Und zwar gibt es auch hier (abhängig von der erwähnten weiten oder engen Auffassung des „Konstruierens") Konstrukte im weiten Sinne und Konstrukte im engen Sinne, je nachdem. Man muß natürlich beachten, daß diese Interpretationskonstrukte selber erkenntnistheoretische Bildungen, also Modellbildungen sind, in diesem Sinne selbst Konstruktcharakter aufweisen (Verf. 1994). Sie haben eben auch (nur) eine relativ stabilisierte, quasi funktionale Existenz als Ergebnisse von Strukturierungsprozessen, d. h., sie haben keine absolute (vom „Erfassen" „losgelöste") eigene ontologische Dingqualität; sie sind keine vorab abgegrenzten existierenden „Dinge", sondern sie sind eben in dem weiteren Sinne, wie die Psychologen den Ausdruck auch benutzen, *Konstrukte*. Wir müssen uns darüber im klaren sein, daß wir im wesentlichen durch Konstrukte erkennen und „erfassen" und daß Konstrukte ihrerseits Modellbildungen, Modellvorstellungen erkenntnistheoretischer oder alltagspsychologischer Art sind. Es ist deutlich, daß diese überall vorkommen. Daß sie natürlich auch dann auf bestimmte zusammenfassende Auffassungen bezogen werden, können und müssen, die sich auf – als unabhängig von den Konstrukten hypostasierte, „an sich seiende" Gegenstände oder wie immer Entitäten beziehen, ist eine andere Sache. In der Tat gibt es natürlich aus guten lebenspraktischen Gründen, aber auch aus inner-theoretischen Gründen (z. B. Röd 1995) – etwa, damit man sich nicht dauernd in Widersprüche verwickelt – auch eine volle Berechtigung der Ansicht, daß wir in einer *Welt* leben, die unabhängig von uns existiert, die uns beeinflußt usw. Das gilt, selbst wenn wir diese Welt immer nur im Lichte und in Gestalt, unter den formalen Bedingungen unserer Schemainterpretationen erfassen können. Der (zunächst methodologisch verfaßte) Schemainterpretationismus in diesem Sinne schließt also keinen Realismus aus, sondern er ist ausdrücklich mit einem Realismus im praktischen und alltagspraktischen wie auch im theoretischen (gar metaphysischen) Sinne vereinbar. Entscheidend ist nur, daß man feststellt, daß *alle* Erfassungen des erkennenden und im handelnden Subjekts letztlich schemainterpretationsgeprägt sind. Das kann natürlich durchaus bedeuten, daß wir eine Welt als von uns unabhängig voraussetzen und uns das auch so vorstellen, aber erkenntnistheoretisch gesehen ist natürlich dieses realistische Modell der Gegenüberstellung von Welt und erkennendem Subjekt beispielsweise wiederum eine – eben epistemologische oder alltagspsychologische – Modellbildung.

Jede Vorstellung, jede Konzeption, jede Modellbildung auch erkenntnistheoretischer Art, aber auch jede Alltagskonzeption ist in diesem Sinne interpretatorisch, ist schemainterpretatorisch verfaßt, schemastrukturiert, d. h. durch Interpretationen geformt, konstituiert, überlagert, mit Interpretationen geladen. Bei Wahrnehmungen oder bei sensorischen Interpretationen handelt es sich dann um

Schema*imprägnierungen* i. e. S. Die Wahrnehmungen sind schemainterpretationsimprägniert oder schemaimprägniert in eben diesem spezifischen, engeren Sinne, daß die Weltfaktoren, die wir unterstellen, uns „beeindrucken", einen bestimmten Beitrag zur Erkenntnis liefern, ohne daß sie direkt von der Konstitutionstätigkeit abgetrennt werden können. Diese Faktoren können nur analytisch unterschieden werden.

Insgesamt heißt das – und darauf wird noch ausführlicher einzugehen sein: Wir haben einzusehen, daß alles Schemainterpretieren verhaltens- und handlungsgebunden ist, daß Handlungszusammenhänge und Interaktionen mit der Welt (einschließlich des sozialen Einbettungskontextes) vorauszusetzen sind, damit wir überhaupt interpretieren, speziell schemainterpretieren können, damit überhaupt Interpretationen und „Imprägnationen" stattfinden: Gerade auch das letztere ist gebunden an Verhaltens- und Handlungssituationen in der Welt. Wir sind daran gebunden, in einer Welt zu agieren. (Sonst wären die Begriffe „handeln", „erfassen", „interpretieren" sinnlos.) Letztlich hängen auch unsere Phantasien davon ab, daß wir schon einmal Wahrnehmungen gehabt haben, daran „gewöhnt", auf diese eingespielt sind. Ich denke, daß in diesem Sinne sogar eine Wahrheit den Einsichten der Autoren des Englischen Sensualismus und Empirismus nach wie vor zuzuerkennen ist – nämlich, daß ein *reines* denkendes weltunabhängigen Subjekt eben gar nichts phantasieren, keine Gehalte repräsentieren, nicht denken könnte. Das bedeutet aber nicht, daß Wahrnehmungen nichts als unmittelbare Abbilder der äußeren Welt wären, wie sich das etwa manche der englischen Empiristen noch vorgestellt hatten.

Wenn wir uns an den berühmten Kantischen Satz erinnern, im Vorwort zur *Kritik der reinen Vernunft*: „Begriffe ohne Anschauung sind leer, Anschauungen ohne Begriffe sind blind", so können wir das natürlich auf unsere Situation jetzt variierend übertragen und könnten sagen: *Schemainterpretationen ohne Interaktionen mit der Welt, ohne Imprägnationen* (in diesem spezifischen Sinne) *und ohne Interventionen* im Prinzip, die wir in die Welt hinein vornehmen, *sind leer, wären leer.* Und *Interaktion, Imprägnation und Intervention ohne Schemadeutung ist* – Kant sagte „blind", ich würde sagen: „*strukturlos*" –, ist gar nicht möglich, in wahrsten Sinne nicht durchführbar. Verständlich, „sehend", bewußt wird ein Interpretieren erst dann, wenn es sich in der Tat letztlich mit Handlungen verbindet oder verbinden läßt – , auch mit Handlungen, die sich wenigstens prinzipiell oder potentiell auf ein Äußeres beziehen. Interpretation als Schemaaktivierung und -anwendung, ja, schon als Schemabildung in diesem Sinne, ist also in einem doppelten Sinne abhängig von Interaktion und Intervention. Und das kommt natürlich bei dem oben eingeführten Ausdruck, nämlich bei dem Imprägnieren auch zum Ausdruck. Demzufolge muß das sogenannte Wirkliche in einem Wechselspiel mit Deutungen stehen, indem es sich wenigstens auf alles Erfassen bezieht, d. h. auf das „Fassen" im aktiven Sinne und auf das Erkennen im scheinbar eher etwas passiven Sinne.

Interpretieren in diesem Sinne ist nicht nur verhaltens- und handlungsabhängig, sondern ist selber ein *Handeln*. Interpretieren setzt ein zu Erfassendes bzw. zu „Behandelndes" wenigstens grundsätzlich voraus, das dann etwa z. B. beim Konstruieren oder beim Rekonstruieren im engeren Sinne „be-handelt" oder mit anderen Konstituten oder Konstituenten kombiniert wird. Doch selbst beim Konstituieren ist letztlich keine Unterstellung derart möglich, daß man gleichsam im „leeren Raum" operierte. Die Unhintergehbarkeit der Schemainterpretation, der Musterbildung, der Interpretationen, die Interpretationsgeprägtheit aller Erfassungen, ist also in diesem Sinne einsichtig, aber sie muß differenzierter gesehen werden – nicht etwa in dem Sinne, daß nun Interpretation *alles* wäre, daß wir gleichsam die Welt durch Interpretation aus uns heraus hervorzaubern könnten, wie es der Idealismus Fichtescher Provenienz meinte, wie es aber in gewissem Sinne auch die Überziehung des Interpretationsbegriffes bei Nietzsche enthielt. Für diesen war ja buchstäblich alles Weltgeschehen ein Interpretieren: Interpretieren beruhte auf, bestand sozusagen in der Tätigkeit eines Wille-zur-Macht-Zentrums, das versucht, die Welt sich anzugleichen, einzuverleiben und so zu beherrschen – und sei es durch eine *symbolische* Erfassung. Interpretieren ist nach Nietzsche, wie erwähnt, ein Versuch und „Mittel", sich der Welt wenigstens repräsentierend zu bemächtigen, „Herr über etwas zu werden" (KGA VIII: 1, 138).

„Interpretieren" heißt alltagssprachlich oder alltagssprachnah, „mit Bedeutung versehen", „verstehen können", „als bedeutsam *ein*betten in einen größeren Zusammenhang" („inter" = „dazwischen"); in diesem Sinne ist es natürlich darauf angewiesen, daß etwas anderes grundsätzlich vorhanden ist, das eben mit Bedeutung versehen wird. Letztlich ist das Interpretieren als Handeln – zumal das *Schema*interpretieren – nicht im Leeren möglich und nicht bloß im strikten Sinne eine reine, losgelöste („absolute") Produktion, sondern immer auch eine Rekonstruktion oder Konstitution angesichts eines prinzipiell vorhandenen Kontextes der Welt und einer (sozialen bzw. soziokulturellen) Umgebung. Schematisieren und Schemainterpretieren benötigen einen „Betreff", ein „Gegenpart" oder Widerpart, besser: „Vor- oder Gegenwurf", einen Widerstand, der dafür sorgt, daß das Verfahren nicht im Leerlauf verbleibt (vgl. Wittgenstein PU §§ 132, 507). Das Interpretieren ist in diesem Sinne ein auf grundsätzliche Welteinbettung angewiesener Verhaltensvorgang bzw. ein *Handlungs*prozeß, ein Prozeß der repräsentierenden Konstitution, Konstruktbildung oder gar Rekonstruktion.

Das gilt natürlich erst recht, wenn man es auf höhere Erkenntnisse, auf jegliche Kognitionen höherer Stufe bezieht. Man muß sich also auch verdeutlichen, daß Stufungen des Interpretierens und Hierarchien möglich und auch nötig sind, damit man nicht in Widersprüche oder Zirkel hineingerät. Das heißt, daß das oben (s. S. 53) angeführte Schema der interpretatorisch-schematisierenden Aktivitäten noch besser ausgestaltet und weiter differenziert werden muß. Insbesondere wird das natürlich deutlich, wenn man über die unteren Stufen des bloßen, z. B. des wahrnehmungsmäßigen, Konstituierens hinausgeht und etwa Klassen und Gattungen, abstrakte Zusammenfassungen oder gar Superzeichen (Zeichen für Zeichen) bildet; das letztere ist ja schon ein metastuflicher Prozeß. Wenn wir sagen, alles Erfassen muß letztlich in ein repräsentierendes Erfassen, eben in ein Schematisieren eingebettet sein, so muß sich auch das Schematisieren selber in diesem Sinne darstellen lassen und als ein Metarepräsentieren aufgefaßt werden können; denn der Mensch ist das Wesen (s. o. S. 20, 28), das seine Schemata, seine Interpretationen wiederum auf höherer Ebene zum Gegenstand einer Analyse oder Diskussion machen kann, das also seine Interpretation interpretieren, seine Repräsentationen wieder repräsentieren kann. Repräsentation heißt, daß ein Bezug hergestellt wird zwischen einem repräsentierenden Etwas, einer Vorstellung oder eine Aussage beispielsweise, und einem gemeinten Gegenstand, auf den sich die Repräsentation bezieht. „Metarepräsentation" würde dann heißen, daß dieser Bezug der Vorstellung auf den gemeinten Gegenstand wieder repräsentiert wird, und zwar dann mehr oder minder bewußt. In seinem Buch *Understanding the Representational Mind* (1991, 1993[2]) hat Josef Perner das Entstehen des „repräsentierenden Geistes" beschrieben. Er hat durch eigene und fremde entwicklungspsychologische Studien und Versuche differenziert belegt, daß sich bei Kindern eine bestimmte Phasenentwicklung ausprägt: Kinder können zunächst gar nicht Vorstellung und Welt trennen: Die Außenwelt und das eigene Handeln sind beim Baby eines. Situation und Modell sind ungetrennt, das Kind bleibt der Situation verhaftet. Die Phase einer zu Recht so zu nennenden *Re*präsentation besteht dann darin, daß Kleinkinder genau ein Modell der Welt haben – ein Modell, das jedoch noch keine Repräsentation von abwesenden Strukturen, noch kein Gestern oder Morgen, noch keine hypothetischen Verbindungen, Als-ob-Konstruktionen zuläßt. Derartige differenzierten Repräsentationen unter Einbeziehung kontrafaktischer Bezüge erfordern, daß man über *mehrere* Repräsentationsmodelle verfügt. Die Fähigkeit, über solche Komplexmodelle zu verfügen, entwickelt sich erst im zweiten Lebensjahr. Jetzt erst verfügt das Kind nach dem „Single-updating model" (Perner 1993, 45f.) der ersten Phase über mehrere Repräsentationsmodelle („complex models") zum Vergleichen. Die Kinder haben nun die Möglichkeit, in einer Modellauffassung etwas zu vergleichen, z. B., was gestern war und für morgen erwünscht ist, zu repräsentieren und zu differenzieren, etwa einen Wunsch zu projizieren und einzusehen, daß er noch nicht erfüllt ist usw. Sie werden vom „Situations-Reagierer" zum „Repräsentationstheoretiker" (ebd. 9: Tabelle und Text).

Man braucht also mehrere Repräsentationsmodelle, um überhaupt hypothetisch handeln, denken zu können, um bewußt beispielsweise Variationen des Handelns, Zieländerungen und etwas ähnliches vornehmen zu können. Hierzu muß man vergleichen können, zwei Wahrnehmungsmodelle einander gegenüberstellen können, beispielsweise ein reales und ein potentielles. Und um dieses Alter bildet sich dann bei Kindern schon so etwas aus wie ein fingiertes Handeln, ein Als-ob-Spielen; sie spielen gewisse Rollen, ohne daß sie dieses schon mit einer *bewußten* Repräsentation einer Repräsentation verbinden. „Vortäuschungsspiele" („pretend play") sind im allgemeinen in dieser Phase nach Perner noch nicht *meta*repräsentierend (ebd. 51f., 59ff.). Das Metarepräsentieren ist erst später möglich und entwickelt sich eigentlich ab dem vierten Lebensjahr, wenn das Kind dann die Möglichkeit hat, Vortäuschungsspiele bewußt zu spielen und gleichzeitig zu einem „Metarepräsentierer", „Metarepräsentator" („metarepresentor" sagt Perner, ebd. 92) wird, also die Fähigkeit hat, eine Stufe höher zu steigen und den Zusammenhang zwischen Modell und Realität selber als eine Modellrepräsentation zu sehen, die Beziehung des Wortes zu dem Gegenstand selber wieder als eine Konstellation zu erkennen (ebd. 83ff.) und dann auch unter Umständen zu bewerten, zu variieren. Erst ab etwa vier Jahren werden Kinder also dieser bewußten Metarepräsentation fähig, und werden dadurch erst zu „metarepräsentierenden", metainterpretierenden Wesen, die dann natürlich eine größere Freiheit der Darstellungsweisen, Alternativen des Verständnisses, der expliziten Mißrepräsentation Möglichkeiten des täuschenden, des hypothetischen Handelns usw. gewinnen. Es ist sehr eindrücklich anhand von vielen entwicklungspsychologischen Experimenten, z.T. auch an Gedankenversuchen, differenziert gezeigt worden, wo speziell Metarepräsentationen hineinspielen.

Ich erwähne dies nur, um zu zeigen, daß durch die Einführung von solchen Stufungen (Metarepräsentation oder Repräsentation von Repräsentationen, Interpretation von Interpretationen oder Interpretation über Interpretationen) illustriert wird, daß das Interpretieren nicht notwendig ein Prozeß ist, der bloß auf einer Schicht stattfindet, sondern daß er in sich hierarchisch ist, in Phasen der Entwicklung erst ausgebildet wird und daß gerade in dieser Stufung eine interessante erkenntnistheoretische Einsicht enthalten sein kann, die zur oben erwähnten philosophischen Anthropologie des metainterpretierenden Wesens paßt.

Im folgenden möchte ich eingehen auf die von mir entwickelten Übersicht der Stufen der (Schema-)Interpretation (vgl. das folgende Diagramm der Interpretationsstufen.) Es handelt sich um sechs verschiedene Stufen, jeweils mit „IS" abgekürzt.

(Ebenen) Stufen der Interpretation:

IS_6 erkenntnistheoretische (methodologische)

Metainterpretation der Interpretationskonstruktmethode

IS_5 erklärende, „verstehende" (i.e.S.) rechtfertigende,

(theoretische) begründende Interpretation
Rechtfertigungsinterpretation

IS_4 anwendende, aneignende bewußt geformte

Einordnungsinterpretation
(Klassifikation, Subsumierung,

Beschreibung,
Artenbildung u. -einordnung;
gezielte Begriffsbildung)

IS₃   sozial etablierte, kulturell tradierte, übernommene *konventionelle Begriffsbildung*

     IS₃ₐ   *vorsprachlich* normierte Begriffsbildung und Interpretation durch soziale und kulturelle Normierungen

     IS₃ᵦ   *repräsentierende sprachlich* normierte Begriffsbildung

IS₂   gewohnheits-, gleichförmigkeitsbildende *Musterinterpretation*

    (habituelle Form- und Schemakategorialisierung + vorsprachliche Begriffsbildung)

IS₁   praktisch unveränderliche *produktive Urinterpretation* (primäre Konstitution bzw. Schematisierung)

Wir wollen diese Stufen kurz diskutieren.

    Auf der ersten, untersten Stufe IS₁, die „Grundstufe" genannt, ist die Urmuster- oder Primärinterpretationsbildung, primäre Schematisierung angeführt, die im Grunde uns nicht veränderbar gegeben ist. Sie ist im gewissen Sinne biologisch-genetisch festgelegt. Daß wir z. B., wenn wir überhaupt sehen können, zwischen hell und dunkel unterscheiden können, und wenn wir offenen Auges einem Hell/Dunkel-Kontrast ausgesetzt sind, dies auch tun müssen, ist genetisch festgelegt. Solche Kontrastunterscheidungen können wir auch nicht willkürlich abändern, es sei denn wir benutzen technische Hilfsmittel usw. (Aber selbst beim Ablesen oder Verwenden der Instrumente treten solche o. ä. wahrnehmungsphysiologischen Kontrastbildungen wieder auf.) Es gibt also Schemata der primären Wahrnehmung, und natürlich auch der entsprechenden primär-schematischen Verhaltensweisen, der Verhaltensreaktionen (von „Handlungen" im eigentlichen Sinne kann man hier natürlich noch nicht reden). Auf dieser Stufe können alle reflektorischen Reaktionen, Reflexe eingeordnet werden, die wir nicht verändern können, die biologisch sozusagen „fest verdrahtet sind", in diesem Sinne lebenspraktisch unveränderlich sind. Es gibt somit eine Ebene der biologischen, organismisch unveränderlichen, genetisch angelegten, insofern praktisch *fixierten* Musterbildungen, die man die Stufe der *primären Schematisierungen* nennen könnte.

Auf den höheren Stufen entsteht dann eine Variabilität, nehmen die Schemaänderungsmöglichkeiten zu. Oberhalb der Stufe IS_1 geraten die Interpretationsalternativen schon etwas variabler und werden mehr und mehr auch bewußt flexibel.

Auf der zweiten Stufe, also IS_2, findet man z. B. die meisten der Ähnlichkeits-, Gleichartigkeits- und Gleichförmigkeitserfassungen, also die Musterinterpretationen, die man an Ähnlichkeiten von Farben, Formen usw., insbesondere auch beim Wahrnehmen, (zumeist unterbewußt) aktiviert, z. B. dann wenn „Imprägnationen" derart stattfinden, daß aus der Außenwelt gewisse Konstellationen, Konfigurationen auf uns eindrängen, aber abgegrenzt, umgrenzt werden müssen – eben nach gewissen Gesichtspunkten der Ähnlichkeit, Gleichgestaltigkeit, (strukturellen) Gleichartigkeit usw. Das geschieht durchaus zunächst nicht unter Verwendung der Sprache, sondern das prägt sich präverbal aus. Man hat ja in der Psychologie auch das nichtsprachliche, sog. *„begriffliche"* Wahrnehmen oder Einordnen oder Denken (präverbale Begriffe, präverbales „Diskriminieren") zu untersuchen versucht, aber das würde ich hier noch nicht einordnen, sondern auf dieser Stufe ist eher das Routineverhalten, das gewohnheitsmäßige Erkennen gemeint. Darüber hinaus ist hier auch die Unterscheidung bei Wahrnehmungsaufgaben nach gewissen handlungsgestützten Momenten oder durch Auffälligkeit und Ähnlichkeit hervorgehobenen Merkmalen einzubeziehen, die man *vor* aller *sprachlichen* Erfassung machen kann. Vorsprachliches Diskriminieren in diesem Sinne ist hier einschlägig. Es ist eher habituell, dabei ist gerade nicht mehr alles genetisch fixiert, obwohl die genetische Ausrüstung und Anlage vorausgesetzt sind. Stattdessen steht die gewohnheitsmäßige Auseinandersetzung mit bestimmten Situationen oder Reizen, Merkmalen im Vordergrund – also Reaktionen, die eingeschliffen werden und Resonanzen darstellen, durchaus auch im Sinne des erwähnten situationsreaktiven Stabilisierens bei kohärenten Oszillationen bei plastischen Neuronenassemblies. Das alles ist hier mitgemeint. Musterähnlichkeit und Musterinterpretieren in diesem

Sinne sind schon stärker erlernt als auf einer bloß genetischen fixen Anlage basiert.

Auf der dritten Stufe, IS_3, haben wir dann die *sozial* etablierten, kulturell ausgeprägten und tradierten sowie normierten Muster, die in doppeltem Sinne „wahrgenommen" werden: Einerseits wahrgenommen werden als Muster, die von einer sozialen Gemeinschaft vorgeformt, „vorgenormt" wurden oder auch noch werden, die sich dann auch in bestimmten Symbolkonstellationen oder sogar in äußeren Zeichen ausprägen, und als, durch solche „wahrgenommen" werden im Sinne, daß Normen dieser Art befolgt werden, daß unsere Handlungen dadurch bestimmt werden, und ihrerseits schematisierend repräsentiert werden. Das *Konventionelle wird zur Norm* erhoben, als solche erlernt, verinnerlicht, befolgt. Wir müssen also das, was sich kulturell, sozial durch Vereinbarung und über bloße Routinegewöhnung hinausgehend konventionell eingespielt hat, auf dieser Stufe anordnen. Das Schemaanwenden muß hier jeweils „eingespielt" werden in einer *Praxis* des Deutens, des Interpretierens, des mehr oder minder bewußten Befolgens von Regeln, Anwenden von Mustern usw.. Die Normierung des Konventionellen geschieht durch eine soziale Einübungspraxis, z. T. durch sozial kontrolliertes, ja sanktioniertes, „Dressieren", „Abrichten" (Wittgenstein). Dazu braucht man natürlich bestimmte Einführungssituationen, Lernsituationen, in denen das geschieht. Das kann man sich insbesondere beim Lernen von bestimmten Begriffen recht deutlich machen. Bernd-Michael Scherer (1984), hat in einer Doktorarbeit die Peirce'sche Zeichentheorie, insbesondere die Schritte zur Bildung von solchen begrifflichen Konstellationen an Beispielen herausgearbeitet, wobei er unterschiedliche Einführungssituationen, z. B. Lehr- und Lernsituationen erster und höherer Stufe, unterscheidet. So wird etwa durch das Aktivieren eines Handlungsmusters ein Begriffsmuster eingespielt, das seinerseits, wenn es einmal eingespielt ist, auch ab- und aufgerufen werden kann, indem man einfach das Zeichen oder das Bild vorgibt. Er führt das an der Situation des Schwimmens vor: Man kann das Schwimmen erkennen als eine Handlung, die man einordnen kann, aber man kann dann später, wenn man dieses Repräsentieren bereits gelernt hat und die entsprechenden Repräsentationen beherrscht, die Vorstellung allein durch Nennen des Wortes hervorrufen. Das ist klar. Es ist ein sozialer Lern- und Lehrprozeß, der sich in mehreren Stufen einspielte und jeweils wieder abspielt, der über manche dieser unterschiedlichen Interpretationsstufen hinweggreift, insbesondere dann, wenn auch schon *sprachlich* repräsentiert und strukturiert wird.

Auf dieser dritten Stufe muß man das sozialkonventionelle Bilden von Begriffen im vorsprachlichen Raum unterscheiden von dem durchaus *sprachlich*-konventionellen und verbalisiert-normativen Begriffsbildungen, den (verbal) repräsentierenden im engeren Sinne. Es ist hier wichtig, daß die *sprachlich* erlernten Formen eine besondere Rolle spielen, wobei „*Sprache*" durchaus in einem weiten Sinne verstanden werden kann, es kann sich auch um Kunstsprachen handeln, um Zeichenbildungen, um Gesten, Symbole, die irgendwelche Darstellungen haben oder gestatten, spezielle Notationen wie Notensysteme, mathematische Formeln usw.. Alles das gehört zu dieser konventionellen Begriffsbildung im weitesten Sinne des Wortes. Und natürlich gilt das für das Verbalsprachliche im engeren Sinne erst recht.

Man muß zwischen diesen beiden Teilebenen IS_{3a} und IS_{3b} analytisch unterscheiden, jedoch ist die Konventionalität und die Normierung in beiden Fällen vorhanden. Deswegen ist es durchaus begründet, beide Unterarten der *konventionellen* (Schema-)Interpretationen auf einer Stufe zu belassen.

Die vierte Stufe, IS_4, wäre dann diejenige, auf der man *bewußt* umfassendere Strukturen und Begriffe einordnet, also bewußt repräsentierend Strukturen, Schemata, die bereits sprachlich beschrieben wurden oder werden, bestimmte Elemente, die bereits konstituiert worden sind, in umfassendere Klassen, Kategorien, Begriffe, Art- oder Gattungsbegriffe einordnet. Hier hat man alle Arten von gezielten Einordnungen, von Struktur- und Begriffsbildungen repräsentierender Art unter Verwendung von sprachlichen oder sprachähnlichen Mitteln einzubringen. Ich spreche von *Einordnungsinterpretationen*; man könnte ebenso auch von *kategorialen* oder *kategorisierenden* und *klassifikatorischen* Interpretationen im expliziten Sinne sprechen. Alle Klassifikation, Subsumierung, Beschreibung, Einbettung in Arten und Gattungen, gezielte Begriffsbildung im expliziten Sinne ist hier zu vermerken.

Die nächste Stufe, IS_5, umfaßt dann die begründenden und rechtfertigenden, theoretischen Deutungen, also die *argumentativen* Interpretationen oder *Rechtfertigungsinterpretationen* im weitesten Sinne, wobei über die bloße Einordnung hinausgegangen wird. Auf dieser Interpretationsschicht werden Rechtfertigungen und Begründungen für Reaktionsweisen, Verhaltensweisen, Handlungsweisen gesucht und gegeben, wird explizit argumentativ ein

erklärend-theoretischer oder urteilender Zusammenhang hergestellt. Es ist klar, daß das eine höherstufige bzw. komplexere Bildung darstellt als die vorhergehende Stufe. Das argumentative
Stiften eines Zusammenhangs ist das wesentliche Kennzeichen dieser Rechtfertigungsinterpretationen. Das „Rechtfertigen" bezieht
sich dabei durchaus nicht nur auf wissenschaftliche oder wissen-
schaftsähnliche Argumentationen, Begründungen, sondern auch
auf das Zusammenhangstiften generell und im Alltag. Nicht nur
theoretische oder gar wissenschaftliche Begründungen oder Strukturierungen sind hier gemeint, sondern gerade auch alltägliche. Die
Psychologen sprechen ja von den „naiven Alltagstheorien", mittels
deren wir uns unsere Welt in Zusammenhängen darstellen und erschließen. Auch im Alltag sind wir sozusagen Theoretiker und
Hypothesenbildner. Wir benutzen Allgemeinbegriffe, wir ordnen
in bestimmte Klassen, Arten und Gattungen ein; wir ziehen
Schlüsse in bezug auf Zusammenhänge, wir vollführen Kausal-
schlüsse oder Motivationsfolgerungen usw.. Wir theoretisieren
mehr oder minder „naiv" auch im Alltag; wir verwenden unsere
bewährten Faustregeln. In diesem Sinne gehen wir als Erkennende
im Alltag ähnlich vor wie in der Wissenschaft, wir sind wie „kleine
Forscher"[7]. Darauf sind wir geradezu angewiesen, unser Leben
kann ja nicht im bloßen chaotischen, zusammenhanglosen oder er-
ratisch-singulären Reagieren vonstatten gehen. Wir brauchen übergreifende Zusammenhänge, und wir müssen diese bilden, und dazu
ist es nötig, in der Lage zu sein zu rechtfertigen, zu begründen, systematisch Zusammenhänge herzustellen und Annahmen sowie
Antizipationen zu bilden und zu prüfen, eben in diesem Sinne
Rechtfertigungsinterpretationen auf verschiedensten Ebenen zu
leisten. Das gilt nicht nur für die Begründungen, mit denen wir uns
unsere eigenen Handlungen oder die Handlungen anderer „erklären", sondern das gilt auch für die Handlungs- und Zielpla-
nung, für die Normierung, für das Einordnen unter normative

---

[7] Es gibt eine Richtung in der Psychologie, die den Menschen in diesem Sinne
als eine Art Forscher auffaßt, das ist die Personal-construct-Theorie von
Kelly (1955), die sich auf diese Situation der Erforschung von alternativen
Möglichkeiten, Anwendung von Rechtfertigungen usw. kapriziert und den
Menschen eben als einen „Forscher" auffaßt, der seine Möglichkeiten des Lebens und der Handlungsweisen gleichsam forschend erschließt, entwickelt
und ausprobiert. (Vgl. z. B. Bannister – Fransella *Der Mensch als Forscher*,
1981.)

Regeln, unter Gebote, Verbote u. ä. Alles das ist hier unter dem Etikett ‚Rechtfertigungsinterpretation‘ einzuordnen.

Doch es gibt auch eine sechste und letzte Stufe, IS_6. Diese ist die Stufe der *Meta*interpretationen, nämlich die erkenntnistheoretische oder – wenn man so will – methodologische Stufe, auf der wir uns unsere Interpretationsverfahren und -methoden oder die Interpretationskonstrukte wiederum als Gegenstände einer Analyse vornehmen und zum Gegenstand höherstufiger (Meta-)Interpretationen machen. Ich hatte schon erwähnt, daß die Interpretationskonstrukte selber – methodologisch gesehen – Konstrukte sind, Man redet über die Interpretationsverfahren und -konstrukte auf einer höheren (Meta-)Ebene, wenn man sie als Erkenntnistheoretiker oder Methodologe analysiert, wie wir das hier zu tun versuchen. Man bildet und verwendet dabei eine Metatheorie. Wenn man über *sprachliche* Formen redet, braucht man eine höhere Sprachstufe, die sogenannte Metasprache, in der man über die sprachlichen Ausdrücke der nächstniederen Stufe redet. Die sprachlichen Ausdrücke der nächstniederen Stufe sind die Gegenstände der Metasprache. Im Falle der Interpretationenanalyse wäre bei sprachlicher Darstellung, z. B. der Interpretationsausdrücke usw., also von einer Metasprachstufenbildung zu sprechen. Bei einer eher *theoretischen* Konzeption über Prozesse des Interpretierens würde man wohl lieber von einer Meta*theorie* der Interpretation(en) sprechen. Der Ausdruck „Metasprache" ist in der Semantik, in der Bedeutungslehre und in der allgemeinen Logik eingeführt und in diesem Sinne verstanden; er kann hier für den Fall der sprachlichen Ausdrücke und des Sprechens über Sprachliches und die diesbezüglichen sprachlichen Einkleidungen von Interpretationen verwendet werden.

Allgemein jedoch muß man eher von einer Metastufenbildung theoretischer oder eben metasprachlicher Art sprechen, wenn man zu den abstrakteren höheren Stufen der Beschreibung von Schematisierungen übergeht. In der Tat handelt es sich hier um modelltheoretische Konstruktionen der jeweils höheren Ebene, die strukturell eher genau denselben Formen und Bedingungen unterliegen wie die Interpretationsverfahren der unteren Stufen. Auch die höheren Stufen zeigen z. B. die erwähnten Merkmale der Interpretationsgeprägtheit allen Erfassens. Auf diese Weise kann man also die Methode der Interpretationskonstrukte – oder besser: die Methodologie der Interpretationskonstruktbildungen – auf sich selber anwenden. Die Interpretationskonstrukte sind selber als Instantiierungsbeispiel ihrer eigenen Methode verwendbar oder auffaßbar. Das bedeutet keinen Widerspruch und keinen Zirkel, sondern das ist eine sinnvolle selbstbezügliche Konzeption, die dazu führt, daß man zwar auf immer höhere Stufen der Interpretation und zu abstrakteren Konzepten aufsteigen kann, aber zugleich in der Lage ist, sorgfältiger hinsichtlich der Beziehungen zwischen Interpretationen unterschiedlicher Stufen und Schichten zu differenzieren. Manche der traditionellen und sehr schwierigen philosophischen Probleme, wie z.B. das Problem des Gegenstandsbezuges, das Problem der Wahrheit usw. werden im epistemologischen Interpretationismus aus diesen methodologischen Gründen unter einem neuen Blickwinkel gesehen. Wenn man z. B. die Interpretationskonstrukte selber wieder als ein Beispiel der erkenntnistheoretischen Methode der Interpretationsanalyse auffaßt, dann kann man sagen, daß diese Methode sich schichtenkumulierend modellmäßig auf sich selber anwenden läßt – im weiten Sinne gesprochen –, oder daß diese Konstrukte über Konstrukte „demselben" (einem strukturgleichen) Muster folgen und schichtenspezifisch aufeinander aufgebaut werden.

Generell muß man also sagen, daß der Mensch nicht nur das erkennende Wesen ist, sich nicht nur auf seinen bloßen Geist zurückziehen kann, sondern daß das Entwickeln und Aktivieren von Geist gebunden ist an die Einbettung in eine Welt- und Handlungssituation, daß Erkennen und Handeln in gewissem Sinne unlösbar miteinander verbunden sind (wobei „Handeln" sogar in einem weiteren Sinne verstanden ist – einschließlich der Fähigkeit des reagierenden Verhaltens, also nicht nur des bewußt ziel- und planmäßig ablaufenden Handelns). Der Mensch muß beim Handeln und (Schema-)Interpretieren auch in der Lage sein, prinzipiell Einflüsse, Eindrücke „von außen" wahrzunehmen, aufzunehmen, zu verarbeiten – und dies geschieht in strukturierter Weise. Er muß, um über die Fähigkeit zu verfügen, sie zu repräsentieren, d. h., in gewissem Sinne den Bezug zwischen dem repräsentierenden Wort oder Zeichen oder Symbol und dem gemeinten Gegenstand wiederum zu erkennen, in der Tat grundsätzlich handeln können. Er muß metarepräsentieren und metainterpretieren können. Um darzustellen, bewußt wahrzunehmen, also zu repräsentieren, muß er Variationen aufschließen können, geistig beweglich sein, Alternativen entwickeln und wahrnehmen können, er muß konstituieren, konstruieren im weiteren Sinne. Er muß auch im engeren Sinne konstruieren können. Kurz: er muß schematisieren, *schemainterpretieren*. Wir können also abschließend den berühmten Satz von Descartes erweitern, wenn wir das alles zusammenfassen: Ich handle, reagiere, verhalte mich, ich empfinde („erleide") – werde affiziert oder affiziere mich – ich nehme mehr oder minder bewußt wahr, ich repräsentiere, konstituiere, konstruiere, interpretiere: Das alles steht jetzt für das pragmatisch erweiterte Descartes'sche „Cogito": *Ago*[8] *et reago, patior – afficio(r), sentio, repraesento, constituo, construo, interpretor, „ergo"* oder *„eodem sum"*.

---

[8] Unten werden wir noch die interaktiv-sozialen „und die interventionistische Komponente ergänzen durch *„interago, intervenio"*.

4. Handeln und Schemainterpretieren

Diese Charakterisierung des Menschen als des handelnden Wesens und des reagierenden Wesens könnte man natürlich noch ergänzen: Nicht nur Handeln und Reagieren, sondern auch Wechselhandeln und soziale Interagieren ist wichtig. Wir könnten natürlich ebenso sagen: *interago, ergo sum. Interagens sum*: (Nur) als Interagierender bin ich aktiv, (mit)wirkend, (sozial) „wirklich". *Interago et intervenio.* Außerdem gilt also: Ich interveniere, ich greife in die Welt ein, deshalb bin ich zumindestens ein wirkend, wirksam, „wirklich" Handelnder, *agens*, ein „agent" (im Englischen, oft falsch als „Agent" übersetzt!), ein Akteur. Und als Handelnder bin ich zumal in die Welt des sozialen Geschehens eingebettet, eingefügt – bzw. füge mich (mit)handelnd in diese interpretatorisch gebildete und gefaßte, „erfaßte" „sekundäre" Welt des Sozialen ein.

Darauf möchte ich im folgenden ein wenig genauer eingehen – besonders auf diese Eigenschaften des Menschen, durch das soziale Handeln (sein eigenes und das der Handlungspartner) charakterisiert zu werden, indem ich das Handeln selbst näher zu analysieren versuche. Das „Agieren" ist also stets auch ein Interagieren und an soziales *Interagieren*, wechselseitig bezogenes Handeln, Erfassen, Repräsentieren gebunden. Wir handeln nicht im sprichwörtlichen „luftleeren Raum", sondern in einem sozialen Umfeld, stets unter bestimmten sozialen Bedingungen und Beziehungen. Wir sind stets und nur (als) *sozial* Handelnde.

Wir sind darüber hinaus auch Wesen, die mit bestimmten *Mitteln* und in schematisiert-interpretatorischen Formen, seien es materielle, technische, seien es soziale, sprachliche, kulturelle, symbolische, handeln. Das heißt, wir könnten auch noch ergänzen, daß wir immer erst durch irgendwelche Instrumente, die wir im Handeln benutzen, auf die soziale und reale wie auf die symbolische Welt (Cassirer) einwirken. Insbesondere mag das erwähnte „Intervenieren" also durch *„aliquo instrumento utor"* umschrieben werden. Ich benutze irgendein Instrumentarium und bin dadurch in der Lage, auf die Welt einzuwirken, in die reale, soziale oder symbolische Welt einzugreifen. Wenn wir von „Intervenieren" sprechen, dann müssen wir das auch in diesem Sinne verstehen. In der Tat ist dieser Zusammenhang des Handelns und des Intervenierens ein ganz wichtiger, der in der traditionellen Philosophie vernachlässigt worden ist.

Ian Hacking machte darauf aufmerksam in seinem Buch *Representing and Intervening* (1983, dt. 1996 – unter dem nicht ganz treffenden Titel *Einführung in die Philosophie der Naturwissenschaft*). Es geht viel allgemeiner um das Darstellen durch Mittel der Sprache und die möglichen Repräsentationsformen und erst im zweiten und wichtigsten Teil mit Hackings eigener These um das ‚Intervenieren‘, i. e. S. das experimentelle ‚Eingreifen‘ in die Welt. Hacking behauptet, das experimentelle Verfahren der Naturwissenschaften ist wesentlich als ein praktisches Eingreifen in die Welt zu verstehen, und damit ist natürlich auch der Mensch als der planvoll und zielstrebig *experimentierende* Mensch aufgefaßt. Wir greifen ein in die Welt und beweisen uns dadurch die Realität. Nun, wessen? Der Welt einerseits – und unserer selbst andererseits. Ferner versichern und vergewissern wir uns insbesondere auch der (Wirklichkeit der) Mittel, die wir benutzen, um etwas anderes zu erreichen. Die Hauptthese von Hacking ist in diesem Buch ganz einfach: Früher – z.B. am Ende des letzten Jahrhunderts –waren manche sogenannten theoretischen Entitäten wie Elektronen, Protonen und Atome noch hypothetische Konstrukte und zwar *bloß* hypothetische *Annahmen*. In dem Maße aber, in dem wir sie *benutzen*, industriell, wissenschaftlich, systematisch in größerem Maße experimentell einsetzen, um andere Zwecke zu erreichen, um etwas anderes zu untersuchen, zu erforschen, können wir nicht anders, als sie als „real" anzusehen. Wenn wir Elektronen in Beschleunigern systematisch und verläßlich benutzen können als Mittel, um beispielsweise Quarks nachzuweisen, dann ist es klar, daß die Elektronen nicht mehr nur (als) theoretische Entitäten (erfaßt) sind, sondern *reale* Entitäten: Das ist die These des techn(izist)ischen „Entitäten-Realismus" von Hacking (z. B. 1996, 48, 246, 431f, 437). „Elektronen sind Werkzeuge" (ebd. 433). Die verläßliche technische Verwendung entscheidet über die Wirksamkeit und „Wirklichkeit". „Der beste Beweis des wissenschaftlichen Entitäten-Realismus liegt also nicht im Theoretischen, sondern im Technischen" (ebd. 452).

Wir könnten also sagen: *„Interago et aliquo instrumento utor"* oder: *„intervenio, ergo instrumentum causans est, ergo causaliter reale est"*. Darauf ist – im Zusammenhang mit dem „präparativen" Gesichtspunkt in der Deutung der Quantenmechanik später noch einmal einzugehen. Charakteristisch ist für diesen gesamten Zusammenhang und für Hackings und ebenso etwa Gieres (1988), Harrés

(1986) und Kitchers (1993) Wende zum Entitäten- und Experimentierverfahrens-Realismus, daß in der Tat die herkömmliche Auffassung der Wissenschaftstheorie und auch der Erkenntnistheorie sehr stark kopf- oder theorielastig gewesen ist: Das Experiment und das Experimentelle, das Handlungsgebundene oder das Manipulieren und instrumentelle oder zugriffspräparierende Eingreifen in die Welt und die Wechselwirkungen mit der Welt sind übermäßig vernachlässigt worden.[1] Hacking (1996, 451) behauptet „freilich nicht, die Manipulierbarkeit durch den Menschen sei konstitutiv für die Wirklichkeit". Im einzelnen mögen Elektronen durch ein technisches Verfahren gar erzeugt, dann im Beschleuniger gebündelt, manipuliert und verwendet werden, aber durch diese Verfahrensart werden nicht Elektronen an sich als Entitätenart erzeugt, sondern wir vergewissern uns nur so – technisch-instrumental – ihrer Realität. (Bei künstlichen, technisch erzeugten Produkten wie Kunststoffen, künstlich synthetisierten Molekülen oder technisch erzeugten neuen Elementen – wie etwa des kürzlich in Darmstadt „produzierten" Elementes mit der Ordnungszahl 112 – ist das natürlich anders.) Hackings technizistischer Realitätsnachweis bezieht sich nur auf die „Erfassung" der Elektronen oder anderer sogenannter theoretischer Entitäten als „realer". Sein Zugang zum erkenntnistheoretischen Realismus ist interpretatorisch, eben epistemologisch, nicht ontologisch-konstitutiv.

In der Tat sind heutzutage sowohl die philosophische Anthropologie als auch die pragmatisch-praktische, auf das Experimentelle ausgerichtete Wissenschaftstheorie und Erkenntnistheorie in der Lage, diese Theorie- und Kopflastigkeit der bisherigen Konzeptionen zu überwinden oder aufzugeben. Dies gilt nicht nur für das Wissenschaftstheoretische – etwa für die Beschreibung des Realitätsproblems in bezug auf wissenschaftliche sogenannte theoretische Entitäten.[2]

---

[1] Nur die Konventionalisten wie Poincaré, Duhem, Dingler haben die vorgreifliche theoretisch-begriffliche Zurechtstutzung des Ansatzes gesehen, aber z. T., wie Dingler, als konstitutiv für die Realität überinterpretiert.

[2] Hier handelt es sich, nebenbei bemerkt, um einen „Misnomer", also eine falsche Bezeichnung: Die Entitäten sind nicht an sich theoretisch, sondern sie sind *nur* theoretisch erfaßbar – i. d. S., in dem ich „erfaßbar" definiert habe, nicht direkt wahrnehmbar, sondern indirekt erschließbar oder auch faßbar unter Einsatz von bestimmten Konzepten, die nunmehr aber nicht als bloß theoretisch verstanden werden, sondern eben auch technisch-praktisch, pragmatisch (s. vorherige Anmerkung).

Diese Theorielastigkeit muß man offensichtlich auch in anderen
Bereichen aufgeben, z. B. in der Handlungstheorie. Hier ist es ganz
ähnlich: Man könnte meinen, daß auch in der Auffassung von
Handlungen als zielorientierter Verfahren, um etwas zu erreichen,
eine Art beschreibender Perspektive vorgeherrscht hat – insbesondere auch für Jahrzehnte in der Analytischen Philosophie. Man hat
zwar gesehen, daß Handlungen nur unter einer Beschreibung auszuzeichnen sind. Sie sind also – wie ich sagen würde (z. B. Verf.
1978) – von Interpretationen abhängig, sind interpretatorisch geladen. Aber man hat z. B. nicht genügend berücksichtigt, daß zum
Handeln auch die *normative* Konstitution der Handlungen gehört
und nicht nur der Beschreibungsaspekt, sei dieser nun vom Beobachter aus und auch vom Handelnden selbst gesehen. Der konstitutive, aber unter einer Beschreibung stattfindende Aspekt
„bedingt" zwar in gewissem Sinne auch, wie man eine Handlung
zustandebringt, formt und bildet, aber ebenso wichtig ist der hand-
lungserzeugende, sozusagen der normierende oder normative
Aspekt in dem Sinne, daß durch diesen sich die Handlungen erst
„erfassen", ja, abgrenzen, aufgliedern, gestalten lassen. Es gilt, daß
die Handlungsabläufe meistens von Wertorientierungen, Normierungen und Zielkonzeptionen geleitet sind, die eben als normative
Leitorientierungen dienen, sozusagen die Handlungen vorschreiben oder (vor-)konstituieren, bilden, strukturieren.

Es war Irving Thalberg, der 1977 in seinem Buch *Perception,
Emotion, and Action* (ebd. 53-83) vorgeschlagen hat, Handlungen
nicht als bloße beobachtbare Bewegungen und als diesen zugeord-
nete zusätzliche mentale Ereignisse oder Akte zu verstehen – insbesondere natürlich nicht als *Summe* von diesen ungleichen
Elementen, eines Willens*aktes* einerseits, der abgetrennt ist von der
danach wirklich ausgeführten Körperbewegung andererseits. Beides zusammen – also die Vereinigung der Mentalhandlung und der
Körperbewegung war herkömmlich als (äußere) Handlung aufgefaßt worden. Es ist die traditionelle Auffassung, die insbesondere
im vorigen Jahrhundert – im Zeitalter der Willensphilosophie und
-psychologie eine große Rolle gespielt hat – etwa bei Prichard.
Thalberg meinte dagegen, die mentalen Phänomene, die mit der
Handlung und ihrer Kennzeichnung unauflöslich verquickt sind,
sind irgendwie unerläßlich notwendige, implizierte aspektgebun-
dene Ingredienzien, Konstituenten der Handlung. Sie sind als
Komponenten oder als mitkonstituierende Teile der Handlung
selbst aufzufassen. Und solche Komponenten, die selbst konstitu-

ierende Teile sind, können nicht abgetrennte Ereignisse als vollständige Handlungsursachen sein, sondern sie sind logisch Teile
der Handlung selber. Sie können zwar Korrelate, also Entspre-
chungen in Gestalt von z. B. physiologischen Ursachen haben,
aber diese Ursachen sind dann nicht selber die Konstituenten oder
vielleicht nur faktische, z. B. physiologisch zu beschreibende, Ba-
sisvorgänge von solchen Konstituenten. Die Menge von Komponenten allerdings definiert und identifiziert die Handlung als
solche. Und zu diesen Komponenten gehört im Grunde das von
mir hervorgehobene interpretatorische und beschreibende Element. Handlungen werden beschrieben durch Zielorientierung,
wenn es sich um eine zielführende Handlung handelt. Z.B.: „Ich
will Licht anmachen", d.h., ich charakterisiere die Handlung des
Lichtanschaltens durch (Bezugnahme auf) das Ergebnis der Handlung, nämlich durch die Beschreibung oder Heraushebung des Zustandes, daß das Licht an(geschaltet) ist, oder jedenfalls unter
Beteiligung dieses Ergebnisses.

Thalberg (ebd., 88f., 92 u. a.) möchte nun diese verschiedenen
Komponenten der Handlung zusammenfassen in einer Art von
Konstituenten- oder Komponententheorie des Handelns (wie er
diese das nennt). Er spricht von einem *components approach*, einem
Komponentenansatz, und interpretiert die wesentlichen internen,
z.B. die mentalen Einflußfaktoren, auch als konstituierende Komponenten der Handlung selbst.

Auf diese Weise kann er eine Reihe von Schwierigkeiten lösen,
wie sie die Kausalisten oder auch die sog. „logischen Intentionalisten" sahen. Die ersteren glaubten, die mentalen Komponenten
seien *Ursachen* der zustandekommenden Handlung. Die letzteren
postulierten eine bloß logische Funktion zwischen den einzelnen
Konstituenten und der sich ergebenden Handlung. Hingegen
meinten die „Pluralisten", jede einzelne Teilbewegung sei eine Ex-
trahandlung; sie endeten dann also bei unendlich vielen möglichen
kleinen Handlungen, bezüglich deren die Frage entstand, wie sie
miteinander zusammenhängen. Thalberg (1977, z. B. 110, 124)
konnte so auch die Schwierigkeiten der (Handlungs-)Reduktioni-
sten vermeiden, die glaubten, es gebe stets so etwas wie eine einzige
„Basishandlung" (Danto, 1965), auf die umfassendere Handlung in
der Erklärung zurückgeführt werden könnten: z.B. Fingerbewe-
gungen beim Auslösen eines Bombenabwurfes. Da ist die Finger-
bewegung allein, die den Knopf drückt, nicht als *die* Handlung
anzusehen, sondern allenfalls als eine notwendige auslösende Teil-

handlung oder „Ursache". Entsprechende Beispiele kann man sich natürlich beliebig vorstellen.

Die Körperbewegung gehört natürlich in gewissem Sinne als ein Teil, als Konstituente zur Handlung, aber ebenso zählen dazu natürlich die entsprechenden Zielorientierungen, Handlungsbeschreibungen, die Einbettung in die Absichtsstruktur und in das „Gewöhnliche", Gewohnte, das man erwarten würde, oder gar auch die Antizipation der Handlungsfolgen usw. Es gibt also zwischen den Komponenten und dem Ganzen der Handlung eine Teil-Ganzes-Relation und zugleich auch eine *logische* Beziehung der Konstitution insofern, als die Komponenten zusammen die gesamte Handlung gleichsam als eine *beschreibende* Komponentenfolge darstellen, die geeignet ist, die Handlung insgesamt zu beschreiben.

Die konstituierenden Komponenten sind dann also nicht bloß Ursachen, die die Handlung bewirkten, sondern sie *konstituieren* die Handlung in dem Sinne, daß sie logische Teile des Zustandekommens der Handlung selber sind. Sie finden gleichsam nicht unabhängig von der Handlung statt, sondern sind eben per se involviert. „Die ganze Handlung kann daher nicht aus einem ihrer in sie eingehenden Teilereignisse (*ingredients events*) resultieren", sagt Thalberg (1977, 74). Er versuchte, diesen komponententheoretischen Ansatz auf die Beschreibung von (Körper-)Bewegungen im Verhältnis zu *Handlungen*, von Verhalten im Verhältnis zu Handlungen, auszudehnen und entsprechend eine beschreibungstheoretische Kennzeichnung der entsprechenden Handlungen zu liefern.

Allerdings muß man sagen, daß er zwar eine Reihe von Schwierigkeiten vermeiden kann, die den genannten Ansätzen der Kausalisten, Pluralisten und logischen Intentionalisten anhaften, daß er aber selber in gewisser Weise nicht die *unterschiedlichen Aspekte und Arten der Komponenten* genügend unterscheidet. Die physischen – man könnte sagen: physikalisch-physiologisch zu erfassenden oder „physiologischen" – Komponenten stehen bei ihm auf ein und derselben Ebene wie die bedeutungsgeladenen Konstituenten – etwa jene aufgrund der Zielbeschreibung der Handlung zu erfassenden, die ja auch eine große (z. B. abgrenzungskonstitutive) Rolle mitspielen, aber natürlich in anderer Weise in die Gesamtkombination der Komponenten eingehen, nämlich erst interpretatorisch-erfassungskonstituierend. Im engeren Sinne können sie nicht materiell als physische Komponenten „wirken", nicht kausal wirken, sondern sie fungieren eher abgrenzend und identifizierend. Sicherlich ist richtig, daß man durch die Beschreibungsgeladenheit oder die Beschreibungsabhängigkeit der interpretativen („logischen") Konstituenten die Interpretationsabhängigkeit von Handlungen generell auf diese Weise erst deutlich sehen kann – und das gilt auch für den Zuschreibungscharakter. Handlungen werden jemandem, der handelt, zugeschrieben. (Auch Selbstzuschreibung ist Zuschreibung.) Der Akteur gilt als derjenige, der handelt: Die Handlung wird einem Akteur[3] zugeschrieben. Und nur durch diese Zuschreibung zu einem Akteur kann eine Handlung als solche existieren.[4]

Jedenfalls können wir Handlungen und „das Handeln" nur abgrenzen, wenn wir solche Zuschreibungen zu einem Akteur vornehmen – und das ist, wie wir schon eingesehen haben, jeweils abhängig von bestimmten Interpretationsvoraussetzungen. Wir müssen einen interpretatorischen Rahmen voraussetzen, damit Handlungen überhaupt auf diese Weise konzipiert bzw. erfaßt werden können. Das gilt schon deswegen, weil Handlungen i. a. durch Ziel- oder Motivations- bzw. Verlaufsbeschreibung erst als solche (er)faßbar sind oder werden.

Wir könnten also kurz und gut sagen, daß Handlungen aus verschiedenerlei Arten von erfassungskonstitutiven Komponenten zusammengesetzt sind, die auch auf verschiedenen Stufen der Beschreibungs- und Erfassungsmöglichkeiten „existieren" oder anzusiedeln sind. Sie bestehen nämlich „zuunterst" aus physiologischen oder physischen Komponenten. Dann, auf der nächsthöheren Ebene – aus vielleicht üblicherweise zunächst ähnlich „real" aufgefaßten, aber schon stärker vom interpretativen Konzept (wie etwa Motiven) abhängigen, psychischen oder psychologisch zu beschreibenden Faktoren und Komponenten. Ferner spielen dann die eher durch Projektion der Gesellschaft und der Sprache bzw. Kul-

---

[3] Und wer oder was ist der „Akteur"? Der Organismus, das Ich oder Selbst als apriorisches, konstituiertes oder empirisches? Das handelnde Subjekt, was immer dieses sei? Oder die *Person*, die als ein in gewissem Sinn normativ zugeschriebenes Interpretationskonstrukt aufzufassen ist? Oder richtet sich die Zuschreibung auf einen Komplex solcher Konstrukte – sozusagen in Bündelung?

[4] In gewissem Sinne ist das natürlich ein problematischer Ausdruck; was soll, kann hier „existieren" heißen? Bezieht sich diese Zuschreibung in erster Linie oder gar nur auf die soziale Geltung als Handlungsinstantiierung im Rahmen der sozial abgegrenzten Handlungsmöglichkeiten und -arten?

tur zustandegekommenen sozialen Faktoren und Komponenten
hinein, die sich auch in das verinnerlichte psychisch Erlebte und Erfaßte einbringen und somit gerade auch die mentalen Komponenten
betreffen, d.h. diejenigen, welche die Inhalte des Psychischen kennzeichnen (s. S. 112ff.). Das sind alles Faktoren, die hineinspielen, die
aber natürlich keineswegs direkt und naiv als separate Ursachen-
faktoren im kausalen Sinne oder als („Wirk"-)Faktoren auf ein und
derselben Ebene verstanden werden können, sondern man muß
wohl annehmen, daß eine Handlung *als solche* erst von dem bloßen
Verhalten oder einer bloß beschreib- und beobachtbaren Körperbewegung in der Weise abzugrenzen ist, daß sie eben z.b. durch eine
Zielzustandsbeschreibung „Licht anmachen" mitzubeschreiben ist,
also durch eine Abhängigkeit von Beschreibungen (wie auch von
Zuschreibungen). Das heißt insgesamt, *Handlungen haben eine interpretatorische „Entstehungs"weise und eine interpretative (sche-
mainterpretationsabhängige) Verfassung.* Sie sind erst auf der
interpretativen Ebene *als solche* zu „erfassen". Das soll nicht etwa
bedeuten, daß sie *nur* auf dieser Ebene in einem ontologischen
Sinne existierten. So ist das von mir Entwickelte (z. B. Verf. 1978)
gelegentlich mißverstanden worden, sondern das heißt, daß wir
Handlungen nur in Abhängigkeit von Interpretationen und Beschreibungen „erfassen" bzw. „fassen" können, sowohl in dem
Sinne, daß wir sie konstituierend ausüben, als auch daß wir sie abgrenzen von anderen unserer und von fremden Handlungen. Wir
können sie nur so erfassen, daß wir sie auf diese Weise abgrenzend
beschreiben können. Es gibt also eine sozusagen „semantisch geladene" Dimension, die ich heute vielleicht lieber die „interpretatorische Dimension" nenne, welche die ontologischen Schwierigkeiten
der oben genannten Richtungen (der Kausalismus, Reduktionis-
mus, logischen Intentionalismus, Pluralismus) vermeidet und insbesondere Handlungen nicht einfach nur als physische
Bewegungen auffaßt, sondern als ein Mehr. Und das „Mehr" ist interpretatorisch. Es ist ja auch schon lange bekannt gewesen, daß
Handlungen *mehr* sind als bloße Körperbewegungen. Körperbewegungen können z.B. auch reflektorisch sein, Reflexverhalten, wie
etwa der Kniereflex (Patellarsehnenreflex). Dieser ist in dem Sinne
ein unvermeidlicher Reflex, eine Reflexreaktion, auf einen gesetzten
Reiz hin erfolgend, die nicht vermieden werden kann, falls das
Reizereignis eingetreten und rezipiert worden ist.

Handlungen sind also nicht so zu verstehen, daß sie Zwangsre-
aktionen in diesem Reflexsinne seien. Sondern Handlungen sind

meistens gerade dadurch charakterisiert, daß man sie auch hätte *nicht* durchführen können. Handlungen sind also in diesem Sinne wählbar oder unterstehen einer Entscheidung. Handlungen sind also von interpretatorisch geladenen Konzipierungen und Optionen sowie Alternativen usw. abhängig, beispielsweise von ihrer Abgrenzung in Abhängigkeit von der Zielbeschreibung, aber meist auch eben von anderen Regulierungen, z.B. von sozialen Normen. Die Normierung i.a. und die soziale Normenorientierung des Handelns sind ja bekannt. Bei Routinen sind es bestimmte Gewohnheiten, die normierend wirken. Aber Handlungen generell sind eben in diesem geschilderten Sinne interpretatorisch geladen, beschreibungsabhängig. Damit wir diese Theorielastigkeit, die ich oben erwähnte, nicht zu stark berücksichtigen, gilt es hervorzuheben, daß Handlungen außerdem in Praktiken des Deutens, des Verstehens, des Interpretierens und des Gewöhnens an Handlungsmuster, Gepflogenheiten eingebettet sind. Das heißt also, die *praktische* Dimension kommt noch hinzu. Die interpretatorische Geladenheit oder Geprägtheit oder Abhängigkeit[5], also Interpretationsgeprägtheit, ist sicherlich viel weiter zu verstehen als die bloße Gebundenheit an theoretische Aspekte.

Eine ähnliche Unterscheidung wie in Konstituentenansätzen der Handlungstheorie findet sich aber auch in den Wissenschaften der künstlichen Intelligenz und generell den Kognitionswissenschaften. Dort unterscheidet man die physiologische, primäre Ebene der materialen Verfaßtheit der Grundprozesse (in Analogie zu der Hardware-Ebene, die ich eben beschrieben habe) von der sog. Software-Ebene, dem *„computational level"*, also der algorithmischen Ebene, auf der systematische Programmabläufe und etwa in Flußdiagrammen dargestellte Zusammenhänge analysiert werden, die u.U. auf unterschiedliche Weise physisch realisiert werden können. Das Entscheidende ist der *operationale* Systemzusammenhang auf der algorithmischen Ebene – und nicht in erster Linie jener auf der Ebene der materialen Konkretisierung zugrundegelegte physische Zusammenhang des entsprechenden physikalisch oder chemisch (oder biochemisch) zu beschreibenden Basis-Prozesses oder des Prozeßgefüges. U.U. kann ein und derselbe Softwaregehalt auf ganz unterschiedlicher Basis realisiert werden:

---

[5] Früher sprach ich von Interpretationsimprägniertheit, aber der Ausdruck „Imprägniertheit" ist, wie wir schon gesehen haben (s. S. 60), besser zu reservieren für Einflüsse von Weltfaktoren auf unsere Schemaaktivierungen.

beispielsweise in natürlichen Neuronenassemblies oder etwa in künstlichen neuronalen Netzen auf der Basis etwa von Silikonchips (oder möglicher alternativen stofflichen Grundlagen der Konkretisierung). Es sind dann unterschiedliche Realisierungen ein und desselben computationalen oder algorithmischen, softwaremäßig zu beschreibenden operationalen Zusammenhanges.

Hinzu kommt dann natürlich noch die Einbettung in eine Umwelt. Das Handeln – so haben wir ja schon eingesehen – ist abhängig von der Einbettung in die physische und soziale Umwelt. Bei der künstlichen Intelligenz und in der Kognitionswissenschaft, insbesondere auch in einer eliminativistisch-materialistisch reduzierenden theoretischen Psychologie versucht man, mit dem Computermodell des Geistes, gleichsam mit der Software-Analyse, auszukommen und behauptet, Gehalte, Inhalte des Denkens, seien im wesentlichen (nur) durch die Software-Zusammenhänge zu charakterisieren. Man spricht dann nach Fodor auch von dem „engen Gehalt". Enger Gehalt ist „eng" in dem Sinne, daß unter Anwendung auf das menschliche Verhalten beispielsweise der Gehalt der Vorstellungsabläufe *allein im Kopf* zu verorten ist und ganz unabhängig davon zu sehen ist, in welcher sozialen und kulturellen Umwelt und Außenwelt es stattfindet. Das spielt an die berühmten Zweiterde-Gedankenexperimente von Putnam an. Dieser versucht zu zeigen, daß es unter dem Gesichtspunkt der wirklichen Einbettung in einen Weltzusammenhang keineswegs gleichgültig ist, in welcher Welt ein und derselbe computationale Prozeß stattfindet, sondern die Bedeutung hängt von der Welteinbettung ab. Deswegen spricht Putnam von einer kontextuellen Bedeutung, von dem „weiten Gehalt". Fodor (1987, 1990) hingegen versuchte im wesentlichen die These zu verteidigen, daß der enge Gehalt irgendwie rein softwaremäßig dargestellt werden kann und daß es ausreicht, auf diese Weise Psychologie zu betreiben, also auf einer operational-computationalen oder algorithmischen Basis.

Das würde also heißen, Handlungen wären dann zwar nicht einfach physische Bewegungen, aber doch Ablauf-Zusammenhänge, die auf unterschiedliche Weise operationalisiert werden können und die man sich wesentlich als Flußdiagramme interner Zustandsänderungen vorstellen kann.

Aber das ist sicherlich für unsere Handlungen im *sozialen* Umfeld des Alltags nicht der Fall. Dafür können wir uns auch leicht Beispiele ausdenken. Ich habe früher einmal das Beispiel eines Speerwurfes benutzt. Man stelle sich einen Speerwurf vor. Dieser kann als eine *Jagdhandlung* gemeint sein, wie sie früher ja sinnvoll und notwendig war. (Heute jagen in unseren Gegenden die Leute nicht mehr mit dem Speer.) Oder der Speerwurf könnte auch als eine *Kriegshandlung* verstanden werden. Oder gar als eine *Opferhandlung* – beispielsweise in Zusammenhang mit einem rituellen Opfer, wo das Tier mit einem Speerwurf getötet werden mußte. Oder eben als *Sport*. Das sportliche Speerwerfen stellt sozusagen die formalisierte, standardisierte „Restbewegung" dar, die nun eine Art von künstlicher Existenz durch soziale Konventionen erlangt hat – derart, daß man den Speerwurf durch Regeln für Abmessungen und Gewicht des Speers, Vorschriften für die Ausführung usw. normiert und als eine sportliche Übung etwa bei Olympischen Spielen usw. durchführen läßt oder mit quantitativen Meßaspekten z. B. Weitwerfen (statt Zielwerfen), mit Rekorden und so etwas versieht bzw. mit einer besonderen Ziel- und Motivationsstruktur des „Besser" und „Weiter" verbindet. Es ist natürlich im Grunde (jedenfalls grobgerastert) eine gleichförmige oder im wesentlichen doch noch ähnliche Bewegung wie bei den früheren Formen des Speerwurfs, aber nun unter einem ganz anderen Gesichtspunkt durchgeführt. Nehmen wir einmal an, es sei „dieselbe" Bewegung, die bei einer Kriegshandlung und bei einer Sporthandlung stattfindet. Es hängt natürlich sehr von der sozialen und kulturellen Einbettung ab, wie die Handlung zu verstehen ist. Sie ist gar nicht ohne Einbettung zu verstehen bzw. als Handlung zu konzipieren und durchzuführen. Kriegshandlungen sind nicht ohne Krieg zu verstehen. Sporthandlungen sind nicht ohne die Institution des Sports oder der sportlichen Wettkämpfe zu verstehen usw.

In der römischen Antike soll zu einer bestimmten Zeit beispielsweise der Wurf eines Priesters auf einem speziellen Platz vor der Stadtmauer einen entscheidenden performativen symbolischen Akt für eine Kriegserklärung bedeutet haben. Dieser Speerwurf war also keine Kriegshandlung, sondern die *Eröffnung* des Krieges. Wenn der Priester (s)einen Speer warf, war dies eine Kriegserklärung bzw. Kriegseröffnungsdeklaration. Im Mittelalter etwa wurde der Anspruch eines Vasallen auf Grund und Boden zur Lehensübernahme manchmal durch die Fähigkeit des künftigen Lehnsmannes gemessen, einen Stein oder eben auch einen Speer bis an die Grenzen seines künftigen Lehensareals zu werfen. Wer also weiter werfen konnte, erhielt einen größeren Grundbesitz.

Generell: es hängt also immer von der Einbettung in die Situation ab, was eine Handlung bedeutet – oder besser gesagt: als welche Handlung ein und dieselbe oder eine gleichförmige Bewegung aufgefaßt, „erfaßt" oder konstituiert wird. Dies hängt von der „Definition", von der Einbettung und Abgrenzung der Situation ab, vom sozialen Kontext, von der Umgebung mit allen ihren Normen, Regeln, Traditionen, Werten, Bezugnahmen, Bezugsgruppen. Alles das spielt also eine entscheidende Rolle. Die Erkenntnis einer Handlung *als* einer *solchen*, etwa am Beispiel einer vorgeführten Körperbewegung, ist natürlich schon von einer solchen soziokulturell vermittelten, interpretatorisch verfaßten Welteinbettung abhängig. Und das Sichorientieren an Handlungen bzw. an Zielzuständen des Handelns ist natürlich genauso abhängig von solchen Beschreibungen der entsprechenden Kontexte, Einbettungszusammenhänge, der Beschreibung oder Definition, der Abgrenzung der jeweiligen Situation von anderen möglichen Situationen. Man braucht also einen Interpretationsrahmen, um Handlungen überhaupt als solche fassen, erfassen, konzipieren (schon „meinen"), konstituieren, durchführen und erkennen zu können.

Mit anderen Worten: Handlungen sind in diesem Sinne interpretatorisch geladen. Sie sind Deutungsergebnis von prozessualem Funktionscharakter auf der Basis eines Kontextes, in den sie eingebettet sind. Sie sind in gewissem Sinne interpretatorische Konstrukte, wenn man sie wahrnimmt oder beschreibt, auch wenn man sie konzipiert und durchführen will. Sie sind *gedeutete Quasi-Entitäten*. Sie sind zutiefst deutungsabhängig. Sie sind sogar gewissermaßen „semantisch" geladen. Man muß *sprechen* können, man muß sie *beschreiben* können, man muß sie konzipieren können (im weitesten Sinne des Wortes), um sie erfassen und durchführen zu können. Sie sind per se nur *interpretatorisch* zu identifizieren, zu erfassen und zu „fassen". Sie sind also in diesem aktiven Sinne interpretatorisch geladen. Sie können begrifflich eigentlich nur auf einer höherstufigen, sei es in einer Meta-Theorie implizierenden oder sei es gar auf einer meta-sprachlichen Ebene mit über sprachlichen Ausdrücken operierenden Darstellungsmitteln analysiert werden. Handlungen sind nicht einfach Elemente einer objektsprachlichen Beschreibung, sondern sie sind schon quasi theoretisch und normativ geladen oder „infiziert", wenn man so will, sie sind also interpretatorisch im weitesten Sinne des Wortes, indem sie sich auf Interpretation, Perspektiven, Konzepte, Kontexte beziehen. Wenn man sie erfassen will, benötigt man eine Art von begrifflicher Abgrenzung, um sie von anderen Handlungen, zumal von Bewegungen, von bloßem Verhalten unterscheiden zu können.

Handlungen wären dann als spezifische interpretatorische Sonderformen von Verhaltensweisen aufgefaßt. Sie sind aber natürlich auch abhängig von Erwartungen, von Handlungserwartungen, von normierten Erwartungen.

Manchmal kommen Handlungen übrigens sogar zustande, ohne daß man sich körperlich bewegt. Unterlassungen sind u. U. im juristischen oder moralischen oder umgangssprachlichen Sinne auch Handlungen. Eine unterlassene Hilfeleistung z. B. steht ja bei uns in der deutschen Bundesrepublik sogar im Gesetzbuch – im Gegensatz etwa zu den USA. Doch bei Unterlassungen handelt man nicht im „engeren", „eigentlichen" physischen Sinne, sondern man handelt *indirekt*, sozusagen durch Unterlassen, eben gleichsam durch Nicht-Handeln. Nicht-Handeln in dem Zusammenhang, wo ein Handeln wirklich erwartet werden konnte, ist somit ein Handeln i. w. S., wenn beispielsweise erwartet werden kann/soll, daß jemand der in Not Geratenen unmittelbar beispringt, damit sie nicht ertrinken, so sind in diesem Sinne eben auch Unterlassungshandlungen *Handlungen* und haben rechtliche oder auch insbesondere moralische Folgen oder Dimensionen.

Das heißt also, „Handeln" ist ein recht komplexer Begriff. Er kann sich eben auch auf Nicht-Handlungen im Sinne von Unterlassungen von erwartbaren Handlungen beziehen und nicht nur auf Verhaltensweisen im Sinne einer körperlichen Bewegung, die wirklich physisch durchgeführt werden kann, obwohl das natürlich der (proto-)typische Fall ist. Normalerweise würden wir sagen, eine Handlung ist ein von uns durchgeführtes körperliches Tun, das eben an körperliche Bewegung gebunden ist oder wenigstens zum Teil aus körperlicher Bewegung besteht. Allerdings kann auch dieses Tun eben nur unter der genannten interpretatorischen Dimension erfaßt werden. Wittgenstein hat ja im § 621 seinen *Philosophischen Untersuchungen* gefragt – und das ist eine berühmte Frage, die schon aus dem letzten Jahrhundert stammt, von Prichard – was denn übrig bleibe, wenn man die physische Bewegung von einer Körper*handlung*, von einer „Handlung", sagt er einfach, subtrahiert? Was muß zu einer physischen Bewegung hinzuaddiert werden, um daraus eine „Handlung" werden zu lassen? Früher meinte man, Prichard z. B., ein eigener Willensakt müsse hinzukommen. Dieser dürfe natürlich nicht bloß im nachhinein hinzugedeutet, sondern müsse im vorhinein schon initiiert werden, damit eine Handlung zustandekommt. Wittgenstein meint jedoch sinngemäß – und das überrascht: es komme *nichts* hinzu. Das will meinen: Es existiert nicht in einem ontologischen Sinne ein besonderes mentales Aktereignis, Willensakt oder wie auch immer genannt. Es gibt keinen zusätzlichen psychischen Akt, der die physische Bewegung dann erst zu einer Handlung mach(t)e, sondern es handelt sich sozusagen um einen einzigen Gesamtzusammenhang. Im ontologischen Sinne ist für Wittgenstein, der in gewissem Sinne gleichsam ein „logischer Behaviorist" ist (oder wenigstens ähnlich einem logischen Behaviorismus argumentiert, wenn auch nicht im letzten Sinne) nichts an speziellem mentalem Gehalt hinzuzufügen, damit eine Handlung als solche „existiert". Die Auszeichnung der Handlungen als solcher ist nicht verbunden mit der *Existenz* von bestimmten zusätzlichen mentalen Komponenten, sondern eine Handlung stellt ein Sprachspiel dar, das insgesamt eingebettet ist in eine „Lebensform" und Lebenssituation, Teil einer „Lebensform" ist. Ich will hier nicht ausführlicher auf die bekannte Wittgensteinsche Deutung der „Sprachspiele" als Lebensformen(teile) eingehen. Wichtig erscheint mir nur, daß die Ausgrenzung von Handlungen gegenüber den bloßen körperlichen Bewegungen *nicht ontologisch* stattfindet. Es kommt keine eigene Entität hinzu; in Gestalt etwa eines mentalen, besonderen Prozesses, der eine eigene ontische Existenz hätte. Sondern Handlungen werden als solche eben *interpretiert*, gedeutet. Sie weisen notwendig Interpretationscharakter auf, sind nur als gedeutete zu erfassen.

Natürlich muß man sagen, auch Verhaltensbeschreibungen und die Abgrenzung von Verhaltensbewegungen, sagen wir einmal: der Reflexbewegungen, von anderen muß in entsprechender Weise in Abhängigkeit von beschreibenden Instrumenten geschehen – allerdings nur *vom Beobachter aus* gesehen. Aber das gilt nicht für den sich Verhaltenden selber. Beim Handlungsbegriff hingegen ist es charakteristisch, daß die Abgrenzung und Beschreibung durch diese Interpretationsgeladenheit und die Zuschreibung zu dem Handelnden *sowohl vom Beobachter als auch vom Handelnden selber vorgenommen wird*. Einmal in beschreibender Weise, auch in selbst-beschreibender Weise: Man kann ja auch seine eigenen Handlungen beschreiben und auffassen. Und zum anderen natürlich beim Handelnden selbst in *konstituierender, normierender* Weise, d. h., ich nehme meine Handlung vor, ich konzipiere sie und führe sie durch; ich plane sie zum Beispiel auf einen Zielzustand hin. Auf Pläne und Handlungsablaufsequenzen komme ich noch zurück (s. a. S. 95ff.). Charakteristisch ist, daß man das Klassifizieren, das Abgrenzen, das Beschreiben von Verhaltensweisen und Körperbewegungen durchaus auch in Abhängigkeit von interpretatorischen Rahmenmustern vornehmen muß, aber eben (bloß) unter der Sicht des beschreibenden Beobachters. Derjenige, der ein Reflexverhalten zeigt, führt dieses nicht bewußt durch, etwa unter Anwendung eines interpretatorisch geladenen Konzeptes zur Handlungs- oder Reflexhandlungsplanung, sondern er reagiert eben nur auf den gesetzten Reiz, „verhält" sich reflexhaft – etwa im Sinne des vorhin genannten Patellarreflexes. Bei der Beschreibung von bloßem *Verhalten* und der entsprechenden *Bewegung* – wobei Verhalten hier in einem engen traditionell-behavioristischen Sinne gemeint ist – etwa als bloß reflektorisches Verhalten im Gegensatz zum intentionalen oder normiert gesteuerten Handeln – ist also die Interpretationsperspektive *auf* den *Beobachter* beschränkt und auf die Beschreibung und die Deskription durch diesen, während beim *Handeln* das Interpretatorische bei der Konzeption und Konstitution der Handlung durch den Handelnden selbst hinzukommt. Dadurch kann eine Abgrenzung vorgenommen werden.

Gegenüber Thalberg ist es also wichtig hervorzuheben, daß man einerseits die Konstituenten der Handlung durch interpretatorische oder semantisch geladene Komponenten erweitert, also auf die interpretative Ebene aufsteigt: Einige der Konstituenten und die wesentlichen abgrenzenden oder konstituierenden Komponenten sind auf dieser höheren Ebene zu verorten. Es ist aber andererseits ebenso wichtig zu erkennen und festzuhalten, daß diese Konstituententheorie sowohl *deskriptiv* verwendet werden kann wie eben auch handlungskonstituierend-*normierend*. Handlungen sind also in diesem doppelten Sinne Interpretationskonstrukte.

Sie sind als konstituierte wie als erfaßte die Ergebnisse eines Deutungsprozesses, aber sie sind nicht deren Resultate oder Erzeugnisse im rein (interpretationsunabhängigen) ontologischen Sinne; das ist übrigens auch von Psychologen häufig mißverstanden worden – kürzlich hatte ein Psychologe (Greve 1994) eine Doktorarbeit über meine Handlungstheorie von 1978 geschrieben, und deswegen kritisiert, weil er eben dieses Wort „Handlungen sind Interpretationskonstrukte" einfach ontologisch (miß)verstanden hat. Er meinte, ich würde Handlungen in der Realität einfach leugnen und sagen, sie existierten nur in der Interpretation. Und das will ich gerade *nicht* sagen: „Alle Handlungen sind Interpretationskonstrukte" – das habe ich zwar geschrieben, aber natürlich in dem Sinne gemeint, sie seien nur qua Interpretation *erfaßbar*, abgrenzbar, konstituierbar. Sie sind nur unter interpretatorischer Dimension konstituiert, abgrenzbar, erfaßbar, ja, überhaupt auch verständlich. Sie sind kontext-, begriffs-, beschreibungs-, interpretationsabhängig. Insofern muß man den Komponentenansatz von Thalberg erweitern, ausdehnen und eben mit metasprachlichen bzw. interpretationstheoretischen Stufen versehen.

Das Erarbeitete ist natürlich ganz besonders wichtig für alle sozialwissenschaftlichen, einschließlich der psychologischen und soziologischen Handlungstheorien, zumal für die Motivationsforschung usw. Für die wissenschaftlichen Handlungsdisziplinen kann man jedenfalls zusammenfassend festhalten, daß Handlungsbegriffe stets interpretatorisch geladen sind. Sie sind nur qua Interpretationsprozessen oder als Interpretationskonstrukte abgrenzbar aufzufassen, zu identifizieren, sind nur als solche zu erfassen, zu beschreiben, zu erklären bzw. als Mittel der Zielerreichung auch zu verwenden. Meistens wird die Beschreibung der Handlung selbst auch in Abhängigkeit von der entsprechenden Zielbeschreibung überhaupt erst dazu dienen, die Handlung als solche von anderen abzugrenzen (siehe „Licht einschalten"). Handlungen sind einerseits zwar auch bezogen auf ein Geschehen in der äußeren Welt, andererseits abgrenzbar nur in dem Sinne, daß wir sie schon bei der Abgrenzung und Auffassung „aus uns selber heraus" strukturieren: Daß wir einen Fingerdruck eben als Lichteinschalten auffassen, ist schon ein solches Beispiel.

Eine Bewegung als eine Handlung zu deuten, bedeutet ferner auch, sie auf eine soziokulturelle Situationsdeutung, auf den institutionellen, *sozialen* und normativen Hintergrund, auf Ziele, Erwartungen von solchen Mustern von anderen Handelnden und *Partnern*, die ja aufeinander bezogen handeln, zu beziehen. Handlungsbegriffe sind also in diesem Sinne sozusagen quasi-theoretische und sozial verortete Begriffe.

Man kann also im Sinne der eingangs eingeführten Beispiele der Ameisen, Spinnen und Bienen bei Bacon sagen, daß im Handeln durchaus die Weltkomponenten und die Subjektkomponenten zusammenspielen – und zwar gerade nicht in dem Sinne, wie sich die Spinnen beim Spinnenbeispiel verhalten, sondern eher wie die Bienen[6] beim Bienenbeispiel, d. h., wir *produzieren* – individuell und sozial geleitet – die Rahmen oder die Strukturen, in denen wir

---

[6] Die Bienengemeinschaften sind ja auch zutiefst sozial konstituierte, während die Spinne einsam spinnt.

Handlungen deuten, in denen wir die Welt strukturieren, auffassen oder auch erkennen – Erkennen ist ja auch in diesem Sinne repräsentierendes Handeln. Die Bienen produzieren durch Aufnahme des Nektars von außen und durch die eigene Verarbeitung ihre Wabenstruktur, in der sie erstens leben („wohnen") und zweitens ihre Nahrung speichern. Sie haben eine hochgradige soziale Kooperation evolutionär entwickelt – und auch eine differenzierte Arbeitsteilung. Das Bienenbeispiel ist also, wie auch Bacon schon für die Erkenntnis behauptete, eigentlich das relevante Analogon für den Menschen und seine Handlungsformen[7] – und nicht etwa das Ameisenbeispiel oder das Spinnenbeispiel. Darauf hatte ich ja schon hingewiesen. (Vgl. § 95 des *Novum Organon* von Bacon.) Diese Analogie ist wichtig und auch in diesem Zusammenhang interessant – und zwar nicht nur für die wissenschaftlichen Handlungsdisziplinen oder die Art und Weise, wie Wissenschaftler Verhaltensweisen und Handlungen beschreiben, sondern ebenfalls für den Alltag. Auch im Alltag benutzen wir alltagstheoretische oder – wie die Psychologen sagen – naivtheoretische Konzepte, um Handlungszusammenhänge zu beschreiben und zu erklären und uns zu verdeutlichen, indem wir beispielsweise gewisse motivationale „Verursachungen" in eine Bewegungsabfolge hineininterpretieren oder indem wir unter einer Konzeption handeln – z. B. mit der Antizipation von Handlungssequenzen, von Schritten, von notwendigen Abfolgen, die durchlaufen werden müssen, die z. T. selbst Mittelcharakter für die zu erreichende Zielzustandsverwirklichung aufweisen usw.

Man kann also durchaus sagen, daß ganz ähnlich wie im wissenschaftlichen Bereich auch im Alltag Handlungsstrukturierungen durch die entsprechenden beschreibenden Beobachter vorgenommen werden, aber auch durch die Handelnden selber, wenn sie denn absichtlich intentional zielorientiert oder unter bewußter Berücksichtigung von bestimmten Konzeptionen wie z.B. Normen, Bewertungen, Handlungsregeln, Verboten und Geboten handeln. In alle Handlungen geht also auf diese Weise unerläßlich die entsprechende Kontexthaftigkeit ein. Handlungen sind von Weltkontexten und von der Einbettung in entsprechende Handlungsgepflogenheiten oder in bezug auf Institutionen und deren Normierung durch

---

[7] Feilich ist das Bienenverhalten genetisch fixiert, das menschliche Handeln z. gr. T. wesentlich „plastisch", durch Lernen erworben und veränderbar sowie differnzierbar.

Verbote, Gebote oder Richtlinien (mit)strukturiert und sind nur so zu verstehen. Insbesondere gilt das natürlich auch für Handlungs*(ab)folgen* oder für Handlungs*zusammenhänge*. Hier sind wir dann wieder bei unserem Begriff der Schemata angelangt; denn diese sind geeignet, bestimmte Zusammenhänge der Deutung in einer etwas systematischeren Weise aufzufassen. Und zwar gilt auch dies nicht nur wissenschaftlich, sondern gerade auch im Alltag. Wir sprachen ja schon von Musterinterpretationen, etwa beim Erkennen von Konfigurationen, bei Wahrnehmungsmustern oder Strukturen. Dasselbe gilt natürlich auch bei anderen Kognitionen und bei Handlungsstrukturierungen, bei der Art und Weise, wie wir Handlungen zustande bringen, wie wir sie konzipieren, bilden, wie wir sie in einen Zusammenhang bringen, wie wir sie systematisch planen oder wie wir sie routinehaft abspulen lassen oder wie wir sie speichern und wiedererkennen. Wir speichern ja nicht totale Handlungsabfolgen in allen Einzelheiten, sondern wir speichern systematisch wichtige und kennzeichnende Erkennungsmerkmale, die uns erlauben in einem bestimmten Situationszusammenhang unter einer bestimmten Ausgrenzung von Handlungsformen oder Lebensformen eine Handlung als eine entsprechende (wieder) zu erkennen, zu identifizieren oder entsprechende Zusammenhänge von Handlungen oder Handlungsabfolgen oder Handlungsgefügen *als solche* zu erfassen.

Es gibt hierzu ein besonders einschlägiges Buch von Schank und Abelson von 1977 mit dem Titel *Scripts, Plans, Goals, and Understanding*. „Scripts", das ist der Ausdruck, den die Autoren einführen, und dieser erweist sich als sehr fruchtbar. Scripts sind also Handlungsschemata oder genauer: Schemata für Handlungsabfolgen, die ablaufstandardisiert sind, mithin z. B. als mentales Repräsentationsmittel zum Erwarten von Handlungen und deren Verständnis dienen und besonders auch zum Abspeichern bzw. Wiederabrufen von Handlungsmustern geeignet sind. Sie sind also im wesentlichen vorausprojizierte oder internalisierte, gewohnheitsmäßig verinnerlichte, erlernte oder beschriebene, man könnte sagen, in der Erwartung und Gewöhnung konstituierte stereotype Formen von Handlungsabläufen, Handlungsabfolgen, die ablaufstandardisierte Schemata darstellen. Wir speichern Scripte, besser: Handlungsskripte oder Handlungs-Scripts, wenn man ein derartiges Mischwort zulassen will. (Wir wollen lieber das Wort im Deutschen analog zum Wort „Manuskripte" verwenden und von „Handlungsskripten" sprechen.)

Handlungsskripte sind also ausgewählte Merkmale oder hervorgehobene, durch ausgewählte, Standardfolgen charakterisierte, stereotypisierte Abfolgen von erwarteten und normalen, also zu erwartenden Handlungen und Standardhandlungssequenzen einfacher Art. Diese verstehen wir, weil wir sie kennen, weil wir an das entsprechende Ambiente der Schemata, die hier relevant sind, gewöhnt sind, weil wir wissen, daß sie typischerweise in den entsprechenden Kontexten immer wieder auftreten, weil sie auch in unserer persönlichen Lebensbiographie eine große Rolle spielen und weil sie eben in der Erinnerung schematisiert gespeichert sind und jederzeit abgerufen werden können. Wir brauchen solche Scripts oder Handlungsablaufschemata dringend, um überhaupt unsere Fähigkeiten entwickeln und ausüben zu können, etwa Handlungsabfolgen verstehen zu können, natürlich gegebenenfalls auch mit intervenierenden Ereignissen verquickt, die kausal eine Rolle spielen oder per Zufall mitspielen. Wenn Handlungsabläufe und Ereignisfolgen beschrieben werden, genügen u.U. wenige Schlüsselsignale oder Schlüsselreize, um das Handlungsskript abzurufen bzw. zu aktualisieren oder eine Folge oder Alternative von anderen potentiell ebenfalls einschlägigen Scripts zur Verfügung zu haben. Die entsprechenden Informationslücken werden selbstverständlich von uns ausgefüllt. Man kennt das. Ähnlich wie bei den Konfigurationsschemata, von denen wir schon gesprochen haben.

So kennt man also z.B. abstraktere Scripts, für die Schemata ,Kaufen' und ,Verkaufen' oder ,Kaufen in einem Tante-Emma-Laden'. Das ist etwas anderes als ,Kaufen' und ,Verkaufen' generell. Oder das Beispiel, das Schank und Abelson gern benutzen: das Restaurantskript, wie Schank und Abelson (1977, 42 ff.) es nennen. Wenn jemand ins Restaurant geht und etwas, zum Essen oder Trinken bestellt, dann ißt und trinkt, bezahlt, das Restaurant verläßt – dann ist das bereits eine Beschreibung des wesentlichen Ablaufs dessen, was man bei einem Restaurantbesuch an Rollenhandlungen vornimmt. Zu diesem Script gibt es natürlich eine Reihe von Spezialisierungen, Abhandlungen und Untervarianten usw. Es kommt darauf an, um was für ein Restaurant es sich handelt. In einem Selbstbedienungsrestaurant wird man sich anderen Handlungsteilskripten unterwerfen oder diese anwenden als beispielsweise in einem Nobelrestaurant, in dem man von einem livrierten Kellner bedient wird. In einem Selbstbedienungsrestaurant kommt das Gehen an den Ausgabeschalter hinzu, an dem man etwas auswählt

und – z. B. – daß man am Ende an der Kasse wartet.[8] Man wählt
also aus aus einer Menge von Skriptvarianten und -alternativen ein
Teilskript oder Subscript aus. Es ist z. B. völlig klar, daß man beim
normalen Restaurantskript weiß, aufgrund auch der Schlüsselreize
und Signale aus der Umgebung, welches Teilskript jeweils anzuwenden ist. Das *Bestellen* ist beim Nobelrestaurant Teil dieses
Handlungs-Scripts, beim Selbstbedienungsladen ist nicht das Bestellen, sondern das *Auswählen am Schalter* Teil des Teilskripts. Es
ist also jeweils eine Vorform des Hauptkonzeptes: Script „*Essen*",
„*Essen bestellen*", „*Essen einnehmen*" oder „*zum Essen gehen*".
Somit ist es natürlich notwendig für die Anwendung, für diese jeweilige (zu)treffende Instantiierung dieses stereotypen Schemas
oder Scripts, daß man die Anwendungen kennt und die Hinweis-
merkmale erkennt: Der Kontext des Skripts muß klar sein. Man
muß die Signale kennen, man muß wissen, sehen, daß es sich um
ein Restaurant handelt. Man muß ebenfalls sehen und wissen, um
was für ein Restaurant es sich handelt, ob z. B. eben um ein Selbstbedienungsladen oder nicht. Man ist also in der Lage, von vornherein diese Handlungsskripte und die entsprechenden Teilskripte
auf bestimmte Situationen, auf die sie passen, zu beziehen, um in
deren Sinne dann auch rollengemäß „vernünftig" zu handeln, zu
„funktionieren". Das gilt natürlich insbesondere auch hinsichtlich
der *anderen* Handelnden in diesen Situationen: So wird also der
Kellner oder die Kellnerin natürlich einem ganz bestimmten
Handlungsablauf folgen, der dem Skript oder den Teilskripten entspricht, die ihnen diese verschiedenen Rollen vorschreiben. Entsprechendes gilt natürlich für alle solche Handlungsskripte und für
die Erwartungen und für die Skripte der erwarteten und zu erwartenden Reaktionshandlungen. Man muß also die standardisierten
Situationen bereits aufgrund der entsprechenden Situationssignale
und der Einbettung in sozial strukturierte Kontexte verstehen, man
muß sie schematisch einordnen können. Man muß sie aus der gespeicherten Schematisierung abrufen können, die wir im Gedächtnis
„haben", die wir gelernt, durch Gewöhnung eben verinnerlicht
haben. Wir interpretieren also Ereignisse und Handlungssequenzen
der entsprechenden Handelnden in diesen Situationen stets unter
Verwendung solcher Handlungsskripte, indem wir eben die standardisierten Ereignisse und Handlungsfolgen, die wir als und in Schemata gespeichert haben, abrufen und auf die aktualisierte Situation

---

[8] Dies letztere ist freilich auch in amerikanischen Nobelrestaurants üblich.

beziehen und entsprechend unserer Erwartungen und der jeweiligen Reaktion (um)strukturieren. So strukturieren wie unsere Erwartungen an den Kellner oder die Kellnerin, indem wir als Kunden dann die Bestellung vornehmen usw. Wenn man von dem Rollenskript abweicht, entstehen natürlich Irritationen; das kann vorkommen. Es kann auch einmal sein, daß man einem Skript gar nicht folgen *kann*. Wenn z. B. irgendetwas Besonderes passiert, wenn beispielsweise das Restaurant anfängt zu brennen, wird man normalerweise das Handlungsskript *Restaurant, Bestellen, Verzehren, Bezahlen* nicht in der üblichen Weise befolgen, sondern man wird unter Umständen auf die Begleichung der Zeche verzichten, um sein Leben zu retten u. ä. Das heißt also, man hat die Stereotypisierung jeweils auf eine spezifische Situation anzuwenden – und gegebenenfalls abzuwandeln bzw. zu einem anderen Skript (z. B. „Flucht"-Schema) überzugehen. Die spezielle Situation eines Brandes wird eine andere Standardantwort aktivieren, die ebenfalls stereotypisiert ist, u. U. *Notfallreaktion, Fluchtverhalten*.

Zwischen solchen Handlungsskripten, die gespeicherte, schematisierte Routinesequenzen, Handlungssequenzen darstellen, und den bewußten, als zielführend gedachten und durch Zielbeschreibung z. B. differenzierten Plänen, Handlungsplänen, die eben bewußt gebildet werden, bestehen natürlich Unterschiede, aber die Abgrenzungen sind u. U. unscharf, „flüssig". Es gibt fließende Übergänge zwischen Plänen und solchen Handlungsskripten. In den Überlappungsbereich fallen z. B. zielführende Handlungen, die nun bereits gewohnheitsmäßig geworden sind oder stereotypisiert wurden, die unter Umständen einschließlich ihrer entsprechenden Ziele und typischen Abläufe und Merkmale als Standardform übernommen, erlernt wurden, gleichsam in Handlungsskripte abgespeichert wurden und damit abrufbar und verfügbar sind. Das gilt auch etwa für das Rollenlernen. Ich denke, daß die Unterscheidung zwischen Planhandeln und Skripthandeln durchaus einigermaßen klar ist, jedenfalls analytisch getroffen werden kann, aber natürlich Übergänge zuläßt und insbesondere fallweise auch ein bewußtes, abweichendes Übergehen zu anderen Handlungsstrukturierungen erfordert, wenn etwas Besonderes, das nicht „dem Schema F" entspricht, passiert. Das Standardhandeln nach solchen Handlungsskripten ist nun fast automatisiert, jedenfalls was das schematisierte Abspeichern und auch Abrufen von wesentlichen Merkmalen angeht, welche die Situation kennzeichnen und keineswegs umfassend beschreiben, sondern sie sind ausreichend, um stereotype Kurzantworten hervorzurufen oder abzurufen. Das geschieht durch Schemata oder Handlungsskripte, die eben auf die Situation passen. Zur Anknüpfung bzw. zur Adressierung und Abrufung reichen wenige Schlüsselreize aus: Z. B. vorm Betreten des Hauses das Lesen von „Restaurant". Meistens entscheidet sich schon im voraus, daß man ins Restaurant geht, aber man benötigt Ortwissen und entsprechende Signale bzw. situationale „Marker" oder „Handlungsmarker".[9] Diese Verarbeitung und Einteilung der Handlungsformen in der Vorausnahme (Antizipationsphase der Schemaabrufung) und die Strukturierung der eigenen Erwartungen insbesondere in bezug auf Handlungspartner, aber auch für eigene Handlungen in bezug auf die geforderten und passenden Reaktionsformen, ist durch solche standardisierten Handlungsschemata darzustellen. Ich glaube, wir brauchen hier im einzelnen nicht noch ausführlicher darauf einzugehen.

Vorausgesetzt ist natürlich, daß man die Fähigkeit haben muß, Handlungsskripts miteinander zu verbinden. Wenn jemand beispielsweise mit der U-Bahn zum Restaurantbesuch, zu einer Verabredung fährt, dann muß er mehrere Scripts aneinanderhängen, nacheinander abrufen: *U-Bahnfahren* ist ein eigenes Skript mit *Ticketlösen* usw., ein anderes dagegen *Restaurantbesuch*, *Treffen der Freundin* oder *des Freundes* usw.

Ferner gibt es „lokale Marker" – geradezu im wörtlichen Sinne: Das „Lokal" muß markiert sein: ‚Restaurant' steht z. B. an dem Haus unseres Beispiels. Es gibt auch interne begriffliche Marker, konzeptuelle oder konzeptionelle Marker, „internal conceptional headers", die an die interne Strukturierung der Situation gebunden sind: So kommt nur im Restaurantskript die Rolle der Kellnerin oder

---

[9] Man kann natürlich bestimmte fachtechnische Ausdrücke verwenden, wie Schank und Abelson das machen, indem sie meinen, man braucht so etwas wie Anzeichen, „cues", also Schlüsselinformationen oder Merkmalssignale, sogenannte „header", statt linguistische „marker", man könnte auch von „Handlungsmarkern" sprechen. Die beiden Autoren sprechen sozusagen von aktionalen „Zwischenüberschriften"; in der Linguistik redet man meist von „marker", unterscheidet semantische und syntaktische Marker, welche die Zuordnung zu einer entsprechenden linguistischen Kategorie erlauben. Und das ist natürlich hier beim Handlungserfassen genauso. Die entsprechenden Handlungsmarker sind also geeignet, um den Bereich zu kennzeichnen und das betreffende Handlungsskript, das man braucht, dann aus der „Schublade" des Schemata-Gedächtnisse herauszuholen. Sie sind sozusagen etikettierte, standardisierte Abrufmechanismen, die in der Lage sind, das entsprechende, geeignete Skript abzurufen.

des Kellners vor, das Auftreten von diesem Unterschema *Kellner* zeigt dann schon an, daß hier ein Restaurantskript aktiviert worden ist, daß das Teilskript in dem Handlungszusammenhang des Restaurantbesuchs zum Restaurantbesuch-Schema gehört, usw. Man kann sich natürlich viele weitere Beispiele und Verbindungsmöglichkeiten, Überlappungen, Interferenzen oder auch Widersprüche – und sogar die Rückkehr zu „alten" Skripten vorstellen. Das letztere geschieht, wenn es beispielsweise dem Wirte des Restaurants gelungen ist, den Brand gleich im Anfang durch eine Feuerlöschflasche zu ersticken. In diesem Falle wird natürlich auch der erleichterte Kunde nicht gehen, sondern unter Umständen gern noch seinen Freicognac, den der Wirt ausgibt, trinken. Er wird dann auf das alte Skript zurückkommen – und die Zeche der Bestellung vor dem Brand bezahlen. Ähnlich ist es natürlich mit Handlungsskripten.

Das wird natürlich ganz besonders im Sozialen dann interessant, wenn Irrtümer oder Fehler, Fehldeutungen vorkommen. Es können z. B. Widersprüche auftreten, Schleifenformen des Wiederabrufens, Verbesserungen, Modifizierungen, die schließlich durch eine Anwendung eines passenden und/oder angepaßten Handlungsskripts (wieder) zum Erfolg führen; aber es kann auch sein, daß zwei Alternativen, zwei Skripte, die von Handelnden automatisch unterstellt werden, einander gar nicht zugeordnet werden können, sozusagen „windschief" zueinander liegen, nicht zueinander passen, und daß die entsprechenden Subschemata in bezug auf übergeordnete oder potentiell relevante Schemata in Widerstreit geraten usw. Ein besonders schönes Beispiel von Schank und Abelson (1977, 59) ist das folgende, in dem zwei widersprüchliche oder zwei unterschiedliche, „schief" zueinander gelagerte Handlungsskripte abgerufen werden: Ein Handlungsreisender, der viel unterwegs ist, bleibt eines Tages, weil eine Reise ausfällt, zu Hause und schläft mit seiner Frau im Bett. Plötzlich wird donnernd an die Tür geklopft, die Frau schreckt aus dem Schlaf auf und schreit: „Oh, mein Ehemann!" Davon schreckt der Ehemann, der neben ihr liegt, aus dem Bett auf und springt aus dem Fenster. Das ist für diese beiden Scripts sehr kurz und pointiert, aber für das Verständnis hinreichend formuliert: Man gewinnt aus diesen sehr wenigen, völlig skizzenhaften Andeutungen, die uns jedoch unter den üblichen Gepflogenheiten der restlichen monogamen doppelmoralischen Gesellschaft durchaus vertraut scheinen, schon eine ganze Menge von Informationen hinsichtlich des üblichen ehelichen und außerehelichen Verhaltens dieser beiden Personen. Tu, felix Austria, nube ...

5. Schemarepräsentation und Regeln

Wir hatten am Beispiel der Handlungsschemata, der Scripts, herausgefunden, daß Schemata einerseits Variable haben, wie Rumelhart festgestellt hat, daß sie hierarchisch angeordnet sind, daß es Subschemata gibt und Superschemata, daß sie in einer bestimmten architektonischen Anordnung funktionieren und daß Subschemata übergeordnete Schemata aktivieren, triggern können (neudeutsch) und umgekehrt: Übergeordnete Schemata können natürlich auch untergeordnete auslösen. Wir wissen, daß Schemata Wissen repräsentieren, gleichsam „Datenstrukturen"; so fassen bzw. faßten das jedenfalls die Psychologen – zumindest in vorkonnektionistischer Zeit – auf. Schemata stellen in gewissem Sinne ein Abrufwissen anhand von Schlagworten, Stichworten, Adressier-Dateien *samt* charakteristischen Gehaltsmerkmalen dar, also so etwas wie eine Enzyklopädie, genauer: einen Abrufmechanismus, der in gewisser Weise eben unser Wissen nicht nur konzentriert darstellt, sondern auch in Kürze verfügbar macht, durch Kurzadressierungen erreichbar und inhaltlich verfügbar macht. Allerdings ist das vielleicht noch etwas zu oberflächlich formuliert, denn Schemata sind nicht nur Datenstrukturen, die *theoretisches* Wissen darstellen und zu erfassen gestatten, sondern alle Arten von „Erfassungen" in unserem Sinne, auch aktive Erfassungen, auch normative Strukturen sind in diesem Sinne schemagebunden.

Vor allem ist hervorzuheben, daß dieser Begriff der Schemata bzw. des Schemas selbst natürlich ein Konstruktbegriff ist. Darauf habe ich ja bereits oben hingewiesen, daß die Schemata nicht irgendwelche „Dinge" oder Entitäten sind, die nun an einer spezifischen Stelle im Gehirn gespeichert wären, gleichsam als kleine Quarks des Wissens, sondern Schemata sind prinzipiell durch Konfigurationsgeflechte und *Begriffe* gekennzeichnet; sie können als durch Interpretationskonstrukte erfaßte *Prozesse* verstanden werden. Sie sind Aktivationsprozesse; das sieht man natürlich besonders deutlich an den Scripts, den Handlungsschemata. Das gilt aber allgemein für Schemata und deren Aktivierungen. Die Arten von schematisierten Darstellungen werden weitgehend (außer den z.T. erwähnten Primär- und Urinterpretationen der Stufe IS₁) *erlernt*. Man wird als kleines Kind bereits in sie hineindressiert, hineingeführt, übt die Schemaetablierungen und -aktivierungen ein. Das hat sehr viel mit *Handlungs*lernen, mit *Aktivitäten*, mit *Reagieren* auf Partner (beim Kleinkind natürlich in erster Linie auf die Mutter), mit dem Reagieren aber auch auf Dinge oder Ereignisse bzw. auf Widerstände zu tun. Es handelt sich im Grunde um eine eingeschliffene dispositionelle Aktivitätsstruktur, über die wir nach dem Erlernen und Einschleifen verfügen können. Es ist eine recht wichtige Einsicht, daß alle Schemata aktive Prozesse sind. Sie sind dabei Strukturen netzwerkartiger Verfassung, funktionale Einheitsgefüge, die aktiviert werden, die man erlernt, die trainiert werden müssen. Man kann hier durchaus die Analogien aus der neuronalen oder psychologischen (konnektionistischen) Netzwerktheorie anbringen. In der Tat sind ja McClelland und Rumelhart, die sich mindestens ein Jahrzehnt lang der Schematheorie gewidmet hatten, um 1980 plötzlich zu der PDP-Theorie (der Psychologie des Parallel-Distributed-Processing) übergegangen, also zum Ansatz der neuronalen Netzwerke des Konnektionismus, der Parallelverarbeitung mit „Hidden Units" (s.u. S. 186). Sie haben herausgefunden, daß alle die Eigenschaften, welche die Schemata charakterisieren, ebensogut, ja, in mancherlei Hinsicht viel besser – insbesondere was die schnellen Zugriffszeiten angeht – von einem konnektionistischen, d. h. parallel verarbeitenden und netzwerkaktivierenden, Modellansatz erfaßt werden können als von der traditionellen, eher statisch aufgefaßten Strukturtheorie der Schemata. Das heißt, man kann diese Schematatheorie in der Tat mit neuartigen Gesichtspunkten der Psychologie der parallel-verarbeitenden Netzwerke verbinden und auf diese Weise gleichsam direkt aktivistisch und funktional deuten. Insbesondere kann man nach diesem Modell recht einfach und sehr gut das Lernen darstellen bzw. trainieren, zumal das Einspielen von Schemata in dieser Hinsicht verstehen. Man erkennt hierbei auch die Aktivitätsgebundenheit alles theoretischen Erfassens, insbesondere der Strukturen, mittels derer und in denen wir etwas theoretisch erfassen. Alles Erkennen ist Handeln, ist prozessual-funktional aufrechterhaltene und permanent weiter zu stabilisierende Struktur, ist in diesem Sinne aktivitätsgebunden; das gilt selbst für die Repräsentationen anscheinend statischer Strukturen.

Ferner ist alles Erkennen in einer gewissen, tiefen Hinsicht (s. S. 141f) auch *sozial* eingebunden, nicht nur in handelnde Auseinandersetzung mit der Welt eingebettet, sondern essentiell mit Handlungen mit einer Partner„gemeinde" oder -„gemeinschaft" verwoben, sozusagen funktional vernetzt. Man könnte von *Schemainterpretationsgemeinschaft* sprechen, um das Gesagte an pragmatistische Sprachtheorien anzuschließen, von Routinen, Gebräuchen, *„Gepflogenheiten"* (nach Wittgenstein), in die man hineinerzogen wird, wobei man in die entsprechenden Dispositionen und Strukturschemata qua Prozeßaktivierung und -gewöhnung und als Mittel der Repräsentation lernt. Das gilt für jede Art von Repräsentation. Repräsentation wird nun nicht nur im theoretischen Sinne, erst recht gar nicht nur im passivem, sondern natürlich im aktiven und auch im normativen Sinne verstanden wird. (Auf die konnektionistischen Deutungen der Schematheorie ist später einzugehen, s. u. S. 185ff, 206ff).

Im folgenden behandle ich zunächst die aktivistische Deutung des ‚Erfassens' und halte mich dabei weitgehend an das Buch von Grant Gillet *Representation, Meaning, and Thought* (1992). Gillet argumentiert weitgehend parallel zu dem, was ich über die Aktivierungen und Aktivitätsgebundenheiten des Erkennens und Handelns, insbesondere in bezug auch auf den Kantischen Aktivismus der Erkenntnistheorie dargestellt habe. Er selber schließt sich einerseits nahe an Kant an, bringt aber andererseits auch Wittgensteins Ansatz ein – insbesondere hinsichtlich der Sozialbindung der Aktivitäten, des Regel(be)folgens und Regellernens. Auf diese Weise wird eine Art des Begriffelernens skizziert, die über die traditionelle entwicklungspsychologische Theorie von Piaget hinausgeht, eher an Wigotsky anschließt, sich eben stärker interaktionistisch, stärker handlungsgebunden orientiert und insbesondere auch auf den dauernden Kontakt mit einer Welt angewiesen ist, in der man handelt. Hier nur einige wesentliche Punkte hervorzuheben, die sich kritisch gegen die traditionelle Auffassung der englischen Empiristen, doch z. B. auch gegen Freges statische Auffassung insbesondere von Bedeutung richten und die viel stärker an Kants aktivistische Auffassung von Begriffen als Regeln anschließen.

Gillet faßt Begriffe im Kantischen Sinne als ein vereinheitlichende Bewußtseinsvorstellungen auf. Kant spricht ja stets von der „Einheit des Bewußtseins" verschiedener Vorstellungen, die durch Begriffe zustande gebracht werden kann: Vorstellungen einer Einheit sind also Vorstellungen von Gegenständen, die unter den jeweils betreffenden Begriff fallen; sie sind sozusagen gleichartige

Vorstellungen. Der Begriff ist dann im wesentlichen die Fähigkeit, diese Vorstellungen zu einer Einheit zu bringen und wiederzuerkennen.

Das „Erfassen eines Begriffes", sagt Gillet (1992, 11), ist die „Fähigkeit, auf ein Merkmal in einer regelgesteuerten", von einer Regel beherrschten („rule-governed") Weise zu reagieren. Dabei kann diese Fähigkeit „gut oder schlechter entwickelt" sein und natürlich unter gewissen Gesichtspunkten dann als passend, treffend oder nicht passend bzw. nicht zutreffend angesehen werden. Das gilt dann natürlich entsprechend auch für die höheren Stufen der Begriffs*verbindungen*, nämlich das „Urteilen". Das „Urteil" ist ja für Kant ebenfalls eine „Einheit von Vorstellungen", aber eine Einheit von *verschiedenartigen* begrifflichen Vorstellungen, die zu einer Art von (mit Anspruch auf „objektive" Gültigkeit versehenen) Einheit in der Vorstellung gebracht werden. Er meint, daß insbesondere die intersubjektive erkennbare und kontrollierbare Fähigkeit, daß man durch Begriffe einen *Gehalt* darstellen kann, den jemand anders auch versteht, auf diesen folgenden Merkmalen beruht.

Wir können *erstens* nicht jeden Begriff beliebig auf irgendetwas anwenden, sondern es gibt Eingrenzungen, es gibt *Regeln*, denen wir bei der Begriffsanwendung folgen müssen, ja, diese Regelstruktur stellt sogar das Entscheidende bei der Begriffsanwendung dar. Diese Regelstruktur ist natürlich von der Gesellschaft, von der Sprachgemeinschaft vorgegeben oder wird/wurde von dieser weitgehend vorgeformt. Auf diese Weise wird in gewissem Sinne ein Begriff und damit natürlich auch die sozial zulässige Anwendbarkeit des Begriffes strukturiert, begrenzt. (Ferner gibt es dabei so etwas wie normative Beschränkungen.) *Zweitens* ist es wichtig, daß dieses Verfügen und dessen Beschränkung öffentlich geschehen muß und kontrolliert werden kann, daß es nach außen hin manifestierbar ist, daß es also eine Art von intersubjektiv geregelter Zeichenverwendung gibt. Etwas *Drittes* ist wichtig: Hier wird Bewußtsein als die Fähigkeit gemeint, sensitiv und in Auseinandersetzung mit der jeweiligen Umwelt in einer bestimmten Situation, in einem Kontext auf die Begriffsanwendung zu reagieren. Man verwendet das begriffliche Instrumentarium in einer flexiblen und natürlich auch interessenabhängigen Weise, diese Fähigkeit wird erlernt oder erworben durch eine hinreichende Kontrolle der Aufmerksamkeit und des Verhaltens, die erlauben, daß man eben eine bestimmte mit anderen *geteilte* Technik der Begriffsverwendung erlernt, beherrscht oder besitzt. Es handelt sich in einem bestimmten Verständnis um Sozialtechniken der Begriffsverwendung.

Das alles hat natürlich dann Folgerungen für die Strukturierung der Gedanken insofern, als die Gedanken und deren Gehalte wiederum abhängig sind von der Strukturierung der jeweiligen begrifflichen Aktivitäten, Formierungen usw. Für Gillet ist der Mensch, der Begriffe lernt und verwendet, also insofern ein bewußtes Subjekt ist, qua Subjekt eine Person, die eben im wesentlichen durch die Fähigkeit, Begriffe zu benutzen, definiert ist bzw. – so sollte man vielleicht allgemeiner sagen –, ein Wesen das Repräsentations-Regeln im eng verstandenen Sinne des Wortes befolgen kann: Es ist ein Subjekt, das nicht nur sich konform zu Regeln verhält, sondern das Regeln differenzierend anwenden, bewußt normative Standards verwenden kann, einzelne situationsbezügliche Zeichen oder Symbole in Regeln einzusetzen vermag. Das Subjekt ist ein (Regel-) „Akteur", der Regeln bewußt befolgen kann, zugleich weiß, *daß* es sich um eine Regel handelt, die man eben auf einen speziellen Fall anwendet. So kommt also eine Art von Subjektivität zustande, die alles begriffliche, alles theoretische Verfügen(können) und natürlich auch insbesondere Handlungsentscheidungen kennzeichnet. Alles das ist bewußtseinspflichtig, abhängig von der Fähigkeit, Regeln zu befolgen – und nicht nur Verhaltensregelmäßigkeiten aufzuweisen, die u. U. unterbewußt stattfinden. Es geht hier darum, daß man eine normative Regularität in dem Sinne befolgt, daß man einen Standard erfüllt oder nicht erfüllt, daß man etwas richtig oder falsch macht, daß man z. B. auch dann bei Urteilen ein wahres oder falsches Urteil fällen kann. Mit anderen Worten: man hat die Auffassung zugrundezulegen, daß das erkenntnistheoretische Subjekt ein *aktives* Wesen ist, ein Akteur, der bei Repräsentationen mit bestimmten Verfahren der Regelbefolgung in einer selektiven, Entscheidungen ermöglichenden Weise umgeht – mehr oder minder kompetent. Insbesondere kann das Subjekt Situationsmerkmale miteinander verbinden, so daß also eine Art von „Bild" der Situation entsteht, das benutzt wird, um die eigenen Handlungsantizipationen zu strukturieren und Handlungsplanungen vorzunehmen. Diese Fähigkeiten sind natürlich im tiefsten Sinne – und das ist eigentlich die Hauptthese – auf Praktiken, Sozialpraktiken oder sozial erlernte *Praktiken* zurückzuführen, die bei allen „Erfassungen", wie ich sage, bei allen theoretischen Darstellungen und bei praktischen Handlungsstrukturierungen befolgt werden. Diese Praktiken sind im Grunde nichts anderes als Regeln, oder sind durch Regeln strukturiert. Das ist natürlich Wittgensteinsches Gedankengut. Man denke an die *Philosophischen Untersuchungen* z. B. § 202: „Darum ist >der Regel folgen< eine Praxis"... Oder kurz vorher (§ 199): „Einer Regel folgen, eine Mitteilung machen, einen Befehl geben, eine Schachpartie spielen sind *Gepflogenheiten* (Gebräuche, Institutionen)", also Handlungsgepflogenheiten institutionalisierter Art, d. h., sie werden sozial überwacht, genormt, kontrolliert, sanktioniert. Und der weitere Gedanke, der natürlich mit der Praktik direkt zusammenhängt, ist derjenige (ebd. §§ 199, 150, 232), daß eine Regel „verwenden" bzw. einer Regel „folgen", einen Begriff „anwenden", einen Satz „verstehen", eine Sprache „verstehen" letztlich darauf beruht, daß man eine sozial erlernte Technik „beherrscht", genauer: eine Technik der Begriffsanwendung oder Zeichenverwendung. Die Begriffsanwendung besteht in einer selektiven Anwendung von Zeichen, die den Begriff repräsentieren: „Einen Satz verstehen, heißt, eine Sprache verstehen. Eine Sprache verstehen, heißt, eine Technik beherrschen" (ebd. § 199).

Besonders wichtig ist noch die Verbindung, die Gillet zwischen Kants und Wittgensteins Auffassung, zieht: Eine Art von sozialer Gemeinschaft des Verständnisses wird dadurch hergestellt und das Lernen ermöglicht, daß man sich in eine bestimmte gemeinsame, sozial geteilte Technik der Verwendung von Zeichen bzw. dann von entsprechenden Begriffen und auch Urteilen einübt – in ein sozial normiertes Gefüge von Handlungsmustern, die Wittgenstein „Lebensformen" nennt: „... in der *Sprache* stimmen die Menschen überein. Dies ist keine Übereinstimmung der Meinungen sondern der Lebensform" (ebd. § 241). „Zur Verständigung durch die Sprache gehört nicht nur eine Übereinstimmung in den Definitionen, sondern (so seltsam dies klingen mag) eine Übereinstimmung in den Urteilen" (ebd. § 242). Das heißt, wir haben gemeinsame grundlegende Überzeugungen, nicht nur theoretischer Art, sondern gerade auch solche praktischer Provenienz, die sich in einer Art von gemeinsamem Leben, gleichartigem Handeln und dessen schemagebundener Identifizierbarkeit – kurz: in „Lebensformen" – äußern. Ein berühmter Satz Wittgensteins hierzu ist auch: „Ein >innerer Vorgang< bedarf äußerer Kriterien" (ebd. § 580). Das gilt also gerade auch für das Denken, für das Anwenden von Begriffen usw. Das bedeutet mit anderen Worten: „Das Substrat dieses Erlebnisses ist das Beherrschen einer Technik" (ebd. XI), genauer: das Beherrschen einer sozial erlernten und kontrollierbaren Verwendungstechnik. Das Erlernen und Verwenden von sprachlichen Ausdrücken, ja, von allen konventionellen Zeichen(-Symbolen), von allen Repräsentationen, insbesondere von allen Begriffen, ja, das Aktivieren von plastischen Schemata in dem oben genannten Sinne ist somit (an) das Erlernen und das Beherrschen einer Technik, einer Praktik, einer Praktik des Umgangs (gebunden), die ihrerseits strukturiert ist, die in grundlegender Weise abhängig ist von der Gemeinschaft, in der man das Verwenden, Beherrschen, Kontrollieren lernt. Dies alles ist mitgeprägt von der Kultur, der Trainingssituation und der Lernsituation, in der man in die Verwendung von Zeichen, Gesten, Interaktionen eingeführt wird/wurde. Insofern ist das Verwendenkönnen und Verstehen natürlich im höchsten Maße schon bei der Erlernung in spezifischer Weise handlungsabhängig. Es bleibt aber auch später handlungsabhängig. Selbst das Erkennen – das habe ich ja schon häufiger betont – ist immer ein Handeln, ein repräsentierendes Zeichenaktivieren – schon insofern es von der Selektivität gewählter Interpretationsperspektiven abhängig ist. Selektieren ist Verhalten, bewußtes Wählen Handeln. Interpretieren ist ein Handeln. Man wendet Schemata an, mehr oder minder bewußt.

Wittgenstein sieht das auch so; er schreibt: „Deuten ist ein Denken, ein Handeln" (PU XI). In § 201 (ebd.) verweist er auf die Möglichkeit des Deutens von Deutungen: Man könne zwar, aber nicht unbeschränkt „Deutungen hinter Deutungen setzen"; er meint, daß eine Art von Tendenz besteht, eine letzte Deutung vorzusetzen und dann alles daraus abzuleiten. Aber das sei ein Irrtum insofern, als es sich nicht um eine Letztbegründung im transzendentalen Sinne handelt, sondern um das Befolgen einer Praxis. Durch das ständig weiterführende Hintereinandersetzen von Deutungen deuten wir an, daß irgendwo einfach *praktisch* abgebrochen werden muß: So „zeigen wir nämlich, daß es eine Auffassung einer Regel gibt, die nicht eine *Deutung* ist" (ebd. § 201), sondern einfach eine Verwendungs*praxis*. So handeln wir eben nach dieser erlernten Praxis. Letztlich „folgen" wir einer jeden Regel, wenn wir sie verinnerlicht, einmal gelernt haben, „*blind*", wie Wittgenstein (ebd. § 219) sagt. Letztlich muß ich eine pragmatische Ausgangssituation voraussetzen, in der ich entsprechend einer mit anderen Sozial- und Kulturpartnern geteilten Lebensform, aufgrund von gemeinsam etablierten und verstandenen Regeln handeln kann, die ich erlernt habe und bezüglich derer ich unterscheiden kann, ob ich der jeweiligen Regel folge oder nicht.

Das berühmte „Paradox" der *Philosophischen Untersuchungen* (§202), das ich ja schon zitiert habe („Darum ist der >Regel folgen< eine Praxis") setzt alles das voraus. Aber das „Paradox" ergibt sich erst, indem Wittgenstein fortfährt: „Und der Regel zu folgen *glauben*, ist nicht: der Regel folgen. Und darum kann man nicht der Regel >privatim< folgen, weil sonst der Regel zu folgen glauben dasselbe wäre, wie der Regel folgen. „ Mit anderen Worten: Man braucht *Kriterien der Entscheidung* darüber, ob man der Regel folgt oder nicht; und diese Kriterien müssen öffentlich, öffentlich zugänglich, sein, sie müssen verläßlich und dokumentierbar sowie kontrollierbar, also praktisch hinreichend eindeutig verwendbar sein: Man darf sich bei einer derartigen Regelverwendung nicht nur auf Erinnerungstäuschungen o. ä. einlassen. Wenn wir nur >intern<, nur >privat< eine Regel befolgen würden, könnten wir tatsächlich nicht den Fall ausschließen, daß wir gar keiner Regel wirklich folgen, sondern die Regel immer begleitend oder implizit (unterbewußt) abändern, wenn wir handeln. Wir könnten je die Regel ändern, *„as we go along"*, wie es gelegentlich auch heißt. Das heißt, Regeln sind nicht nur Praktiken des Subjekts, sondern evtl. verinnerlichte Praktiken sozialer Struktur, sozialer Provenienz, sie müssen sich aber stets – auch als internalisierte – auf etwas Kontrollierbares, auf etwas Äußeres, auf Kriterien verlassen oder stützen, die etwa in der Weise anzuwenden sind, daß man hinreichend klar zwischen dem Befolgen der Regel und der bloßen Vorstellung oder dem *Glauben*, daß man einer Regel folgte, unterscheiden kann. Der entscheidende Gedanke ist, daß es letztlich darauf ankommt, daß man über Kriterien der Regelbefolgung in irgendeiner öffentlich zu kontrollierenden Weise verfügt.

Das bedeutet nicht, daß es nicht möglich wäre, eine Privatsprache, eine Geheimsprache, einen Geheimcode aufzubauen, dem man im stillen Kämmerlein frönt[1]. Das Entscheidende ist eher, daß der Begriff der Regel und der Sprachregel, wie auch der Spielregel,

---

[1] Es ist ja ein wichtiges Problem gewesen, inwieweit Wittgenstein in seinem sog. (Anti-)Privatsprache-Argument die Möglichkeit einer „privaten Sprache", einer Geheimsprache völlig ablehnt oder nur betont, daß die (Kontrollierbarkeit der) grammatische(n) Grundstruktur einer korrektheits- und wahrheitsdefinierten Sprache letztlich auf eine „äußere" und „soziale" Praxis zurückbezogen können werden muß. Die *Institution* der inneren Sprache könnte nicht von einem einzelnen erfunden und entwickelt worden sein bzw. befolgt werden. Auch eine Geheimsprache „privater" Provenienz ist notwendig nach dem Muster der sozialen, „externen" Sprache gebildet.

grundsätzlich eine *soziale* Konstruktion ist und letztlich natürlich auch die Struktur einer solchen Geheimsprache, wenn sie denn überhaupt durchgängig, kontinuierlich und verläßlich aufgebaut werden können soll, diese *soziale* Grundverfassung hat. Sie muß Regeln umfassen, die von der Sozialität als vorgegeben gedacht werden können. Eine Geheimsprache unterscheidet sich vielleicht in den äußeren Zeichen, vielleicht auch im einzelnen der Grammatik nach usw. von öffentlichen Sprachen, aber sie hat *nicht* eine *völlig andere* Struktur als eine normale öffentliche Sprache. Die Sprache ist eben (und beruht) letztlich (auf) eine(r) Regelbefolgungspraxis für den Gebrauch von Zeichen, zumal der Worte oder Buchstabenkombinationen, Phonemkombinationen, Gesten – oder was auch immer. Es gibt ja auch Gestensprache oder andere Notationen, wie Noten usw. –, die ebenfalls einer entsprechenden sozialen Regelbefolgungspraktik oder -praxis unterworfen sind. Auch deren *kontrollierbare* Verwendung ist letztlich natürlich immer auf äußere Kriterien bezogen, auf Merkmale der Anwendung, auf zuletzt auch *äußere* Unterscheidungen von Dingen, von Ereignissen, von Handlungsweisen. Internalisiertes ist sekundär, Mentales grundsätzlich abhängig von Auffassungsweisen, Bild(re)produktion und -projektion, Erleben, Wahrnehmen und Handeln[2]. Letztlich können wir sprachliche Darstellungen oder Zeichendarstellungen irgendwelcher – „interner" wie „externer" – Art nur verstehen, wenn wir diese auf unsere und auch auf gemeinschaftliche Handlungsweisen, Verhaltensweisen zurückbeziehen können. Deswegen ist Wittgensteins bekannte Aussage: „Wenn ein Löwe sprechen könnte, wir könnten ihn nicht verstehen" (PU XI) nur teilweise richtig; denn gewisse Handlungsweisen haben wir mit dem Löwen durchaus gemein, z. B. unsere raubtierartige „Gemeinheit" oder auch nur die Fähigkeit und „Notwendigkeit", etwas Eßbares zu kauen, bevor wir es herunterschlucken. Es gibt also schematische Operationsabfolgen, die allen Säugetieren und deren Handlungs- und Verhaltenssystemen gemeinsam sind, so daß eine *gewisse* Basis eines „Verständnisses" auch in bezug auf das Deuten des Verhaltens oder auch der Handlungsweise von Löwen möglich ist. Daß sie auch antizipatorisch han-

---

[2] Ähnliches besagt auch der berühmte Paragraph (PU 206) Wittgensteins: „Die gemeinsame menschliche Handlungsweise ist das Bezugssystem, mittels dessen wir uns eine *fremde* Sprache deuten" (Hervorhebung hinzugefügt). Doch das wird natürlich auch für eine solche Privatsprache gelten.

deln, ist z. B. klar, weil sie auch gemeinschaftlich jagen (müssen), und die gemeinschaftlichen Aktionen können/müssen bereits als *geplante* Handlungen aufgefaßt werden. Gewisse Gemeinsamkeiten würden also auch hier bestehen. In der Tat könnte man zumindest Teile dessen, was ein Löwe „sagen" würde, wenn er „sprechen könnte", dann eben doch auch „verstehen", weil man einen überlappenden gemeinschaftlichen Bereich der Verhaltens- bzw. Handlungsweisen hat – bei aller Unterschiedlichkeit und großen Trennung im einzelnen. Selbstverständlich wird man, nehme ich an, und das meint ja Wittgenstein wohl auch, das „Löwenartige" nicht ganz verstehen können, weil es sich ja in vielem dennoch um recht verschiedene Verhaltens- und Handlungsweisen handelt.

Der „Witz" von all dem zuvor Entwickelten ist, daß soziale Verhaltensweisen und bei uns speziell menschliche Handlungs- und Repräsentationspraktiken und deren Regelungen die Grundlage der Verwendung von Begriffen sind – auch von Urteilen, also Begriffsverbindungen mit Anspruch auf objektive Gültigkeit. Diese Praktiken beherrschen alle konventionellen Zeichenverwendungen, alle Gedankengänge, ja, sie (erst) strukturieren die Gehalte der Gedanken. Auf diese Weise ist die Bedeutung dieser sprachlichen Darstellungen letztlich unauflöslich an solche menschlichen und sozialen Praktiken geknüpft. Im Grunde läßt sich sagen, daß man Sprache nur aufgrund von Handlungsweisen – und zwar sozial begründeten und geregelten Verhaltens- und Handlungsweisen – verstehen kann, daß es dazu grundsätzlich einer sozialen (sozial normierten und kontrollierbaren) Beherrschungstechnik bedarf, daß man derart repräsentationale Techniken lernen muß, daß man eingeführt werden muß in eine Gemeinschaft derjenigen, die diese Techniken beherrschen usw. Das ist eigentlich selbstverständlich; und man fragt sich, warum die Philosophen so lange gebraucht haben, das wiederzuentdecken. Das letztere liegt wahrscheinlich daran, daß die Erkenntnis- und Sprachphilosophie allzu *theoretisch* ausgerichtet gewesen ist, und die theoretische Philosophie sich in der abendländischen Tradition zu weit von der Praxis des menschlichen Handelns, eben auch von der sozialen Normierung und Strukturierung der entsprechenden Praktiken, entfernt hatte. So glaubte etwa Descartes, es gäbe so einen Geist, ein Denken („denkendes Ding"), der bzw. das völlig unabhängig von allen natürlichen und physischen Zusammenhängen „*operiert*"(?). Hier hatte man natürlich übersehen, daß eigentlich die Beherrschung von Begriffen und deren Regeln und Praktiken nur aufgrund einer erlernten Technik der

Begriffsverwendung, eben durch solche im repräsentierenden *Handeln* konkretisierten und zu dokumentierenden Praktiken, durch entsprechende Normen, durch Regeln – sowie durch deren jeweilige (dynamische) Schematisierungen – möglich ist.

Das erkenntnistheoretische Subjekt ist also in diesem Sinne kein bloß(er) erkenntnistheoretischer Einheitspol abstrakter Idealität, sondern es ist immer eine Regeln verwendende Person, die aktiv die von ihr benutzten Zeichen in normierten Verwendungszusammenhängen einsetzt, eben wörtlich verstanden ver-wendet, indem sie auf Situationen und Reize in den Situationen, auf Partner flexibel reagiert, wobei sie prinzipiell in Kommunikationssituationen eingebunden ist. Mit anderen Worten: die soziale Interaktion gehört genauso wie die grundlegende Aktivität in einer Welt mit Situations- und Kontexteinbindung dazu, damit sich überhaupt ein Subjekt handelnd realisiert, ja, erst gedacht werden kann. Subjekte sind per se im Prinzip auf andere Subjekte und Objekte sowie auf deren Konkretisierungen bezogen. Auch das Subjekt ist übrigens meines Erachtens ein erkenntnistheoretisches *Konstrukt*, der Subjektbegriff ein Konstruktbegriff, den wir uns (nachträglich) zurechtgemacht haben, abstrahiert haben aus Interaktionssituationen, Aktions- und Reaktionserfordernissen. Real begegnen wir ja gar nicht erkenntnistheoretischen Subjekten, sondern in der physischen und sozialen Wirklichkeit begegnen wir Menschen, die gleichzeitig Organismen *und* Personen sind. Dabei ist „Person" im Grunde ein (Zuschreibungs-)Begriff, der sich auch auf normative, ethische, rechtliche und andere Gesichtspunkte bezieht: ein komplexer und hier nicht weiter zu diskutierender Begriff. Man muß aber offensichtlich die traditionelle Auffassung, daß die Erkenntnistheorie sich völlig von der sozialen Praxis und der Weltinteraktion abheben könnte, aufgeben.

Das gilt übrigens sogar auch für Aspekte der Selbstzuschreibung von Eigenschaften, also für das Konzept und den Begriff des Selbstbewußtseins, für selbstbezügliche Urteile. Diese unterliegen natürlich genauso diesen allgemeinen Bedingungen der Begriffsverwendung, der Regelgebundenheit und letztlich der sozialen Verankerung wie die vorher genannten Begriffe, die sich auf äußere Umstände, Ereignisse, Dinge usw. beziehen. Man kann vielleicht sagen – und das ist natürlich auch eine Folgerung im Zuge der spätwittgensteinianischen Philosophie –,daß sogar all das, was herkömmlich als das Innerliche, Mentale, Private gilt, das nur dem Ich allein, dem „denkenden Ich", der Introspektion, der Selbsterforschung zugänglich ist, eigentlich jenes ist, das nur mithilfe dieser *sozial* erlernten Zeichenpraktiken in einer Introjektion, einer Projizierung gleichsam nach „innen" zugänglich ist und dadurch erst differenzierbar wird. Das Innere, das Mentale, das Private ist dann, ganz anders als herkömmlich, gerade dasjenige, was uns nur über die sprachlichen und sozial verankerten Formulierungen differenzierbar zugänglich ist und auch nur so verläßlich identifizierbar ist. Wenn wir etwa versuchen, gewisse Erinnerungen u. ä. voneinander zu unterscheiden, benutzen wir notwendigerweise sprachliche Charakterisierungen selbst beim inneren Separieren („inneres Sprechen", differenziertes denkendes Vergegenwärtigen). Wir denken weitgehend in sprachlichen Formulierungen, d. h., wir denken eigentlich in irgendwie projizierten oder stabilisierten Schematisierungen, gleichsam dynamisch-funktional realisierten Zeichen, die sozial verankert und vermittelt sind. Wir introjizieren das normierte Soziale, um unser Inneres zu differenzieren, ja, überhaupt erst zu konstituieren und zu strukturieren. Das ist ein ganz einschneidender und wichtiger Gedanke. Wittgensteins These, daß „ein innerer Vorgang äußerer Kriterien" bedarf, müßte ergänzt werden um die Formulierung: *„zur Erfassung"*: Ein mentaler Repräsentationsprozeß bedarf zu seiner Erfassung und Identifizierung grundsätzlich der Unterstellung äußerer „Anknüpfungsgegenstände". (Die letzteren können natürlich ihrerseits Ereignisse oder Sequenzen von solchen sein.)

Natürlich gibt es allgemein „innere Vorgänge", die nicht (direkt) von uns erfaßt werden (können). Der Ausdruck selber ist ja schon mehrdeutig. Damit kann „mental" (bewußt) gemeint sein oder auch unterbewußt, physiologisch ablaufend, was man gar nicht bemerkt. (Das meiste „innere Körpergeschehen" verläuft un(ter)bewußt; das gilt sogar für die allermeisten Hirnprozesse.) Das Letztere ist hier natürlich nicht gemeint, sondern das Mental-Innerliche, dasjenige, was ,traditionell gesehen, nur „privat" dem Subjekt selbst, der Introspektion, dem eigenen Bewußtsein zugänglich ist. Das ist in der Tat gerade dasjenige, das auf sprachliche Differenzierung und Formierung besonders angewiesen ist, weil sonst, ohne diese sprachliche Hilfskrücke, gar keine Kontrollierbarkeit besteht. Hier ist Wittgensteins Forderung (PU § 580) einschlägig. Sonst wäre man beispielsweise den Erinnerungsverzerrungen und -täuschungen ganz unkontrollierbar ausgesetzt. Man kann gar nicht ohne gewisse kriterial gestützte oder kontrollierbare, mittels äußerer sprachlicher Zeichen kontrollierbare Un-

terscheidungen „innere" (="mentale") Ereignisse und Vorgänge
voneinander unterscheiden, reidentifizieren und differenzieren.
Diese Einsicht ist für die traditionelle erkenntnistheoretische Philosophie der Neuzeit, insbesondere für jene des Deutschen Idealismus, eine recht revolutionäre Idee. Es stellt die herkömmliche als
ursprünglich-produktiv angenommene Subjektivität in Frage, wenn
man die mentale Innerlichkeit, das, traditionell gesehen, nur intro-
spektiv Zugängliche, nun als erst dadurch strukturiert versteht, daß
man auf Außenkriterien zurückgreift oder (Re-)Identifizierungs-
Mittel benutzt, die von „außen" gegeben sind, beispielsweise als
sprachliche Darstellung, um sie dann auf das Denken nach „innen"
zu projizieren oder das Denken „innerlich" und inhaltlich mittels
dieser äußeren Formen zu *strukturieren*.

Das bedeutet natürlich auch: Alles Mentale, mentale Vergegen-
wärtigungen, ja, selbst mentale Erfassungen, also Beschreibungen
und Erklärungen sowie Handlungs- und Einstellungsrepräsenta-
tionen, sind letztlich – und das ist auch eine These, die Gillet in
dem dritten Kapitel über *Mental Explanations and the Content of
Thought* besonders hervorhebt – gebunden an (kontrollierbar zu
verwendende) Regeln, an interpersonale Zusammenhänge, insbesondere an schematisierende Aktivitäten, die durch die Beherrschung von gemeinsamen Techniken der Zeichenverwendung, der
sprachlichen Ausdrücke usw. charakterisiert sind. Die Zuschreibung von mentalem Gehalt, von (semantischem) Inhalt ist damit
natürlich auch an diesen Weltbezug gebunden und setzt voraus,
daß das Subjekt, die Person, welche die Regel befolgt und die Zeichen verwendet, über die entsprechenden Praktiken und Regeln
der Zeichenverwendung verfügt, die es oder sie in einem sozialen
Kontext erlernt hat. (Dazu bedarf es zumal im frühkindlichen Sta-
dium einer längeren Einführungs- und Einübungsphase.) Es handelt sich also bei mentalen Charakterisierungen um eine Art von
Zuschreibung, die von interpretatorischem Charakter ist. Sie setzt
auch bestimmte Perspektiven voraus, ferner Interessenbindungen
des Akteurs, beruht auf Lernen durch Dressur oder durch Erfah-
rung(en) in einer sozialen Gemeinschaft aufgrund von Interaktionen, erlernten und geteilten Standards der Beurteilung dessen, ob
ein Zeichen richtig oder falsch verwendet worden ist, ob ein Wort
trifft oder nicht, ob ein Urteil oder eine Aussage stimmt oder nicht
usw. Mit anderen Worten geht es hier darum einzusehen, daß mentale Zuschreibungen, mentale Erklärungen, Mentales überhaupt
letztlich von solchen Techniken und Praktiken der Zuschreibung

abhängig sind, wie sie kulturell und sozial „vermittelt"
werden/wurden und daß sie prinzipiell auf die Einbindung in den
entsprechenden Handlungs- und Sozialkontext[3] angewiesen sind.
Das hat Folgen für die Erkenntnistheorie, für die Neurophiloso-
phie und die Neurowissenschaften und insbesondere auch für die
Diskussion über Künstliche Intelligenz, über die Erklärung beispielsweise von Systemen der Kognition. Etwa in der Weise, daß
Theorien des „engen Gehalts" (nach Jerry Fodor, 1987, 31 u. a.)),
die nur auf kausale Beziehungen zwischen mentalen Zuständen in-
nerlicher Art zurückgehen, nicht ausreichen, sondern man ist auf
die Welteinbettung, auf die Interaktion mit Partnern oder die Interpretationsgemeinschaft angewiesen, in der man überhaupt zu
handeln und zu „erfassen" lernt, in der man die betr. Sprach- und
Zeichenverwendungen erlernt, durch die man in die Regelverwendungen eingeführt wird. Man kann nicht ähnlich wie beim Computer bloß intern eine Zustandsabfolge charakterisieren und deren
kausale Abfolge beschreiben, und sei es auf einer höheren Ebene,
der Software-Ebene oder sog. „algorithmischen", sondern es ist
absolut unverzichtbar, daß wir im sozialen Alltagsumfang einen
Gehalt nur „fassen", bezeichnen und zumal „erfassen": erkennen
und verstehen können, wenn wir den „weiten" Begriff des Gehalts
zugrundelegen, wie die Philosophen der Psychologie sagen. Das
heißt, wie müssen jene Welteinbindung, die Aktivitäten, die zur
Benutzung der Zeichen, jene zu erlernenden Regeln, die uns von
der sozialen Gemeinschaft vorgegeben sind bzw. die uns sozusagen
„andressiert" werden, berücksichtigen (können) und voraussetzen.
  Das ist natürlich auch dann wichtig, wenn es sich um die Abhängigkeit von normativen oder normativ wirksamen Handlungs-
standards oder grammatischen und semantischen Regeln handelt,
denen z. B. jeder Sprachgebrauch folgt. Das Verstehen oder die
Fähigkeit, Begriffe zu verwenden, ist also von normativ wirkenden
Regeln bedingt, ist also eher etwas Normatives als bloß eine reine
Verhaltensdisposition. Das gilt natürlich zumal, wenn wir Regeln
bewußt anwenden, wenn wir wissen, daß es sich um eine *Regel*
handelt und wir eine Instanz als einen Fall „in sie einsetzen" – oder
die Regel auf diesen anwenden – und dann feststellen, ob das Ergebnis nun dem Standard entspricht oder nicht. Theoretische und

---

[3] Die Normierungen des Sozialkontextes und deren Einzelregeln stellen dann
    die *kulturell* etablierten, tradierten und zu beachtenden Standards, also die in-
    stitutionalisierte soziale Kultur her und dar.

praktische Vernunft in diesem Sinne implizieren also Standards
oder Soll-Vorstellungen oder gewisse normative Aspekte. Das bedeutet, so sagt Gillet (1992, 61), daß „mentale Zuschreibungen"
„einen speziellen Status" haben und ähnlich wie moralische Urteile
aufzufassen sind, jedenfalls nicht als bloß physische oder körper-
ähnliche Zustände oder Dispositionen zu verstehen sind, wie manche Vertreter der Computertheorie des Geistes sich das vorstellen,
derzufolge man glaubt, interne mentale Zustände seien genauso
wie die Computerzustände rein physisch „individuiert", wenn
auch natürlich eher neuro-physiologisch als physikalisch zu charakterisieren, und das Denken und das seelische Ablaufen von
mentalen Prozessen und Ereignissen, das Erleben, bestehe in nichts
anderem als in kausalen Beziehungen zwischen mentalen Zuständen. „Mentale Zuschreibungen" – und insbesondere auch „Selbst-
Zuschreibungen" – sind also implizit standardgebunden oder
„sind", wie Gillet (ebd. 62) sagt, „implizit(e) präskriptive Normen". Ich halte das für ein bißchen übertrieben ausgedrückt, aber
sie sind jedenfalls an Standards und an Regeln, an Regeleinhaltung
und u. U. eben auch Abweichungen davon gebunden und fungieren insofern quasi-normativ. Sie sind also nicht bloß kausal zu verstehen, nicht nur als kausale Abläufe konstituiert, obwohl
natürlich auf der physiologischen Ebene kausale Zustände und Zu-
standsbeziehungen natürlich eine gewisse Rolle spielen, aber diese
reichen auf keinen Fall aus, um das Mentale und die Zusammenhänge des Mentalen nach Funktion und zumal Gehalt zu verstehen. Mit anderen Worten: man muß wohl zu einer Auffassung des
Mentalen, des Psychisch-Seelischen, übergehen, die dieses viel stärker, als man bisher dachte, als etwas versteht, was nicht von der
bloßen Introspektion allein erfaßt werden kann, sondern erst in
Abhängigkeit von der Einbindung in eine Situation, in einen Kontext, in erlernte soziale Praktiken und Techniken der Zeichenverwendung, in eine bestimmte normierende, die Standards der
Regelverwendung und der Zeichenverwendung normierende soziale Gemeinschaft, eine Kultur und dann erst Kontur, Identifizierbarkeit und Verstehbarkeit gewinnt. Man kann also, in diesem
Sinne jedenfalls, für mentale Zuschreibungen, so sagt Gillet (ebd.
63), keine rein „individualistische", keine bloß computermetapher-
produzierte Auffassung vertreten, zumal und insofern mentale Zuschreibungen eben standardgebunden, quasi-normativ fungieren
und erst so letztlich intersubjektiv verständlich werden, d. h., auf

sie sind Interaktionen und Einbettung in soziale Situationen und kulturvermittelte Praktiken angewiesen.

Ich glaube, daß das richtig ist und daß das in gewissem Sinne eine Zentralfrage unseres Themas beantwortet: Das Erkennen, insbesondere auch die Selbsterkenntnis im psychisch-mentalen Bereich, ist an praktisch zu realisierende Regeln gebunden, die soziale Praktiken bezeichnen oder durch soziale Praktiken fundiert werden und letztlich nur aufgrund einer sozialen Situation und durch eine soziale Gemeinschaft zustandekommen können. Um es nochmals verkürzt zu resümieren: Die Verwendung von Zeichen, Begriffen und Urteilen ist angewiesen auf eine soziale und öffentlich zugängliche Welt. Der mentale Gehalt, könnte man sagen, ist abhängig von einer derart öffentlich zugänglichen Zeichenwelt. „Innere Vorgänge" mentaler Art bedürfen zur Konstitution und Erfassung in der Tat „äußerer Kriterien" (Wittgenstein PU § 580). Jeder Gehalt eines Satzes, eines Begriffes, eines Zeichens, einer Vorstellung (oder welcher mentalen Repräsentation auch immer) ist letztlich an die Verwendung von einschränkenden und normativ wirkenden Regeln gebunden, welche an Kriterien geknüpft sind, die in gewisser Weise öffentlich zugänglich sind, also intersubjektiv und damit auch – subjektiv erst verläßlich – kontrollierbar sind.

Das Subjekt, der Denker oder der Handelnde ist natürlich jeweils in einer aktiven Rolle und muß die Zeichen sprachlicher Ausdrücke benutzen, indem er auf die sozial erlernten Praktiken und Techniken der Verwendung zurückgreift. Das gilt selbst dann, wenn er sich selber beschreibt, sozusagen Selbsterforschung betreibt, Introspektion u. ä., Erinnerungsanalyse usw. Mit anderen Worten: die mentalen Zuschreibungen können nur verstanden werden, wenn man sie in einem weiteren Zusammenhang sieht, wenn man den sog. „weiten" und nicht den „engen" computeranalogen (rein formal-syntaktisch-physisch-strukturell konkretisierten) Gehalt von mentalen Zuständen und entsprechenden Beschreibungen des Mentalen zugrundelegt. Es ist also eine eindeutige Verbindung zu sehen einerseits zwischen der Kantischen Auffassung des aktiven Subjekts in der Erkenntnistheorie und andererseits dem aktiven Handeln in der Welt bzw. dem Manipulieren von Weltfaktoren und dem Handeln auch in bezug auf andere Partner. Auf dieses notwendige Kommunikationshandeln ist Kant im wesentlichen nicht eingegangen. Er behandelte weder explizit noch berücksichtigte er prinzipiell Fragen und Bedingungen der

sozialen Einbindung in der Situation, in der man entsprechende
Praktiken und Techniken der Zeichenverwendung erlernt. Die soziale Verankerung des Denkens und mentalen Repräsentierens war
für Kant noch kein Problem.

Sprache und Denken sind also, so sehen wir, in gewissem Sinne
voneinander abhängig entwickelt, werden in Wechselbezug miteinander und in einem Entwicklungsprozeß erlernt, in dem das Kind
eben durch Interaktion mit Partnern – insbesondere natürlich als
Kleinkind, im Austausch und in der Interaktion mit der Mutter
und mit der unmittelbaren dinglichen Umwelt – Widerständen von
Gegenständen usw. – die entsprechenden Regeln „erfaßt" und
„verinnerlicht" (als Disposition andressiert bekommt bzw. in Ver-
suchs- und Irrtumsabfolgen stabilisiert), allmählich die Dinge,
Ereignisse, Zusammenhänge, Umgangs- und Reaktionsweisen erkennen und unterscheiden lernt, die dann natürlich auch für das
erwachsene Leben charakteristisch sind. Das Kind wird also im gewissen Sinne in die soziale Atmosphäre, in das Milieu, in die Art
und Weise, wie Erwachsene, insbesondere natürlich die Mutter, mit
„Dingen" und Begebenheiten umgehen, eingeführt. Es erlernt dies
alles zum großen Teil durch Nachahmen, durch Aktion und Reaktion, durch Versuch und Irrtum, z. T. durch fremde Sanktionen po-
sitiver wie negativer Art (Bestärkungen, Belohnungen, Strafen
usw.), wobei eben jeweils das aktive Testen, sei es auf der Ebene
des Umgangs mit Gegenständen, sei es auf jener der Reaktionen
auf Handlungs- und Erwartungsäußerungen, eine große Rolle
spielt. Es ist offenbar nicht so, daß man die Regeln einfach so nach
einer statischen Abfolge von Phasen aufeinander aufbaut, wie es
sich Piaget noch vorgestellt hat. Dieses „Einspielen" geht viel *inter*aktiver vonstatten – und zwar nicht in einer bloß theoretisch
kognitiven Phasenabfolge, sondern stark in Abhängigkeit der Aus-
tauschrelationen und Interaktionen mit der Umwelt und keineswegs unabhängig vom Eigenhandeln.

Natürlich spielen das Probehandeln, das Spielen, das funktionale
Spiel, aber später dann natürlich insbesondere auch das symbolische
Spielen, das Als-ob-Spielen, das Vortäuschen („pretend-play" sagen
die Angelsachsen) dabei eine ganz große Rolle, um beispielsweise
auf hypothetische Situationen, auf gespielte eben, vorgetäuschte
Rollen Bezug nehmen zu können, die man unter Umständen nach-
ahmt, die man sich vorstellt, die man kombiniert usw. Kurz: es handelt sich um Folgen und Abfolgen von Phasenentwicklungen *in der
Interaktion mit der Umwelt*. Die Repräsentationsfähigkeiten des

Kindes machen eine Art von Differenzierung und eine Komplexbildung durch, wie sie beispielsweise Josef Perner in *Understanding the Representational Mind* (1993) besonders detailliert gekennzeichnet hat. Das Kind hat zunächst nicht die Fähigkeit, eine nicht vorhandene Situationen von der eigentlichen (alltags)realen Situation, in der es sich befindet, zu distanzieren; es verfügt nur über ein inneres Modell der Vorstellung und mentalen Darstellung (single update model). (Das einzige Modell kann sich zwar ändern ...) Die Bezugnahme auf Abwesendes wird erst durch eine Entwicklung ermöglicht, die mit eineinhalb Jahren eintritt: Dann sind *mehrere* Modelle der Beschreibung verfügbar und können gegeneinander ausgespielt oder miteinander verglichen werden. Das erste Modell, mit dem das Kind sozusagen in einer einzigen Welt befangen ist, in dem nur gewisse Reaktionen (modellverändernd) integriert werden können, reicht noch nicht aus, um etwa Versteckspiele zu spielen, z. B. in dem Sinne, daß man etwas vorzutäuschen oder hypothetische Situationen zu erkennen vermag, sondern allenfalls für das funktionelle Spiel, das bloße Probieren usw.. Doch das gilt gerade noch nicht für Rollenspiele und insbesondere natürlich nicht für Verwendung von Symbolen; dazu braucht man *mehrere* Modelle, die man für alternative Repräsentationen und deren Vergleich verwenden kann. Das Kind geht also von der primären zur sekundären Phase der Repräsentation über, wie Perner sagt, wird gleichsam dann zu einem „Situationstheoretiker", der in der Lage ist, *abwesende* Situationen und Projektionen zu *bezeichnen,* und somit die Möglichkeit gewinnt, unterstellte („hypothetische") Situationen wie z. B. „gestern" und „heute" oder „heute" und „morgen" zu unterscheiden und zu vergleichen. Nun vermag es Antizipationen vorzunehmen, hypothetische Annahmen oder Rollen quasi symbolisch einzunehmen. Wie gesagt, erst ab eineinhalb Jahre etwa können die unterschiedlichen Modelle miteinander in Interaktion treten. Dies ist eine Entwicklung, durch welche das Kind die Variabilität des (möglichen) Verhaltens und der „Erfassungen" vervielfacht. Durch die „hypothetischen" Situationserfassungen und die verschiedenen Modelle kann die Vielfältigkeit und Komplexität und sequentielle Verwobenheit des Verhaltens geradezu explosiv wachsen. Eine weitere wichtige, aber keineswegs schon mit dem Vortäuschen und dem Spielen, mit dem Rollenspielen automatisch gegebene Stufe ist dann erreicht, wenn das Kind zum „Metarepräsentator" (Perner) wird – so etwa ab dem letzten Drittel oder um das Ende des vierten Lebensjahres, nämlich wenn das Kind in der Lage ist, ganz bewußt nicht nur Si-

tuationen – seien sie gegenwärtig oder abwesend – zu repräsentieren,
sich vorzustellen, sondern auch die Beziehung der Repräsentation
bzw. der Vorstellung zu dem entsprechenden vorhandenen Gegenstand oder der Situation selber wieder zu repräsentieren, selber
wieder metastuflich vorzustellen. Wenn man eine Repräsentation als
Relation wieder repräsentieren kann, dann metarepräsentiert man.
D. h., man ist auf einer Stufe der Metainterpretation gelandet, und
das ist den Kindern eigentlich erst ab vier Jahren wirklich bewußt
möglich. Dann werden sie zu Metarepräsentatoren, zu bewußten
„Repräsentationstheoretikern", die nun in der Lage sind, in vielfältiger Weise aktiv Wahlen, Auswahlen, Selektionen zwischen
unterschiedlichen Antizipationen und Situationsbeschreibungen,
Rollenspielen u. a. vorzunehmen in dem Bewußtsein, daß dies alles
bloß gespielt ist und daß es etwas bezeichnet, was bloß *scheinbar*
gilt, nur repräsentiert ist. D. h., es entsteht eine Art von Stufung.
Diese Zeit ist auch sicherlich die Phase, zu der sich die menschliche
Entwicklung etwa von jener bei den Schimpansenkindern merklich
zu unterscheiden beginnt, die dieses Metarepräsentieren offensichtlich nicht in dem Maße lernen und leisten können – trotz aller
Trainingsprogramme usw. Das bedeutet, diese Fähigkeit des Metarepräsentierens, des Metainterpretierens ist charakteristisch für das
menschliche Kind. Es ist also das Vermögen, auf eine höhere Stufe
der aktiven Repräsentation zu steigen und auf diese Weise gleichsam
dann auch eine Möglichkeit der übergreifenden bzw. rückwirkenden
Beurteilung der eigenen Fehler, des eigenen Fehlverhaltens zu gewinnen, was eben in gewissem Sinne die Erreichung der Phase der
Metarepräsentation oder Metainterpretation voraussetzt.

   Alles das bedeutet nun nach dem zuvor Entwickelten, daß das
Repräsentieren, Vorstellen, Interpretieren von Situationen prinzipiell und detailliert regelgebunden bleibt, an Praktiken und sozial
erlernte Techniken gebunden ist, in welche sich die Person im
Laufe ihrer Entwicklung einübt, in die sie durch Partner, insbesondere natürlich durch Lehrer oder die Mutter eingeführt wird –
etwa in gezielt arrangierten Probe- und Testsituationen oder durch
eigene Aktivitäten exploratorischer Art. Kinder sind ja sehr aktive
Wesen, die alles zu erproben versuchen, was sie erreichen oder tun
können. Sie versuchen, wie kleine Forscher, systematisch die Umwelt zu ertasten, zu erfassen, zu ertesten und zu erkennen.

   Mit anderen Worten bedeutet das: Die Kantische aktivistische
Auffassung der Bildung von Erkenntnisformen ist also von der
neueren einerseits pragmatisch orientierten, andererseits sozial ver-

ankerten Entwicklungspsychologie und auch von neurowissenschaftlich oder schemawissenschaftlich orientierten Wissenschaft
gestützt worden. Man muß wohl die bloße Kausalabfolge von mentalen Zuständen als hinreichende Beschreibungen für Reaktionsweisen des Menschen, insbesondere für Handlungsweisen
verabschieden; denn es kommt nicht in erster Linie darauf an, welche kausalen Beeinflussungen zwischen Zuständen sich nun ereig-
nen, sondern es kommt darauf an, was *als etwas* von einer
bestimmten Art, von einem bestimmten „Typ" „zählt", wie Gillet
z. B. sagt (1992, 87), um etwas überhaupt als rational oder vertretbar oder akzeptabel oder in diesem Sinne als Befolgung einer Regel
beurteilen zu können. Das gilt selbst für externe Wahrnehmungen,
selbst für das Rezeptionswechselwirken, welches wir „Imprägnation" genannt haben. Imprägnationen sind ja auch spezielle Formen
von (aktiven) Schemainterpretationen, allerdings von der erkenntnistheoretischen Warte aus gesehen auch von äußeren Weltfaktoren
mit beeinflußt und wesentlich mitbedingt. Aber sie setzen doch
einen interpretatorischen Prozeß, sie setzen eine Selektion der entsprechenden Signale voraus, selbst wenn man dieses seinerseits zu
einfache Bild des äußeren Einwirkens übernimmt. Es kann offensichtlich nicht ein bloßes Modell der passiv-rezeptiven *Erkenntnis*,
der Wahrnehmungserkenntnis allein, genügen, wie es den englischen Sensualisten des 17. und 18. Jahrhunderts vorgeschwebt hat
und in der Nachfolge eben auch vielen anderen „Positivisten"
genügte – bis hin zu Vertretern der künstlichen Intelligenz, der
Neurowissenschaft usw., die mein(t)en, bloß so etwas wie eine Spu-
rensicherung sei in einem jeden Erkenntnisprozeß gegeben. Dieses
Wahrnehmungsmodell zeigt eine Art von Fußspurgleichnis oder
eine Analogie des Erkennens mit einer Fotografie. Eine Fotografie
wird ja *kausal* zustandegebracht durch äußere Strukturen und Einwirkungen der entsprechenden Strahlungs- und Formendifferenzen
und stellt in diesem Sinne eine *kausale Spur* dessen dar, was man in
der fotografierten Situation auch so sieht oder sah. Aber das reicht
natürlich nicht aus, um das Bild *als* Foto zu sehen oder zu verstehen, sondern man muß hier eine Auswahl treffen, eine Foto-
perspektive wählen, man muß selektieren, man muß schließen,
interpretieren, Wissen integrieren und aktivieren, zusammenfassen,
typisieren, um etwas als ein (zweidimensionales, perspektivisches)
Bild von bestimmten dreidimensionalen Situationen „verstehen" zu
können. Mit anderen Worten, auch hier kommt man mit dem
„engen" Gehalt eines mentalen Zustandes bei der äußeren Wahr-

nehmung nicht aus, sondern man muß das Bild-Wahrnehmen und Bild-Verstehen in einen kontextualen und situationalen Zusammenhang einbinden. Man muß erlernte Praktiken der Erkenntnis, des Erkennens, des Wahrnehmens von *etwas als etwas*, von Bildern als Bilder von „Urbildern", die Einordnung in bestimmte Typen usw. leisten, um *bewußt* wahrnehmen zu können. Gillet (ebd. 110 ff.) unterscheidet generell ganz ähnlich wie die Philosophen der Psychologie nun aber nicht zwischen dem „engen Gehalt" (wie etwa Fodor und Tyler Burge – die diesbezüglich entgegengesetzt argumentieren) und dem „weiten Gehalt" unter Einbindung der Situation der Welt, der Partner usw., der Interpretationsgemeinschaft, sondern er spricht von „dünner" oder „dichter" („thick") Information[4] bzw. Beschreibung. Es ist wichtig – selbst für die Beispiele des Lesens einer Fußspur im Sand oder eines fotografischen Bildes –, daß man aus der bloßen „dünnen" Information, die man hat, nur unter Verwendung von viel weiterem, im spezifischen Sinne „weitem" Wissen, das man eben sozial-kulturell erlernt hat, in der Lage ist, dann eben die nötige „dichte" Information zu gewinnen oder daraus abzuleiten. Wissen etwa über das, was auf dem Foto dargestellt ist, kann erst gewonnen werden, wenn wir die bloßen Formen des Dargestellten einbetten können in Bekanntes, in Kontexte, die wir kennen, in Bilder, die uns vertraut sind, in Situationsabläufe oder Strukturen, die uns zeigen, wie etwas verstanden oder erfaßt werden muß. Deswegen sagt Gillet (ebd. 112), z. B., erst einem denkenden Menschen gegenüber repräsentiere das Foto offensichtlich eine gewisse bedeutungsvolle Anordnung. Dies tut es zwar deswegen, weil es in einer bestimmten Weise verursacht worden ist. Jedoch, was eben oft vergessen wird, was weniger offensichtlich ist, aber doch wahr ist, ist, daß es nur über das denkende Dekodieren, nur durch die „Ableitung" „dichter" Information aus der „dünnen"

---

[4] Wohl angelehnt an Clifford Geerts' *The Interpretation of Cultures* (1973, dt. 1983), ein bekanntes Buch, in dem die „dichte Beschreibung", die Einbettung in eine bestimmte Kultursituation und -tradition gegen eine eher „dünne" (äußerliche, bloß extern objektfixierte) Beschreibung abgesetzt wird. Die „dichte Beschreibung" ist diejenige, welche die Standards, die kulturellen Aspekte mitberücksichtigt, also die Einbettung in eine Situation, die Verwendung von begrifflichen traditionellen Abgrenzungen, die Begründungen, Folgerungen, das Verstehen, die Wahrnehmung von etwas *als Etwas*, schließlich auch Wissen, Glauben und Bedeutung – d. h. alles, was in gewissem Sinne den logischen Raum der Begründungen oder des Vernünftigen oder des Geistigen oder Mentalen im ausgeprägten kulturellen Sinne aufspannt.

Bildkonfiguration ein Bild *von etwas* darstellen kann. Das gilt natürlich auch in einer Zeit der computergenerierten Fotografien, zu der man eben mit Fotografien etwas Fiktives oder Virtuelles erzeugen bzw. etwas vortäuschen kann, indem man etwas (an)ordnen, (wieder) herstellen oder verzerren kann – und zwar geradezu beliebig. Das bedeutet: Wenn das Foto selbst nicht die „dichte" Information vermitteln kann, sondern nur „dünne", dann ist es nötig, in der Lage zu sein, die „dichte" Information aus den Signalen, den Spuren, heraus abzuleiten; erst auf diese Weise kann dann natürlich eine entscheidende Erkenntnis über den Gehalt und eventuell die Wirklichkeitstreue gewonnen werden. Das Skizzierte ist natürlich eine Analogie, die aber sehr viel weiter gültig ist. Deswegen könnte man von einem traditionellen und durchaus unter der Computermetapher des Geistes noch aktuellen, aber eben heute abzulehnenden *„fotografischen Modell"* der Erkenntnis(verursachung), das eben nur „dünne" Information liefert, aber nicht ausreicht, um die „dichte" Information im weiten Sinne des Wortes, also einschließlich eines „weiten" Gehalts mit Welteinbindung, Kontextbindung, Partnerorientierung oder sozialer Provenienz zustande zu bringen. Das Fotografiemodell der Erkenntnis ist also in diesem Sinne als zu simpel abzulehnen; man kann eigentlich nur ein *Interaktions*modell vertreten, demzufolge der Erkennende in der Lage ist, „weiten" Gehalt und „dichte" Informationen aus den („engen" oder „dünnen") Spuren, wie sie eben beispielsweise bei äußerer Wahrnehmung präsentiert werden, herzuleiten. Das hat natürlich Folgen auch für die Symbolverarbeitungstheorie in der Debatte über Künstliche Intelligenz und für die Auffassung von Mentalem und Sprachlichem. Es involviert etwa eine Kritik von Fodors Auffassung der Repräsentation als eines internen, von der Gehirnsprache vorgenommenen Symbolverarbeitens, eines „symbol-crunching" oder „sentence-crunching" in bezug auf die Sprache. Fodor meint ja, daß das Gehirn in gewissem Sinne ähnlich wie ein Computer intern Symbole in einer bestimmten Folge abarbeitet, wie der Computer eben seine Zustände in der entsprechenden Programmfolge sukzessiv durchoperiert – als und nur wie eine Turingmaschine. Das alles scheint ein unzutreffendes und nicht aufrechtzuerhaltendes Bild der Sprache, des Mentalen, der Modularstruktur des Gehirns zu sein (die in gewissem Sinne nicht geleugnet werden soll). Eher sollte eine Theorie vertreten werden, die eben die Orientierung nach außen, an Äußerem, an Gefügezusammenhängen, an *gedeuteten* Kontexten, Interpretationsfunktionen und -konstrukten, die

Ausrichtung auf das Soziale, auf Welteinbindung, auf Praxis, auf Technik, (z. B. des Regelns und Beherrschens), auf Beherrschen von Zeichenverwendungstechniken berücksichtigt. Es genügt für das volle Verständnis des „weiten Gehalts", der „dichten Information" eben nicht eine Auffassung, die bloß das interne Abarbeiten von Symbolketten oder elementaren Konstituenten zugrunde legt.[5]

Generell wichtig ist jedenfalls, daß, wenn man unter diesem aktivistischen Gesichtspunkt die Vorgänge der Schemakonstitutionen und der Schemabildung versteht, man nicht bei einem bloßen Dualismus der Schema-Anwendung verbleiben kann, wie es zumeist traditionell dargestellt worden ist. So wurde beispielsweise schon von Donald Davidson (1986) kritisiert, daß keineswegs ein Schema auf einen bestimmten „gegebenen" Gehalt angewendet wird und diesen dann zu repräsentieren oder erkennen gestattet, sondern das Gegebene ist durchaus nicht schemaunabhängig zu hypostasieren:

---

[5] Das gilt noch ganz unabhängig von der neuerdings in den Vordergrund gerückten Beziehung und Angewiesenheit auf *Parallel*verarbeitung beim Denken, beim Erkennen (s. u. S. 189ff). Oft meint(e) man ja, daß nichtkonnektionistische, „klassische" symbolverarbeitende Systeme der Erkenntnis nicht auf Parallelverarbeitungsbasis operieren könnten. Aber das ist sicherlich falsch; denn auch heutzutage werden ja die meisten konnektionistischen Systeme auf herkömmlichen Rechnern simuliert oder installiert. Insofern ist also hier natürlich auch eine größere Variabilität der Darstellung unter der Wahl der Grundkonstituenten und der Theorie gegeben, als man sich das gemeinhin vorstellt. Aber grundsätzlich ist es natürlich so, daß die symbolverarbeitende Modellbildung zu eingeschränkt ist, um viele Erfassungsfähigkeiten darstellen zu können. Das gilt beispielsweise für die Fähigkeiten der menschlichen Erkenntnis bzw. des Gehirns beim Mustererkennen: Wir können auf einen Blick sehr schnell Muster herausfiltern, selektieren, unter einem bestimmten Gesichtspunkt, einer Auswahlperspektive geradezu instantan „sehen" oder „erkennen". Das kann ein Computer, der seriell Zustände „abarbeitet" – und selbst wenn er dieses parallelgeschaltet täte – nicht in einer so kurzen Zeit. Beim konfigurativen Instantanerkennen des Menschen müssen offensichtlich gewisse Auswahlgesichtspunkte und Maximierungs- bzw. Minimierungskriterien eine Rolle spielen, wie jene, daß man in einer bestimmten Landschaft von Potentialflächen, Minima und Maxima sofort orten kann, indem man etwa Energieniveaus global abprüft, durch globalen Potentialvergleich, indem man überlokal die Minima und Maxima ermittelt. Das Mustererkennen, das dem Menschen nahezu instantan möglich ist, ist wohl eher in dieser Weise zu verstehen oder wenigstens prinzipiell dem Verständnis zugänglich zu machen als in einem – und sei es noch so komplizierten – symbolverarbeitenden Modell.

Es wird in dieser aktivitätsgebundenen Weise erst erlernt, konstituiert, durch die entsprechenden Einübungen der genannten Repräsentationspraktiken erzeugt. Mit anderen Worten: es gibt gar nicht diesen entscheidenden dualistischen oder gar ontologisierenden Unterschied zwischen dem formenden Muster, den Verstandesbegriffen oder Kategorien einerseits, wie Kant sich das vorgestellt hat, und dem erst zu Formenden andererseits, das irgendwie bereits gegeben wäre, sondern es handelt sich auch hier um ein *Interaktions*prozeß. Das „Gegebene" ist *als* ein solches bereits in gewisser Weise strukturiert, konstituiert, selektiert, in gewissem Sinne schon gemustert. Und erst als ein solches bereits Mustertragendes wird dem weiteren Prozeß der Erkenntnis unterworfen. Es ist also in der Tat nicht so, wie Kant meinte, daß das sinnliche Material bei der Wahrnehmung einfach von außen gegeben und chaotisch wäre, also strukturlos repräsentiert würde und dann erst sekundär vom Verstand zum Gemusterten verarbeitet würde. Der Verstand, den Kant sich offensichtlich als eine Art von Homunkulus vorgestellt hat, sozusagen als ein kleines „Ich" im „Ich", sollte mittels der Formen des Verstandes, der Kategorien, nur dieses chaotisch gegebene Mannigfaltige erst strukturieren, in begriffliche Formen bringen, ordnen. Vielmehr handelt es sich *von Beginn* an um einen höchst *inter*aktiven Prozeß, der natürlich durch den hier geschilderten aktivistischen Ansatz sehr viel besser nachgezeichnet und verstanden werden kann als von der Kantschen Theorie über das vorgegebene[6] sinnliche Material. Selbst das Wahrnehmen von äußeren Ereignissen und Dingen, Objekten, Formen usw. ist bereits selektiv, ist strukturierend, ist schon schematisiert oder schematisierend, abhängig von unseren durchaus dynamisch und aktivistisch zu verstehenden Schematisierungsfähigkeiten, ist in diesem Sinne also bereits ein Produkt von den schematisierend-interpretatorischen Aktivitäten, wie wir gesagt haben. Es ist daher auf diese Weise nicht „gegeben", nicht unabhängig von jeglicher Strukturierung. Wahrnehmen, das bloße Rezipieren schon ist in gewissem Sinne strukturiert, ist selektiv; das hat auch die moderne Wahrnehmungspsychologie einwandfrei nachgewiesen. Was Kant dann für die weitere Verarbeitung vorgesehen hat, nämlich die nachträgliche verstandesmäßige Strukturie-

---

6 Freilich forderte auch Kant schon, daß dieses Material der Sinnlichkeit in den „Formen" der Räumlichkeit und Zeitlichkeit („Raum" und „Zeit") (re)präsentiert sei.

rung unter dem Gesichtspunkt des Typisierens der höheren Kognitionen usw. ist natürlich genauso aktivistisch zu verstehen. Kant hat das gesehen und auch gefordert bzw. berücksichtigt; nur meinte er, etwas dogmatisch – und fälschlich –, daß die Formen, mittels deren aktiv strukturiert wird, für jedes vernünftige Wesen ein und dieselben seien. Auch das ist wohl nicht so fixiert zu verstehen, wie Kant sich das vorgestellt hat. Insbesondere muß man wohl seine zwölf Kategorien, wie er sie aus den logischen Formen der Urteile, aus den sog. „Urteilsformen", abzuleiten versuchte, bezweifeln. Der menschliche Geist, die menschliche Erkenntnisfähigkeit hat demgegenüber viel größere Möglichkeiten, hat eine viel größere und flexiblere Variabilität entwickelt. Das gilt insbesondere natürlich für das wissenschaftliche Erkennen – anders, als Kant sich das noch gedacht hat. Z. B. drangen Wahrscheinlichkeitskategorien und -schlüsse vollgültig und legitimerweise in viele Wissenschaftsbereiche ein – selbst in die theoretische Ebene, nicht nur bei der Messung, wie dies in der Quantentheorie geschah, die eigentlich rein *theoretisch* durchaus noch einen deterministischen Ansatz darstellt[7]. Man kann natürlich sagen, daß Kants Auffassung über die kategorialen Erkenntnisse eher dem Alltagsdenken näher- steht als dem wissenschaftlichen Erkennen, obwohl er glaubte, seine Metaphysik der Natur, seine Erkenntnistheorie sei die Basis- theorie für die Newtonsche Physik. Man muß aber wohl auch fest- stellen, daß die Variabilität im Erkennen generell und gerade auch beim Alltagserkennen größer ist, als Kant glaubte. Wir haben auch gesehen, daß das *Erkennen* viel stärker als zuvor vermutet mit dem *Handeln* im alltäglichen Sinne verbunden ist. Immerhin hat Kant die Aktivität, die grundsätzliche Interaktion des Subjekts als eines aktiven Wesens, das die Erkenntnis formt, gesehen, indem er z. B. betonte, das Subjekt schreibe der Natur die Naturgesetze vor. Heute meinen wir, daß das erkennende Subjekt (die mit der Welt und Diskussion- wie Handlungspartnern prinzipiell wechselwir- kende repräsentative Person) in seinen Interaktionen dieser Arten vernetzte Modelle entwickelt, die dann mehr oder minder auf die Welt und zu den Partnerreaktionen passen. Das hat Kant durchaus bereits deutlich gesehen; insofern ist sein Aktivismus *der Theorie* auch nach wie vor zu vertreten; nur muß er ergänzt werden durch

---

[7] weil z.B. die Schrödingergleichungen der Zustandsfunktionen Differential- gleichungen deterministischen Charakters sind. Erst die Prognose der Meßer- gebnisse kann i.a. nur mit Wahrscheinlichkeit erfolgen.

eine systematische pragmatische Auffassung von der praktischen Interaktion jeweils mit der Welt und durch eine *soziale* Theorie des Zustandekommens der Fähigkeiten, über Begriffe zu verfügen, Regeln zu befolgen und diese auch dann zu erlernen, zu kommunizieren bzw. weiterzugeben.

6. Regelbefolgen und soziales Interagieren

Grant Gillet (1992) versucht in einem gleichermaßen kantianischen wie wittgensteinianischen Ansatz für eine Theorie der Repräsentation alles Erfassen von Begriffen auf Regelverwendungen des Menschen und die Aktivitäten im normalen Leben zurückzuführen. Das gilt insbesondere auch für den Gebrauch von Ausdrücken in der Sprache. Er meint, daß das Erfassen von Begriffen in der Tat so etwas ist wie das Beherrschen der Regeln für die Verwendung der entsprechenden Ausdrücke, welche die Begriffe bezeichnen. Bei Wittgenstein heißt es ja in dem berühmten Satz (PU § 43): „Man kann für eine *große* Klasse von Fällen der Benützung des Worts ‚Bedeutung' – wenn auch nicht für alle Fälle – dieses Wort so erklären: Die Bedeutung eines Wortes ist sein Gebrauch in der Sprache." Das ist natürlich zu kryptisch und elliptisch ausgedrückt. Es muß natürlich heißen „der korrekte Gebrauch", d. h.: „der regelgemäße Gebrauch". Wittgenstein führt den regelgemäßen Gebrauch letztlich auch zurück auf die Regelmäßigkeit, also die Regelgemäßheit auf die Regelmäßigkeit.

Die regelmäßige Verwendung in einer bestimmten Sprachgemeinschaft, der etablierte Gebrauch in einer Sprachgemeinschaft wird als Regel, als Standard aufgefaßt oder konstituiert; und als Standard wird diese Regel dann normativ von demjenigen, der die entsprechenden Begriffe bzw. Ausdrücke gebraucht, die den Begriff bezeichnen, angewendet. Die Regel versetzt uns dann in die Lage, die Bedeutung des entsprechenden Wortes oder Begriffes zu verstehen. Man muß auch noch sagen, daß Wittgenstein beispielsweise nicht Bedeutung als Gebrauch in der Sprache *definiert*; letztlich kommt es ihm auf Definitionen gar nicht an, sondern er meint nur: Wir lernen die Bedeutung eines Begriffes durch den korrekten Gebrauch in der Sprache, d. h.: Wir erlernen die Kenntnis des Begriffs, und wir erfahren und wissen die Bedeutung, wenn wir den Begriff korrekt verwenden können. Mit anderen Worten: Man hat auf diese Weise die Bedeutung von natürlich-sprachlichen Ausdrücken letztlich auf Aktivitäten, und zwar einerseits mentale Aktivitäten des Menschen, andererseits auch soziale Normen, welche die Aktivitäten mentaler Art, aber auch sprachlicher Art reglementieren, zurückgeführt. Indem man Standards voraussetzt und benutzt, umreißt man die Bedeutung des Begriffes von der normativen Seite her, verweist darauf, daß soziale Ursprünge der Begriffsbedeutung gegeben sind. Die Bedeutung eines Ausdrucks, eines Wortes, eines Begriffs ist dann also nicht nur eine Angelegenheit von mentalen Dispositionen allein, sondern eben durch die sozial fundierten Regeln bestimmt, gestützt oder mitformiert, das heißt auch, daß die Bedeutung, in diesem Sinne als Verwendungsfähigkeit, als von Regeln gesteuert verstanden, letztlich vom Denken des einzelnen weitgehend unabhängig ist – oder wenigstens nicht nur im Denken des einzelnen seinen Gehalt gewinnt.

Zeichen und Begriffe sind wie Werkzeuge zu verwenden. Um über ein Werkzeug auch verfügen zu können, muß man die entsprechenden Aktivität kennen und unter Umständen sowie im Prinzip auch selber durchführen können. Praktiken, Verwendungsweisen, Gebräuche bestimmen also in diesem Sinne auch unsere Verfügung über Begriffe, wenigstens über gewisse Arten von Begriffen. Doch man kann das natürlich auf eine größere Klasse von Begriffen ausdehnen, wenn man die Ausdrücke „umgehen mit" oder „Werkzeug" sehr weit versteht, z. B. indem man das erstere auch auf das Umgehen mit abstrakten Begriffen, z. B. mit Zahlen, bezieht, die ebenfalls als Instrumente aufgefaßt werden können. Den Zahlbegriff, auch etwa den Begriff einer speziellen Zahl, zu verstehen, heißt zumindest auch in der Lage sein, diese Zahl in geordneter Weise – wie dies in der normalen Umgangsmathematik getan wird – zu verwenden, d. h., in bestimmten Additionen, Substraktionen, Multiplikationen usw. anwenden zu können. Im Grunde ist das ähnlich wie bei Wittgenstein: Über einen Begriff in korrekter Weise verfügen zu können, das heißt, die Bedeutung dieses Begriffes zu verstehen. Es ist wichtig, das Verstehen der Begriffe in die Handlungspraktiken einzubeziehen, und auch eben die entsprechenden regelgesteuerten, regelgebundenen Techniken der Zeichenverwendung als strukturierte menschliche Aktivitäten in einer Umgebung, in Auseinandersetzung bzw. Wechselwirkung mit der physischen und erst recht der sozialen Umgebung zu sehen.

Alle Zeichenverwendungen sind in diesem Sinne letztlich an eine grundsätzlich soziale Situation gebunden; und derjenige, der als „lernender Denker" einen Begriff erlernt, die Verfügung über einen Begriff einübt, muß eine komplexe Menge von Fähigkeiten beherrschen, die sich z.T. auf die (soziale) Übereinstimmung von

Urteilen stützen – zusammen mit den anderen Mitgliedern in seiner Sprach-, Interpretations- und Kulturgemeinschaft oder einer sozialen Gemeinschaft generell. Begriffe sind also die Elemente, die diese Aktivität ermöglichen, und deren Bedeutungen werden nach Gillet in einem Spektrum von Ausdrücken, Praktiken und Merkmalen insofern begriffen oder „ergriffen" („grasp", 1992, 138), als sie eng in ein „strukturiertes Netzwerk von offenliegenden oder z.T. verdeckten Antworten" und Antwortdispositionen „eingebettet" sind, die durchaus natürlich auch linguistisch oder durch die Sprache mitstrukturiert sind. Die Sprache ist zwar im wesentlichen an das operierende Zeichen (Lautzeichen, Schriftzeichen usw.) gebunden, aber sie ist auch eines der besten Werkzeuge zur Differenzierung von Repräsentationen, Vorstellungen, die die Verfügung über Begriffe charakterisieren. Die Sprache ist nicht nur Ausdruck einer Regelbeherrschung, sondern sie ist auch – wie Gillet sagt (ebd., 139) – „formative in thought", d. h., sie bildet, formiert auch die Gedanken. Sie ist in der Lage, etwas feiner zu strukturieren. Das bedeutet, es ist zwischen der Zeichenverwendung und den regelbeherrschten Techniken der mentalen Repräsentationen und der Ausdrücke eine Rückkopplung vorhanden – eine Wechselwirkung, die immer beachtet werden muß.

Ich glaube, daß man das im wesentlichen übernehmen kann und sogar auch auf Wahrnehmungen beziehen kann. Auch Wahrnehmungen sind ja, wie wir gesehen haben, interpretatorisch geprägt. Sie sind nicht nur, aber auch, das Ergebnis von Signalen oder Eindrücken (im wahrsten Sinne des Wortes) aus der Außenwelt, sondern sie beruhen auch, wie Gillet (ebd. 194) sagt, auf einer Fähigkeit oder Kompetenz, bestimmte „begriffliche", oder wir könnten sagen, interpretatorische Praktiken zu beherrschen, die sowohl die Abgrenzung der Bedeutungen von Ausdrücken, die Abgrenzung der Klasse von Wahrnehmungsphänomenen wie auch den „kausalen Kontakt mit der Welt" in gewisser Weise zu präformieren, zu strukturieren oder überhaupt abgrenzbar und erfaßbar zu machen. Etwas unter einem bestimmten Aspekt zu sehen – und das ist immer notwendig, wenn man überhaupt etwas als etwas sehen will – heißt, daß man sich auf eine Technik der regelgesteuerten Gewohnheit oder auf eine Disposition, die man erworben hat, bezieht, d.h., daß auch beim Wahrnehmen in gewisser Weise doch das begriffliche strukturierende Moment und letztlich auch die von der öffentlichen Sprache formierte Regelbegrenzung einbezogen ist.

Das kann man nun natürlich auch auf die Diskussion des Realitätsproblems oder des Realismus beziehen. Das will ich im einzelnen hier nicht verfolgen (vg. Verf. 1995a). Jedenfalls ist klar, daß auch Wahrnehmung zwar eine Wechselwirkung mit der Welt umfaßt, aber auch durch aktive formierende Tätigkeit zustandekommt, ja, in einer solchen (schemainterpretatorischen, s.o.S. 38ff, 50ff) Aktivität besteht. Das gilt schon für die bloße Perzeption (Gillet 1992, 198), was z.B. Kant noch nicht gesehen hat. Kant hat ja das Entsprechende, wie erwähnt, nur auf die Bearbeitung durch den Verstand bezogen und für das Zustandekommen von Erkenntnis i. e. S. – Erkenntnis im Sinne der Verbindung, der systematischen Verbindung von Anschauung und Denken – behauptet. Dagegen ist diese Aktivitätsgebundenheit durchaus auch im weiteren Sinn aufzufassen, auch auf die Wahrnehmung selbst zu beziehen. Das aktive Verbundensein, das aktive Engagement in der Welt, das Handeln, ist die Grundlage des Denkens, nicht die bloße Kontemplation, wie Gillet im Anschluß an Wittgensteins *Über Gewißheit* betont. Der letztere stellt in mehreren Paragraphen auch heraus, daß das Erkennen in allen Schichten, sowohl beim Wahrnehmungserkennen als auch beim höheren Kognizieren, letztlich von sozial geteilten Praktiken und der Art und Weise, wie wir die Welt sehen und in dieser handeln, abhängig ist. Das bedeutet zugleich eine Einbettung in einen sozio-kulturellen Kontext, daß das Denken notwendig nicht nur prinzipiell an gewisse Möglichkeiten der äußeren Warhnehung gebunden ist, sondern auch an gewisse, von einer Gesellschaft, Sprach- oder Interpretationsgemeinschaft geteilte Praktiken des *gemeinsamen* Verstehens und der gemeinsamen Regeln und Lernverfahren gebunden ist. Gillet schreibt (ebd. 200): so „involviert Erfahrung das Urteilen in Übereinstimmung mit der allgemeinen menschlichen Gegebenheit": „judging in conformity with mankind" – auch das wieder nach Wittgensteins *Über Gewißheit* (§ 156), wo es heißt: „Damit der Mensch sich irre, muß er schon mit der Menschheit konform urteilen" (vgl. a. PU § 242). Mit anderen Worten: Die Schematisierung der Erkenntnis muß sich auf eine soziale Basis zurückbeziehen lassen. Das ist recht wichtig. Das intersubjektive Formieren auf der Grundlage des Erfassens, sowohl des repräsentierenden Erfassens im Mentalen wie auch des sprachlichen Beschreibens und Erfassens ist nicht zu bezweifeln. Es gibt eine notwendige und tiefe Beziehung der Bedeutung und des Sinns von mentalen Zuständen und von Ausdrücken der Sprache zur Regelpraxis und zu den standardisierten Verwendungsweisen dieser Worte in einer Sprachgemeinschaft. Ein Individuum ohne solche Gemeinsamkeiten der Aktionen und der Handlungsmöglichkeiten und ohne Einbettung in eine soziale Welt könnte kaum unabhängige Kontrollen seiner eigenen Aktivität leisten und würde im Grunde dem berühmten Wittgensteinschen Paradox (PU § 201f.) unterliegen, daß es nicht in der Lage ist, falsche und wahre Verwendungen beim Befolgen seiner selbstgemachten Regeln zu unterscheiden. Repräsentation ist also an eine Art von „Strukturiertheit", an „Widerspruchsfreiheit", an die grundsätzliche Möglichkeit der geordneten „Beantwortung" oder Reaktion (Gillet 1992, 204), also an eine im Prinzip vorhandene dialogische oder polylogische Struktur gebunden. Man muß die strukturierten Aktivitäten mit Zeichen, die Denken genannt werden, als von solchen Regeln und Regelmustern gesteuert auffassen. Also können wir schließen, daß in gewissem Sinne immer ein Handeln zugrundegelegt werden muß, daß das Regelbefolgen, das wir beim Deuten, beim Interpretieren im engeren Sinne ausüben, stets auch ein Handeln ist. Daß ein Handeln interpretatorisch ist, haben wir schon gesehen. Zudem ist natürlich auch klar, daß das Handeln wiederum das Interpretieren und die Muster der Interpretationen ändern kann. Auch *Interpretationsgepflogenheiten* sind eben *Interaktionsgepflogenheiten*, beruhen auf einer *sozialen* Praxis und deren geschichtlicher Entwicklung. Sie können natürlich die soziale Realität wiedergeben, auszeichnen, sie sind abhängig von dieser, aber die soziale Realität ist wiederum auch etwas, das eigentlich letztlich nur aufgrund einer gemeinsam geteilten, d. h. also durch gemeinsame Normen, Standards und Regeln formierten, Interpretation zustandekommt. Soziales ist gerade das, was nur durch Interpretation – genauer: durch geteilte Interpretation – produziert ist. Es ist wichtig und auch von Wittgenstein vielfach betont worden, daß das Interpretieren in der Tiefe stets und unablöslich an Sozialität, an Sozialbegründung und -verankerung oder -einbettung gebunden ist und nicht privat etwa in kontrollierter oder objektiver Weise aufgefaßt werden kann, nicht *bloß* privat stattfinden kann. Interpretieren, Deuten ist immer an die Existenz und auch an die Einflußfähigkeit und -möglichkeit einer entsprechenden Gemeinschaft gebunden, die die Deutungen auszeichnet, heraushebt, selektiert, die zugelassenen von den nicht zugelassenen trennt, wahr oder falsch, korrekten oder nicht korrekten Gebrauch unterscheidet, Übereinstimmungen der „Lebensformen" konstituiert (PU § 241) usw. Das heißt, die soziale

Situation ist fundamental vorausgesetzt. Die *inter*individuell etablierten Handlungsgepflogenheiten, -gebräuche, Normen, Normierungen, die notwendig sozial kontrolliert werden, also gleichsam
Institutionen darstellen oder institutionalisiert sind (vgl. PU § 199),
machen das *Normative* bei der Abgrenzung der entsprechenden Regeln aus, welche die Interpretationsmöglichkeiten kennzeichnen. Es
gibt keine Möglichkeit, ohne solche „Gepflogenheiten" und „Gebräuche", unabhängig also von sozialen Einbettungen und entsprechenden institutionellen Kontrollen oder Selektionen überhaupt
Interpretationsarten, also Formen und Regeln des Interpretierens im
engeren Sinne zu entwickeln oder bewußt zu lernen.

Schemainterpretieren allein und generell auch das Interpretieren
im engeren Sinne können also nicht ausschließlich und total ego-
zentrisch sein, sondern greifen über die Egozentrizität des mentalen Vorstellens hinaus, sind grundsätzlich und konstitutionell
sozial bzw. sozial verankert, übergreifen das bloß Private. Das
Subjektive, das mentale „Innere", ist letztlich praktisch im Alltags-
handeln und dessen „Gepflogenheiten", also, wie Wittgenstein
sagt, in „Lebensformen" einzubetten. Das gilt natürlich insbesondere für das Interpretieren im engeren Sinne, d. h., wenn wir etwas
als etwas interpretieren, das Etwas also schon als gegeben voraussetzen, das selbst schon konstituiert ist. Das ist insbesondere einschlägig, wenn es sich um *sprachliche* Repräsentation handelt, ist
aber auch prinzipiell dann der Fall, wenn es um *mentale* Repräsentation geht.

Dasselbe gilt in Grenzen natürlich auch für das Schematisieren,
das Schemainterpretieren, wenn auch nicht für alle Formen.
Primäre Schematisierungen im Sinne unserer oben eingeführten
Stufen können als biologisch fest verdrahtet aufgefaßt werden, die
nicht durch *soziale* Formulierungen direkt veränderbar sind. Das
bedeutet aber nicht, daß es ein absolutes interpretationsunabhängiges Fundament des Interpretierens geben würde – im Sinne etwa
einer „Tatsache" oder gar „Übertatsache", wie Wittgenstein in den
Philosophischen Untersuchungen (§ 192) sagt, auf die wir uns
rechtfertigend letztlich beziehen können, um Interpretationen und
Deutungen eindeutig zu machen. Wir können entweder nur „Deutung hinter Deutungen setzen", was Wittgenstein (ebd. § 201) als
die paradoxe oder absurde Möglichkeit eines unendlichen Regres-
ses versteht, oder wir können ins Methodologisch-Erkenntnistheoretische ausweichen, und eben, wie wir das versucht haben,
unterschiedliche Schichten des Interpretierens, unterschiedliche

Abstraktionsstufen, verschiedene Ebenen, Typen unterscheiden und faktisch-praktisch nur an einer bestimmten Stelle in der Tat einen sozial akzeptierten Abbruch weiterer Interpretationsversuche vornehmen. Letztlich ist jede Deutung, jede Interpretation, irgendwann einmal abzubrechen oder zuletzt praktisch auf eine Interpretationspraxis, die sich eben in der Gemeinschaft etabliert hat, zu beziehen.

Wittgenstein benutzt in diesem Zusammenhang ein berühmtes Bild (ebd. § 217): Er meint mit einem Gleichnis, daß es sich um eine Art von Spaten handle, wenn ich Begründungen immer tiefer graben will. „Habe ich die Begründungen erschöpft, so bin ich nun auf dem harten Felsen angelangt, und mein Spaten biegt sich zurück. Ich bin dann geneigt zu sagen: ‚So handle ich eben‘." Das ist viel zitiert, aber wenig analysiert und kritisiert worden. Was Wittgenstein hier sagt, könnte so verstanden werden, als gäbe es einen *absoluten* festen Grund („Felsen"!), auf dem man bauen kann, an dem der Spaten sich abarbeitet. Das kann aber m. E. nicht gemeint sein. Es geht um ein *pragmatisch* nötiges („not-wendiges") Abbrechen. Ich denke auch, daß das bloße fatalistische Vertrauen auf „So handle ich eben" nicht ausreicht; denn das Handeln ist ja von der sozialen Gemeinschaft und der Realität immer auch mit formiert – und ist dementsprechend abänderbar. Vielleicht sollte man das Bild einfach abändern, wie ich das mehrfach vorgeschlagen habe, etwa in dem Buch *Schemaspiele* (Verf. 1995, 245f.), indem wir sagen: Wir haben es nicht mit einem undurchdringlichen Felsen zu tun, sondern mit einem harten Mutterboden, in den wir aber tatsächlich doch, wenn wir nur hart genug arbeiten, auch eindringen können. Wir können nämlich auch Interpretationspraktiken und Lebensformen verändern, abändern. Sie sind nichts absolut Fixes und Fundamentales, selbst wenn sie *praktisch* in einer gegebenen Situation und beim Verstehen von bestimmten Bezügen eben als das „Fundament der Praxis" fungieren und eben den sozial akzeptierten Abbruch etwa eines Begründungsverfahrens ermöglichen bzw. praktisch festlegen oder gar in einem *relativen* Sinne „legitimieren".

Das alles ist sicherlich wichtig. Aber es ist genauso entscheidend, auf die Interaktion, die grundsätzliche Möglichkeit der Abänderung auch von solchen alltäglich eingespielten Praktiken zu verweisen; und das gilt natürlich für alle Arten von Deutungen, Interpretationen usw. Das würde zweifellos auch Wittgenstein so sehen.

Seine diesbezüglichen Auffassungen sind allerdings auch nicht ganz widerspruchsfrei. Er sagt manchmal, daß das Deuten nicht notwendig ein Handeln ist (z. B. PU § 201): Die „Neigung", daß „jedes Handeln nach der Regel" ein „Deuten" sei, bezweifelt er: „„Deuten" sollte man nur nennen: einen Ausdruck der Regel durch einen anderen ersetzen"; denn es gebe „eine Auffassung einer Regel, die *nicht* eine *Deutung* ist, sondern sich, von Fall zu Fall der Anwendung, in dem äußert, was wir ‚der Regel folgen' und was wir ein ‚ihr entgegenhandeln' nennen". An anderer Stelle (XI) sagt er ausdrücklich: „Deuten ist ein Denken, ein Handeln ..." Das widerspricht dem eben Gesagten. Insofern würde er wahrscheinlich auch nichts dagegen haben, wenn wir das Hintereinandersetzen von „Deutungen hinter Deutungen", also das Interpretieren von Interpretationen selbst auch wiederum ein repräsentierendes Handeln nennen. Wittgenstein möchte nur nicht zulassen, daß das als eine Art von mentaler Tätigkeit *unabhängig von Handlungs- und Weltbezügen* und insbesondere auch *von Sozialbezügen* verabsolutiert wird. Das von ihm Gemeinte bezieht sich natürlich nicht nur auf das Verwenden von Sprache und auf das Deuten von Sprache im Sinne des Erkennens von Bedeutungen, sondern es gilt natürlich für alles Anwenden von Regeln und für alles Handeln. Bekanntlich stellt Wittgenstein ja fest, daß Regeln keine rein „privaten" Regeln sein können (PU § § 202-242), sondern im Prinzip sozial oder sozial verankert bzw. formiert und fundiert bzw. ermöglicht sein müssen.

Man kann all das natürlich auch auf das Interpretieren beziehen. Jedes Interpretieren ist ja ein Deuten und jedes Deuten ist ein Interpretieren. Man kann dazwischen fast gar nicht unterscheiden. Es kommt natürlich ganz darauf an, in welchem Sinne man den Ausdruck ‚Interpretieren' verwendet, ob man ihn im engeren oder im weiteren Sinne versteht. Das Schemainterpretieren im allgemeinsten Sinne scheint jedenfalls logisch sogar früher und tiefer zu sein als die Sprache und die entsprechenden sprachlichen Ausdrücke selber, die nach der ersten Auffassung von Wittgenstein durch einander ersetzt werden, um Deutungen darzustellen. Das Spielen des Sprachspiels, Handlungen und Handlungsformen, die Einhaltung einer Regel, das korrekte Befolgen und das Nichteinhalten bzw. das inkorrekte Anwenden können unterschieden werden, und grundsätzlich kann die Einhaltung einer Regel vermittelt und kontrolliert werden. Damit überhaupt grundsätzlich die Einhaltung einer Regel, das korrekte Befolgen, von der Nichteinhaltung bzw. dem inkorrekten Anwenden unterschieden werden kann und grundsätzlich die Einhaltung einer Regel vermittelt und kontrolliert werden kann, muß man Kriterien der Regeleinhaltung besitzen. Man muß über Kriterien der Korrektheit verfügen, d. h., deren Anwendung muß äußerlich konkretisiert, feststellbar und kontrollierbar sein: „Ein ‚innerer Vorgang' bedarf äußerer Kriterien" (PU § 580). Das gilt natürlich insbesondere auch für mentale Repräsentationen und entsprechend für die Dimensionierung von Bedeutungen, falls wir sie als intern repräsentiert auffassen. Insofern setzt also dies alles grundsätzlich die soziale Situation, die Geordnetheit, Strukturiertheit der „Gepflogenheiten", „Gebräuche" und „Institutionen" voraus (PU § 199): Interpretieren, Verstehen, Regelnbefolgen ist in der Tiefe an Sozialität gebunden, wie es Wittgenstein (PU § 201f. u. a.) in vielen Varianten beschreibt. Das brauchen wir im einzelnen hier nicht nochmals abzuhandeln. Handeln und Verhalten steht immer unter Regeln und Konventionen, diese sind nach Wittgensteins Auffassung letztlich sozial konstituiert, etabliert, verankert; sie sind – wenn man so will – sogar institutionellen Charakters: Sie werden sozial kontrolliert. Sie zeigen kontrollierbare Geregeltheit, sind also zurückzubeziehen auf soziale, letztlich sozial verankerte und etablierte Regeln. Sie sind abhängig von dem prinzipiellen Vorhandensein potentieller Handlungspartner und einer Sprach- und Deutungs- oder Interpretationsgemeinschaft.

Ein Problem dabei entsteht allerdings dadurch, daß das Soziale, wie ich bereits gesagt habe, selbst interpretationsproduziert ist. Soziale Regeln, Strukturen, Beziehungen, Institutionen – wie z. B. der Staat – existieren ja nicht als „Dinge an sich", sondern sie sind durch geteilte Deutungspraktiken, durch Interpretation in einer Interpretationsgemeinschaft erst entstanden, produziert und „existent", sie sind in diesem Sinne abhängig von Interpretationsgepflogenheiten. Wenn wir also wiederum andererseits das Interpretieren stets an das Soziale zurückbinden und das Soziale selbst interpretationsabhängig ist, geraten wir natürlich in eine Art von Zirkelproblematik. Jedenfalls haben wir kein absolutes interpretationsunabhängiges Fundament des Interpretierens und insbesondere auch nicht der Sozialität. Das ist etwas, was auch Kripke (1982, dt. 1987) in seiner Deutung des Regelfolgens bei Wittgenstein nicht genügend beachtet hat. Aber ich denke doch, daß man hier weiterkommen kann – einerseits, indem man seine Ansprüche etwas relativiert, keinen absoluten Begründungs-Letztbegründungs-Rationalismus mehr vertritt, und andererseits, wenn man sich auf die Beziehungen von

Interpretationen auf unterschiedlichen Schichten und Stufen, wie wir sie entwickelt haben, beschränkt; dann kann man durchaus beispielsweise die Produktionen der Interpretationen höherer Stufe – und die Konstitution und das Verstehen des Sozialen gehört zweifellos dazu, da es ja im hohen Grade auch flexibel, variabel, geschichtlich abhängig ist – beziehen auf gewisse, dann als *relative* Basis geltende niedere Stufen der Interpretation, im Sinne der früher entwickelten sechs Schichten. Das Gesagte gilt generell, kann aber auch dazu dienen, diese Zirkelproblematik wenigstens zu entschärfen. Doch diese Strategie hat natürlich einen Preis: Man beschränkt sich letztlich eher aufs Methodologisch-Erkenntnistheoretische, u. U. auch auf das Transzendentalphilosophische, wenn auch nur auf hypothetisch oder „problematizistisch" transzendentalphilosophische Gesichtspunkte (etwa i. S. von Wolfgang Röd, 1991), aber erreicht dann keine absolute endgültige Letztbegründung mehr. Beispiele, wie die Thematik des Regelbefolgens bei Wittgenstein, will ich hier im einzelnen nicht nochmals differenziert schildern und diskutieren (vgl. Verf. 1995, 222ff.), sondern nur recht grob in bezug eben auf die soziale Fundierung erörtern. Es ist allerdings das Problem, das Kripke in seinem berühmten Buch (1982, 1987) über Wittgensteins Analyse vom Regel(be)folgen im Auge hatte. Das Befolgen von Regeln, so erkennt z. B. Wittgenstein (PU § 199 u. a.), ist immer eine sozial verankerte Handlung oder sogar soziale ‚Gepflogenheit', ein Brauch, der in der jeweiligen sozialen Gemeinschaft, der Interpretationsgemeinschaft, irgendwie als Norm festgelegt ist – und damit dann auch einen normenartigen, normierenden Standardcharakter besitzt, als der Standardgebrauch gilt. Es hat sich für die Mitglieder der Interpretationsgemeinschaft ein Gebrauch etabliert und wird in gewisser Weise sozial sanktioniert: Die Regel muß befolgt werden; ansonsten gewärtigt man Strafen, Kritiken, Nachteile usw.. Man kann einer solchen Regel folgen, aber letztlich eben nur, indem man sich an dem Standard als *Norm* orientiert – also nur unter Rückgriff auf die soziale Normierung. Man kann natürlich die Regel brechen oder übertreten, aber dann muß man die Sanktionen in Kauf nehmen; jedenfalls ist es den Betroffenen und den Beurteilenden klar, daß eine Abweichung von der sozialen Norm, der gesollten Regeleinhaltung, stattgefunden hat. Regeln sind also stets etwas sozial Normiertes, etwas, das in der sozialen Gemeinschaft, im standardisierten und sozial vorgeschriebenen Gebrauch, in der „Gepflogenheit" institutionalisiert ist. Wittgenstein sagt ja sogar

(§ 199): „Einen Satz verstehen, heißt eine Sprache verstehen. Eine Sprache verstehen, heißt eine Technik beherrschen." Eine derartige Technik ist natürlich immer eine kontrollierte Verhaltensform, eine sozial normierte Fertigkeit und Handlungsweise, die auf einer sozial erlernten und verbreiteten Praxis beruht, übernommen worden ist durch die soziale Normierung und Abgegrenzung von anderen Handlungsgepflogenheiten und anderen Gruppenkulturen. Die Fundierung – oder wir könnten auch sagen: Grundlegung oder Fundamentierung, das Fundament – der Regel ist eine soziale Norm, auf die man sich eben eingespielt, eingestimmt hat, auf die man hin dressiert worden ist in der Übernahme der sprachlichen Wortverwendung, der Satzbildungsregeln und gleichzeitig – und das ist ganz wichtig – der entsprechenden als Komment oder Orientierungsstandard geltenden Handlungspraktiken. Man erlernt eine soziale Norm und die dementsprechende Verhaltensweise nicht unabhängig von der Eingliederung in eine entsprechende Kultur. Insbesondere gilt das natürlich für die Ersterlernung der Muttersprache, die man ja nur gleichzeitig mit der Erlernung von Handlungsdispositionen und deren Normen lernen kann. Wittgensteins Problem war es in der Tat, was überhaupt das Regelbefolgen ist und wie man diesbezügliche sprachliche Normen und Regeln erlernen kann. Er sieht sogar so etwas wie eine Paradoxie darin, daß man einerseits eine Regel als *Bestimmung* der Handlungsweise ansehen kann, daß aber andererseits in der Tat jeder Schritt bei der Befolgung einer Regel punktuell in einer jeweils *anderen* Weise weitergeführt werden kann – und man zumeist noch sagen kann, daß man der Regel folgt. Man verstehe diese von dem betreffenden Schritt an nur eben anders. Man folge somit einer privaten Regel oder einer „privaten" idiosynkratischen Auffassung der Regel. Das ist aber natürlich nicht das, was man normalerweise unter dem Befolgen einer *sozial* eingespielten und kontrollierten Regel versteht. „Einer Regel folgen ist ein bestimmtes Sprachspiel" (BGM 1974, 416, §52). Das Regelbefolgen, meint Wittgenstein, ist in diesem Sinne immer eine Art von sozialer, d. h. sozial übernommener und eingeübter sowie sozial (äußerlich) kontrollierter ‚Praxis'; „und der Regel zu folgen *glauben* ist nicht: der Regel folgen. Und darum kann man nicht der Regel ‚privatim' folgen, weil sonst der Regel zu folgen glauben dasselbe wäre, wie der Regel folgen" (PU § 202). Das bedeutet: die Befolgung einer Regel sozusagen für sich selber besteht nicht (nur) darin, daß ich mir die Regel bloß vorstelle und ihr folge, sie gleichsam selber machen kann, denn das könnte ich ja stets beliebig tun – zumindest im Rahmen von Deutungsfreiräumen und offenen Erinnerungsspielräumen: Ich könnte sie dann ja immer unkontrolliert verändern. Sondern ich brauche ein Kontrollkriterium, und dieses Kontrollkriterium kann letztlich nur sozial vermittelt, kontrolliert und institutionalisiert sein, durch die Interpretationsgemeinschaft geregelt bzw. durch „die gemeinsame menschliche Handlungsweise", „das Bezugssystem" (PU § 206) (mit)bestimmt sein. Regeln (zu befolgen) lernen heißt, sich in sozial vermittelter und kontrollierter Weise bestimmten Verhaltensformen anzupassen und in gewisser Weise „dressiert" zu werden, „abgerichtet" zu werden (PU § 206). An einer Stelle heißt es auch: „Wenn ich der Regel folge, wähle ich nicht. Ich folge der Regel *blind*" (ebd. § 219). Wenn ich die Regel befolge und sie nur anwende, benutze, so verwende ich eine Praxis, wie die entsprechenden Elemente oder Glieder der Regel manipuliert oder transformiert werden.

Wittgenstein stellt sich das Regelbefolgen generell zu mathematisch vor: er hat eigentlich nur die mathematischen Folgen im Auge, bei denen man formal vom Anfangsglied zum zweiten und dann vom jeweiligen Glied auf das Folgeglied übergeht; das sukzessive Konstruieren von Folgegliedern stellt für ihn das Standardmodell des Regel(be)folgens dar. Deswegen sagt er ja sogar ausdrücklich (PU § 218), man könnte sich die Regel, wie „ins Unendliche gelegte Gleise vorstellen": „Statt der Regel könnten wir uns Geleise denken. Und der nicht begrenzten Anwendung der Regel entsprechen unendlich lange Gleise." Man könnte hier geradezu von der *Schienenmetapher der Regelbefolgung* sprechen oder von dem „Schienen- oder *Geleisemodell*" der *Regelbefolgung*. Ich denke, daß dieses Muster nicht der allgemeine Fall jeglicher Art von Regelbefolgung sein kann. Es gilt natürlich vielfach, beispielsweise beim Berechnen von Folgengliedern in der Arithmetik oder beim sukzessiven Berechnen bei Reihensummen und ähnlichem. Auch im Alltag gibt es zweifellos solche Weisen des Regelbefolgens, die so strikt fixiert, linear sind, daß man das Fortschreiten so auffassen kann wie das Befahren einer Schiene oder eines Gleises: Wittgenstein benutzt auch manchmal das Bild des „Geländers" (BGM 1974, 430, §66), an dem man sich entlanghangelt. Die Frage ist dann: Was tut man, wenn das Geländer aufhört? Hier liegt dann der Fall vor, daß man eine Regel über die bisher fixierte oder vorgegebene, etwa durch Präzedenzfälle abgemessene Dimension hinaus anwenden könnte oder will.

Aber es gibt ja gerade im Alltag auch die Fälle, daß man Regeln in gewisser Weise umdeutet oder interpoliert oder daß man statt der Auffassung einer fixen, sozusagen „deterministischen" Bestimmung der Nachfolgeglieder eine eher allgemeine *Rahmenrichtlinie* befolgt, wie es z. B. in der Politik heißt (*Rahmen-* oder *Richtlinienmodell*). Dies wäre ein ganz anderes Modell der Regelbefolgung oder gar schon der Regelkonstitution. Man könnte also außer vom Gleismodell auch von mehreren anderen Modellen sprechen, etwa dem „*Tal-* oder *Deichmodell*" der Regelbefolgung, wie ich das in *Schemaspiele* (1995, 227) genannt habe: Man folgt innerhalb eines Tales der Gesamtrichtung – so, wie beispielsweise der Fluß, der durch ein Tal mäandert. Man bleibt im Tal oder innerhalb der eingedeichten Gesamtrichtung, aber man hat eine stärkere Variabilität des Befolgens, eine in Deich- oder Talgrenzen eingedämmte Freiheit des weiteren Handelns, und kann in diesem Spielraum auch abweichen sowie Entscheidungen treffen. Auch das ist in gewissem Sinne eine „Befolgung" einer Gesamtrichtung oder einer Grundregel – wenigstens in einem lockereren Sinne. Entsprechend kann man dieses Modell natürlich noch in Richtung auf weitere Variabilitäten verallgemeinern, etwa auf ein „Orientierungs- oder Kompaßmodell" des Regelfolgens übergehen, indem man sich beispielsweise vorstellt, daß eine Regel wie ein Kompaß funktioniert, nur eine ganz allgemeine Richtung angibt, an der man sich dann im großen und ganzen und u. U. in gewissem Sinne auf Umwegen orientieren kann (ebd. 228). Albert Schweitzer hat ja die ethischen Regeln mit einem solchen Kompaß verglichen, anhand dessen man sich durch den Urwald des Lebens, durch den Dschungel der Handlungsoptionen und Möglichkeiten, seinen Weg suchen muß. Ethik dient nicht zu einer fixierten kasuistischen Vorschreibung der nächsten Schritte oder zu einer eindeutigen Beurteilung jeweils einer Handlung, sondern eher zu einer generellen (Richtungs-)Orientierung. Diese Auffassung wäre übrigens eher mit dem Kantischen Modell im Sinne des Kategorischen Imperativs vereinbar als in ein striktes Befolgungsmodell im Sinne etwa des Schienen- oder Gleismodells.

Ein viertes, noch flexibleres Modell wäre das „*Vorstellungs-* oder *Image-bzw. Bildmodell*" (ebd.) des Regel(be)folgens. Hier hegt man nur eine allgemeine Zielvorstellung und kann sein Verhalten aufgrund dieser Vorstellung nun einrichten, beziehungsweise sein Verhalten daran oder danach ausrichten, aber man tut dies unter Umständen gar nicht effektiv, sondern man orientiert sich nur äußerlich an etwas, das u. U. letztlich eine Illusion, eine

Imagevorstellung, ein inneres Bild ist, das jeweils Spielräume zuläßt, aber unter Umständen große Variabilitäten offenläßt.

Schließlich kann man auch noch ein „*Problemlösungs- oder Hypothesenmodell*" der Regelanwendung entwickeln, das man z. B. oft bei in den theoretischen Konstruktionen der Wissenschaft finden kann, zumal in den abstrakten Theorien oder Komplexen mit theoretischen Alternativen, wobei die Wahl der entsprechenden Konstrukte oder Theorien gleichsam eine Grundentscheidung ist, die dann zwar viele, weitgehend determinierte Folgen und Anwendungen umfaßt, aber die auch einer anderen Grundentscheidung hätte weichen können.

Es ist ähnlich wie beim Konventionalismus. Betont wurde schon zu Beginn dieses Jahrhunderts, daß eigentlich nicht die eine Theorie an sich der Kontrolle und der Erfahrung ausgesetzt wird, sondern die gesamte erklärende Theorie samt den mathematischen (instrumentell verwendeten) Kalkülen, also der formalen Sprache, und eben der Beschreibung der entsprechenden Situation, bzw. des Ausgangs eines Experiments. (Die erklärende Theorie ist zudem von der u. U. verschiedenen Theorie der Meßinstrumente und der Messung zu unterscheiden: vgl. Quantenmechanik.) Wenn eine Falsifikation vorgekommen ist, weiß man unter Umständen gar nicht so sehr, worauf diese nun zurückzuführen bzw. wo die fällige Modifikation durchzuführen ist. Das Manko kann entweder auf die erklärende Theorie bezogen werden – oder u. U. auf die Meßtheorie und -technik; es kann evtl. auch auf die Beschreibung und Darstellung des Experimentes bezogen werden, es kann möglicherweise ein nicht (mehr) passendes Modell der Mathematik, ein zu einfaches, beispielsweise ein lineares Modell, zugrundegelegt worden sein. All das sind Ergebnisse, die man findet – insbesondere natürlich in nicht so ganz harten Wissenschaften wie beispielsweise in der empirischen und mathematischen Wirtschaftstheorie. (Doch auch in den härtesten Wissenschaften hat sich mit der Entdeckung des deterministischen Chaos und dessen Theorie selbst in klassischen Bereichen in dieser Hinsicht vieles grundsätzlich geändert.)

Regeln lassen sich also durchaus viel weiter auffassen, als es das Schienenmodell zugrunde zu legen scheint. Doch ist prinzipiell richtig, daß man Kontrollierbarkeit überhaupt nur haben kann, wenn man das Befolgen einer Regel und das entsprechende Deuten des Handelns nach Regeln auf grundsätzlich soziale Situationen und Standardnormen und intersubjektive kontrollierbare Verfahren, die man sozial lernt, bezieht und wenn man das Befolgen von

Regeln als eine normierte Praxis auffaßt, wie Wittgenstein eben vielfach betont (z.B. PU § 202 u.a.).

Das damit Erkannte gilt natürlich dann für das Deuten und Interpretieren ebenfalls. Auch Deuten und Interpretieren sind eine Art von sozialer, d.h. sozial vermittelter, gelernter und kontrollierter Praxis, die in Interaktion mit der äußeren Welt, der sozialen Gemeinschaft, der Lernsituation eben „erlernt" wird, eingeübt wird, in die man (hinein)"dressiert" wird. Man lernt sprachliche Bedeutung und das Deuten sowie Interpretieren zugleich mit der Einführung in praktische(n) Handlungssituationen, und dieses beides läßt sich gar nicht voneinander trennen. Das praktische soziale Verhalten ist in und durch die soziale Interpretationsgemeinschaft normiert – in gewissem Sinne –, wobei dieses Normiertsein durchaus auch (als) variabel verstanden werden kann im Sinne der möglichen Regelmodelle, die ich hier genannt habe. Das Entscheidende aber ist, daß das Verfahren normiert und das Vorgehen jeweils kontrolliert ist und letztlich sich auf eine eingelernte, in der Praxis, in der Handlungspraxis eingeübte und übernommene, ja, kontrollierte und eben auch negativ wie auch positiv (durch Lob etwa) sanktionierte, schon beim Erlernen bewertete und „verstärkte" Praxis zurückführen läßt. Wehe, der Anfänger im Schulunterricht macht dauernd einen systematischen Fehler bei seinen elementaren Rechenexerzitien, dieser wird ihm sanktioniert, ausgetrieben, abdressiert. Er wird dazu abgerichtet, diesen Fehler nicht (wieder) zu machen oder jedenfalls nicht systematisch immer wieder zu begehen. Die soziale Verankerung und Normierung ist somit bei den Regelverwendungen notwendig. Übrigens haben ich selber 1966 (vgl. Verf. 1970; 1973, 65 ff., 78 f.) und mein früherer Assistent Gunter Gebauer in seiner Habilitationsschrift (1975) diese These der sozialen Tiefenverankerung der Regelbefolgung und Bedeutungszuordnung bei Wittgenstein, die alle Begrifferfassungen und auch die Differenzierung des Meinens, der Intuition, des Regelbefolgens, der Sprachanwendung betrifft, schon lange vor Kripke (1982) diskutiert. Es handelt sich also durchaus nicht erst um eine Entdeckung Kripkes, dem dies international zugeschrieben wird. Die soziale Tiefenkonstitution hat natürlich zu der Diskussion bei Kripke und in der Nachfolge geführt, wie das Problem nun gelöst werden könne, daß man nicht so etwas hat wie eine „Fundamentaltatsache", auf die alles Regelbefolgen, Bedeutungstragen systematisch legitimiert zurückbezogen werden könnte. Das ist ja die These von Kripke, der laut Stegmüller gar einen „Hyperskeptizismus" der Regelverwendung vertritt; Kripke selber spricht eigentlich nur von „skeptischer Lösung". Sie besteht darin, daß eben abgesehen von dieser sozialen Normierung und Verankerung überhaupt nichts (apriorisch) definitiv als festgelegt aufgefaßt werden kann und daß keine private Regelbefolgung möglich ist, sondern daß man letztlich immer auf solche sozialen Normierungen angewiesen ist – und eben auf die soziale (Handlungs-)Praxis. Von Kutschera (1991) meint, daß aber die soziale Praxis der Regel- und Wortverwendung in der Tat das Problem auch nicht lösen könne, weil man so eben im Grunde nur auf den *kollektiven* Gebrauch der Ausdrücke und Meinungen verweisen kann, dadurch aber natürlich keineswegs eine fundamentale Tatsache oder Fundierung gegeben ist. Stattdessen meint er (ebd. 376), ebenso könne man auch die *semantische* Tatsache, daß ich mit einem Ausdruck eben das und das meine, schon als eine hinreichend die Bedeutung intersubjektiv konstituierende, fundierende oder legitimierende Tatsache hinstellen; das sei im Sinne von Kripke dann eine rechtfertigende Lösung und – eine triviale Lösung. Man kann sich also die Lösung nicht so einfach machen, daß man sagt, man habe nun das Problem als unlösbar aufgewiesen, aber man hat eben auch keine allgemeine und fundierende überzeugende Lösung. Von Kutschera (1991, 377) sagt, was man (nur) folgern kann, sei „die Platitüde, daß niemand sich berechtigt fühlt, eine Anwendung inkorrekt oder falsch zu nennen, wenn fast jeder sie akzeptiert", wenn sie also in der sozialen Gemeinschaft etabliert ist Und das sei doch eine etwas „magere Restproblematik" oder das Überbleibsel der angeblich hyperskeptischen Lösung des Kripkeschen Problems. Wittgenstein sei in gewisser Weise viel offener gewesen, als Kripke ihm das unterstellt hat. Anders ausgedrückt: Nach von Kutschera (ebd.) gelangt man also entweder dazu, daß man statt der skeptischen Auflösung des Problems sich auf den kollektiven Gebrauch von Ausdrücken und Regeln usw. bezieht und dadurch das Problem aber erst wieder herstellt – nämlich in Gestalt der Frage: Wie kann der *kollektive* Gebrauch erkenntnistheoretisch, grundlagenphilosophisch gerechtfertigt werden? Oder man muß doch gleichsam einen sozialkonstituierten „philosophischen Superlativ", wie Wittgenstein es (PU § 192) genannt hat, zugrunde legen, also eine „übermäßige Tatsache", etwa eine *semantische Meta*tatsache, die nun darin besteht, daß die Sprachgemeinschaft einen Ausdruck gerade in dieser Weise benutzt. Entweder ist also dann entsprechend dieser Kritik von v. Kutschera die Lösung des skeptischen Problems überhaupt nicht zu leisten oder sie beseitigt das Problem, das sie lösen soll, einfach kraft Trivialisierung. Die sozialen

Verankerungen sind aber unbezweifelbar; und sie sind nicht nur auf das Sprachliche bezogen, sondern jeweils auch auf das Mentale. Das soziale Einspielen und Überformen von Schemaaktivierungen zu postulieren, bedeutet, daß man letztlich eine Art von soziogenem Interpretationsnetzwerk erschafft, produziert, konstruiert – dadurch, daß das denkende Subjekt innerhalb eines theoretischen Rahmens gegebene Inhalte interpretiert. Hier glaube ich, daß auch Kutschera zu sehr an Kants Idee der theoretischen Erkenntnis festhält. Neben dem theoretischen Rahmen muß man auch einen praktischen Rahmens des alltäglichen Interpretierens, der sozial etablierten und normierten Interpretationspraxis einführen.

Ich spreche in Erweiterung von Wittgensteins Modell allgemeiner von „Schemaspielen" (Verf. 1995, bes. 248 f.). Statt von Sprachspielen könnte man also auch von „Handlungsspielen" (ebd. 241) (als Teil von „Lebensformen" im Wittgensteinschen Sinne) oder noch genereller (einschließlich der gebahnten Primär- und Sekundärschematisierungen der Stufen IS_1 und IS_2) Schemaspielen und von deren sozialer Einspielung sprechen. Wir spielen uns sozial auf die Anwendung bestimmter Schemainterpretationen, Schemaaktivierungen und -reaktivierungen ein, die dann oder in eins damit interaktiv das Sprachspiel im Wittgensteinschen Sinne als eine Art von kleiner „Lebensform" konstituieren können. Mit anderen Worten: Jede soziale Konstitutionstheorie oder jeder Sozialkonstitutionalismus in diesem Sinne ist letztlich ein Interpretationismus, Interpretationskonstruktionismus i.w.S. oder ein Schemainterpretationskonstruktionismus. Deswegen kann man in der Tat von „Schemaspielen" sprechen und den Wittgensteinschen Ausdruck erweitern, das Wittgensteinische Konzept des Sprachspiels ausdehnen auf Schemaspiele. Diese umfassen dann auch etwa primäre und vorsprachliche Schematisierungen der Habitualisierung, der Gewöhnung, der Handlungsorientierung, der (quasi-)begrifflichen „Diskriminierung", wie die Psychologen sagen, vor aller schon sprachlichen Differenzierung. Das betrifft zumindest die Schichten und Ebenen IS_1, IS_2 und IS_{3a} unserer obigen Aufstellung (s. S. 69f). Die Erweiterung des Wittgensteinschen Spielkonzepts auf Schemaspiele ist also möglich und erkenntnistheoretisch nötig.[1] Das bezieht sich durchaus auch auf die

---

[1] Die sprachanalytisch orientierte Philosophie dieses Jahrhunderts hat zweifellos das Grundmodell der *sprachlichen* Verfaßtheit aller mentalen Phänomene, Prozesse und Repräsentationen überzogen, wie in den letzten Jahrzehnten der neuronalen Kognitionswissenschaften immer deutlicher wird.

Einsicht, daß Schemaspiele überformt werden durch soziale Regulierungen, Normierungen, daß sie eben dynamisch stabilisiert sind, eine Art Feed-back-Prozeß hinsichtlich der Handlungs- und Sprachstrukturierungen vornehmen. Alles kontrollierbar-repräsentierende Erfassen ist also in diesem Sinne in soziale Kontexte und Umgebungen verwoben. Bei Wittgenstein hieß es, „das Ganze: der Sprache und der Tätigkeiten" sei „ineinander" zum „Sprachspiel" „verwoben" (PU § 7). Das bleibt vertretbar, ist aber auf die vorsprachlichen Schematisierungen auszudehnen. Wittgenstein verändert übrigens selber gelegentlich seine Ausdrücke und bezieht die Sprachspiele auch auf „Zeichenspiele" in der Mathematik. Er nennt gelegentlich explizit „Zeichenspiele" (BGM 1974, 265, 257ff.). Man kann auch geradezu „Bildspiele" bei ihm finden – und fast diesen Ausdruck (PG 1973, § 123, S. 213), den Oliver Scholz dann in seiner Dissertation (1991, 126) explizit begründet hat, wohl nach Rogers' Ausdruck (1965) „graphic games". Auch die Einbettung der Bildzeichen in Handlungszusammenhänge und Lebensformen, d. h. das visuelle Repräsentieren, die Bilder sowohl im mentalen (mentale *Quasi*-Bilder) als natürlich auch im äußeren Sinne, sind auch zu beziehen auf Gebrauchsweisen. „Bilder" kann man wie Zeichen, Worte, Sätze in den betreffenden Situationen und Kontexten richtig oder falsch verstehen. Es gibt ja Untersuchungen mit Eingeborenenstämmen, denen man zum ersten Mal Filme gezeigt hat, zuerst Schwarz-weiß-Filme: Diese konnten auf der Leinwand zunächst gar nichts wiedererkennen, weil sie an das interpretierende Sehen von bewegten Bildern auf einer zweidimensionalen Fläche nicht gewöhnt waren. Es ist also auch eine Art von Lernen des Bilderkennens nötig, ganz ähnlich wie eine sozio-kulturelle Einspielung von Sprachspielen, Handlungsspielen oder explizit interpretierenden Schematisierungen generell. Auch Bilder bedürfen einer funktionalen, einer Gebrauchstheorie. „Bildspiele", Zeichenspiele, Sprachspiele, Schemaspiele fungieren und funktionieren analog.

Insofern kann man also sagen, daß auch Schemaspiele allgemein ganz ähnlich wie die Wittgensteinschen Auffassungen der Sprachspiele aufgefaßt werden können und daß man hier eine recht enge Verbindung zwischen dem Repräsentieren durch etwas und dem Strukturieren von etwas durch entsprechende Schemata oder Formen, dem repräsentierenden Handeln, dem Deutungshandeln und natürlich dem sozialen Handeln, der sozialen Einbettung in bestimmte Lebensformen und Gesellschaftsumgebungen festzustellen und zu untersuchen hat. Insofern kann man also in der Tat sagen, daß eine Art von funktionaler Gebrauchstheorie umfassender Art nicht nur die Grundlage für die Zeichentheorie und das Zeichenverstehen, für die Sprachtheorie und das Sprachverstehen darstellt, sondern allgemein für das Einspielen und Verwenden von Schemata, für das Anwenden von Interpretationen usw. Mit anderen Worten ausgedrückt: Man kann sagen: Schemata allein sind nicht genug, sondern Schemata können erst dann *lebendig,* relevant und verstanden werden und „richtig" (in Kontexte und Situationen, auch Entscheidungs- und Lernphasen „passend") dimensioniert werden, wenn sie ähnlich wie Zeichen generell eingebettet sind in einen Gebrauchszusammenhang, in eine bestimmte kriteriengestützte Regelauffassung. Diese paradigmatisch (s. u. S. 164ff) zu verstehenden und erlernten Gebrauchsweisen und deren Standardisierung als hinreichende Bedingungen gestatten es zu entscheiden, wann ein Zeichen oder ein Schema korrekt oder nicht korrekt verwendet worden ist bzw. sich als passend oder nicht passend erweist. Die Einbettung in eine entsprechende soziale Situation im weitesten Sinne des Wortes, die das Regelbefolgen auch als etwas Kontrollierbares, prinzipiell äußerlich – und sei es indirekt – Verfolgbares ausweist, ist dabei wichtig. Insofern ist *cum grano salis* der Wittgensteinsche Ansatz schon gerechtfertigt, nur ist er eben, wenn auch nur verbal, zu eng auf das „Sprachliche" bezogen, denn in Wirklichkeit bezieht es Wittgenstein ja nur auf ganze Lebensformen. Er sagt, Sprachspiele seien auch Lebensformen oder Teile von Lebensformen (PU § 23 u.a.). Insofern müßte er eigentlich von dieser engen, auf die Sprache eingeschränkten Auffassungsweise auch absehen können und zu allgemeineren Strukturierungen bei allen solchen Regelbefolgungen gelangen, die ja stets eine Art von Praxis und grundsätzlich eine Art von sozial formierter oder überformter Praxis darstellen.

7. Pragmatisierung der Semiotik – Semiotisierung der Pragmatik

In der Semantik und in der Erkenntnistheorie, wie auch in der Sprachphilosophie unterscheidet man bekanntlich zwischen Syntax – oder man könnte sagen: der Syntaktik –, der Semantik und der Pragmatik. Es handelt sich natürlich um eine künstliche bzw. methodologische Unterscheidung, die oft nur analytisch-idealtypisch zu verstehen ist. In der Syntax achtet man insbesondere auf die Formen der Zeichen, auf die Gestalten (sowohl „types" wie „tokens") der zu berücksichtigenden und zu verwendenden Ausdrücke, insbesondere auch auf die Ersetzungsverfahren, beispielsweise bei der schrittweise – gleichsam „mechanisch": durch „äußere" Anwendung der Schlußregeln – durchgeführten Ableitung in einem mathematischen Beweis oder in einer logischen Ableitung. In der Semantik wird die Bedeutung mit einbezogen: Bestimmte Probleme der Sprachverwendung und der Sprachverstehens wie auch etwa das philosophische Probleme der Wahrheit von Sätzen sind semantische Probleme, weil man eben bestimmte Ausdrücke erst verstehen, decodieren muß, um ihr Zutreffen kontrollieren zu können. Bei der Pragmatik ist bekanntlich immer der Verwender, z. B. der Sprecher und auch der Adressat, mit einbegriffen. Die pragmatische Perspektive richtet sich auf den Handlungsbezug von Ausdrücken, Formeln, Zeichen im Kontext einer bestimmten Situation. Ich sagte, daß diese Unterscheidung in gewissem Sinne künstlich ist. In der Tat ist es charakteristisch für die moderne Erkenntnistheorie und Sprachphilosophie, daß insbesondere die Differenzierung zwischen Semantik und Pragmatik wieder aufgehoben oder zumindest relativiert wurde: Es handelt sich wirklich nur um eine *analytische* oder rein methodologische Unterscheidung. Und zwar gilt das in einer Richtung eigentlich bereits mit Charles Sanders Peirce. In seiner Zeichentheorie versuchte dieser zwar einerseits eine Semiotisierung[1] der Pragmatik zu begründen, das heißt, die Handlungsformen durch

---

[1] In der Zeichentheorie i. e. S. gehen sowohl Syntaktik als auch Semantik ein. Peirce ließ auch die Pragmatik keineswegs außer acht.

zeichentheoretische und zwar im Sinne einer funktional verstandenen Zeichentheorie zu interpretieren (s. Verf. 1993, 461ff). Er bemühte sich, Handlung(sform)en auf Zeichenformen abzuziehen und Handlungen durch Abgrenzungen, Zeichen durch entsprechende Zuordnungen und Symbolklassen zu kennzeichnen.

Generell gesagt sind, wie wir eingesehen haben, Interpretationsprozesse schemageleitete kognitive Aktivitäten. Auch diese können und müssen letztlich auch semiotisch und pragmatisch verstanden werden. Das Interpretieren durch dieses Konkretisieren, Aktivieren und ein relatives Stabilisieren von Schemata, also das Schemainterpretieren, ist in der Tat zugleich pragmatisch als das Aktivieren und Stabilisieren von kognitiven Konstrukten und Mustern im übertragenen und repräsentierenden Sinne zu verstehen, wenn sich diese Schemata als oder in mentalen Strukturierungen, in „Vorstellungen" oder (bewußten) mentalen Repräsentationen, wie man heute sagt, präsentieren. Es müssen nämlich keine externen Muster sein, wie wir sie vom Wahrnehmen gewöhnt sind, sondern es handelt sich um interne, mentale Strukturierungen. Wir haben uns verdeutlicht, wie solche Strukturierungen durch das Aktivieren und Stabilisieren von neuronalen Netzwerken zustande kommen können, durch Neuronenassemblies, die in gewisser Weise auf bestimmte Gegenstände oder Signalkomplexe oder -strukturen bzw. -prozesse ansprechen, z.B. beim Wahrnehmen. Ganz ähnlich dürfte es auch sein, wenn kein wahrgenommener Gegenstand gegeben ist, sondern es sich um sog. höhere Kognitionen handelt, die im Grunde als Interpretationen ohne Gegenstand aufgefaßt werden können: hier fällt der vorgegebene Interpretationsgegenstand, das Interpretandum, weg; erst wird konstituiert oder konstruiert, je nachdem. Die kognitiven Konstrukte sind also in einem *weiteren* Sinne zu verstehen, sie umfassen einerseits Konstitute, also Bildungen von abstrakten Objekten aufgrund von Musteraktivierungen, gleichsam fiktive intentionale Gegenstände oder Quasigegenstände, repräsentierte oder entworfene Gegenstände, die von unserer strukturierenden Aktivität „erschaffen" oder ausgegrenzt, selektiert, in diesem Sinne konstituiert werden; es handelt sich also um entworfene, erstellte, zurechtgestutzte, stilisierte oder konstituierte Ergebnisse einer solchen Entwurfs- oder Strukturierungstätigkeit, kurz: um eine Konstituierungstätigkeit. Im weiteren Sinne kann man diese Konstitutbildungen auch unter die Konstrukte einordnen, das wollen wir auch tun. Wenn wir aber im engeren Sinne von Konstruieren sprechen, dann meinen wir ein bewußt, planmäßig entwickeltes repräsentierendes Handeln, das bewußtseinsfähig und bewußtseinspflichtig ist; und dieses wird man normalerweise nicht mit dem zuvor erwähnten unterbewußten Konstituieren gleichsetzen. Das bewußte Konstruieren im engeren Sinne ist zwar auch Ergebnis einer entsprechenden Strukturierungstätigkeit und kann auch auf die Aktivierung von repräsentierenden Schemata zurückgeführt werden, aber es ist durch das zusätzliche Merkmal der planmäßigen, zweckmäßigen, bewußtseinspflichtigen Ausführung gekennzeichnet.

Wir sind dann weitergeschritten von den Konstituten als den durch schemageleitete Aktivitäten gebildeten stabilisierten Schemata zu den *Reaktivierungen* dieser Schemata und zu deren Ergebnissen, d.h. zu den restrukturierenden oder rekonstruierenden Aktivierungen bzw. Reaktivierungen der erwähnten Schemata, wo wir dann eben in der Tat auch von Konstruktbildungen im *engeren* Sinne sprechen können, insbesondere auch im Sinne der Reaktivierung, der Wiederholung, der Identifizierung oder des Wiederanwendens und -erkennens von Schemata. Diese Sekundärstrukturierung, also die Musterung und Einordnung, die Einbettung der bereits erzeugten Konstitute, insbesondere die Herstellung von Verbindungen zwischen diesen zunächst primär konstituierten Gegenständen und deren Einbettung in Kontexten kann dann ebenfalls als Prozeß des Interpretierens – und zwar nun des Wiederinterpretierens, des *Reinterpretierens* – bezeichnet werden. Den Aktivierungs- und den Reaktivierungsprozeß kann man also durch die Instantiierung oder Anwendung bzw. Wiederaktivierung eines solchen Schematismus, also eines Prozesses der Schemabildung bzw. Aktivierung oder Reaktivierung auffassen und „Schemaaktivierung" im allgemeinen nennen. (Der Begriff „Schemaaktivierung" umfaßt also die erstmalige wie die wiederholte Aktivierung, die Reaktivierung.)

Wir können uns das gleichsam so vorstellen, daß wir bestimmte Phänomene, Merkmale, Daten, Umweltreizmosaiken usw. erfassen, indem wir einerseits – das gilt insbesondere für das Wahrnehmen – gleichsam ein „musterndes" oder muster(h)erstellendes, mustererzeugendes Netz, ein Erkennungs- und Strukturierungsnetz, ein quasi hypothetisches Netz über phänomenal Erscheinendes, über Vorgegebenes oder scheinbar Vorgegebenes oder Vorkonstruiertes werfen oder ziehen, um es darin einzufangen. Dabei ist sehr wichtig, daß die Schemabildung und -aktivierung durchaus zunächst auch vorbewußt, unterbewußt zur Strukturierung von Situationen stattfindet und sowohl beim Wahrnehmen als auch in bezug auf die aktive oder normierende Handlungsstrukturierung von Situationen zum Zuge kommt. Nicht nur die Sinneswahrnehmung ist von vornherein schematisiert – im Gegensatz zu Kants Auffassung –, wie schon Herder Kant vorgeworfen hatte (s.o. S. 12, 35). Wir können stets nur schematisierte Gehalte erfassen, aufnehmen. Das war im Grunde ja der Inhalt unseres Grundsatzes der Interpretationsimprägniertheit allen Erfassens, sei es des passiven, rezeptiven, sei es des aktiven, des handelnden Erfassens. Man kann an die Etymologie des Wortes ‚fassen' denken; es hat ja einerseits die Konnotation von etwas Aufnehmendem, Passivem, andererseits jene einer aktiven Tätigkeit des Zugreifens. Wenn man das so versteht, dann kann man in diesem Begriff des „Fassens" oder „Erfassens" durchaus sowohl das eher traditionell rezeptiv-erkenntnistheoretische „Aufnehmen" sehen als auch das aktivistische Moment dabei, das Kant ja erstmalig besonders betont hat, aber fälschlich allein in den Verstand verlegt hat: Allein der Verstand ist für Kant aktiv, wobei der Verstand hier ungerechtfertigterweise quasi als ein Homunkulus beschrieben wird, nämlich als ein Akteur (neudeutsch aus dem Englischen übersetzt, oft als „Agent" bezeichnet: eine „Agententheorie" oder gar „Agentenverschwörung" der Hirnzentren(-Homunkuli)?).

Wir können also in der Tat nur schematisierte Gehalte, und zwar insbesondere auch schematisierte Bildgehalte bei Wahrnehmungen, aber natürlich auch bei phantasierten bildlichen oder quasibildlichen Gehalten, aufnehmen. *Wir können nicht nicht schematisieren*, so kann man den Satz, den ich schon erwähnte, spezifischer auf die Schemamusterung und -strukturierung allen Erfassens beziehen. *Wir können nicht nicht interpretieren*; wir sind in unserem bewußten Leben immer Interpretierende, und wir interpretieren ständig. Wir fassen und erfassen, wenn wir überhaupt etwas aufnehmen, immer schon interpretatorisch gefärbt oder imprägniert, und zwar im Rahmen von Schemata: Wir können nicht *nicht* schematisieren. Wir können das spezifischer dann auch auf das repräsentierende Handeln beziehen. Darauf ist im folgenden näher einzugehen – bzw. auf die Fragen, wie Zeichen und Symbole beim Repräsentieren und beim Schemainterpretieren eingespielt werden, wie sie strukturiert werden und sich in differenzierter Weise beschreiben lassen. Es wird darum gehen, eine funktionale Beschreibungsweise, eine funktionale Theorie der Zeichen- und Symbolverwendung zu entwerfen. Man könnte auch von einer Art

Gebrauchstheorie sprechen; das ist hier mit „funktional" gemeint – und, daß Bedeutsamkeit und Bedeutung funktional von etablierten Gebrauchsweisen abhängen. Nur im Prozeß der Auffassungsweisen oder: nur in einer Interpretationspraxis „leben" Zeichen und Symbole, übernehmen und tragen sie Bedeutung, gewinnen sie beispielsweise dann auch einen „Bezug" (Referenz) auf existierende Gegenstände. Nur im Gebrauch können wir gleichsam überhaupt etwas *meinen*, also abstrakte sekundäre oder intentionale Gegenstände, die notwendig mental entworfene Gegenstände sind, überhaupt erst konzipieren und erfassen und abgrenzen.

Gegenüber Kant ist es jedenfalls deutlich hervorzuheben, daß die Kategorien, die er im Auge hatte, flexibilisiert, liberalisiert worden sind: Nach Kant geht alles mit fixen Kategorien vonstatten, die für jedes vernünftige Wesen dieselben sind, die einzigartig, eindeutig, gleichsam die Ordnungsgrundstruktur des Verstandes und auch der verallgemeinernden, der reflektierenden Vernunfttätigkeit ausmachen. Doch all das ist nach heutigem Wissensstand nicht so strikt zu sehen, sondern wir haben sowohl bei den wissenschaftlichen Theoriebildungen, also den Interpretationen mittels der wissenschaftlichen Hypothesen und Theorien, wie auch bei der Alltagserkenntnis durchaus größere Freiheit und Flexibilität, als Kant sich das mit seiner Einzigkeitsthese noch vorgestellt hatte. Im Grunde ist es am besten, man ersetzt dieses traditionelle Kategoriensystem durch neue Ansätze, die etwas weiter und flexibler sind.

Wichtig ist, daß bei allen diesen Repräsentationen die Schemaverwendungen und die Schemata selber in gewissem Sinne zeichenabhängig sind. Zeichen werden in der Semiotik untersucht, in der Wissenschaft von den Zeichen. Der große Pionier der Zeichentheorie ist der Logiker Charles Sanders Peirce gewesen, der in vielen Ansätzen immer wieder neu angesetzte, weiterentwickelte typologische Klassifikationen von verschiedenen Zeichenfunktionen entwickelt hat, die ich hier im einzelnen nicht wiedergeben will, die aber für eine funktionale Theorie der Zeichen wichtig sind. Deswegen möchte ich wenigstens in grobem Umriß ein wenig auf Peirce' Ansatz eingehen (vgl. a. Verf. 1993, Kap. 33).

Zeichen werden seit Peirce im Sinne einer triadischen Zeichenfunktion oder in einem triadischen Diagramm verstanden, wobei u. U. verschiedene Gesichtspunkte jeweils an den Ecken dieses Diagramms dargestellt werden:

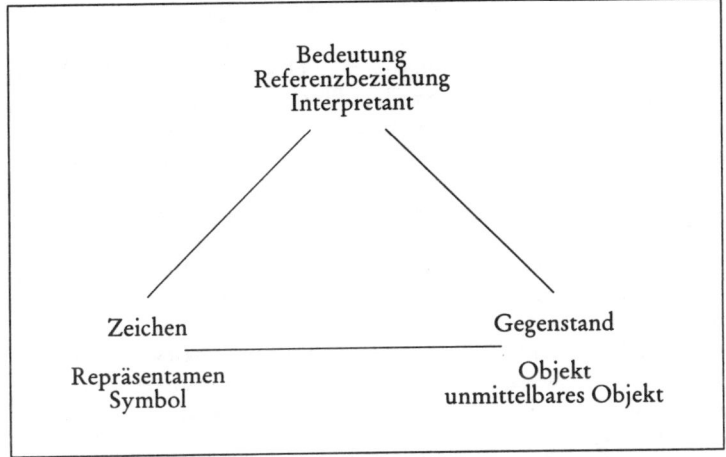

Diese semiotische Triade wird meistens so verstanden, daß das Zeichen als ein physisches, materialisiertes Substrat aufgefaßt wird, das eine Form hat; die Form und also sozusagen die physisch verkörperten syntaktischen Eigenschaften des Zeichens sind es, welche die Reaktivierung oder die Aktivierung des entsprechenden Bedeutungsprozesses und damit der Beziehung auf den entsprechenden Gegenstand leisten – jedenfalls nach traditioneller Auffassung. Bei Ogden und Richards (1923) z. B. handelt es sich um einen *Kausal*zusammenhang: Das Zeichen bewirkt das Auftreten oder die repräsentationelle Aktivierung des entworfenen Objekts; die Bedeutung bzw. Referenzbeziehung oder der Interpretant besteht für die Autoren darin, daß der Interpretant bzw. die Bedeutung die gleiche triadische Relation zu dem Gegenstand annimmt, die zwischen dem Zeichen und diesem Gegenstand besteht. Der Interpretant sozusagen als die Beziehung zwischen dem Zeichen und dem Gegenstand spiegelt die gleiche Relation zu dem Gegenstand wieder, die zwischen dem Zeichen und dem Gegenstand besteht, wobei freilich normalerweise nicht angenommen wird, daß hier ein kausales Verhältnis direkt impliziert ist, sondern es geht nur um die Beziehung. Deswegen steckt hierin schon eine Unklarheit. Viele meinen, daß das Repräsentamen, das sich nur als die formale (physisch-syntaktische) Gestalt des Zeichens darstellt, den entworfenen Gegenstand gleichsam – jedenfalls, was seine Aktivierung oder seine Distanzierung im Vorstellungsleben betrifft – kausal verursacht. Die Form (oder die „Materialität"?) des Zeichens ruft kausal den (intentionalen, entworfenen) Gegenstand oder die Vorstellung des Gegenstandes hervor. Das soll aber nur durch den Interpretanten vermittelt werden bzw. durch die Repräsentation, die der Interpretant oder die Bedeutung oder die Referenzbeziehung leistet. Ein Interpretant kann dabei rein mental sein, er kann aber auch eine logische Beziehung sein. Es mag sich auch um so etwas wie eine gewohnheitsmäßige Aufrufung handeln, daß wir aufgrund der Gewohnheit bzw. bestimmter Dressuren durch unsere Sprachgemeinschaft die entsprechende Bedeutungsbeziehung zu dem entworfenen Gegenstand quasi automatisch abrufen, wenn wir eine syntaktische Struktur eines Zeichens sehen. Jedenfalls ist es so, daß diese Dreiheit bei Peirce zugrunde gelegt wurde und auch später – eigentlich in der Semiotik und Linguistik bis heute – eine große Rolle für die Interpretation der Zeichen und Symbole generell spielt(e). (Dabei wurde, wird oft der von Peirce klar gesehene funktional-dynamische Charakter der Triadenbeziehung übersehen oder fälschlich als statische Relation gesehen – tendenziell auch etwa bei Ogden und Richards.)

Der Hauptgedanke von Peirce ist eigentlich die dynamisch-funktionale Deutung – und das ist erst viel später durch eine Interpretation deutlich geworden (vgl. z.B. Verf. 1993)[2]. Der Gedanke ist, daß es sich hier um eine *funktionale* Zuordnung handeln muß und daß Zeichen nur im Gebrauch einer entsprechenden *Interpretationspraxis* im Rahmen einer Interpretationsgemeinschaft, welche die Praxis strukturiert, Bedeutung gewinnen, „leben", überhaupt erst verständlich werden. Zeichen sind immer Zeichen für jemanden und im Rahmen eines Deutungsprozesse-Zusammenhangs; sie sind niemals an sich schon *Zeichen*. Das gilt übrigens selbst für natürliche Zeichen, die sogenannten Anzeichen, die auch erst auf Wissen bezogen werden müssen oder durch Wissen interpretiert werden müssen, wenn sie vom Interpreten als Zeichen *für etwas* verstanden werden sollen. Die Stellvertreterfunktion der Zeichen ist in der Tat im Grunde funktional fundiert.

Man kann weder das Zeichen oder das Symbol und seine entsprechende Repräsentation als bloße Referenz auffassen oder als bloßes immanent idealistisch entwerfendes produzierendes Ereignis eines im Sinne von Fichte statisch verstandenen Interpreten-Ich, das gleichsam in seiner repräsentierenden Tathandlung alles,

---

[2] Ich fühle mich hierbei bestätigt durch einen Aufsatz von W.E. Smythe (1990).

was an Inhalt auftritt, aus sich selber produziert, noch kann man die Zeichenbeziehung als bloßes psych(olog)isches Kausalereignis verstehen, wie es viele heute noch interpretieren. In der Tat ist die Beziehung zwischen Zeichen und Symbolen einerseits und den entworfenen oder repräsentierten Gegenständen andererseits nicht allein rein kausal zu verstehen, obwohl Kausalität eine bestimmte Rolle mitspielt beim Hervorrufen der entsprechenden Bedeutung oder des Interpretanten angesichts der Wahrnehmung des (Material-Syntaktischen des) Symbols: Die formale Struktur, das formaufweisende Materiale (Materielle?) oder das Syntaktische am Zeichen, der „Type" des Zeichens muß irgendetwas *bewirken*. Nach Peirce „bewirkt" es auf dem Wege über den sinnlichen Interpretanten die Aktualisierung des unmittelbaren Gegenstandes, des repräsentierten Objekts, des Vorstellungsobjekts; wir könnten auch mit den Phänomenologen sagen: des intentionalen Gegenstandes.

Es gibt hierbei nun verschiedene Schwierigkeiten: Man kann auf keinen Fall sagen, daß der Begriff der Repräsentation auf den Begriff der Referenz zurückzuführen sei; denn Referenz bezieht sich – so die übliche terminologische Auffassung – auf *existierende* Gegenstände; wir haben aber die Möglichkeit, beliebig viele nichtexistierende Gegenstände – man denke an Einhörner – zu bezeichnen und auch zu repräsentieren, sei es sprachlich, sei es durch Bilder, sei es mental durch Vorstellungen, sei es durch Sachverhaltsbeschreibung, sei es durch schematische Darstellung: Das alles sind Beispiele für Repräsentationsweisen, teils externe, teils interne. Man kann auch nicht die inneren Eigenschaften des Bezeichneten allein aus dem Symbol ableiten. Man mag durchaus beliebige Symbole definieren und als Zeichen für etwas anderes verstehen und Festsetzungen dieser Art machen, aber das ändert nichts daran, daß aus der Symbolrepräsentation syntaktischer Art bzw. genauer: der Bewirkung durch das Material-Syntaktische am Zeichen allein die Interpretation oder das Verständnis selbst nicht abzuleiten ist, sondern erst aufgrund einer vorhergehenden Konvention ist man beispielsweise in der Lage, Symbole zu verstehen, insbesondere sprachliche oder abstrakte, jedenfalls konventionelle Zeichen (d. h. Symbole).

Peirce unterschied differenziert zwischen verschiedenen „Arten" von Zeichen, nämlich den Ikonen (*icons*), das sind die Zeichen, die etwas Bildliches an sich tragen bzw. haben und direkt wiedergeben, wo also gleichsam der repräsentierte Gegenstand sich in seiner Form und Gestalt am Zeichen selber irgendwie ausgedrückt findet. „Ikonische Repräsentation" könnte man das nennen oder besser vielleicht: „ikonische Funktion": Die Zeichen ihrerseits, von denen bei Peirce die Rede ist, sind immer als Funktionen aufzufassen bzw. die Definition des Zeichens ist genauer als Definition der *Zeichenfunktion* aufzufassen. Zeichen sind wesentlich funktional konstituiert.

Die zweite Funktion, die genauso wesentlich und grundlegend ist, ist die Indexfunktion, die darin besteht, daß ein bestimmtes Zeichen direkt auf etwas verweist, z. B. auf einen realen Gegenstand, auf ein Ereignis oder gar auf eine Richtung, wie das ein Wetterhahn tut; dieser ist bei Peirce ein häufig vorkommendes Beispiel. Aus einer Menge von zugrundeliegenden möglichen Deutungsalternativen wird durch die Indexfunktion eine herausgenommen, selektiert. Gemeint ist im wesentlichen die indizierende oder indexikalische Funktion, die charakteristisch ist für das, was Peirce „Index" nennt. Unter Symbolen versteht Peirce konventionelle Zeichen, bei denen nicht eine ikonische oder bildliche Repräsentation des bezeichneten oder abgebildeten Gegenstandes im Zeichen vorkommt; man denke z. B. an abstrakte Symbole oder Worte: Ein Wort hat – außer in den seltenen Fällen, wo es um onomatopoetische Bildungen geht – keine direkt ikonische Funktion, Worte können nur aufgrund einer konventionellen, sekundären Zuordnung, nämlich aufgrund der Sprachregeln einer bestimmten Sprache, überhaupt als bedeutungstragend verstanden werden. Wir haben hier also einen viel indirekteren Prozeß der Bedeutungs- und Repräsentationsvermittlung als etwa beim ikonischen Zeichen. Deswegen muß man sagen, daß die Symbolrepräsentation in einem viel höheren Maße von Interpretationen, von konventionellen Zuordnungen in diesem Sinne, von einer entsprechenden Sprach- und Interpretationspraxis einer entsprechenden Sprach- und Interpretationsgemeinschaft abhängig ist. Nur in repräsentationalen Systemen können wir abstrakte Repräsentationen im Sinne einer konventionellen Symbolvermittlung überhaupt vornehmen und verstehen. Aber diese Notwendigkeit oder Unumgänglichkeit der Interpretation gilt viel allgemeiner, sie trifft auch für die ikonischen Funktionen zu. Man kann nicht etwas als Ikon oder als Zeichen auffassen, ohne schon zu interpretieren, zu selektieren, bestimmte Merkmale oder Gesichtspunkte herauszugreifen oder herauszunehmen. Das Repräsentieren von etwas ist also keinem Symbol oder keinem Zeichen an sich immanent, sondern ist, selbst wenn es sich um die grundlegenden Ikon- oder Indexfunktionen handelt, immer auf Interpretationen, auf die Einbettung in einen Verständniskontext angewiesen. Das ist die wesentliche Einsicht, die Peirce im Grunde bereits gehabt hat.

Es ist ganz wichtig, daß dieses Interpretieren grundsätzlich immer nur im Sozialen zu verorten ist, eine Idee, die insbesondere beim späten Wittgenstein hervorgehoben und ausgearbeitet worden ist, die aber sehr viel allgemeiner auf alle semiotischen Prozesse zu beziehen ist. Ich hatte schon gesagt, daß man es vermeiden muß, das Interpretieren oder Repräsentieren nur als psych(olog)ische Zuordnung der kausalen Verursachung eines bestimmten Prozesses im Inneren des einzelnen Symbolbenutzers aufzufassen. Das, was ich eben in bezug auf die soziale Verortung gesagt habe, schließt dies ja auch schon aus. Natürlich spielen innere kausale Verursachungen oder Wirkungen eine gewisse Rolle, aber man kann auf keinen Fall das Verständnis von Symbolen bzw. die Interpretation von Symbolen und Zeichen ausschließlich auf sie zurückführen. Kausale Wirkungsprozesse, im Rahmen von psychologischen Theorien beschrieben, sind zwar notwendig, aber nicht hinreichend für das Verständnis von der Bedeutung, der Referenz oder dem Meinen vorgestellter Gegenstände, insbesondere wenn es sich um abstrakte Gegenstände oder um Ergebnisse einer Schematisierung handelt, also um abstrakte Schemata.

Bei Peirce existiert nun in der Tat eine Stufung der Nacheinanderschaltung von Zeichen bzw. Symbolen: Die Interpretationen, die die Beziehung zwischen dem Repräsentamen und dem unmittelbaren Objekt herstellen, sind ihrerseits wieder zu interpretieren, sind ihrerseits sogar – wie er vielleicht etwas zu grob sagt – Zeichen: Alle Interpretanten sind selber Zeichen, können selbst nur wieder als Zeichen durch Zuordnung eines weiteren Interpretanten überhaupt erfaßt und verstanden werden. Interpretanten sind also gleichsam in einer aufgeschichteten Hierarchie von Verständnis- und Interpretationsprozessen zu verorten; letztlich ist damit so etwas gegeben wie eine semiotische Begründung oder, wie Oehler sagt, „ein semiotischer Beweis der Unendlichkeit der Interpretation". Die Symbole können und müssen funktional verstanden werden, nur im Gebrauch „leben" sie und gewinnen Bedeutung, sie sind sozusagen dynamische Interpretamente eines Interpretationsprozesses, den wir uns als einen Schematisierungsprozeß vorstellen können, und zwar sowohl als interpretierte wie auch als interpretierende Prozesse bzw. abstrakte Entitäten. Jedes Symbol ist also einmal als Repräsentation und zum anderen als Interpretation einer anderen Repräsentation zu verstehen, und man hat damit im Grunde eine Aufeinanderschichtung von höherstufigen Interpretationen und Repräsentationen. Das Peircesche Schema der Beziehung zwischen Repräsentamen und Interpretanten ist in diesem Sinne ein ewiges Wiederholen, ein Aufschaukeln oder immer höherstufigeres Interpretieren. Faktisch ist es natürlich nicht so, daß wir unendlich viele Interpretationsprozesse nacheinander vollziehen können, wir können zwar prinzipiell hinter jede beliebige Deutung (wie Wittgenstein sagt) eine andere Deutung setzen, aber in der Praxis muß man irgendwann die Deutungsprozesse abbrechen. Man wird vom weiteren Interpretieren, das prinzipiell möglich ist, absehen, weil keine weitere Interpretation nötig ist. Für Peirce ist also Zeichen- und Symbolinterpretation so etwas wie ein sukzessiv sich evolvierender Prozeß der funktionalen Repräsentation, die einem Repräsentamen einen entworfenen repräsentierten Gegenstand zuordnet; ein Prozeß, der sich in diesem Sinne selber fortspinnt oder sich selbst auch in seiner Bedeutungshaftigkeit oder Bedeutungswiedergabemöglichkeit erzeugt.

Die Zeichenfunktion ist in der Tat das Interessante an den Zeichen. Die sogenannte Stellvertreterfunktion der Zeichen muß in diesem Sinne funktional aufgefaßt werden. Zwar braucht man eine materielle Gegebenheit: Ein Zeichen ist ein materiales Substrat, hat eine sinnliche Qualität bzw. Form, die man irgendwie ja von einer anderen unterscheiden kann (bei Peirce heißt das Qualitativ-Sinnliche des Zeichens „Qualizeichen"); man muß aber auch die Form als eine von dem materialen Substrat abtrennbare erkennen können. Die Form ist das wichtige kennzeichnende, das faktische Bezugsmoment, also das, was man als „Type" des Zeichens bezeichnet (bei Peirce: „Legizeichen"). Peirce hob noch ein drittes Moment hervor, nämlich das einzelne Zeichenvorkommnis, das man heute „Token" nennt (bei Peirce: „Sinzeichen"). Diese Zeichenauffassungsweisen kann man nun differenziert zum Verständnis der verschiedenen Zeichenfunktionen einsetzen: Ob man die Ikon-, Index- oder Symbolfunktion nun auf Qualizeichen, Legizeichen oder Sinzeichen, also auf materielle Substrate, Types oder Tokens bezieht, das macht schon einen gewichtigen Interpretationsunterschied und ist im einzelnen genauer zu analysieren (was hier nicht geschehen kann). Es ändert aber nichts an der grundsätzlichen Abhängigkeit dieser Funktionen von schematisch-interpretierenden Aktivitäten.

Zeichenfunktionen sind also an Verstehens- und Interpretationsprozesse gebunden; man kann geradezu von einer interpretationskonstruktionistischen Bildung der Zeichenfunktionen und somit auch der Zeichen als (fungierender) Zeichen sprechen. Insofern kann man sagen, daß Peirce mit seiner Definition des „Interpretanten" durchaus relativ konsequent vorgegangen ist, wobei der Interpretant für ihn in der Tat nicht nur die bloß formale relationale Verbindung zwischen Zeichen und Objekt ist, sondern eine *funktional* zu füllende, dynamisch und funktionengebunden auszustattende, nämlich eine sozial-konventionell durch Regeln hergestellte und verankerte interpretative Funktion. Nur durch Interpretation und letztlich auch durch symbolische, d.h. konventionell zeichenartige, funktionale Interpretation kann ein Zeichen mit Bedeutung versehen werden. Peirce schreibt (1990, II, 401): „Der Interpretant ist das durch das Zeichen gleichermaßen wie durch das Objekt *Determinierte*". Aber das ist eine mißverständliche Aussage, denn die Auffassung des Zeichens und auch des entworfenen Objekts ist genauso abhängig von diesem funktionalen Zusammenhang. In diesem triadischen System wird gewissermaßen alles zugleich konstituiert, natürlich nicht das materielle Substrat, aber das Zeichen, das *als* Zeichen an oder in diesem materiellen Substratträger realisiert ist, ist ein interpretiertes. Da jedes Zeichen per se interpretationskonstituiert bzw. auf Interpretationen notwendig angewiesen ist – nur so kann es als Zeichen aufgefaßt und verstanden werden –, kann etwas nur in interpretatorischen Aktivitäten Zeichencharakter bekommen, also müssen alle Zeichen in einen Interpretationskontext eingebettet sein. Zeichen setzen Zeichenfunktionen und somit einen Interpretationszusammenhang mit anderen Zeichenfunktionen voraus, Zeichen sind nicht singulär da und können zumindest prinzipiell nicht singulär und allein als Zeichen aufgefaßt werden, sondern sie sind immer auf andere Zeichen bezogen. Hiermit hätten wir im Grunde wieder die potentielle Unendlichkeit der Zeicheninterpretationen begründet. Die Erzeugung von abstrakten Gegenständen, von Interpretanten, von repräsentierten Objekten geschieht also im Grunde nur in der funktionalen Konstituierung durch den Interpreten bzw. durch die entsprechende Gebrauchsweise in einer vorausgesetzten Sprachgemeinschaft, die diese Zeichen regelhaft verwendet, also in einer Interpretationsgemeinschaft. Der Zeichenprozeß, die Semiose, ist in der Tat stets abhängig von Interpretationen einer Interpretationsgemeinschaft, von einer Interpretationspraxis dieser Gemeinschaft, von den Deutungsaktivitäten der relevanten Interpreten und von der Fähigkeit dieser, die entsprechenden Beziehungen in dem Kontext interpretantenabhängig herzustellen. Zeichen werden zu Zeichen nur als interpretationserzeugte und sind nicht an sich Zeichen. Zeichen an sich gibt es nicht; Zeichen sind immer nur Zeichen für etwas und für jemanden bzw. für jemanden, der in einer Gemeinschaft des Interpretierens eingebettet ist und der über die Möglichkeit der zeichenartigen symbolischen Repräsentation von Kontexten verfügt. Da Zeichen funktionskonstituiert sind, nur in funktionalen Zusammenhängen als Zeichen fungieren und in diesem Sinne funktional existieren und ihre Bedeutung und Funktion nur durch solche interpretativen Gesichtspunkte und Verwendungsweisen gewinnen können, muß man schließen, daß das Interpretieren als Prozeß und Aktivität den Zeichen als solchen erkenntnislogisch vorausgeht. Das ist aber nur eine abstrakte methodologische Aussage; faktisch wird es immer so sein, daß Zeichenkonventionen und -interpretationen, Zeichenbildungen und die entsprechenden zugeordneten Verständnisverfahren gleichzeitig stattfinden werden. Aber Zeichen gewinnen ihre Funktion und Existenz als Zeichen nur in interpretativen, in zeichenvermittelten Vorgängen und Zusammenhängen.

Das Interpretieren ist also methodologisch gesehen grundlegender als das jeweilige Zeichen selbst. Wie gesagt, nur in Interpretationen und im Interpretieren „leben" Zeichen, nur so können sie existieren, nur so können sie als Zeichen fungieren. Mit anderen Worten: man kann sagen, daß erst die Interpretation die Zeichenauffassung und das Verständnis von Zeichen leistet und somit vom Zeichen vorausgesetzt wird und den Zeichencharakter erst konstituiert, nämlich funktional konstituiert. Die Interpretationen greifen sozusagen methodologisch gesehen tiefer als die Zeichen, weil Zeichen erst durch Interpretationen verständlich, wirklich als Zeichen konstituiert werden. Die Zeichen sind im Grunde Zeichen nur von Gnaden der Interpretation. Natürlich kann es keine Interpretation ohne Zeichen geben, das ist völlig klar, es gibt diese wechselseitige Aufeinanderangewiesenheit, aber letztlich ist unter einem Gesichtspunkt des funktionalen und aktiven Zugreifens und der Verbindung von Erkennen, Repräsentieren und Handeln das Interpretieren tiefer, wichtiger, fundamentaler als etwa das bloße Beobachten einer Zeichengestalt. Eine Zeichengestalt kann als Zeichen nur wirken oder verstanden werden, wenn entsprechend eine Interpretation gegeben ist oder möglich ist oder durchgeführt wird. Interpretationen erst führen dazu, daß Zeichen verstanden werden, Zeichen zu Zeichen werden, nämlich Zeichen für etwas und für jemanden. Das ist etwas, wovon man nicht abstrahieren kann und sollte, und man kann sich auch nicht mit der Semiotik bloß auf diese formale diagrammartige Darstellung einer solchen statischen Anordnung in Gestalt der vorgestellten Triade zurückziehen, wie es meistens in Einführungstexten gemacht wird. So stellt man sich oft vor, man habe – neben dem Zeichen – die Bedeutung und den Gegenstand, der repräsentiert werden soll, und durch die Triade werde eine Beziehung hergestellt; aber das ist eine irreführende Vorstellung, weil man zunächst eigentlich nichts hat, sondern man konstituiert es erst in diesem dynamischen semiotischen Prozeß.

Peirce meinte: „All thought is in signs" (*Coll. Papers*, VIIf, 253); das einzige Denken, das kognitiv erfaßt werden kann, ist Denken in Zeichen. Aber ein Denken, das nicht kognitiv erfaßt werden kann, existiert nicht. Denken kann also nur durch Vermittlung von Zeichen und damit durch Vermittlung von Interpretationen für die entsprechenden vermittelnden Repräsentationen geschehen. Aber die Frage ist, welche Zeichen wir manipulieren oder beim Denken, beim Vorstellen benutzen. Da kommt man auf sehr schwierige und tiefe Fragen der mentalen Repräsentation. Interessant ist jedenfalls, wie diese Zeichenzuordnung bzw. die Repräsentationsfunktion gebildet werden kann und wie man das auf ein Verständnis der alltäglichen Handlungen ausdehnen kann, und z.B. auch, wie man das Bezugnehmen auf Zeichen, auf Handlungen zu abstrakteren und flexibleren Begriffsbildungen bzw. Repräsentation fortführen kann.

In diesem Jahrhundert war es der späte Ludwig Wittgenstein, der versucht hat, die *Pragmatisierung der Semantik* in den Vordergrund zu stellen, d.h. also, die Bedeutungstheorie auf die Pragmatik zurückzuführen. Bedeutungen von Ausdrücken in einer Sprache, von Zeichen in einem Zeichensystem werden, wie schon diskutiert, durch das Erkennen des Gebrauchs – und zwar des *korrekten, regelgemäßen* Gebrauchs – des entsprechenden Zeichens in einem bestimmten Zeichensystem und Handlungs- (sowie Repräsentations-)zusammenhang erkannt, d.h. in einer regelhaften, systemhaften Einbettung der Zeichen in einen Zeichenverwendungs"apparat", vulgo: in eine *Sprache* – wobei „Sprache" natürlich durchaus in einer weiten Bedeutung aufgefaßt sein kann. Es kann sich auch um mathematische oder andere Notationen, Notensprachen usw. handeln. Wittgenstein versucht, diese Verwendungsregeln nicht nur als äußerlich „grammatische" aufzufassen, im Sinne etwa einer grammatischen Anweisung, wie wir sie aus der Schule in bezug auf unsere normale Sprache oder die Rechtschreibung kennen, sondern er ist bestrebt, die Sprachzeichen(verwendung) wesentlich in Handlungszusammenhänge einzubetten – und diese Einbettung als notwendig zu verstehen.

Man kann sagen, daß in gewissem Sinne die Handlungsformen, Schemata, Scripts, Handlungseinbettungsweisen die Bedeutung von Ausdrücken vermitteln. Wir können demnach eigentlich Bedeutung nur verstehen, wenn wir über die entsprechenden zugeordneten Handlungsformen bzw. die mehr oder minder indirekten Weisen der Einbettung von Zeichen und Ausdrücken in Handlungsgefüge verfügen, d. h. die betr. Handlungsweisen „beherrschen". „Eine Sprache verstehen, heißt, eine Technik beherrschen" (PU § 199). Die Schemata, so haben wir ja gesehen, sind ebenfalls im Grunde nur dynamisch aktualisiert, sie sind (sozusagen nur) relativ stabilisiert in dispositionellen Handlungszusammenhängen, Gewohnheiten, „*Gepflogenheiten*" (Wittgenstein, ebd.). Sie sind also aktivitätsrealisiert, könnte man sagen. Umgekehrt sind Handlungen auch stets schematisiert, sind nur schema-interpretatorisch zu erfassen und auch durch Schemata konstituiert. Sie sind also ihrerseits und nur als schematisierte aufzufassen und abzugrenzen. Mit anderen Worten: Es gibt im erkenntnistheoretischen Sinne ein Wechselspiel zwischen der Schemabildung, Schemaetablierung einerseits und der Handlungskonstituierung und Handlungsabgrenzung andererseits. Zwischen Schemabildung oder auch Schemagewinnung, wenn man beides genetisch etwa betrachten will, und der Handlungsabgrenzung und Handlungsbildung besteht eine interaktive Beziehung. Das eine ist nicht ohne das andere möglich. Und dasselbe gilt übrigens auch für die Bildung, Entwicklung, Konstitution des handelnden Subjekts, der Person, der Handlungsperson, die sich natürlich auch in ihren Handlungen und Schemabildungen in gewisser Weise erst ausbildet, entwickelt.

Last but not least brauchen wir natürlich für Subjekte auch eine Brücke zur Welt, die wir alltagssprachlich immer einfach, sozusagen naiv unterstellen. Die Welt ist ja zunächst nicht getrennt von uns und zugleich direkt erfaßbar vorhanden, sondern wenn wir auf die Welt gekommen sind, ist das „Erleben" des „Inneren" und „Äußeren" alles zunächst ungeschieden und chaotisch ineinander verflochten. Die Distanzierung einer Welt unabhängig von der eigenen Handlungsgestaltung und unabhängig auch von der eigenen Person muß erst gelernt, etabliert und stabilisiert werden.

Der Gedanke der Brücke zur Welt von der Person und von ihren Ausdrücken und Zeichen aus ist natürlich durch die Idee der

Pragmatisierung der Semantik und damit dann auch letztlich der Zeichenverwendung generell, einschließlich des syntaktischen Gebrauchs, fundiert. Zeichenhandeln ist in gewissem Sinne das kritische Moment, an dem sich eine funktionalistische Auffassung etwa der Sprache der Zeichen und Kommunikationsmittel zu bewähren hat. Wir hatten oben von schematisierend-interpretatorischen Aktivitäten gesprochen (s. S. 48ff). Das dort Festgestellte ist auch in diesem Sinne zu verstehen, daß die schematisierend-interpretatorischen Aktivitäten eine Art von Möglichkeit der handelnden Erfassung von etwas anderem, also z.B. von „Welt", Dingen, Ereignissen, Prozessen usw. ermöglichen.

Generell haben wir vom Handeln und von Handlungs-Scripts usw. gesprochen, aber das *repräsentierende* schematisierend-interpretatorische Handeln, also die Spezialform sozusagen des Zeichenhandelns i. e. S., ist natürlich ein Sonderfall. Man könnte hier vom Schematisierungshandeln, genauer: vom repräsentierenden Schematisierungshandeln, sprechen. Die Frage ist, wie sich das entwickelt und wie hier eine Brücke zur Welt und auch zu anderen Handelnden qua sozialer Einbettung und damit dann auch Intersubjektivität und Kontrollierbarkeit entstehen.

Im Anschluß an den späten Wittgenstein hat Gunter Gebauer in seiner Dissertation *Wortgebrauch, Sprachbedeutung* (1971) versucht, Arten von Einführungssituationen zu schildern, die für das erste und jedes weitergehende Verständnis von Worten charakteristisch sind, die dann in der Anwendungssituation zu der bekannten Bedeutungserkennung durch Feststellung des korrekten Gebrauchs führen. Er führt das auch an einem Beispiel aus:

„Jemand geht zum ersten Mal in eine Diskothek und lernt unauffällig von seiner Partnerin. Sie hüpft zwei Hopser zurück, drei Hopser vor, darauf gibt sie ihm einen Kuß, und so geht es bei jedem Refrain. Am nächsten Tag hört er, der Tanz hieße „Letkiss" und der Kuß sei obligatorisch. Alle individuellen Küsse werden zu dem „Paradigma"[3] einer Tanzfigur." (ebd. 28)

Gebauer meint nun, hier seien zwei typische Situationen zu unterscheiden, die in gewissem Sinne zu der Auffassung dieser Situation als eines *paradigmatischen* Falls für die Einführung eines

---

[3] „Paradigma" umschreibt Gebauer (1971, 291) als „eine bestimmte Verwendungsweise eines Situations-Ausschnitts", als „Mittel der Darstellung", eben als „bestimmte *Gebrauchsweise* eines Situations-Ausschnitts", die „als Vergleichsbild für weitere Verwendungen" dient.

Wortes oder für das Verstehen eines Wortes dienen, nämlich einmal
die *Einführung*ssituation und die spätere(n) *Anwendung*ssitua-
tion(en). Die Einführungssituation besteht darin, daß man eine
Norm oder eine Standardgebrauch lernt, die bzw. der durch die
Zuordnung des Wortes zu einem bestimmten Verhalten festgelegt
wird.[4] Im zweiten Fall, in den Anwendungssituationen, wird
immer das Wort, das Zeichen mit der Norm, mit dem bereits etablierten Standard verglichen.

Auf diese Weise verknüpft man gewisse Gebrauchsdeutungen
oder -bedeutungen, „Funktionalbedeutungen", sagt Gebauer (ebd.
23ff.), mit entsprechenden Situationsausschnitten. „Durch die
gleichartige Verwendung von normierten (d. h. also standardisierten
Ausschnitten, H. Lenk) der Einführungs-Situation und der Anwen-
dungs-Situationen werden genormte sprachkonventionalistische Informationen über die von der jeweiligen Sprache erfaßte
‚Wirklichkeit' und mögliche Weltentwürfe geliefert" (ebd. 29). Genauer muß man davon sprechen, daß hier eine Einführungssituation
– oder besser gesagt – eine typische Situation, welche die Einführung
charakterisieren kann, vorliegt. Gebauer spricht genauer von einem
„Komplex der Einführung" (ebd.). Dieser könne aus vielen Situationen besteht – es muß sich um nicht nur eine einzige handeln. Es ist
darauf hinzuweisen, daß diese Standard-Komplexe in zu etablieren-
der – und so zu *interpretierender!* – paradigmatischer Verwendung
gewissen Ausschnitten der konfrontierten Situation entsprechen,
und daß eben diese Zuordnung als Standard, als Paradigma festge-
halten wird. Diese Art von Einführungssituation ist also geeignet,
alle Verwendungen auf einen „*typischen*" gemeinsamen Komplex
der Einführung zurückzuführen, der nun *paradigmatisch* verwendet
wird und gleichzeitig eine kontinuierlich-dispositionelle Verbindung
zwischen der Verwendung und der Verfügungsmöglichkeit über ein
Wort, einen Ausdruck, ein Zeichen einerseits und einer entsprechenden standardisierten Handlungssituation bzw. ihrem „Typ" (type)
andererseits zu etablieren. Einmal fungiert die Einführungssituation
als Herstellung der Brücke oder der Zuordnung und als Eingewöh-

---

[4] Es handelt sich hier durchaus um einen „Standard" und nicht etwa um eine
    Norm im Sinne der Soziolgen, als Erwartungserwartungen, Verhaltenserwar-
    tungen und institutionalisierte Verhaltenserwartungen, sondern eben um ein
    eher Konstruktionen des normativen Vergleichsstandards, der als Paradigma
    dient, um festzustellen, wann ein entsprechendes Zeichen oder Wort nun ge-
    rechtfertigt angewendet wird.

nung, als Training, und zweitens natürlich dann, wenn man das erstere schon erreicht hat, wenn man also über den Standard oder die Norm bereits verfügt, dient der paradagmatische Komplex in der Anwendungssituation als Kontrollmittel, Vergleichsmöglichkeit oder gar schon als Feststellungsmöglichkeit für diese Handlung.

Diese Idee, daß man gewisse Einführungskomplexe benutzt, um die Gebrauchstheorie der Bedeutung zu etablieren, ist später bzw. unabhängig auch von anderen Autoren in den Vordergrund gestellt worden, insbesondere – nicht im Anschluß an die späten Wittgenstein, sondern im Anschluß an Peirce – von Kuno Lorenz in seinen *Elementen der Sprachkritik* (1970) und neuerdings in der fortgeschrittensten, wenn auch kompliziertesten Version im *Handbuch der Sprachphilosophie* (1996, Bd. II) unter dem Titel „Artikulation und Prädikation". Lorenz entwickelt dies im Zusammenhang mit (s)einer dialogischen Auffassung der Semantikbegründung, welche die Peirce'sche Idee und die Wittgensteinsche verbindet. Zwischenzeitlich aber war noch die Dissertation eines Doktoranden von Lorenz erschienen, nämlich Bernd Michael Scherers *Prolegomena zu einer einheitlichen Zeichentheorie. Charles Sanders Peirce' Einbettung der Semiotik in die Pragmatik* (1984). Hier wird explizit auf solche Einführungs- oder „Lehr- und Lernsituationen", wie Scherer sagt, Bezug genommen – zumal bei der handlungstheoretischen Etablierung oder Genese, Entwicklung von Zeichenhandlungen. Scherer spricht sogar von einer handlungstheoretischen Genese des Zeichenprozesses. Die Fundierung ist recht differenziert durchgeführt. Ich möchte im folgenden ein wenig darauf eingehen, bevor ich dann ausführlicher auf die Ansätze von Kuno Lorenz und einen Vergleich mit meiner eigenen Schematheorie eingehe.

Scherer meint (1984, 57), daß die philosophische Handlungstheorie von einer empirischen Handlungstheorie unterschieden werden muß und daß die Gliederung von Handlungsschemata in bezug auf und vermittels eigenständiger Zeichenhandlungen durchaus zu der ersteren, also zu der philosophischen Handlungstheorie gehört und natürlich in der Sprachphilosophie dann auch philosophisch analysiert werden muß. Es geht also nicht darum, empirisch zu beschreiben, wie jemand ein Wort lernt oder ein Zeichen lernt, sondern es geht um die notwendigen Bedingungszusammenhänge, die erfüllt sein müssen, damit wir überhaupt von einem Bedeutungsverstehen im gebrauchstheoretischen Sinne sprechen können.

Das ist ähnlich zu verstehen wie bei Kant die (notwendigen) Bedingungen der Möglichkeit von Erkenntnis – nur hier handelt es sich um notwendige Bedingungen des Verständnisses oder der Zuordnung von Bedeutung. Scherer schließt sich also in gewissem Sinne an Lorenz an und meint, daß auf der Grundlage einer noch ungegliederten Handlungsebene durch schrittweise Einführung von Zeichen einerseits und den bezeichneten Objekten andererseits die Verständlichkeit der jeweiligen Unterscheidungen, also der Zeichenobjekte, durch explizite Rekonstruktion abgesichert werden soll (ebd. 57 ff.). Es geht also darum, die Praxis des Verstehens und der Bedeutung und deren Konstitution zu verstehen, ohne daß wir dies nun im einzelnen etwa entwicklungspsychologisch-empirisch nachzeichnen wollen. Man muß also das Empirische von dem philosophisch Grundlegenden, dem Bedingungszusammenhang, trennen und unterscheiden. Er hält Lorenz vor, daß dieser diese Unterschiede nicht genügend deutlich herausgestellt habe, also nicht empirische Handlungen und empirische Subjekte behandelt, sondern bloß die Zusammenhänge auf der Reflexionsebene, auf der logischen Ebene, der logischen Zusammenhänge, darstellt. Scherer meint demgegenüber, wenn die bestehende Handlungsgemeinschaft gestört ist, treten die beteiligten Subjekte in eine *empirische* Praxis vor und nach Vollzug der betreffenden Handlung ein (ebd. 58). Das eine der Subjekte macht die Handlung vor, das andere macht sie nach. Vormachen und Nachmachen ist etwas, was eine wichtige Rolle beim Lernen spielt, insbesondere natürlich bei kleinen Kindern. Das ist natürlich alles durchaus empirisch zu verstehen und auch methodologisch-philosophisch höchst plausibel.

In dem Vorschlag, den Scherer macht, wird die Rekonstruktion ausdrücklich „als Reflexion auf eine zuvor gestörte Praxis begriffen", eben auf der reflexiven Ebene, nicht nur auf der empirischen verstanden. Während die empirischen Subjekte und damit auch die Nachahmung und Wiederholung, die „Imitation und Repetition", „gerade durch das Auseinanderfallen der Handlungsgemeinschaft" gekennzeichnet seien, soll durch das „Postulat" einer reflexiven oder, wie er sagt: „logischen", „Lehr- und Lernsituation" ein Bedingungszusammenhang erkannt werden, also ein Wechsel zur reflexiven Ebene erfolgen – und zwar „durch die Konstruktion" von „logischen", d.h. „explizit konstruierten, *Lehr- und Lernsituationen*" (ebd. 59). Diese methodologische Sicht betont und gewährleistet bzw. dokumentiert, daß Handlungen eine Art von „reflexivem Charakter", etwas Verallgemeinertes erhalten, indem die

„logischen Lehr- und Lernsituationen" oberhalb der sinnlich erkennbaren Ausführungen der Bewegungen auf der vorgeordneten Ebene dazu führen, daß bestimmte Handlungsaktualisierungen, die man noch als *tokens* auffassen kann, nunmehr gleichbehandelt werden, als von gleicher Art, als von gleichem Typ aufgefaßt, „formal" gleich verstanden werden und in gewisser Weise, indem sie real ausgeführt werden, zugleich auch repräsentiert und „angeführt" werden. Handlungsausdrücke oder Handlungen werden also auch angeführt, wobei dieses *„Anführen"* im Unterschied zu der Handlungsausführung und Aktualisierung wichtig ist. Das „Anführen" ist die repräsentierte Vertretung der Handlungsausführung. Scherer führt das am Beispiel ‚Schwimmen' vor: Wenn jemand sieht, daß jemand anders schwimmt, wird das Schwimmen dadurch auch *an*geführt. „Wird z. B. mit einer Aktualisierung von >Schwimmen< das Schema ‚Schwimmen' angeführt, dann tritt als Anführungshandlung z. B. >Schwimmen-Sehen< im Ausführungsmodus auf ... mit dieser Handlung wird ‚Schwimmen' angeführt" (ebd. 60). Die Ausführung der Schwimmhandlung kann also als Anführung des Schemas des Schwimmens aufgefaßt werden, auch z. B. des Zeichens oder des Wortes ‚SCHWIMMEN' oder eines anderen diesbezüglichen Zeichens, und zwar sowohl beim Handelnden – der kann ja Schwimmen vormachen oder zeigen, daß er schwimmt – als auch beim Beobachter. Jede Ausführung in diesem Sinne ist eben auch eine Anführung von Handlungsschemata, von typischen Handlungsformen, die als Zeichen für ein Schema von Handlungsaktualisierungen stehen. (Und die Zeichenverwendung bzw. Schemaaktivierung ist dann eine Ausführung dieser Anführungshandlung: Die Ausführung ist sozusagen das *token* für das Schema der Handlungsaktualisierung, die so zu einem Zeichen für ein allgemeineres Schema wird. Bei Peirce wird also ein Zeichen, ein Einzelzeichen, das als „Sinzeichen", wie Peirce sagt: als *token*, realisiert oder konkretisiert ist, *dann* erst als Zeichen aufgefaßt, wenn es für ein weiteres Schema von Klassen, die unter dasselbe Zeichenschema fallen, aufgefaßt wird, wenn es zu einem allgemeinen Zeichen wird. Ein Einzelzeichen wird zum Zeichen für ein allgemeines und nur dadurch wird es dann wirklich zu einem Gattungszeichen.

Das Zeichenschema wird nach Scherer vom Standpunkt des Handelnden vorgeführt, d. h. als Token ausgeführt, mit dem Ziel, daß es auch angeführt wird; und vom Standpunkt des Partners wird es nur angeführt. Der realisiert das aus der Beobachterperspektive. Das Vorführen besteht also immer aus den zwei Handlungsaspekten (ebd. 60): Der Handelnde führt die Handlung aus und nimmt gleichzeitig die Anführungsperspektive zur Handlung ein. Zwischen der Ausführung der Handlung und den Anführungsperspektiven ist dabei zu unterscheiden. Das wird auf einer höheren Stufe der Lehr- und Lernsituationen besonders wichtig, wenn die Anführung von Zeichen oder Schemata als entsprechende Repräsentation des vielleicht gar nicht mehr anwesenden Handlungsaktualisierungsvorganges genommen wird. Wenn man nur noch das Zeichen ‚SCHWIMMEN', also als Wort, als schriftliche Darstellung oder als ein Bild sieht und sofort auch das Handlungsschema ‚Schwimmen' vor sich aktualisiert, also anführt, tritt die Anführungshandlung, z. B. ‚Schwimmen Sehen' ihrerseits in einer Art von sekundären, man könnte sagen: in einem schematisierten oder instantiierten Ausführungsmodus, auf. Die Repräsentationshandlung ‚Schwimmen-Sehen', ‚Schwimmen-Darstellen' wird vom Beobachtenden oder vom Wahrnehmenden ausgeführt. Denken und Repräsentieren sind ja in diesem Sinne auch *Handlungen*. Man hat nun also eine höherstufige Lehr- und Lernsituation, die dann erst die „logische" Form hat, welchen den Charakter, wie Scherer meint, von Wittgensteins Sprachspielen umfassender darstellt, indem man Handlungsaktualisierungen einer bestimmten Handlung eben dann identifizieren kann, nicht nur, wenn (und dadurch daß) sie sinnlich vorgeführt werden, sondern auch, wenn sie nur angeführt werden oder ihre Repräsentation ausgeführt bzw. angeführt wird. Das entspricht natürlich dann der Fähigkeit, über einen Begriff zu verfügen anhand der erlernten Einführungskomplexe, die paradigmatisch verwendet werden. Wenn wir den Ausdruck ‚Schwimmen' hören, wissen wir, wie wir ihn normalerweise zu verstehen oder auf was für Situationen wir ihn zu beziehen haben usw. Die Idee ist, daß, wenn eine Person eine Handlung anführt, sie gleichzeitig eine Aktualisierung dieser Handlung in einer Lehr- und Lernsituation mit den (erinnerten, erlernten) eigenen Aktualisierungen der Handlung selbst identifiziert oder gleichsetzt. Man stellt Gleichheiten her, wenn man ‚Schwimmen' hört, denkt man an eigene Schwimmerfahrungen und setzt sie dem Typ nach gleich.

Scherer beachtete dabei nicht genügend, daß diese Handlungsschemata, deren Aktualisierung selber so etwas wie ein Handeln ist, eben damit nur als Interpretationskonstrukte und in Abhängigkeit von vorgängigen anderen Schematisierungen aufzufassen oder zu erfassen sind. Die Handlungsaktualisierungen werden also auf der Meta-Ebene zu den ursprünglichen erlernten Verwendungsweisen auf der ersten Ausführungsebene, auf einer höheren Stufe, aufgefaßt. (Das letztere sieht Scherer klar.) Auf das Handlungsschema wird dann referiert, indem die Handlungsaktualisierung auf der Meta-Ebene als Zeichen für das Schema genommen wird – d. h., indem das Verwenden eines Repräsentationszeichens als stellvertretend gilt für die eigentliche Grundhandlung und auf diese Weise eine Art von Anführungshandlung ausgeführt wird. Diese Anführungshandlung signalisiert und repräsentiert stellvertretend die Instantiierung der Handlung auf der ursprünglichen Ebene, obwohl das Bezugselement nun auf die Zeichenebene transponiert ist.

Man kann also eine Art von Freiheit gewinnen, indem man Anführungen statt der Ausführung der Ursprungshandlung realisiert. Anführungshandlungen des Schemas ‚SCHWIMMEN‘ sind u.a. dann „SCHWIMMEN-SEHEN“, „SCHWIMMEN-ZEIGEN“, aber auch „SCHWIMMEN-ÄUßERN“, ohne daß nun >Schwimmen< direkt vorgeführt wird. Die Anführungshandlungen, die in dieser Meta-Ebene auftreten, können als „Lehr- und Lernsituation zweiter Ordnung“ aufgefaßt werden (ebd. 62). Der Witz dabei ist, daß „die Aufgabe, sich einer vorliegenden Praxis handelnd zu versichern“, in diesem Beispielsfall darin besteht, daß auf der zweiten Ebene gleichsam stellvertretend die Anführungshandlungen ausgeführt werden, die die Ausführungshandlung der ersten Ordnung vertreten, auch vertreten können, ohne daß diese selbst anwesend sind. Wir gewinnen also durch das Reden von Gleichheitsklassen des >Schwimmens< (oder von was immer: des „Schwimmen-Sehens“, „Schwimmen-Zeigens“, „Schwimmen-Ausdrückens“) nun eine Generalisierung. Wir wissen, daß es sich hier um dasselbe oder Gleichartiges handelt, selbst wenn die entsprechende Repräsentation der Anführung ganz andersartig ist.

Es gilt also, den Zusammenhang zwischen den Einführungs- und Lernsituationen erster Ordnung und denen zweiter Ordnung, also den repräsentierenden, als eine Art von Möglichkeit der Abstraktion aufzufassen. Man kann dadurch allgemeinere Beschreibungen und Bezugnahmen (auf Arten, Klassen) vornehmen; man kann sich auf nicht Vorhandenes beziehen; man kann etwas hypothetisch und konventionalisiert darstellen; man kann Alternativen beschreiben, man kann sehr viel stärker die Verbindung zwischen unterschiedlichen Beschreibungen durch logische Konstruktionen oder Bedingungen darstellen. Man gewinnt also durch diese Abstraktion auf die höhere Ebene eine gewisse Unabhängigkeit von der ursprünglichen, bloß sinnlichen Präsentation, Vorführung oder Ausführung der entsprechenden Handlung, indem man dennoch auf diese Weise durch Vermittlung des Zeichens oder der entsprechenden Repräsentation die Anführung ermöglicht: die Anführung des ursprünglichen Handlungsmusters, ohne daß man die ihr zugrundeliegende Handlung nun in jedem Falle notwendig selber ausführen müßte.

Diese „Gleichbehandlung" ermöglicht „die Loslösung von der sinnlichen Ebene" oder erlaubt die Konstruktion von Gegenständen sekundärer Art, nämlich den Mustern, den Handlungsschemata, z.B. dem Handlungsschema ‚SCHWIMMEN', das unter den verschiedenen Anführungsperspektiven der primären Realisierung dann als gleich oder gleich behandelbar aufgefaßt wird. Man geht sozusagen von der „sinnlichen" „zur begrifflichen Ebene" über, wie Scherer (ebd. 63) sagt, indem man „an die Stelle der sinnlichen Anführung dieser Untergliederung mittels Konvention eine explizite *Regel* für die Übersetzung der Anführungsperspektiven" setzt. „Die Repräsentation dieser Regel wird von Peirce der *logische Interpretant* genannt", im Unterschied zu dem ‚sinnlichen Interpretanten'. Der sinnliche Interpretant ist die vorgeführte Handlung des Schwimmens, die dem Beobachter eine Anführung darstellt, während der ‚logische Interpretant' z.B. die durch Äußerung des Wortes „Schwimmen" veranlaßte Aufrufung des Schwimmen-Schemas ist.

Während vorher in der Lernsituation erster Ordnung ein Zusammenhang zwischen der Ausführung und der Anführung garantiert war, ist jetzt im zweiten Bereich der *Anwendungen* eine Art von stellvertretendem, durch die Regel vermitteltem Repräsentieren gegeben. *Die Regel* ist jetzt selbst unabhängig von der konkreten Ausführung ein „bezeichnender Teil" geworden und kann als „sekundärer Gegenstand" >Schwimmen< sogar bloß fiktional gemeint oder beschrieben werden usw. (ebd. 63).

Man geht also zur symbolischen Ebene über. Symbole werden die Zeichen genannt, die aufgrund dieser konventionellen Zuordnung auf der zweiten Ebene die pragmatische Verankerung dadurch leisten, daß die Anführungsperspektive auf der zweiten Ebene die Ausführungsperspektive auf der ersten Ebene vertritt und verallgemeinert, auch für den Fall, daß etwa die Ausführung der Handlung selber gar nicht stattfindet. Man hat jetzt eine Repräsentation der „sekundären Gegenstände" (Scherer), der Handlungsschemata, und hat damit gleichsam so etwas wie eine Verallgemeinerung und die symbolische Ebene erreicht.

Man kann das nun sogar noch auf eine dritte, abstraktere, höhere Ebene beziehen, die *nur* noch symbolisch operiert und abstrakte Begriffe des Handels generell aufstellt. Handeln generell ist ja ein abstrakter Begriff – im Gegensatz zu dem spezifischen Handeln, z.B. Schwimmen, das wir sehen können. Handeln generell können wir nicht sehen. Das ist eine abstrakte Konstruktion symbolischer Art, die erst indirekt bezeichnet werden kann. Bei Scherer ist es wichtig, daß eine gewisse Rückbindung an das Sinnliche immer noch vorhanden ist bzw. sein muß. Seine Hauptthese in diesem Zusammenhang ist: *„Bei der Anführung von Handlungen bzw. Zeichenhandlungen durch Aktualisierung der betreffenden Handlung in den LLS (* (= Lehr- und Lernsituationen, H. Lenk) *erster und zweiter Ordnung wird das Handlungsschema durch die Handlungsaktualisierung ikonisch repräsentiert"* (ebd. 69). Scherer meint also, daß bei Peirce ein Formverständnis der ursprünglichen Ausgangshandlung (stets noch) vertreten sein muß, das auch in die entsprechende Repräsentation auf der höheren Ebene wenigstens als Anbindungspunkt eingegangen sein bzw. dort vorhanden sein muß. Die „Pointe liegt in der *sinnlichen Anführung der Ähnlichkeit* zwischen Ikonzeichen und dem bezeichneten Gegenstand" (ebd.), durch die dann erst eine Verbindung durch Vergleich und Symbolisierung hergestellt werden kann bzw. muß. Bei der Aktualisierung eines sinnlichen Schemas ist Erkennung von Ähnlichkeiten in der Repräsentation durch Wahrnehmung notwendig, damit überhaupt die Zuordnung und auch die Wiedererkennung geleistet werden kann.

Um nochmals einen zusammenfassenden Überblick zu ermöglichen, soll noch eine Skizze der Ebenen nach Scherer (1984, 64) wiedergegeben werden:

Um kurz zu resümieren: Wichtig ist, daß ausgeführte Handlungen wie >Schwimmen< gleichzeitig auch die Anführung des Schemas ‚SCHWIMMEN' bedeutet. Auf der sinnlichen Ebenen sind also Anführungshandlungen abhängig von der sinnlichen Präsentation oder der Erfahrung, grundsätzlich dem Erleben. Die begriffliche Ebene erlaubt dann auch Anführungshandlungen auszuführen oder logische Interpretanten zu konstruieren – unabhängig von der spezifisch situationalen sinnlichen Realisierung. Man könnte das sogar ein bißchen ironisch formulieren, wenn man die entscheidende Idee als die auffaßt, daß die Ausführung von repräsentieren-

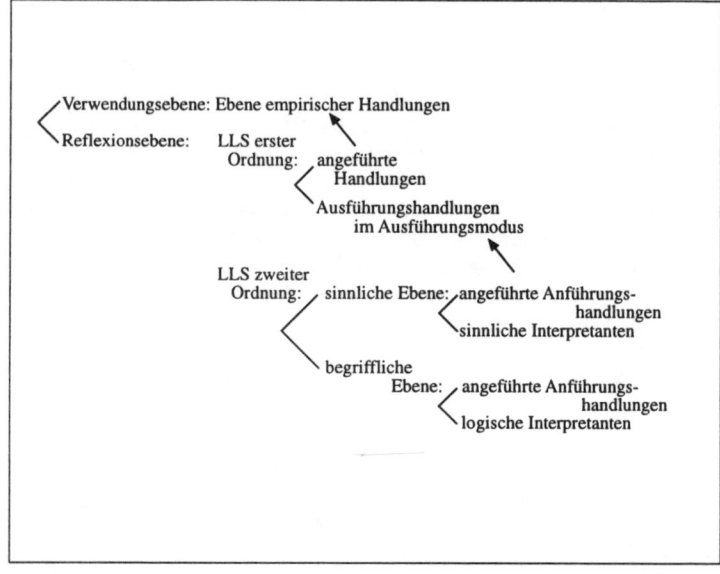

den (Anzeige-)Handlungen auf der höheren Ebene zur Anführung von anderen Handlungen benutzt wird, indem man sagt, die Aktualisierung einer Repräsentationshandlung, einer Zeichenhandlung ist die Ausführung einer Anführung der Ausführung einer Anführungshandlung. Das heißt, man schichtet die Anführungen und die Repräsentationen jeweils weiter übereinander, abwechselnd aufeinander auf, indem eine Anführungshandlung ausgeführt wird, repräsentiert sie die Anführung einer Ausführungshandlung. Indem man den Ausdruck „Schwimmen" äußert, führt man SCHWIMMEN an – also das Schema, das die ursprüngliche Tätigkeit des Schwimmens anführt, die ursprüngliche Ausführung anführt. Die Aktualisierung einer Repräsentationshandlung ist sozusagen, ironisch formuliert, die Ausführung einer Anführung der Ausführung einer Anführungshandlung. Über die weiteren Aufschichtungen sollte der Leser sich weiterhin einander abwechselnde anführende und ausführungsanführende ausführende Vorstellungen machen...

Interessant wird die Angelegenheit des Etablierens und Lernens von Gattungsbeispielen, z.B. des Handelns, natürlich, wenn es sich um das Wahrnehmen und Erfassen von ganz *neuartigen* Bewegungen oder Handlungen handelt. In diesem Falle liegen die Verhältnisse nämlich nicht so einfach, wie Scherer sich sie vorstellt. Man denke z.B. an den Sport, wenn etwa ganz neue Bewegung(sform)en erfunden werden, z.B. der Fosbury-Flop, ein neuer Sprungstil (mit dem Rücken über die Latte), den der Student Fosbury erfunden hatte und mit dem er dann 1968 Olympiasieger wurde. Ein anderer Fall ist der sog. Baskische Drehwurf im Speerwerfen, der dann schnell wieder verboten wurde – wohl aus Sicherheitsgründen und/oder weil der Weltrekord so weit übertroffen wurde, daß es nicht mehr dieselbe Disziplin sein konnte. Jemand warf den Speer plötzlich ungefähr bis zu 130 m weit statt ungefähr 90 m. Turnübungen waren/sind stets ein besonders fruchtbares Feld für die Erfindung neuer Bewegungsformen. Hier entstehen immer wieder neue Übungen, die neu entworfen, ausprobiert werden und in und nach der Lernphase ja auch mental trainiert werden. Die „praktische Intelligenz" oder Kreativität des Turners zeigt sich oft gerade daran, daß er eine neue Übung oder neue Übungselemente bzw. Übungsverbindungen erfindet, wie den Yamashita-Sprung über das Langpferd, wo man in dem Handstand vorne auf das Pferd aufspringt und dann noch Salti anschließt, oder den Gienger-Salto am Reck, um auch einmal eine deutsche Erfindung zu nennen usw.

Wie ist es, wenn man eine solche Übung zum ersten Mal sieht – oder gar, wenn sie zuerst entworfen oder erfunden wird? Verlaufen die Lehr- und Lernsituationen ganz gleich wie beim obengenannten SCHWIMMEN-Schema? Offensichtlich nicht, da das *Lehren* dem Lernen nicht vorangehen kann. Die Perspektive und Rolle der Bewegungs- oder Übungserfinders muß von jener des allerersten oder der Erstbeobachter unterschieden werden. (Man könnte geradezu vom Problem der Schematisierung einer „radikalen Erstbeobachtung" – ähnlich wie bei Davidsons „radikaler Interpretation" oder Quines „radikaler Übersetzung" – sprechen.) Man hat als Erst-Beobachter zwar die einzelne Ausführung der Handlung gesehen, man kann sie nur (noch) nicht bezeichnen. Man hat aber auch noch kein Schema und keinen Namen verfügbar. Wie kommt es nun hier zu einer Schema-Bildung? Man muß wohl erst einmal eine abstraktere Beschreibungsebene gewinnen, damit man diese Ausführung von Anführungshandlungen als Zeichen für Handlungen selbst auffassen kann. Das ist keineswegs selbstverständlich. Man muß also die Interpretantenhandlungen erst entwickeln und kann noch in sehr viel flexiblerer oder freiheitlicherer Weise dann erst Schemamerkmale, Symbole und Namen zuordnen. Die höheren Stufen der Repräsentation von Erstausführungen und -anführungen sind also keineswegs nur die Anwendungen der Schemata von schon einmal oder bereits bekannten Handlungsformen.

Die Schemata können also verändert werden. Man kann ganz neue Schemata einführen; man kann neue Handlung(sart)en kreieren usw.; das Einüben oder Wahrnehmen solcher führt dann zu einer neuen Type-Bildung einer entsprechenden Handlungsform, eines neuen Handlungsschemas, das u. U. in alte Skripts eingebettet werden muß oder zur Ausbildung von neuen Anlaß bietet. Hier muß man also, glaube ich, die Schematisierung und das Replay oder Wiederabspielen von Handlungsscripts in der Entwicklungsphase ein wenig differenzierter und kritischer sehen als bei völlig bekannten Scripts. Aber grundsätzlich wird es natürlich annähernd – etwa mit geänderter Reihenfolge von erstem Einspielen, Lernen und Lehren sowie der Namensgebung und -abrufung – nach demselben Muster verlaufen. Der „sinnliche Interpretant" wird natürlich auch hier zu einem logischen „konstituiert" werden, (re)konstruiert werden, der dann die allgemeine Klasse des Erkennens der Handlungsform (beim Gienger-Salto beispielsweise) erlaubt und den Namen sozial einzuführen und zu verbreiten vermag, die Zuordnung leistet und dann eben sekundär eine Anführung der vertretenen Ausführungshandlung durch die vertretende Zeichenbenennung, eben ‚Gienger-Salto', gestattet. Ich denke, daß das weitgehend dasselbe oder ein ganz ähnliches Verfahren ist wie bei den wohlbekannten Handlungen, die wir im Alltag oder in der Kindheit gelernt haben. Kennzeichnend und wichtig ist dabei, daß das Schematisieren, das Etablieren und das Aktivieren von Schemata, im Sinne des von uns sogenannten Schemainterpretierens in der Tat grundlegender ist als die Verwendung des anführenden Zeichens selber. Das absolut erste und je persönlich erste Schematisieren wie auch das Schemainterpretieren generell gehen i. a. vor der Namensgebung und -verbreitung. Schemainterpretation ist grundlegender als das Zeichen der Bewegung, der Handlung oder des Schemas selbst. Doch auch hier geht der „sinnliche Interpretant" dem „logischen" vorher.

Das Zeichen oder das Schema „lebt" nur von der kontrollierten Anwendung, funktioniert, fungiert im Gebrauch, ist sozusagen funktional konstituiert, nur funktional zu verstehen. Bloß in der Einbettung in Handlungszusammenhänge und -gebräuche, allein in

Aktivierungen, in Schemaaktivierungen oder in Schemainterpretationen „leben" Zeichen; sie „existieren" nur dynamisch. Mit anderen Worten: die Semiotisierung der Pragmatik, wie Peirce sie im Auge hatte, ist natürlich nur vordergründig so zu deuten, sie muß wiederum ihrerseits in die Pragmatik eingebettet werden, und das ist ja im wesentlichen das Wittgensteinsche Ziel – jedenfalls für Wissen, Zeichenhandeln, Repräsentieren, Ausdrücken usw., also für alle repräsentierenden Handlung(sart)en. Das ist übrigens auch etwas, was Scherer in seiner Dissertation durchaus Peirce – und ich würde sagen, wohlwollend und zu Recht – unterstellt hat. Insofern haben wir also die Möglichkeit, eine Pragmatisierung auch der Semiotisierung herzustellen und bei Peirce selbst bereits zu rekonstruieren.

Kuno Lorenz hat in seinem früheren Werk und insbesondere neuerdings in seinem Aufsatz *Artikulation und Prädikation* (1996) auf diese Zusammenhänge in grundsätzlicher Weise Bezug genommen, indem er meint, daß die „Welt-Sprache-Differenz", die „unentbehrliche Brücke zwischen Welt und Sprache", auf diese Weise durch eine Art von handlungstheoretischen Interpretationen des Zeichenhandelns und des Bedeutens von Zeichen und Begriffen verstanden werden kann. Indem man Sprache, insbesondere natürlich die Sprachhandlungen, einerseits als „Mittel" rekonstruiert, andererseits als „Gegenstand" der Orientierung für mögliche Erfahrungen werden die Ansätze von Peirce und Wittgenstein in dieser Weise notwendigerweise zusammengeführt (ebd. 1099). Nur versteht Lorenz all diese Dinge im Rahmen eines dialogischen Ansatzes, da er ja ursprünglich ein dialogischer Logiker ist – d. h., für ihn wird die Sprache als das Wechselspiel zwischen einem aktiven „Ich" oder einem passiven „beobachtenden Ich" und einem „Du" aufgebaut: Zeichen- und Handlungsschematisierungen und -aktualisierung werden immer auf diese Dialogsituation bezogen. Insbesondere sieht er drei Gegensätze, die sich natürlich dann im Zuge dieser Entwicklung herausbilden und von ihm überall aufgespürt und verfolgt werden, nämlich zum ersten zunächst das Gegensatzpaar „aktiv gegenüber passiv": der Handelnde gegenüber demjenigen, der nicht handelt und der unter Umständen der Beobachtende ist. Zum zweiten finden wir den Gegensatz „singulär" versus „universell" oder „universal", d. h. die Betonung eines Tokens oder einer Einzelhandlung gegenüber einer Klasse, Art, Wahrnehmung von umfassenderen Formen oder Gattungen von Handlungen. Zum dritten schließlich führt er den wichtigen Unterschied von „pragmatisch" und „semiotisch" auf (ebd. 1102). Lorenz behauptet, jede Zeichenhandlung habe eine pragmatische und eine semiotische Seite, und je nachdem kann unter dem Gesichtspunkt des aktiven oder des passiven Gesichtspunktes so etwas wie eine besondere Differenzierung der verschiedenen Aspekte und der Phasengliederung der entsprechenden Anführungs- und Ausführungshandlungen vorgenommen werden, etwa unter der Perspektive des Ich im Gegensatz zu jener des Du. Das führt nun bei ihm zu relativ komplizierten Kombinationen, die hier im einzelnen nicht nachzuvollziehen sind. Es geht aber grundsätzlich zunächst stets darum, daß man jeweils zwischen dem *Ausführenden* und dem *Anführenden*, der z. B. der Beobachter ist, als Rollenträger unterscheidet und einsieht, daß in einer bestimmten dialogischen Handlungssituation, insbesondere natürlich einer elementaren, diese Art von Rollen immer wechseln: Aktivität und Passivität, Handeln und Beobachten, wie der andere handelt und wie sich das Handeln des anderen darstellt, ist immer ein Wechselspiel. (Die Unterscheidung ist natürlich von methodologisch-analytischem Charakter: Faktisch verschwimmen die Rollen ineinander.)

Man kann sich natürlich fragen, warum dieses Schematisieren in allen Fällen als ein *dialogisches* Handlungsspiel aufgefaßt werden soll, ob man nicht viel stärker die allgemeine soziale kulturelle, soziokulturelle Einbettung sehen sollte, wie wir es oben betont haben: Es ist ja die Einbettung in eine kulturelle Tradition, die es erst ermöglicht, so etwas wie eine Regel zu erfassen und zu kontrollieren. Es scheint mir bei Lorenz' Entwurf auch nicht ganz überzeugend zu sein, daß er sich ausschließlich, man könnte wohl sagen: exemplarisch, auf diese dialogische Situation beschränkt, einschränkt, obwohl solche dialogischen Wechselspiele, gerade auch Rollenwechselspiele, natürlich vorkommen. Man muß hier den genetischen und den systematisch-reflexiven Gesichtspunkt unterscheiden und ferner den empirischen und den methodologisch-logischen Gesichtspunkt. Aber dann kann man natürlich durchaus so vorgehen wie Lorenz. Dieser stellt sich vor (ebd. 1102ff.), daß wir ursprünglich keine Trennung von Handlungen, Welt und Akteur haben, sondern daß wir allenfalls „Prähandlungen", „Präsubjekte" unterscheiden können, die eine entsprechende pragmatische und semiotische Seite haben, und daß erst dann durch die entsprechenden Anwendungen der Aspekte „aktiv", „passiv", „singulär", „universal", „pragmatisch", „semiotisch" Differenzierungen der eigentlichen Zeichenhandlungen bzw. dann auch der Dingschemata, der Handlungsschemata und schließlich

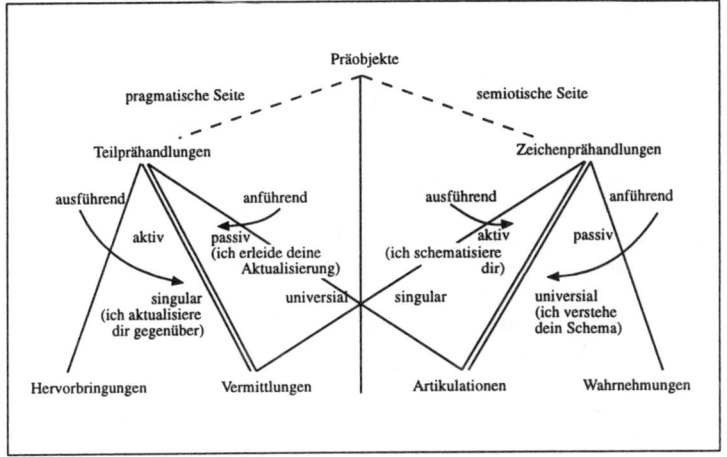

Kuno Lorenz 1996; Artikulation und Prädikation

auch der Handlungssubjekte selber zustande kommen (ebd. 1103). Lorenz hat auch eine Übersicht erstellt, die das etwas näher verdeutlichen bzw. darstellen soll.

Auch Lorenz unterscheidet wie Scherer gewisse Stufen der Bildung von abstrakteren Konzepten, in der die Ausführungrolle darin besteht, daß auf der Stufe der „dialogischen Elementarsituationen" viele „Ausführungsprähandlungen" erfaßt werden und „in der einer dialogischen Elementarsituation zweiter Stufe" die Anführungsrolle in entsprechend „viele mögliche Anführungsprähandlungen zerfällt": Daraus ergeben sich eben pragmatisch bestimmte „Gliederungen" der Handlungsmöglichkeiten, der Phasen der Ausführungsaspekte und der *„Phasengliederung* durch Ausführungsprähandlungen oder >Ich-Perspektiven<". Entsprechend gilt „semiotisch" für die *„Aspektegliederung* durch Anführungsprähandlungen oder >Du-Perspektiven<" (ebd. 1103). Durch beide Gliederungen werden Prähandlungskomplexe in *„Präobjekte"* und *„Präsubjekte"* übergeführt[5] (ebd.). Letztlich muß man

---

5 Erstere auf der semiotischen Seite „durch Identifizierung der Anführungshandlungen", letzteres „auf der pragmatischen Seite durch Summierung der Ausführungshandlungen", also durch integrierende Verkettungen: „Die Anführungsprähandlungen *bezeichnen* das Präobjekt und sind insofern *Zeichenprähandlungen*, die Ausführungsprähandlungen hingegen *zerlegen* das

auch den Beobachter, der sich diesen pragmatischen dialogischen Elementarsituationen „semiotisch" gegenübergestellt sieht, so auffassen, damit so etwas wie ein „Kompetenzerwerb durch >Zuschauen< dem durch >Mitmachen< angeglichen werden kann „", wie Lorenz sagt. Er führt das ebenfalls am Beispiel des Schemas SCHWIMMEN aus.

„Am Beispiel Schwimmen etwa geht es darum, auch Prähandlungen wie Arme-eines-Schwimmers-Beobachten neben Schwimmen-Hören und anderen Prähandlungen eines der dialogischen Elementarsituation zum Erwerb der Schwimmkompetenz Gegenüberstehenden in die dialogische Elementarsituation mitaufzunehmen, eben als die in eine eigenständige Anführungshandlung überführte Anführrolle der Prähandlung Schwimmen. Das läuft auf nichts anderes hinaus, als die dialogische Elementarsituation in Bezug auf die beiden dialogischen Rollen zu *schematisieren*, also eine dialogische Elementarsituation 2. Stufe mit der Konsequenz des Zerfallens der Anführrolle in viele Anführungsprähandlungen, die Aspekte der Prähandlung, aufzusuchen" (ebd. 1103).

„Abstraktion" und „Konkretion", „*Distanzierung* ... durch >Objektivierung<" aus Prähandlungsperspektiven und -aspekten, „Aneignung ... durch >Symbolisierung<" werden auf diese Weise dann auch durch eine solche Abstrahierung möglich. Man identifiziert gewisse Aus- und Anführungsprähandlungen, versteht sie als ein und dieselbe Handlung von derselben Form, man „summiert",

---

Präobjekt und sind insofern *Teilprähandlungen*, beide zusammen *konstituieren* es (das Präobjekt, H. L.) durch seine Perspektiven. Die Identifizierung macht Präobjekte zu semiotischen Invarianten, die Summierung macht sie zu pragmatischen Ganzheiten: Präobjekte haben stets eine semiotische und eine pragmatische Seite, sie sowohl zu *erkennen* als auch zu *kennen* heißt über (mindestens) eine Zugangsweise in einem Aspekt und über (mindestens) eine Hervorbringungsweise mit einer Phase zu verfügen. – Präsubjekte wiederum sind auf der pragmatischen Seite das Ergebnis einer *Differenzierung* von Ausführungsprähandlungen und auf der semiotischen Seite das Ergebnis einer *Fixierung* von Anführungsprähandlungen. Die Differenzierung läßt Präsubjekte auf der pragmatischen Seite *individuell* als Bündel hinreichend differenzierer Ausführungsprähandlungen, durch einen *Stil*, auftreten, während die Fixierung sie auf der semiotischen Seite sozial durch ein System hinreichend, nämlich kraft Konventionen, stabilisierter Anführungsprähandlungen, ihre (gemeinsame) Sprache, charakterisiert" (ebd. 1103f.). – Es ist nach dem Gesagten klar, daß es sich um aktionserzeugte Schematisierungen: Handlungs(interpretations)konstrukte im pragmatischen, Zeicheninterpretationskonstrukte im semiotischen Aspekt, handelt.

wie Lorenz sagt („integriert" oder/und „verkettet" muß es wahrscheinlich besser heißen), die Ausführungsprähandlungen und bezeichnet etwa das vorhin geschilderte „Arme-eines-Schwimmers-Bewegen" schließlich als „(Teil-)Handlung des Schwimmens" in einer Art von pragmatisch vereinheitlichter Zusammenfassung. Man identifiziert und stellt so *semiotische Invarianten* her, und man summiert (integriert pragmatisch) und stellt eben *pragmatische Ganzheiten*, nämlich Handlungen, her, repräsentiert[6] jeweils auf der einen oder anderen Seite. „Die Identifizierung" macht ja „Präobjekte zu semiotischen Invarianten", die verkettende Integrierung" macht sie zu pragmatischen Ganzheiten" (s. letzte Anm.). Präobjekte können wie gesagt immer unter semiotischem wie auch unter pragmatischem Aspekt verstanden werden und geben somit jeweils Anlaß zu unterschiedlichen Interpretationskonstrukten der Handlungsindividualität oder der sozialen Symbolisierung und Beschreibung. Es geht also sozusagen auf der pragmatischen Seite um *Hervorbringung*, um „Artikulation", hingegen auf der semiotischen Seite eher um Anführung und eine Art von Invariantenbildung, um soziosymbolische Verselbständigung. Auf der pragmatischen Seite haben wir Prähandlungen oder Teilprähandlungen, die dann zu echten Handlungen werden (als solche aktiv „gefaßt" und damit „erfaßt" werden); auf der semiotischen Seite haben wir Zeichenprähandlungen, die dann eben zu Zeichenhandlungen werden (besser: als solche aufgefaßt und in diesem Sinne durch Beobachter „erfaßt" werden). Unter dem semiotischen Aspekt entstehen *Zeichen*handlungen auf diese Weise durch Aktualisierung der entsprechenden (Anführungs-)Schemata. Unter pragmatischem Aspekt gilt: „die Zeichen(prä)handlungen und Teil(prä)handlungen treten nur (nun? H. L.) *als Handlungen* auf"; unter dem semiotischen Aspekt treten sie hingegen „nur *als Zeichen* auf" (ebd. 1104). (Das alles kann man übrigens durchaus so ähnlich wie bei Scherer verstehen.)

Auf dem abgebildeten Diagramm von Lorenz sind Präobjekte angeführt. Das sind noch ungeschiedene Handlungselemente, die noch nicht danach gegliedert sind, ob es sich um eine pragmatische oder semiotische Erfassung dreht. Sie führen zu entsprechenden Teilprähandlungen unter pragmatischem Aspekt, zu betr. Zeichenprähandlungen auf der semiotischen Seite. Hinzu kommt noch je eine aktive Zone (ausführend aktive) und eine passive (anführend passive). Es ist jeweils der Einfluß der anderen Seite, der hier eine

---

[6] Im doppelten Sinne: im Präsens wie mit Partizip Perfekt verstanden!

Rolle spielt und mit hineinwirkt und die Prä-Entitäten zu subjektiven *„Hervorbringungen"* (von Handlungen etwa) sowie zu eher objektiven *„Wahrnehmungen"* kondensiert, die schließlich zu *inter*subjektiven oder *inter*arealen Verbindungen führen, zu den *„Vermittlungen"* und *„Artikulationen"*, die jeweils das andere miteinbeziehen. Mitumfaßt wären dabei, semiotisch gesprochen, Artikulationen, also repräsentierende Zeichenhandlungen oder Vorstufen von diesen. *Schematisierungen* sind semiotisch auch solche (Artikulations-)Handlungsvermittlungen, während das Fehlen dieser intersubjektiven Mitformierung jeweils dann etwas eher spezifisch Subjektives umfaßt.

Die Grundhandlungsformen sind bei Lorenz also *„Hervorbringungen"*, *„Vermittlungen"*, *„Artikulationen"* und *„Wahrnehmungen"*, wobei die Vermittlungen und die Artikulationen eher die nicht so allgemein vertrauten sind. Die Abbildung deutet an, daß

> „in Vermittlungen ein Präobjekt auf seiner pragmatischen Seite, also vermöge der Phasengliederung, unter einem Aspekt, d. i. der Ausführung einer Zeichenhandlung, von Ich an Du >weitergegeben< wird (ich aktualisiere dir gegenüber + erleide deine Aktualisierungen), während in Artikulationen einem Präobjekt auf seiner semiotischen Seite, also vermöge der Aspektegliederung, unter Bezug auf eine Phase, d. i. der Anführung einer Teilhandlung, für eine Ich-Du-Dyade ein Zeichen gegeben wird (ich verstehe dein Schema + ich schematisiere dir (oder für dich, H. Lenk)). Der Aspekt, unter dem die Vermittlung im ersten Fall geschieht, garantiert ebenso wie der Bezug auf die Phase, vermöge der die Artikulation im zweiten Fall erfolgt, die Ich-Du-Rollen-Invarianz von Vermittlung und Artikulation. Denn die allein Ich-bezogene singulare Vermittlung mit einer Teilhandlung als Zeichen wird erst durch die singulare Vermittlung mit einer Zeichenhandlung als Zeichen Ich-Du-invariant (...), und entsprechend bedarf die allein Ich-bezogene universale Artikulation mit einer Zeichenhandlung als Zeichen der universalen Artikulation durch eine Teilhandlung als Zeichen, um Ich-Du-invariant zu werden (das ‚ich verstehe' bezüglich einer >begrifflichen< Schematisierung muß zum Zwecke der Verständigung veranschaulicht werden" (ebd. 1104f.).

Das Zititerte ist recht kompliziert ausgedrückt, aber man kann sich anhand der Abbildung doch verdeutlichen, daß diese „Vermittlungen" und „Artikulationen" gleichsam die semiotische und pragmatische Seite und die jeweilige Ich-und-Du-Formierung oder -Prägung jeweils gemeinsam ausdrücken und verbinden, während die „Hervorbringungen" und „Wahrnehmungen" eher auf das schließlich Subjektive begrenzt sind: „Wahrnehmungen" auf der semiotischen Seite und „Hervorbringungen" unter pragmatischem Aspekt.

Insgesamt besagt das Modell: Die Schematisierung und Aktualisierung von Handlungen ist hier in einem recht intensiven und innerlichen Wechselzusammenhang auf eine semiotische und eine pragmatische Dimension sowie auf eine Aktiv-passiv-Unterscheidung des Ausführens und Anführens von Handlungsaspekten bezogen worden. Ein „Objekt" ist für Lorenz der *„Kern der Schemata* der Zeichenhandlungen als ein *logisch-semiotisches Abstraktum*, hingegen als *Hülle der Aktualisierungen* der Teilhandlungen ein *logisch-pragmatisches Konkretum"* (ebd. 1107). Gegenstände, Objekte und Handlungen – auch dann übrigens Subjekte – sind danach also im Grunde Konstruktbildungen von Handlungsformen schematisierter Art mit Anspruch auf eine Art von Allgemeingültigkeit unter semiotischem und universalem Aspekt, mit Interpretationsfunktion im eher individuellen pragmatischen Aspekt. Deswegen sagt Lorenz auch, ähnlich wie Scherer:

> „Im Zeichencharakter der Ausführhandlungen zusammen mit dem Handlungscharakter der Anführhandlungen (>was man tut< + >wie man spricht<) haben wir die Lebensweisen (ways of life) von Subjekten, im Zeichencharakter der Anführhandlungen zusammen mit dem Handlungscharakter der Ausführhandlungen, (>was man sagt< + >wie man handelt<) ihre Weltansichten (world views) vor uns. – Mit der symbolischen Artikulation sind wir bei (verselbständigten) *sprachlichen* Zeichenhandlungen[7] im engeren Sinne angekommen ..." (ebd.).

Damit kann man nun natürlich auch eine symbolische Artikulation und Schematisierung vornehmen.

Lorenz versucht im weiteren Verlauf des Artikels noch eine Reihe von Operationen und Operatoren einzuführen, die unter gewissen Gesichtspunkten weitere Untergliederungen vornehmen; das ist hier im einzelnen nicht wiederzugeben. Wichtig ist jedenfalls, daß auch hier das Zusammenspiel der *Pragmatisierung* einerseits und der *Semiotisierung* andererseits in eine Art von Integration der Ergebnisse von Handlungsschematisierungen zusammengeführt wird, daß also eine Art von Verbindung der Ansätze von Peirce und von Wittgenstein erreicht wird, wenn auch, wie Lorenz meint, auf der Basis einer dialogischen Grundsituation zwischen

---

[7] „... die wegen der Gleichsetzung von Umgehen-mit-Sprachzeichen und Sprachzeichen von Sprachzeichen nicht mehr unterschieden zu werden brauchen" (Lorenz 1996, 1108). Allerdings muß man die sprachlichen Metastufen und die Ebenen der Interpretationen (s. o. S. 69f) unter anderen Aspekten doch wieder differenzieren.

Rollenträgern, nämlich dem Sprechenden und den Aufnehmenden, dem „Ich" und dem „Du", dem „aktiven" und dem „passiven" Pol. Ich glaube, daß diese (analytische) Aufspaltung nicht unbedingt so verstanden werden muß, sondern daß man zwar die Rollenspezifik als eine exemplarische Situation beibehalten kann, aber daß es letztlich bei der Formierung der Handlungsschemata und der Entwicklung dieser unterschiedlichen Gesichtspunkte – bis hin zu den Differenzierungen der entsprechenden unterschiedlichen Handlungen – stärker um eine *allgemeine(re) Formierung* im Zusammenhang von *Schemabildung* und *Handlungsabgrenzung* oder *-konstitution* geht. Man kann zudem statt von einer *dialogischen* Elementarsituation hier von einer aktiologisch und schematologischen Situation sprechen in dem Sinne, daß man eben aus realen konkreten Aktualisierungen von einzelnen Ereignissen, Prozessen, oder was immer, die man als Handlungen auffaßt, nun eben allgemeinere, übergreifendere, abstraktere schemagebundene Handlungsformen bzw. Repräsentationsformen herausabstrahiert oder erkennt. Es geht einerseits sozusagen um die Instantiierung eines Handlungsschemas im konkreten einzelnen Fall, die Instantiierung eines Handlungstyps im jeweiligen Token, aber auch um die Gewinnung der entsprechenden Types. Das ist natürlich schon in der Redeweise der Sprachphilosophie und der Semantik bzw. auch der Linguistik ausgedrückt. (Unter dem semiotischen Aspekt gilt Entsprechendes.) Man kann also von der dialogischen Formierung in gewissem Sinne absehen und das von Lorenz Erarbeitete auf eine allgemeinere aktiologische und schematologische Grundlage stellen. Das hat auch den Vorteil, daß wir die allgemeine soziale und soziokulturelle Einbettung, die wir zuvor bereits diskutiert haben, hier sehr viel deutlicher sehen können und nicht notwendig die jeweilige Situation der beiden Rollenpartner „Ich" und „Du", der beiden Dialogsprecher, als die einzige Grundlage zur Bildung von Erkenntnis und Handeln auffassen müssen. Es ist ja auch schon im letzten Jahrhundert – und auch zu Anfang dieses Jahrhunderts, insbesondere im Anschluß von George Herbert Mead – in der Sozialpsychologie versucht worden, eine allgemeine Handlungstheorie, und auch eine allgemeine Theorie (des Auffassens) des Ichs im Sinne einer solchen grundlegenden dyadischen oder dialogischen Fundamentierung zu entwickeln. Auch dieser Versuch ist heute als zu eingeschränkt zu beurteilen, obwohl er natürlich ein exemplarisch recht *plausibles* (aber eben doch sehr beschränktes) Zugangskonzept darstellt. Ich glaube nicht, daß das dyadische Konstitutionsverfahren den allgemein(st)en Fall darstellt[8]. Interessant daran ist jedenfalls, daß man auf Instantiierung von konkretisierten Verhaltensweisen, Handlungen generell angewiesen ist, damit man überhaupt abstrakte Handlungsschemata und -formen entwickeln kann und zu den symbolischen Schichten der Zeichenhandlungen gelangen kann. Man kann sich bei diesem Aufsteigen natürlich weitgehend auch von der Instantiierung auf der ersten Ebene befreien; das haben wir ja auch schon mehrfach gesehen. Nur durch eine solche Befreiung sind echte Abstraktion, Verallgemeinerung der Zeichenbildung, der Symbolkonventionen, der Schematisierung möglich – ebenfalls eine gewisse Situationsabgehobenheit, z. B. indem man nun auf hypothetische oder fiktive Sachverhalte Bezug nehmen kann. Das ist alles nicht mehr unmittelbar an die Installierungen der jeweiligen wahrgenommenen Handlungssituationen gebunden, doch grundsätzlich müssen wir die Handelnden und Schematisierenden, also die Personen und Subjekte als an solche Kompetenzen der Schemabildung gebunden denken. Die Schemata werden anhand von Einführungskomplexen bzw. in Erlernungsphasen eingespielt, soweit sie nicht Primärinterpretationen der Stufe IS_1 sind. Wir müssen schließlich durch diese Art von handlungstheoretischer Fundierung auch eine Weltgebundenheit oder Realisierung oder einen realistischen Gehalt der Schemata erst herstellen. Nur dann kann so etwas wie Kontrollierbarkeit, allgemeine Gültigkeit und Weltbezug entstehen. Realitätsbezug entsteht nicht aus der bloßen Schematisierung allein. Schematisierung allein ist offensichtlich nicht genug, Schemainterpretation muß gebunden sein an Handlungsrealisierung, Handlungskonkretion, und kann auf diese Weise dann erst zu einer kontrollierbaren Repräsentation von Sachverhalten, von Zeichenhandlungen,von Bedeutungen (kontrollierbarer) Art führen. Das gilt natürlich selbst auch für das „Innere des Geistes", das „Mentale" (s. o. S. 111f), insbesondere für die Erfassung des Mentalen oder innere Differenzierungen von Gefühlsnuancen mittels sprachlicher und

---

[8] Man kann sicherlich nicht alle repräsentierenden Zeichenhandlungen und Bezugnahmen auf Kulturelles und Gesellschaftliches ausschließlich sukzessive fortschreitend aus Dyadenbeziehungen aufbauen. Der „Du"-Pol in der hypothetischen Dialogsituation ist also oft als viel komplexer strukturiert anzusehen. *Didaktisch* mag die Dialogsituation natürlich hilfreich sein. Zur Lösung der Probleme der „radikalen" Übersetzung, der „radikalen" Interpretation oder der „radikalen" Repräsentationshandlungsgenese reicht das allzu vereinfachte Modell nicht!

somit extern zugänglicher und kontrollierbarer Repräsentationsinstrumente, -mittel, -darstellungsmöglichkeiten oder -zeichen.

Das ist eine Auffassung, die besonders im Werk des späten Wittgenstein verankert ist, wie zur Mitte der 60er Jahre zum ersten Mal deutlich herausgekommen ist. Dies wurde etwa von Gebauer und mir betont (1966), später dann auch in der bekannten „sozialen" Interpretation der Bedeutungen und der Regelauffassungen durch Kripke (1982, dt. 1987) in seiner Interpretation von Wittgensteins Auffassung vom Regel(be)folgen. Das ist zweifellos ein ganz wichtiger Punkt, der im Grunde die gesamte traditionelle Sicht der europäischen idealistischen Subjektphilosophie ebenso konterkariert wie die traditionelle Sicht des Englischen Empirismus als eines Sensualismus. Der konstitutive Zusammenhang ist also weder bloß sensualistisch noch bloß introspektivistisch-idealistisch aufzufassen. Es ist nicht so, daß ein erkenntnistheoretisches Subjekt frei von allen Bezügen zunächst gegeben ist und gar dann sich seinen Körper und die Welt aufbaut, sondern die Sozial- und die Weltverschränkung im Prähandeln, Interagieren, Reagieren, in den erwähnten Anführungs(prä)handlungen unter Verwendung von Zeichen, Regeln und Sprache, die alle „öffentliche" Kontrollmöglichkeiten darstellen, sind von vornherein gegeben. Sowohl das erkenntnistheoretische Subjekt, aber auch die Person als Einheit des Handlungsvorgangs, als Zentrum oder Einheitspol, wird ebenso durch diese Art von Ausgliederung und Wechselverhältnis erst konstituiert (d. h. ist nur als Interpretationskonstitut oder -konstrukt zu (er)fassen) – wie beispielsweise dann auch die Form der Wahrnehmung von äußeren Dingen. Die Denkschemata werden ebenso wie die Handlungsschemata erst generiert, sind abhängig von einem solchen Wechselspiel zwischen Schemabildung und Handlungsabgrenzung, sind also im Grunde erst funktional-interaktiv, gebrauchsbedingt, gebrauchstheoretisch zu verstehen.

Es geht hier also um einen funktionalen und repräsentierenden Gesamtzusammenhang, der sich erst in einer Art von dynamischer Etablierung grundsätzlich ausprägen kann. Das gilt empirisch für die Entwicklungspsychologie, z.B. dafür wie ein kleines Kind in die Lage kommt, allmählich die Unterschiede zwischen der Welt und sich, Unterschiede zwischen Wahrnehmen und Eigenhandeln, zwischen Fingieren und unmittelbarem Erfahren oder bloß scheinbar unmittelbarem Erfahren zu entwickeln. Das trifft aber entsprechend auch für die *methodologischen* Bedingungen zu, die natürlich Zusammenhänge der Schemainterpretation in dem Sinne sind, wie wir sie diskutiert haben. Diese Schemainterpretationsfähigkeit und -kompetenz ist also abhängig von der Handlungsfähigkeit und der Entwicklung der Handlungsmöglichkeiten in einer Handlungssituation, in der unterschiedliche Handlungspartner, -teile, -objekte distanziert worden sein müssen. Dabei stellt übrigens auch das Interpretieren, das Deuten im bewußten, engeren Sinne ein repräsentierendes Schemahandeln dar: ein Zeichenhandeln im expliziten Sinne. Mit anderen Worten: Hier ist ein Bogen geschlagen, der zu einer *Pragmatisierung der Bedeutung*zusammenhänge, des Regelverwendens, zur Interpretation des Verstehens, der Schemaanwendung führt, wie auch umgekehrt zu einer *Semantisierung des Handelns* bzw. einem als Zeichenhandlung und Zeichendifferenzierung aufgefaßten pragmatischen Aspekt der entsprechenden Zusammenhänge. Semantik und Pragmatik lassen sich bei der Fundierung letztlich allenfalls analytisch voneinander unterscheiden. In der Tat kann man von einer *Semiotisierung der Pragmatik* oder von *einer Semantisierung des Handelns* und zumal des Zeichenhandelns reden. Ebenso sprechen wir von einer *Pragmatisierung der Semantik und der Semiotik*. Alles dies zusammen kann sich eben nur in einer Art von funktionaler, an Gebrauchsweisen orientierter Gesamttheorie des Handelns und auch des repräsentierenden Schematisierungshandelns, also des Zeichenhandelns, deutlich machen lassen. Im Grunde ist das ein umfassender zuinnerst vernetzter Komplex, der natürlich zu unterschiedlichen, auch nach wie vor sinnvollen *analytischen* Unterscheidungen, etwa auch im Sinne der traditionellen Unterscheidung Syntax – Semantik – Pragmatik und entsprechend zur Unterscheidung zwischen semiotischen und pragmatischen Aspekten, wie etwa bei Kuno Lorenz, führen kann, ja, sinnvollerweise führen sollte. Doch diese Unterscheidungen sind *sekundäre*, wenn auch analytisch notwendige, *interpretative* Unterscheidungen. Sie sind eben nicht das Ursprüngliche. Das Ursprüngliche ist das Noch-nicht-Kristallisierte, das Zusammenhängen, das Zusammen-sich-Entwickeln, das dynamische Etablieren und relative Stabilisieren von solchen Abgrenzungen – sei es auf der Handlungsseite, sei es auf der Schematisierungsseite schlechthin.

Ich denke, daß wir hier einen Gesichtspunkt über die Einheit des Erkennens und Handelns, des Interpretierens und des Interagierens und insbesondere des Agierens gewonnen haben. Was uns noch fehlt, ist das Problemfeld des Intervenierens, des Eingreifens, des Präparierens. Im folgenden gehen wir also zu Fragen der Intervention über.

8. Regeln, Lernen, Repräsentieren im konnektionistischen Ansatz[1]

Wir hatten uns mit der Verwobenheit von Erkennen und Handeln befaßt, also mit der Verschränkung beider Vermögen, insbesondere auch in der Interaktion mit der uns umgebenden Welt. Ich möchte im folgenden näher auf eine intrikatere Verwobenheit von Handeln und Schemabildung eingehen, insbesondere der bewußten, aber z. T. auch der unterbewußten Schemabildung, wobei das Ineinandergewobensein des Handelns, des Manipulierens von Objekten, Formen und Zeichen einerseits und des Gestaltens, Strukturierens und Variierens von inneren Zuständen und deren Abfolgen etwas genauer untersucht wird. Im vorangehenden haben wir gesehen, daß es in der Tat beim Schematisieren nicht nur um bloße Kontemplation geht. Das habe ich ja bereits anhand eines der bekanntesten Sätze von Wittgenstein diskutiert, der in *Über Gewißheit* notiert, daß das Handeln grundlegend für die Sprachspiele ist: „...unser *Handeln*, welches am Grunde des Sprachspiels liegt" (ÜG, § 204). In den *Philosophischen Untersuchungen* betont er ja wie erwähnt, (etwa in PU, § 199), daß das Verstehen einer Sprache das „Beherrschen einer Technik" ist. Im folgenden wird es darum gehen, was es heißt, eine solche Technik zu erlernen, die entsprechenden Regeln einzuspielen, die dazu führen, daß wir so etwas haben wie eine Weise, systematisch und verläßlich sowie vorhersagbar mit der Welt umzugehen, unsere Handlungen zu strukturieren. Ein solcher intersubjektiv wie auch subjektiv verläßlicher Umgang wird durch eine unter Umständen realiter – wenigstens aber prinzipiell der Möglichkeit nach – sozial geteilte, gemeinsame Weise, durch gemeinsame oder gemeinsam angenommene und befolgte Regeln gewährleistet. Durch soziogene, sozial und kulturell geprägte Regeln wird also die Aktivität strukturiert. Aber das Gesagte gilt (überraschenderweise) auch intern, in der Anpassung unserer schematisierend-interpretatori-

---

[1] Die Endfassung dieses Kapitels profitierte von mancherlei Hinweisen und der Kontroll-Lektüre durch Stefan Baur.

schen Aktivitäten, wie wir gesagt haben, die z. T. – zum großen, vielleicht gar zum größten Teil – unterbewußt ablaufen und im Grunde in Handlungs-, Wahrnehmungs-, Strukturierungsgewohnheiten und -gepflogenheiten eingespielt sind oder erst werden, soweit sie nicht auf ererbten Reaktionsdispositionen beruhen. Das heißt, wir verarbeiten nach bestimmten teils angelegten, teils eingewöhnten, und zwar interaktiv eingeübten, Strukturmustern unsere Wahrnehmungen. Das gilt auch und großenteils erst recht bei den höheren Kognitionen. Und zwar ist nicht nur die Informationsaufnahme und bewußte Repräsentation prinzipiell auf diese interaktive Weise geprägt, sondern es handelt sich vornherein, schon auf der Wahrnehmungs- und Perzeptionsebene, um eine aktive Verarbeitung, die mit den Strukturierungsformen und Dispositionen oder Möglichkeiten und eingeschliffenen Gewohnheiten verwoben ist, die wir entwickelt haben. Ebenso auch mit den etwa erblich angelegten Reaktionstendenzen sowie mit dem teils individuell eingeschliffenen, teils sozial erlernten Regelhandeln. Das gilt natürlich nicht nur für die Informationsaufnahme, -verabeitung, für das Erkennen, sondern – das werden wir uns noch genauer vor Augen führen – auch für alles Handlungsschemaformieren, für alles Stabilisieren von Verhaltensschemata, soweit sie nicht schon erblich vorgegeben sind. Auch diese werden in gewisser Weise eingewöhnt, eingeschliffen („Verstärkungslernen" im Behaviorismus). Die Schemata sind, wie wir sahen, funktional dynamisch existent. Es ist in der Tat so zu verstehen, daß die Schemata nicht vorgegebene feste Strukturen sind, sondern im Grunde eher aufzufassen sind als analytische Instrumente, die wir aus einem komplexen, dynamischen Zusammenhang herausheben, den wir gleichsam in der Strukturierung funktional realisieren, indem eine im üblichen Sinne „schematische", wiederabrufbare Reaktionsdisposition durch eine auf relative Dauer gestellte neuronale Konstanz von Verknüpfungen bzw. wiederkehrenden Aktivierungen stabilisiert wird. Es geht also um eine funktional-dynamische Theorie der Schemakonstituierung und der Schemarealisierung, nicht um eine Unterscheidung, wie sie traditionell in den sprachphilosophischen und üblichen linguistischen Auffassungen gegeben ist, daß man feste Schemata und Strukturformen hat, die konstituenten- oder komponentenweise auf etwas, das *(vor)gegeben* ist, angewendet werden. Hier ist kein solcher Schemadualismus mehr möglich, sondern es entwickelt sich gleichzeitig eine funktional-dynamische Realisierung der Strukturierung und der Konstitution. Das ist ein recht neues erkenntnistheoretisches Modell, das man als *konnek-tionistisch* bezeichnet oder als parallelverarbeitende Systemtheorie der Erkenntnis, des Lernens, des Konfigurierens usw. Es geht also darum, daß wir die gebrauchstheoretische und funktionalistische Sicht, die wir anhand des Regelbefolgens bzw. des Zeichenge-brauchs diskutiert haben, nun auch auf die Schematisierungen auf tieferen Ebenen übertragen und in gewissem Sinne das Thema der *Schema*spiele statt der *Sprach*spiele nun mit einem gewissen „Fleisch" erfüllen. Dabei müssen wir einen Mittelweg suchen zwi-schen einer bloß intellektualistisch-aprioristischen und einer beha-vioristischen oder empiristischen Auffassung – und zwar nicht nur hinsichtlich des Regelfolgens, wie Gillet (s. 127ff) es im Auge hat, sondern eben auch hinsichtlich der Konstitution von schemati-schen Strukturierungsmöglichkeiten generell. Das führt dann auch zu einer neuen und wichtigen speziellen Theorie des Lernens.

Es ist jetzt also ein wenig näher auf diese konnektionistischen Modelle einzugehen.

Wir gehen davon aus, daß wir ein System haben, das aus Einga-bemöglichkeiten und Instanzen besteht: „Eingabeknoten" und „Ausgabeknoten". Dazwischen liegen i. a. Schichten von sog. „verborgenen Knoten oder Einheiten" („hidden units"). Wichtig ist, daß Verbindungen von Zwischenstationen möglich sind,

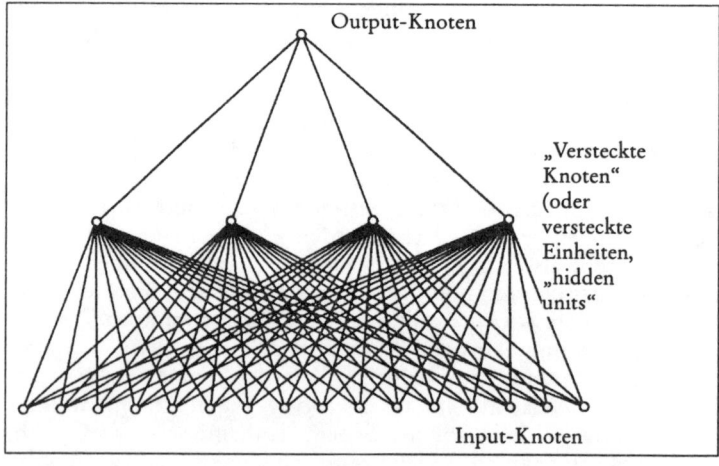

Abb. 8.1: (n. MacDonald, C. u. G. 1995, 10)

Schichten, die sich nun eben in Abhängigkeiten von den Aktivierungen bilden und sich quasi selbst organisieren. In den fünfziger und sechziger Jahren hat man so etwas schon versucht, indem man das Modell eines Perzeptrons (F. Rosenblatt, 1962) und Lernmatrizen entwickelt hat (Steinbuch), in denen solche Verschaltungen von Input und Output unter bestimmten Gewichtungsfaktoren vorgenommen werden. Der Ansatz war damals nicht sehr erfolgreich, weil man sich nicht eine *Mehr*schichtenzusammensetzung vorgestellt hatte, sondern im wesentlichen auf zwei (Eingabe- und Ausgabe-Schicht) oder höchstens drei Schichten eingeschränkt blieb. Eine erfolgreiche Kritik von Minsky und Papert (1969) hat deshalb diese Ansätze, die sehr viel zu versprechen schienen, zunächst erst mal praktisch außer Kraft gesetzt. In den siebziger und achtziger Jahren ist dieses Modell aber wiederaufgelebt, als versucht wurde, dann auch schließlich erfolgreich mathematisch (Hopfield) bewiesen werden konnte, daß so etwas wie ein Einschleifprozeß der Erkenntnis und natürlich auch der Handlungsformen durchaus aufgrund eines geschichteten Netzwerkmodells mit Parallelverarbeitung in solchen Informationsnetzen (z. B. Hopfield-Netzen: interaktiven Feedforward-Netzen mit nur zwei Aktivierungswerten: „0" und „1"; die aber einen stabilen Zustand erreichen können) möglich ist. Man stellt(e) sich beispielsweise die Neuronenanordnung im Gehirn etwa analog zu einem technisch realisierten Netzwerk vor, wobei mehrere Schichten mitwirken, die nun die Zwischenverarbeitung leisten. Das allgemeine Grundmodell, etwa des konnektionistischen Ansatzes bzw. der konnektionistischen Verarbeitungsarchitekturen[2] von solchen Modellen, Informationsverarbeitungsmodellen oder Schematisierungsmodellen, besteht darin, daß wir eine bestimmte Menge von Einheiten haben. Darunter sind zunächst Input-Einheiten (Eingabeeinheiten) und Ausgabeeinheiten (Output-Elemente, Output-Knoten) hervorgehoben, aber dazwischen gibt es mindestens eine Schicht

---

[2] Es gibt freilich eine Vielzahl unterschiedlicher konnektionistischer Modellierungsansätze, die hier nicht im einzelnen vorgestellt werden können. So ist es etwa wichtig, auf den Unterschied zwischen zyklischen Netzen (wie etwa Hopfield-Netzen) und nichtzyklischen oder gerichteten (wie die meisten Backpropagation-Netze), etwa das Minen/Felsen-Feld, s.u., hinzuweisen. Diese beiden Typen z.B. stehen für recht verschiedene mathematische Betrachtungsweisen und werden übrigens auch meist unterschiedlich konzipiert (auch was den Einsatzbereich betrifft).

von sogenannten verdeckten Einheiten („hidden units"), die eben
von der darunterliegenden Schicht, letztlich auch von der Eingabe
mit aktiviert werden. Die Begriffe der Aktivierung von Einheiten
und von deren Wechselwirkungen oder Wechselbeziehungen
sowie die sich aktivierungsabhängig verändernden Gewichtungen
der Verbindungen zwischen Einheiten sind also das Entscheidende. Mit der Aktivierung von Einheiten werden u. U. je nach
der Verbindung, die eine Einheit zu der Nachbareinheit oder -ein-
heiten und auch zu (Knoten) der Vorgänger- bzw. Nachfolge-
schicht hat und je nach der Stärke eines Aktivierungsgewichtes,
das diese Verbindung als mehr oder weniger stark wirkend kennzeichnet, Aktivierungszustände in einem solchen Netz ausgebreitet und zu einem übergreifenden Output integriert. Es gibt für
jede Einheit einen Output, der zu nächsten Einheiten weitergege-
ben wird – in Abhängigkeit von dem Gewichtungsfaktor. Man hat
einen dynamisch konstituierten, gefügeartigen, aber geschichteten
Zusammenhang, einen Netzzusammenhang zwischen den gesamten Einheiten, insbesondere auch unter Einschluß der genannten
„verdeckten Einheiten". Es entwickeln sich und lassen sich nun
Aktivierungsmuster beschreiben: Regeln, wie man die Aktivierung verfolgen kann, und zwar nach vorne („forward feeding")
oder auch nach hinten („feedback und backpropagation"), insbesondere bei der Ausmittelung von Fehlern („backpropagation of
errors"). Man hat bestimmte Regeln, die den schon erwähnten
Hebbschen Regeln der Verbreitung und Verstärkung bzw. Hem-
mung von Synapsenüberbrückungen entsprechen. Die Hebbschen
Regeln sind in diesem Zusammenhang lineare Assoziatoren, die
Aktivierungen anregen, verstärken oder vermindern – und zwar
unmittelbar im Maße ihrer direkten Wiederaktivierung. Dementsprechend gibt es aber auch generalisierte Regeln, die sich nicht
nur auf lineare Zusammenhänge und Assoziationszusammen-
hänge beziehen, sondern – wie die bekannte Delta-Regel – die
Möglichkeit einer Mittelung darstellen oder eine Berücksichtigung der Fehlerabweichung nach der Methode der kleinsten Quadrate und der mittlerweile berühmt gewordenen „backward pro-
pagation of error rule" erlauben. Diese sich „zurückarbeitende"
Regel, die jeweils die Fehlerabweichungen Schicht für Schicht
„zurück"-verfolgt, vom letzten Output rückwärtsgehend, versucht zu analysieren, wie stark die vorgelagerte Schicht für den
Fehler mitverantwortlich war, und paßt entsprechend durch viele
Aktivierungsläufe hindurch dann das Gewicht (der Verbindun-

gen) des vorangehenden Faktors an. Diese Gewichtungsfaktoren auf den Verbindungen werden aktivierungsabhängig variiert, entsprechend der jeweils schichtendifferenzierten Fehlerfeststellung, der Ist-Sollwert-Differenzen. Man „arbeitet sich zurück" und verkleinert bzw. vergrößert immer die Gewichte entsprechend den Fehlern, ändert die Gewichtungen ab und versucht auf diese Weise, eine schrittweise Verkleinerung von Fehlern zu erzeugen. Die Gesamtidee ist, daß man einen Output, der einen bestimmten Sollwert oder einen Sollzustand darstellt, in ein solches System durch die Aktivierung und das Aufprägen einer solchen Fehlerverminderungsregel eintrainiert. Es ist dabei wichtig, daß die Höhe oder der Grad der Aktivierung der Knoten und des Gesamtnetzes einen entscheidenden Faktor darstellen, daß insbesondere natürlich das „konnektionistische *Lernen*" (selbstorganisierte Einspielung der Gewichtungen durch viele Aktivierungen in der Trainingsphase) eine Rolle spielt. Wichtig ist natürlich auch, daß dies alles in einer reagierenden Umgebung geschieht: Das System muß Input aufnehmen können und darauf reagieren können, einen input- und zustandsabhängigen bzw. gewichtungsintegrierten Output generieren sowie selbstorganisierte Zwischenstandsänderungen einspielen, so daß u. U. eben dadurch Rückkopplungen entstehen. In der Tat sind solche Netzwerke des „*Parallel Distributed Processing*", wie der Ansatz genannt wird, abgekürzt „PDP", eher den technischen neuronalen Netzen, jedenfalls im Modell, ähnlich als beispielsweise die Überlegung, daß der Mensch wie in einem Computer Symbolketten schrittweise oder elementweise abarbeitet und über eine Art von atomistischer Zusammensetzungsstruktur von Elementarkonstituenten mit Elementarbedeutungen und deren atomare (elementweise deutbare) Informationen verfügt, wie wir sie von der schriftlichen Darstellung unserer Sprache, von deren Zusammensetzung aus Buchstaben bzw. mittels Lauten gewöhnt sind. Dort kennen wir die Unterteilung in eine untere nicht-bedeutungstragende, aber bedeutungskonstituierende Schicht der Elemente, Atome, und eben jene Schicht der Zusammensetzung dieser Atome auf der höheren Ebene. Die konnektionistischen Modelle haben demgegenüber eine eher neurobiologisch-neurophysiologische Ausrichtung, sie sind dem Funktionieren des Gehirns ähnlicher, obwohl auch sie strenggenommen natürlich keine biologischen und physiologischen Modelle sind, sondern ebenfalls abstrakte Modelle von Abläufen in technischen Nachrichten und Aktivierungsnetzwerken.

Solche parallelverarbeitenden[3] Aktivierungsnetzwerke und deren
Modelle scheinen auf manche Formen der Schematisierungen, welche die menschliche Erkenntnis besonders gut wiedergeben, spezia-
lisiert zu sein (besonders gut zu passen), nämlich auf schnelle
Erkenntnis von Konfigurationen und Strukturen, aufs Mustererer-
kennen, besonders auf das Lückenausfüllen bei Wahrnehmungs-
lücken: Wir können etwas sehr schnell erkennen, selbst wenn
Lücken bestehen oder wenn Ausfälle von Einzelelementen (z. B.
Neuronen oder Teilgruppen von solchen) zu konstatieren und zu
kompensieren sind usw. Darauf ist im einzelnen noch einzugehen,
aber es geht hier zunächst erst einmal darum, daß wir einen gewissen Eindruck gewinnen, wie solche Systeme arbeiten. Dazu möchte
ich wenigstens skizzenweise einige Beispiele vorführen. Man kennt
z. B. den Neckerschen Würfel, wie ihn Bild 8.2 zeigt.
    Das Bild ist die Darstellung eines Würfels, die man auf zweier-
lei Weise interpretieren kann: Entweder kann eine der Außenecken
eine vordere Ecke sein oder eine hintere Ecke. Es handelt sich um
eine Art von Kippbild. Man erkennt schnell den Deutungsaspekt:
das Wahrnehmungssystem „entscheidet" (z. T. unterbewußt oder
teilbewußt oder explizit bewußt) über die Bilddeutung. Allerdings
wird das Abbild dann nach einigen wenigen Sekunden umkippen.
Ein Netzwerk kann auch diese beiden Aspekte „erkennen" und
„unterscheiden" lernen, indem es die Beschränkungen, die bei
einem solchen Würfel vorliegen, darstellen und lernen kann. Bestimmte Alternativen des Aspektes einer Einzelecke schließen bestimmte Alternativdeutungen bei anderen eben aus!
    In Figur 8.2 ist ein solches Netzwerk des Neckerwürfels einfacher
Art in einem Schaltbild aufgezeichnet.[4] Hier sind also die Kanten

---

3   „Parallel" im konnektionistischen Sinn sollte jedoch von der *klassischen* Paral-
    lelbearbeitung, in der sich z.B. verschiedene Prozessoren einen klassischen,
    zunächst sequentiellen Algorithmus geschickt aufteilen, unterschieden werden.
    Dagegen scheint das spezifisch Wesentliche an *konnektionistischer* Parallelität
    die Idee zu sein, daß kein Einzelknoten eines Netzes eine semantisch oder syn-
    taktisch spezifizierbare Teilaufgabe vollführt, sondern einen nicht spezifizier-
    ten, manchmal einen gar nicht (im vornhinein jedenfalls) spezifizierbaren Teil
    der Gesamtaufgabe bearbeitet (daher auch das Potential zur „graceful degrada-
    tion" (s.u.)). (Diesen generellen Hinweis verdanke ich Stefan Baur).
4   „B" bedeutet hier „background", „U" bedeutet „up" oder „upper", „L" be-
    deutet „lower", in der Mitte stehend und „left" am Ende stehend, „R" am
    Ende bedeutet „right", „F" bedeutet „foreground". Man sieht sofort, daß be-
    stimmte kombinierte Ausschlußbeziehungen bestehen.

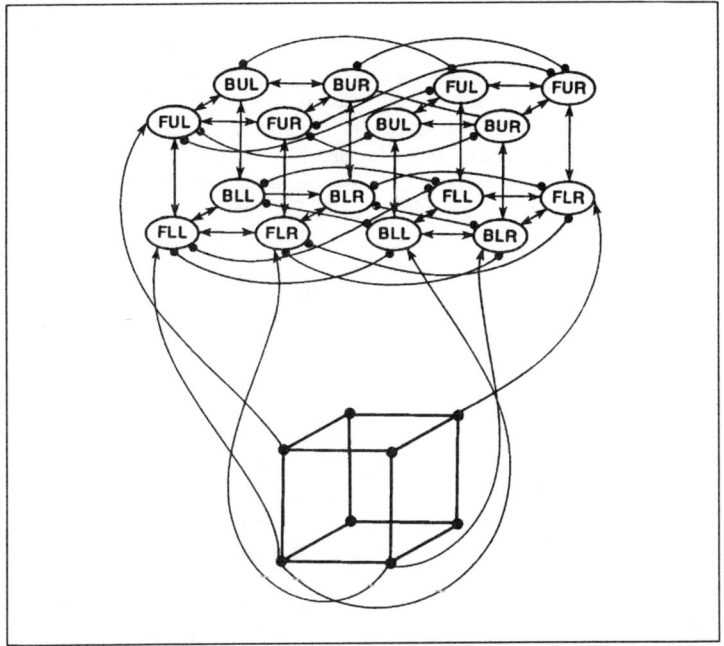

Abb. 8.2: Ein Netzwerk, das einige ausgewählte aus den wechselseitigen Einschränkungen hervorhebt, die beim Wahrnehmen des (unten wiedergegebenen) Neckerwürfels auftreten (nach Rumelhart u.a. 1986, 10).

sowie die Ecken bezeichnet. Wenn man also z. B. die eine Ecke als eine vordere, untere, rechte interpretiert, dann widerspricht das der alternativen Anordnung, daß diese Ecke zugleich hinten, oben, links ist. Eine Ecke kann nur entweder eine vordere oder eine hintere sein. Solche zweiwertigen Exklusionsbeziehungen sind für alle Ecken jeweils vorhanden – und wir können im Grunde ein Netz darauf einspielen, daß es dieses in gewisser Weise *dieses* zu diagnostizieren lernt, indem man „constraints", Beschränkungen, auf die Aktivierungen legt – etwa derart, daß wenn die linke obere Ecke vorne ist, sie nicht gleichzeitig hinten unten gesehen werden kann. Hat das Netz diese Alternativen und solche Beschränkungen eingespielt („trainiert"), dann kann es, ohne daß man weiter etwas vorgibt, in den Durchläufen diese „Beschränkungen" im Einzelfall „realisieren" und in bezug auf alle Ecken im systematischen Zusammenhang gut die eine oder die andere Alternative „diagnostizieren", sozusagen „erkennen", aber eben im allgemeinen nicht beide zugleich. Recht selten ist allerdings auch die Möglichkeit gegeben, daß man einen „unmöglichen Würfel" erhält, der würde dann aber nicht „verstärkt", sondern würde im Laufe der Durchläufe „abgeschwächt" werden. Es gibt ja insgesamt 2^{16} Zustandsmöglichkeiten. Man kann jedoch durch ein solches „lernendes Netz" sehr schnell so etwas wie eine ausschließende Differenzierung zwischen den beiden entscheidenden realistischen Möglichkeiten erzeugen. Man nimmt also an, daß dieses System startet, indem alle Einheiten zunächst noch nicht aktiviert sind,[5] und daß dann bestimmte Einheiten erst einmal zufällig ausgewählt werden und somit aktiviert werden usw. und dann diese Beschränkungen beachtet werden, so daß schließlich eine Art von Cliquenbildung von gleichzeitig aktivierten Einheiten auftritt und daß das System dann schließlich dahin gelangt, diese Necker-Würfel-Struktur als entweder linksorientiert (also etwa die linke obere Ecke liegt vorne), oder eben als die „rechte" auszuzeichnen. Man stellt also eine Stabilisierung dieser beiden Gleichgewichtszustände fest. Das System, so sagt man auch, „relaxiert in ein bestimmtes Gleichgewicht" (vgl. Abb. 8.3).

Man kann solche Arten von einfachen Netzwerksystemen natürlich auch in vielen anderen Zusammenhängen verwenden. Die Aktivierung kann schrittweise untergliedert werden; die Aktivierung eines Knoten braucht nicht nur „an" oder „aus"-geschaltet zu sein, sondern es gibt Zwischenzustände, Stärkegrade, Schwellenwerte,[6] und man kann verschiedene Arten von Netzen hiernach unterscheiden. Die einfachsten Arten sind die sogenannten „Hopfield-Netze". Der Festkörperphysiker Hopfield hatte Anfang der achtziger Jahre festgestellt, daß bestimmte Netze, die Aktivierungsregeln haben, Schwellenwerte aufweisen können: Wenn ein bestimmter Schwellenwert der Aktivierung überschritten ist, er-

---

5   Dabei kennzeichnet das Aktivieren einer Einheit den Zustand (bzw. die Lage) der ihr zugeordneten Würfelchen. Es ist hier auch nochmals zu betonen, daß eine aktive Einheit ihrerseits *andere* aktiviert und daß so das ganze Netz solange oszilliert, bis sich ein stabiler Zustand eingependelt hat.

6   Die Idee eines Schwellenwertes hatten bereits McCulloch und Pitts (1943) verwendet, in Anlehnung an biologische Vorgaben. Viele andere Netztypen verwenden auch Schwellenwerte, die von der Summe der Eingangsaktivität eines Knotens abgezogen werden, so daß dieser erst ab einer bestimmten Minimalaktivierung selbst aktiv wird.

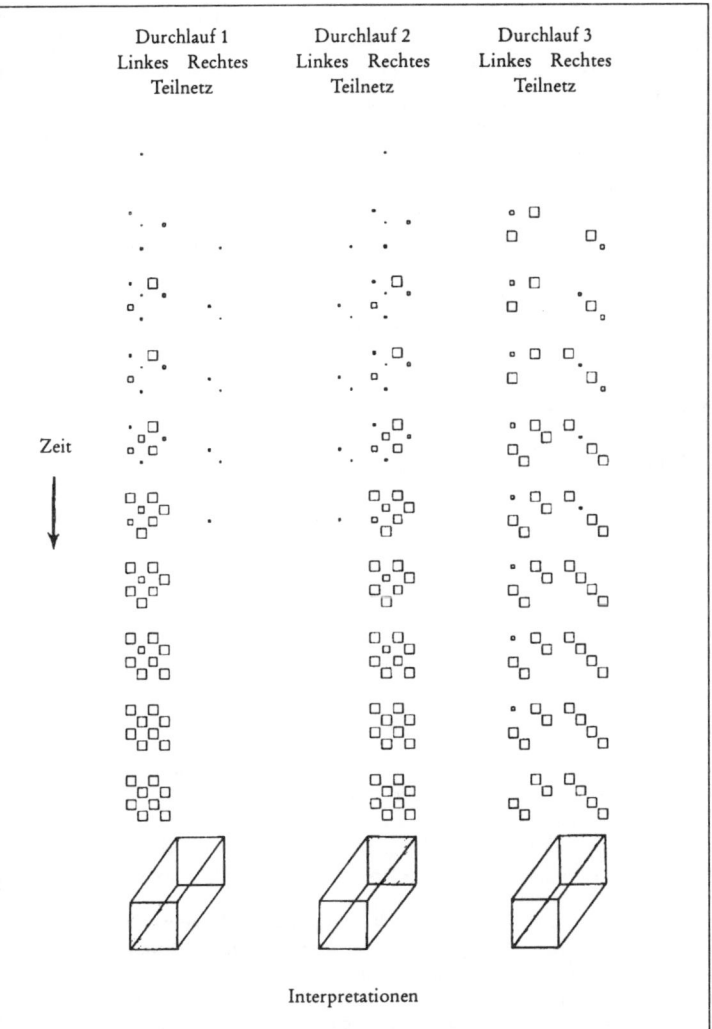

Abb. 8.3: Drei Simulationsdurchläufe aufgrund dieses Netzwerks. Die Größe der Quadrate symbolisiert den Aktivierungswert ... (n. Rumelhart u. a. 1996, 12). Die großen Kistchen bedeuten, daß die links/unten-Würfelseite vorn liegt, (Durchlauf 1) bzw. umgekehrt (Durchlauf 2).

gibt sich das Verbindungsgewicht 1, wenn er nicht überschritten ist, 0. Solche Netze, „Hopfield-Netze" genannt, können in der Tat (wie Hopfield bewies) zu Gleichgewichtszuständen tendieren und auf diese Weise gleichsam „lernen". Es gibt natürlich viel raffiniertere Netze, z. B. sogenannte „Boltzmann-Maschinen",[7] bei denen diese Schwellenwertproblematik nicht gegeben ist, sondern die Aktivierungsübertragung anhand einer Aktivierungsregel geleistet wird, die eine Art von Sättigungsfunktion (in Gestalt der logistischen Kurve) aufweist, wobei auch die (Wahrscheinlichkeit der) Gesamtaktivierung des Netzes eine Rolle spielt, die man auch „Temperatur des Netzes" nennt – in Anspielung an die thermodynamische Definition der Temperatur als mittlerer Aktivierung der Moleküle[8].

Ein weiteres einfaches Beispiel, das schon alltagsnäher zeigt, daß und wie man eine gewisse Ordnung erfassen kann, stammt von dem Psychologen J. McClelland (vgl. Tabelle von Abb. 8.4 und die bildliche Darstellung von Abb. 8.5).

---

[7] Besonders charakteristisch für Boltzmann-Netze ist die Idee, die Möglichkeit für eine Einheit, ihren Aktivierungszustand zu ändern, als Wahrscheinlichkeitsverteilung anzugeben (die wiederum von den erhaltenen Aktivierungen, der „Energie" der Einheit, abhängig ist). Dieses stochastische Element kommt bislang nur bei wenigen Netzwerktypen (z. B. Metropolis-Algorithmus, simulated annealing) vor.

[8] Es handelt sind also um verschiedenartige Netze, die auch für die Modellierung unterschiedlicher Lernverfahren benutzt werden (können). Insbesondere arbeiten diese Lernmodelle mit den genannten Fehlerreduktionsregeln, nicht nur entsprechend dem Hebbschen Modell, sondern eben z. B. auch nach der erwähnten Delta-Regel, welche die Fehler zu minimieren versucht anhand der Methode der kleinsten Quadrate, oder nach der generalisierten Back-propagation-Regel, also durch differenzierte Zurückführung der Fehlerminimierung von Schicht zu Schicht, oder, um die mathematische background-Theorie zu erwähnen, durch Fehlerminimierung der Netzwerkfunktion mittels Gradientenabstieg.

Die Jets und die Sharks

Name	Gang	Alter	Ausbildung	Familienstatus	Beruf
Art	Jets	40's	J.H.	Sing.	Pusher
Al	Jets	30's	J.H.	Mar.	Burglar
Sam	Jets	20's	COL.	Sing.	Bookie
Clyde	Jets	40's	J.H.	Sing.	Bookie
Mike	Jets	30's	J.H.:	Sing.	Bookie
Jim	Jets	20's	J.H.	Div.	Burglar
Greg	Jets	20's	H.S.	Mar.	Pusher
John	Jets	20's	J.H.	Mar.	Burglar
Doug	Jets	30's	H.S.	Sing.	Bookie
Lance	Jets	20's	J.H.	Mar.	Burglar
George	Jets	20's	J.H.	Div.	Burglar
Pete	Jets	20's	H.S.	Sing.	Bookie
Fred	Jets	20's	H.S.	Sing.	Bookie
Gene	Jets	20's	COL.	Sing.	Pusher
Ralph	Jets	30's	J.H.	Sing.	Pusher
Phil	Sharks	30's	COL.	Mar.	Pusher
Axe	Sharks	30's	J.H.	Sing.	Bookie
Nick	Sharks	30's	H.S.	Sing.	Pusher
Don	Sharks	20's	COL.	Mar.	Burglar
Ned	Sharks	30's	COL.	Mar.	Bookie
Karl	Sharks	40's	H.S.	Mar.	Bookie
Ken	Sharks	20's	H.S.	Sing.	Burglar
Earl	Sharks	40's	H.S.	Mar.	Burglar
Rick	Sharks	30's	H.S.	Div.	Burglar
Ol	Sharks	30's	COL.	Mar.	Pusher
Neal	Sharks	30's	H.S.	Sing.	Bookie
Dave	Sharks	30's	H.S.	Div.	Burglar

Abb. 8.4: McClellands fiktives Beispiel zweier Gangs (nach McClelland 1981).

Hier handelt es sich um ein fiktives Beispiel von zwei Banden, den „Jets" und den „Sharks", und um die Aufgabe, die einzelnen Mitglieder durch ihre Bandenzugehörigkeit sowie durch andere Kriterien, wie Alter, Erziehung (d. h. Junior Highschool oder College oder Highschool) zu charakterisieren. Der Name ist jeweils angegeben; ferner interessiert auch der Beruf und, ob sie verheiratet oder ledig sind („Pusher" heißt „Dealer", „Burglar" ist der ehrenwerte Beruf des Einbrechers und „Bookie" heißt „Buchmacher".) Das vorliegende Beispiel kann man natürlich beliebig variieren und

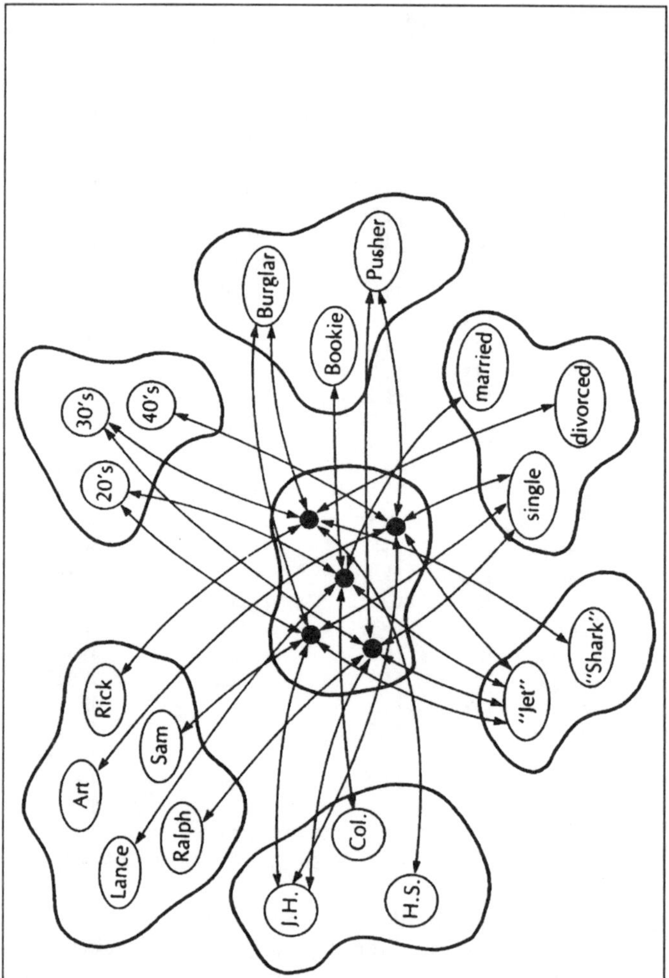

Abb. 8.5 (nach Bechtel-Abrahamsen 1991, 23)

interpretieren; es ist so natürlich als „Witz" entworfen worden. Man stelle sich nun vor, daß man diese Zuordnungen in einem Netz darstellt. Die „hidden units" sind die Personen selber; diese muß man ja nicht direkt bezeichnen, sondern sie sind immer auch indirekt, durch ihre Eigenschaften und Kennzeichen (etwa ihrem *Namen*), zu erreichen (vgl. Abb. 8.5).

Auch hier hat man bestimmte Zuordnungen und Beschränkungen („constraints") der Units: die Doppelpfeile im Bild sind hier keine Ausschlußpfeile, sondern Einschlußpfeile, direkte Zuordnungen. Man kann beispielsweise durch Aufrufen des Namens die Person identifizieren. Wenn man also Namensknoten als Input hat und diese aktiviert, dann wird z. B. bei „Rick" wahrscheinlich eine hidden unit aktiviert, und es werden gleichzeitig andere damit verbundene verdeckte Knoten mitaktiviert. Es wird also nicht nur ein Knoten aktiviert, sondern es werden auch immer mehrere damit verbundene mitaktiviert – je nachdem, wie sie miteinander zusammenhängen. Z. B. hängen die Personen ja dadurch miteinander zusammen, daß sie der gleichen Gang angehören: Ralph und Sam etwa gehören zur selben Bande. Wenn man nun beispielsweise so etwas wie eine allgemeine Charakteristik der Gangmitglieder hervorheben will, dann kann man das natürlich dadurch erreichen, daß man über die Eingangsdaten mittelt, z. B. stellt man fest, daß das Alter der meisten Sharks in den dreißiger Jahren liegt; einige fallen allerdings heraus. Man kann dann versuchen, eine allgemeinere Charakterisierung der Mitglieder dieser Sharks durch die gemittelten Aktivierungen zu beschreiben – bestimmt etwa durch die Verbindungen zwischen den Knoten und durch gleichzeitige Aktivierungen von allen betreffenden Input-Knoten oder Input-Zellen. Dies führt dann zu überraschenden Zusammenhängen. Um noch ein Beispiel zu geben (Abb. 8.6): Wenn wir beispielsweise gerade die mittlere Alterskennzeichnung bei den Sharks benutzen, so ergibt sich, daß in der Tat bei den entsprechenden Durchläufen sich das Alter stark auf die Dreißiger konzentriert, obwohl auch einige „Vierziger" und „Zwanziger" unter den Sharks vorkommen. Aber die entsprechenden Knoten haben letztlich auf längere Sicht keine Chance auf Durchdringen; sie werden nicht weiter aktiviert, weil die „Dreißiger" das Übergewicht gewinnen. Solche Aktivierungen führen schließlich zu einer Art von charakteristischer Beschreibung oder Differenzierung, zu entsprechenden Verfestigungen der Gewichtungen oder der Reaktionsweisen des Netzes. Das ist die Grundidee, an einem einfachen Beispiel ausgemacht.

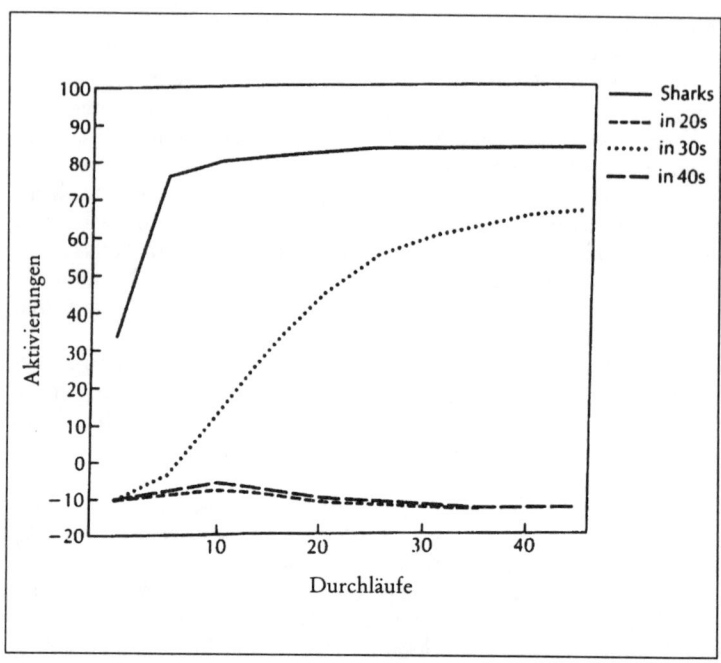

Abb. 8.6 :Die Aktivierungswerte gegenüber Durchläufen für drei Altersgruppen-Einheiten, nachdem die Eigenschaft „Alter" extern aktiviert wurde. (zit. nach Bechtel – Abrahamsen 1991, 32).

Man kann eine derartige Netzstruktur auch auf andere Weise verwenden, indem man beispielsweise überlegt, wie die entsprechenden Werte, die durch ein solches Netz aktiviert bzw. herausgehoben werden, insbesondere in bezug auf das Einspielen eines bestimmten Gleichgewichtspunktes oder einer Gleichgewichtssituation eventuell konfigurativ und nicht durch Einzelabtastung zu charakterisieren sind. Ich sagte schon, daß das Netz dann nach entsprechenden Durchläufen u. U. zu bestimmten Gleichgewichtspunkten kommt, diese „einspielt", in ein Gleichgewicht „relaxiert". Dieses erreicht als (relativen) Endzustand (Fixpunkt, Gleichgewichtspunkt) eine stabile „Interpretation der Eingabe" („settled into an interpretation of the input", Rumelhart u. a. 1986, 14). Dieses Verfahren entspricht einer globalen Messung, einer Gütefeststellung in bezug auf die vorausgesetzten Kriterien, die gewünscht sind. Man läßt das Netz sich an einen gewünschten Output anpassen, dabei strukturiert sich das Netz durch die Änderung der Gewichte der Verbindungen und entsprechend dann natürlich der entsprechenden Aktivierungen, die aus der Multiplikation der jeweiligen Aktivierungen mit den Gewichten der Verbindungen mit den Nachbarzellen gewonnen werden; es „paßt" sich an eine zuvor bestimmte Soll-Output-Vorschrift an.[9] So wird beispielsweise bei dem eben genannten Beispiel die Charakterisierung der Sharks als im wesentlichen Dreißigjähriger oder in den dreißiger Jahren befindlich besser sein als diejenige, daß sie vierzig Jahre alt sind. Solche Muster kann man natürlich in beliebigen Varianten benutzen.

Rumelhart, Smolensky, McClelland und Hinton haben in ihrem berühmten Aufsatz über Schemata (1986) die Kriterien ebenfalls an einem Beispiel dargestellt, nämlich wie wir bestimmte Zimmerarten durch das Mobiliar charakterisieren. Eine Küche enthält einen Herd, aber ein Schlafzimmer mit Herd kommt selten vor; insbesondere im Zeitalter der Singlewohnungen und der Einzimmerapartments tritt diese Kombination zwar auf, aber sie ist natürlich nicht charakteristisch. Die Güte der Anpassung an bestimmte Kriterien, die sich einspielt, wenn man von einem bestimmten Standpunkt ausgeht, läßt sich als eine zweidimensionale gebogene Fläche darstellen (vgl. Abb. 8.7), wobei die Anzahl der Kriterien, die z. B. dem Küchesein oder dem Schlafzimmersein entsprechen, dann eine gewisse Rolle spielt: Je mehr Kriterien erfüllt sind, desto besser ist die jeweilige Passung. In der Tat ist es so, daß beispielsweise eine Flächen-Struktur sich ausbildet zwischen „Küche" und „Schlafzimmer". Es pendelt sich durch die entsprechenden Kriterien die Suche bei einer von zwei Möglichkeiten ein: Man endet entweder bei der Feststellung, es handele sich um ein Schlafzimmer oder um eine Küche (Abb. A). Die Güte der Anpassung nimmt beim „Wan-

---

9 Das ganze stellt sich dann ähnlich dar wie etwa auf einer Potentialfläche Energiezustände, und oft wird es so sein, daß bestimmte Minima des Aufwandes, z. B. des Energieaufwandes, der besten Anpassung, der besten Harmonie oder harmonischen Beschreibung der entsprechenden Kriterien zu erreichen sind – und zwar kann diese Potentiale verwendende Erkennung von Minima oder Maxima oft sehr schnell, nahezu instantan vor sich gehen. Normalerweise wird der Suchprozeß einen Potential-"Hügel" hinauf- oder hinabsteigen („hill climbing"), um ein lokales oder globales Maximum oder Minimum einzunehmen.

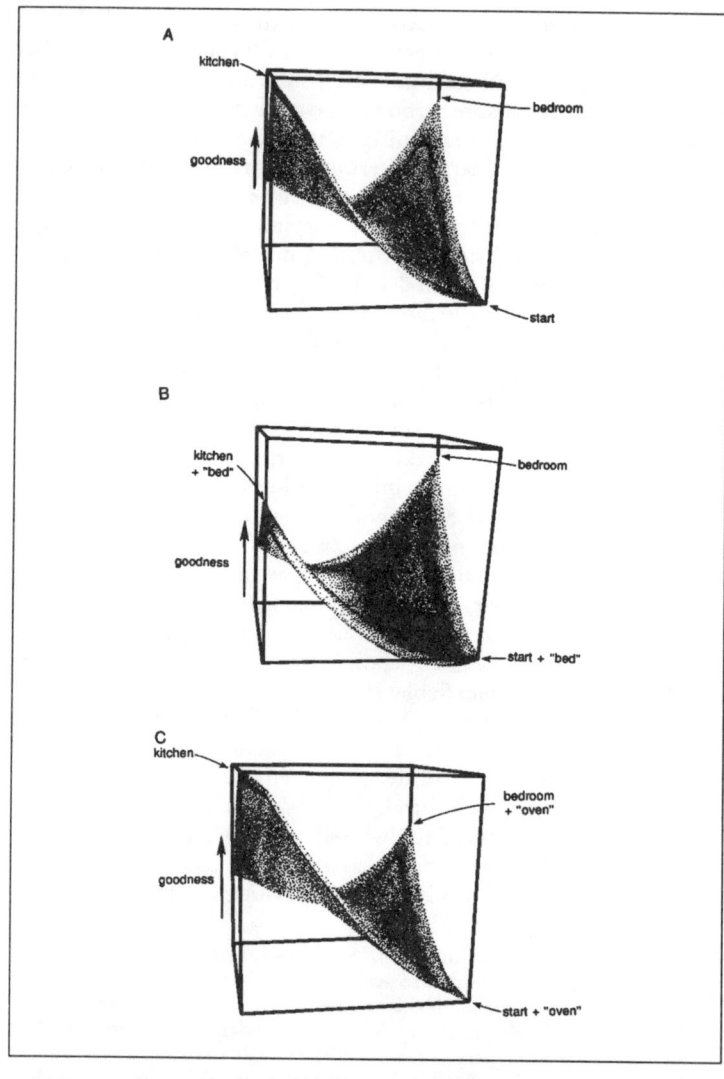

Abb. 8.7: Gütefunktion der Passung über die Zustandsmenge in Abhängigkeit (bei B und C) von bedingtem Start.
Nach Rumelhart – Smolensky – McClelland – Hinton (1986, II, 32f.).

dern" auf der „Gütefläche" jeweils zu, wenn man entlang des Gradienten (in der „Fallinie") hochsteigt. Falls man aber bestimmte Vorgaben beim Start hat, z. B. daß ein Bett vorhanden ist, wird man wahrscheinlich seltener bei „Küche" landen (Abb. B). Umgekehrt ist es (Abb. C), wenn man vom Vorhandensein eines Herdes ausgeht, dann wird es sich häufiger um eine Küche handeln als um ein Schlafzimmer mit Herd. Mit anderen Worten hat man hier die Möglichkeit, kategorische Einteilungen mit Abstufungen zu lernen und in Mischfällen anzuwenden. Das Netz weist auf diese Weise Differenzierungsmöglichkeiten auf, in denen an charakteristischen Merkmalen ausgerichtete Einspielungen vorgenommen werden und entsprechend schließlich die Zusammenhänge der Verbindungen von Units sich in bestimmten Schemata, sozusagen Koalitionen von Units (insbesondere auch von Hidden Units), ausprägen. Ein Schema wäre hier eben *Schlafzimmer*, ein anderes Schema wäre hier eben *Küche*. Beide sind *überwiegend* nach den Durchläufen durch die charakteristischen Merkmale eingespielt und können entsprechend vom Netz aufgrund der vorherrschenden Aktivierungen der Merkmale „erkannt" werden, nachdem man eine entsprechend lange Trainingsphase vorgeschaltet hat.

Praktisch ist ein solches Verfahren in der Tat bereits von Gorman und Sejnowski angewendet worden, die ein Netz ohne Regelvorgaben darauf trainiert haben, solche Koalitionen der Units zwischen „Minen" und „Felsen" unter Wasser zu unterscheiden, also die entsprechenden Schemata anzuwenden, und zwar anhand von Echolotprofilen, dargestellt (und eingegeben) als Vektoren von Werten für die Eingabeknoten. Das „Erkennungsnetz" funktionierte derart, daß das Netz, nachdem es hinreichend trainiert[10] worden war, nach dem Lernen für beliebige vorgelegte Echolotprofile zu entscheiden vermochte, ob es sich um eine Seemine oder einen Felsen handelte. Das System lernt also selbständig an vorgelegten Prototypen von Echolots, und kann nach der Trainingsphase in der Praxis angewendet werden. Ein ähnliches System hat man auch schon für die Entdeckung und Ortung von Lecks in weitverzweigten Überland-Ölleitungen verwendet. Man kann sich das auch hierbei so vorstellen, daß man bei einem solchen Suchprozeß das Netz in der Trainingsphase durch viele Läufe „ein-

---

[10] Es ist klar, daß für das „Training" eine Reihe bereits „gelöster" Probleme (also bekannte Zuordnungen von Echolot-Daten zu „Mine" oder „Felsen") benötigt wird.

spielt". Man beginnt mit einer Zufallsstartposition, und je nach Erfolg, d. h. je nachdem, ob der gewünschte Output getroffen wird oder nicht, wird durch die Aktivierung das entsprechende Gewicht der Verbindung zu anderen Zellen verstärkt (oder eben behindert, negativ beeinflußt), so daß man schließlich eine Art von „bester" Anpassung findet, also ein globales Irrtumsminimum erreicht, das nicht nur eine lokale Mulde angibt, sondern generell eine verläßliche Entscheidung zu leisten gestattet.

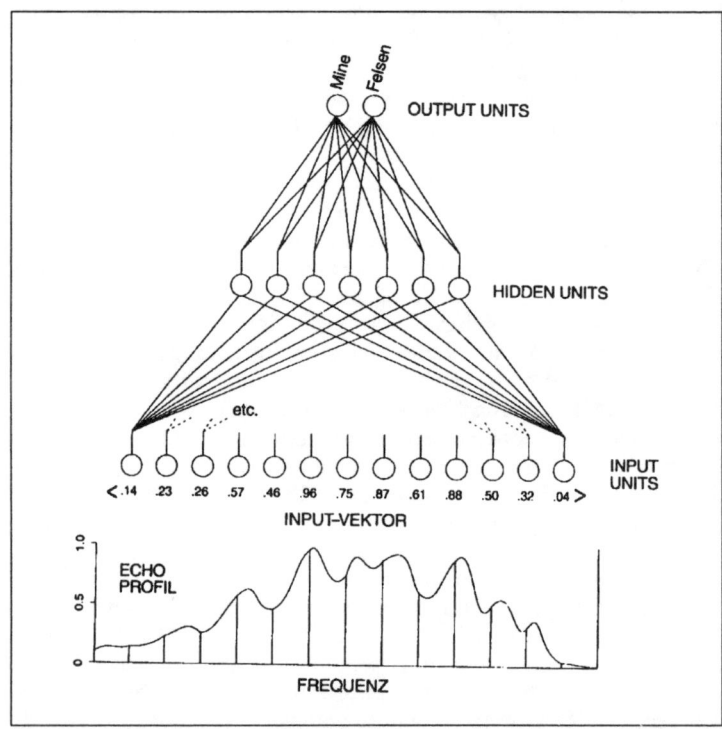

Abb. 8.8: Gorman – Sejnowski 1988: „Nachdem das neuronale Netz hinreichend trainiert wurde, soll es selbständig für die vorgelegten Echolot-Echos entscheiden, ob es sich um eine Seemine oder um einen Felsen handelt. Das System lernt also selbständig an vorgelegten Prototypen von Echolot-Echos. Sie stellen den vorgegebenen Maßstab des selbständig erlernten Wahrnehmungs- und Unterscheidungsprozesses dar." (dargest. u. zit. nach Mainzer 1995, 335).

Man hat solche Netze, die in der Lage sind, sich an bestimmte Muster anzupassen und dann die entsprechenden Muster wiederzuerkennen, mittels solcher geschichteten Strukturen mit „versteckten Einheiten" bereits erfolgreich angewandt. Diese Netze lernen anhand einer Ausgangsdifferenz zwischen dem Sollwert und dem jeweiligen Istwert, indem sie die Verstärkungsgewichtungsfaktoren den (am häufigsten aktivierten) Verbindungen zwischen Einheiten bzw. zwischen bestimmten Teilknoten flexibel „anpassen", je nach Erfolg oder Nichterfolg erhöhen oder vermindern. Sie können durch diese Gewichtsänderung der Aktivierungen entsprechend den genannten Fehlerregeln (also etwa der Deltaregel oder der Backpropagation-Regel) Anpassungen vornehmen. Sie lassen sich, wenn sie trainiert worden sind, dann als Entdeckungsinstrumente benutzen: Sie können Muster „erkennen", sie vermögen sich auf andere Zustände einzustellen, bestimmte „beste" (Passungs-)Zustände zu ermitteln. Insbesondere können sie, wenn es sich um *mehr*schichtige Netze handelt, eine Art von Mustererkennung sehr schnell[11] durch die Ermittlung der Minima leisten, indem sie z. B. *global* (ohne Abtasten der einzelnen Knoten) die entsprechenden Aufwandsminima oder Harmoniemaxima solcher Gleichgewichte ermitteln. Das entspricht recht gut der Fähigkeit der menschlichen Erkenntnis, sehr schnell Konfigurationsmuster ausmachen zu können, ohne daß man eine sehr aufwendige und mühsame Abarbeitung im einzelnen durch das Durchgehen von Einzelzuständen nach seriellen Abprüfungsverfahren leisten müßte. Wie gesagt: man kann nun auf diese Weise auch sogar Kategorisierungen lernen, die Unterscheidung also beispielsweise zwischen Küche und Schlafzimmer, zwischen Mitgliedern der Sharks und der Jets, zwischen den Minen und den Felsen usw.. Man kann also maschinell durch ein solches Netzwerktraining Kategorisierungen und Erkennungen praktisch durchführen,

---

[11] Die bemerkenswerte Schnelligkeit neuronaler Netze zur Mustererkennung ist i.a. natürlich erst *nach* dem Lernen bzw. Trainieren gegeben, wenn z. B. ein dreischichtiges gerichtetes Netz nur noch einen Durchgang der Aktivierung von den Eingabe-Einheiten über die versteckten zu den Ausgabe-Einheiten berechnen muß. Bei zyklischen Netzen ist zwar ein rückgekoppelter Einschwingvorgang nötig; dieser ist aber meistens auch mehr kurz. Das Lernen selbst, gekennzeichnet durch oft vielhundertfache, ja, oft tausendfache Wiederholung der Präsentation der Beispielmuster, ist dagegen meist sehr zeitaufwendig. (Allerdings verläuft der Prozeß vollautomatisch und „über Nacht") (Hinweis Bauer).

indem man ein solches Netz trainiert und *ohne Vorgabe von Regeln* gleichsam sich auf die entsprechenden charakteristischen Unterschiede einspielen läßt. Insbesondere besteht dann auch die Möglichkeit, daß man Expertenwissen auf diese Weise darzustellen versucht. Man könnte Expertennetze oder -systeme grundsätzlich so anzuordnen. Weil ja ein Spezialisten- und Expertenwissen in gewissem Sinne handlungsorientiert ist, eher ein *„Know-how"* darstellt als ein *„Know-what"*, kann man versuchen, solche Netze auch hierfür einzusetzen.

Die Vorteile eines solchen Netzmodells sind also generell derart, daß man angepaßt an die Umwelt flexibel bestimmte Zustände realisieren oder herstellen bzw. automatisch „erkennen" kann. Insbesondere kann man nach der Trainingsphase dies sehr schnell, weil das Netz sehr schnell (durch globale Aufwandskontrollen ohne serielle Abarbeitungen einzelner Konstituentenvergleiche) Konfigurationen zu „erkennen" vermag, wie beispielsweise die energetischen Minima oder entsprechenden Maxima auf einer Potentialfläche. Das Netz kann sehr schnell die beste Passung ermitteln, feststellen, ob und wieweit Gütekriterien erfüllt sind. Es kann schließlich die betreffenden Fälle kategorisieren und danach einteilen, inwieweit und wie gut sie auf die Kategorien passen. Das alles leistet das Netz so, als ob es bestimmte Regeln befolgen würde, die es aber gar nicht vorgegeben bekommen hat, sondern die es durch diese Trainingsphase und durch viele Durchgänge quasi „erlernt" hat und die nun in den Verbindungsgewichten implizit „realisiert" sind. Ferner kann man, wenn einige Kriterien nicht streng erfüllt sind – man denke sie beispielsweise an die erwähnte Ermittlung des Alters bei dem Shark-und-Jet-Beispiel –, Lücken ausfüllen, wie es das menschliche Erkennen ja auch sehr gut vermag. Das Netz kann wie die menschliche Mustererfassung aus unvollständiger Eingangsinformation dennoch die vollständige Information abrufen. Zudem kann man auch das Phänomen prinzipiell gut darstellen, was auf Englisch euphemistisch „graceful degradation of performance" genannt wird, ein „gnädiges Nachlassen der Leistungsfähigkeit", wie es beispielsweise im Alter etwa bei Wahrnehmungsprozessen vorkommt, so daß man bei leichten Läsionen oder Mängeln dennoch die gesamte Information abrufen und ergänzt darstellen kann. Gerade das kann das menschliche Gehirn ja auch außerordentlich gut; es funktioniert noch, selbst wenn einzelne Neuronenstrukturen oder begrenzte Komplexe ausfallen. Eine solche Art von Fehler- oder Mängeltoleranz ist bei solchen

Netzen eben auch vorhanden. (Das Gehirn – zumal das jüngere – kann darüber hinaus Funktionsumlagerungen und Neuspezialisierungen leisten.) Hinzu kommt, das ist besonders wichtig (und auch das kann man wiederum an dem Beispiel der Jets und Sharks gut sehen), daß das Netz Outputs *immer verfügbar* hält; man kann also entsprechend den (Passungs-)Kriterien schnell abfragen und erhält den Output – ganz gleich, wo und mit welchen Eingangssignalen man den Suchprozeß beginnt. Das Netz kennzeichnet und „erkennt" also eher durch „regionale" oder gar „globale" (Passungs-) und Kriterienbeschreibungen, nicht durch einzelnes Abtasten von Elementen. Man kann besonders schnell ein Element oder eine Untergruppe „herausfischen", wo bestimmte Kriterien im Schnitt getroffen oder besser in bezug auf andere Untergruppen erfüllt sind. Es muß nicht mehr alles einzeln und elementweise abgetastet werden, sondern man kann gleich ein Mittelungsergebnis – durch allgemeine(re) Beschreibungsmerkmale gegeben – wiederholt, variiert und vor allem schnell abrufen.

Ferner zeigt das Netz eine Gehaltsadressierbarkeit („content addressability"), d. h., es werden die entsprechenden Elemente nicht durch eine kennzeichnende Dateinummer o. ä. gekennzeichnet, sondern sie sind ähnlich wie beim menschlichen Denken „inhaltsadressierbar". Auch die Objektadressierbarkeit zeigt die oben erwähnten Vorteile, z. B. der Schnelligkeit. Unsere Gedanken sind ja auch dadurch charakterisiert und identifizierbar, daß sie eben den und den Inhalt haben und *nicht*, jedenfalls nicht in unserem bewußten Erleben, dadurch abgerufen werden können, daß man ihnen eine bestimmte Dateinummer zuordnet und einen seriellen Suchmechanismus in Gang setzt – so, wie es etwa im Computer der Fall ist. Diese „content addressability", also die Gehaltsadressierbarkeit, ist ein ganz wichtiger Punkt, der prinzipiell bei diesen Netzwerken eine Rolle spielt, wie auch in der menschlichen Erkenntnis und im Bewußtseinserleben. Die „neurale Nähe" der Netzwerkverarbeitungsmodelle zeigt sich auch hieran.

Ähnlich vorteilhaft ist, daß man die Ermittlung von bestimmten Gleichgewichtspunkten unabhängig von dem Startpunkt erreichen kann, von dem aus man beginnt. Man steigt den Gradienten (die „Fallinie") auf der entsprechenden Potentiallandschaft aufwärts[12] und „landet" dann irgendwo bei einem relativen oder absoluten Fixpunkt: entweder bei einem zunächst lokalen und schließlich auf

---

[12] Oder andernfalls entsprechend *abwärts*.

einem globalen Gleichgewichtspunkt. Durch das Steigen auf Gradienten(stufen), das „hill climbing", erreicht man unabhängig von dem Ausgangspunkt dann den entsprechenden „bestpassenden" Zuordnungswert.

Dies alles sind im gewissen Sinne (Funktions-)Vorteile dieser Netzwerkmodelle, die auch den Anlaß dafür gegeben haben, daß insbesondere die Gruppe um Rumelhart, McClelland, Smolensky und Hinton (1986) behauptet hat, man habe auch die Schemata, wie wir sie oben diskutiert haben, im Grunde als derartige Koalitionen von Einheiten in solchen Netzwerkstrukturen aufzufassen, und zwar sowohl hinsichtlich der Informationsverarbeitung als auch hinsichtlich der Aktionsstrukturierung. (Das ist auch ein Grund, weswegen dieses Kapitel hier eingefügt wurde.) Auch die traditionell beschworenen Schemata sind ja keine fix vorgegebenen Strukturen, sondern flexibel. Sie können angepaßt werden, verändern sich, zeigen eine bestimmte Prototypenbildung (Rosch) bei der Kategorisierung. Die Schemata spiegeln in gewissem Sinne Regularitäten der Erfahrung, erlauben auch so etwas wie eine („gnädige") Ausfüllung von Lücken, weil sie sich eben auf *wesentliche* Merkmale beschränken. Sie können gleichsam eine Generalisierung („Induktion") aus der Vergangenheit vornehmen. Kurz: sie sind im Grunde flexible Interpretationszustände oder eben solche Einheitskoalitionen, die eine Art von Mischung aus vergangener Erfahrung, gegenwärtigen Umständen und der Umweltauseinandersetzung erlauben. Insbesondere haben sie die Funktionen und Vorteile der Fehlertoleranz, der Gehaltsadressierbarkeit bei der Speicherung, der ständigen Abrufbarkeit von entsprechenden Outputs bei wechselnden Startpositionen, der Wiederholbarkeit des Zugriffs durch Kennzeichnung und Beschreibung usw. Das bedeutet, wir haben so etwas wie eine Parallelisierung zu Aufgaben, wie wir sie bei der menschlichen Erkenntnis als entscheidend ansehen, auch hier festzustellen. Schemata sind (funktionieren) offenbar (als) netzwerkartige Orientierungs- und Ordnungssysteme.

Es gibt zwar auch einige Schwierigkeiten festzustellen: Schemata sind einerseits Strukturen, die in gewisser Weise kontinuierlich (relativ fest) bleiben müssen, weil sie ja die Kontinuität der Feststellung erlauben müssen. Auf der anderen Seite müssen sie aber wiederum flexibel und formbar sein, anpaßbar an neue Situationen und Konfigurationen. Sie müssen in bestimmten Augenblicken und Zuständen instantiiert werden können. Doch das gilt natürlich gerade auch für solche Netze. (Diese Mischung von Fixiertheit und Flexibilität stellt natürlich auch ein Problem für funktionale Erklärungen und für die Modellierung dar.)

Daß die Schemata als Verbindungen der Untergruppen, der Cliquen von Units ... in solchen Netzen aufgefaßt werden können, ist generell eine plausible Hypothese oder eine Art von Arbeitsdefinition von „Schema", welche die Mitglieder aus der PDP-Netzwerkgruppe vertreten. (Das gilt wenigstens funktional.) Koalitionen von eng verbundenen (evtl. „verborgenen"), wechselseitig verbundenen Einheiten sind diejenigen, die mit den herkömmlichen Schemata am meisten korrespondieren. Es stellt sich heraus, daß die konnektionale Feststellung von Gleichgewichtsstrukturen des Zutreffens, die Maximierung von Harmonie und die Minimierung von Energieaufwand und die Merkmale, die ein Schema als passend erweisen, entsprechend sind. Lernen ist im Grunde somit – konnektionistisch gesehen – das Anpassen der Verbindungsstärken und der Gewichtungen in den entsprechenden Verbindungen von Einheiten, um eine „bessere" Passung und Erfassung zu gewährleisten. Das („konnektionistische") Lernen geschieht durch die Verbesserung von den Gewichtungsfaktoren bei der Anpassung. Das ist prinzipiell auch die Art und Weise, wie solche parallel arbeitenden (Erkennungs-)Netzwerke verwendet werden, wenn man sie trainiert (hat). Das Lernen ist die Trainingsphase, wie man durch Aktivierung und die Anpassung der entsprechenden Gewichtungsfaktoren sowie den Aktivierungsgrad die Anpassung verbessern kann. (Selbst das lebenslange Weiter- und Umlernen läßt sich unter dieser Modellvorstellung verstehen.) Die Idee ist, daß die mentalen Vorstellungen, auch insbesondere die Schematisierungen beispielsweise des Wahrnehmens, aber auch der höheren Kognition sich dann eben entsprechend abspielen (siehe Abb. 8.9).

Man hat nach diesem Diagramm also ein Netzwerk zum Interpretieren, das bestimmte Signale aus der Umwelt erhält, die in die „Input units", also die Eingabezellen, (evtl. selektiv) aufgenommen werden und dann entsprechend in den internen „verborgenen Einheiten" ver- oder bearbeitet werden, schließlich dann eine Art von Output erzeugen und u. U. wieder auch Auswirkungen auf die Umwelt zeitigen. Es spielt hier ein (selektiv repräsentierendes) internes Modell der Welt mit, das entsprechend (reaktions- oder relationshomomorph, also irgendwie verknüpfungstreu, wenn auch verkürzend) strukturiert ist. Die Outputs werden dokumentiert, indem sie ihrerseits Inputs für das interne Modell bereitstellen. Man modelliert nun in einem internen Modell mehr oder weniger

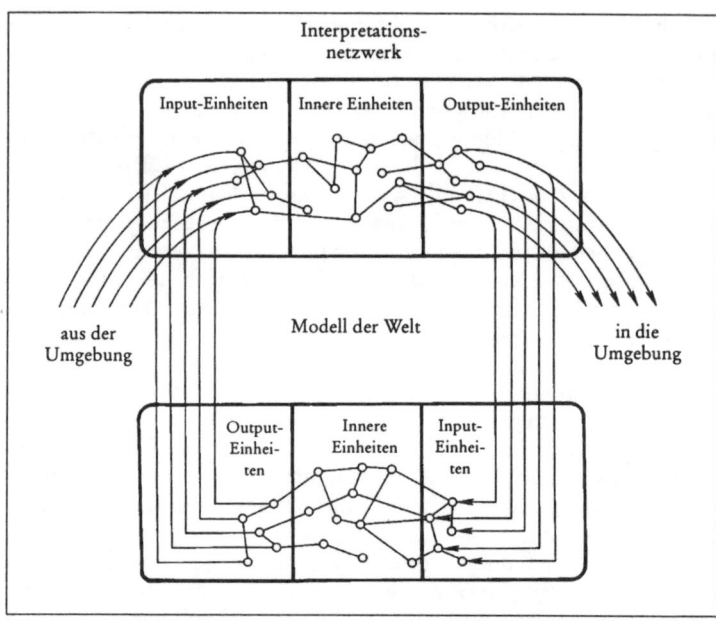

Abb. 8.9: Die Beziehung zwischen dem Weltmodell, dem Interpretationsnetz-
werk, den Inputs und den Outputs für mentale Simulationen
(Rumelhart u. a. 1986, 43).

„gut" die Außenwelt. In entsprechenden Rückkopplungsschleifen
wird dieses interne Modell an die Möglichkeiten der realen
Darstellung angepaßt, wird immer „besser", lernt entsprechend
diesem Muster. Auf diese Weise soll so etwas wie die spiralig sich
verbessernde Modellierung, eine „Anpassung", an die unterstellte
„Struktur" der äußeren Welt stattfinden, beispielsweise auch die
Kategorisierung, z.B. Einteilung in Arten u.ä. Die Anpassungs"si-
mulation" funktioniert immer besser, und es schleift sich dann so
etwas wie ein Verhalten ein, **das** gleichsam *als Regel* wirkt, obwohl
gar keine Regel direkt vorgegeben ist, sondern diese sich durch
diese dauernd feedback-gesteuerte Lernprozeßgestaltung eben erst
ergibt. D. h., es ist also ein Feedback-Modell des Lernens, wobei
die relevanten Strukturierungen im Grunde erst sekundär entstehen. So wird ein Prozeß der Schemabildung installiert, der dann
natürlich auch als ein Beispiel dafür gesehen werden kann, wie wir

durch externe Eingaben in unseren Wahrnehmungen und durch Interaktion mit diesen uns schematisierte Interpretationen erarbeiten oder eben das Einschleifen der schematisierend-interpretatorischen Aktivitäten leisten – oder besser: in uns oder uns darauf „einspielen". Die Bildung und Konfiguration der Schemata entwickelt dann die Interpretation des Inputs („settled into an interpretation of the input"). Dieser Einspielungsprozeß entwickelt sich im Sinne des Lernens dann jeweils eben durch Rückkopplung an die entsprechende Realität – stets aufgrund der Outputs und der wiederum in das interne Modell zurückgeführten Inputs der Außenwelt und durch entsprechende Anpassungen und dieses Rückwärts-Schicht-für-Schicht-sich-verbessernde-Lernen.

Soweit diese Skizze des konnektionistischen Grundmodells, das natürlich methodologisch, philosophisch und kognitionswissenschaftlich weiter zu diskutieren ist. Die ‚harten' Vertreter der konnektionistischen Ansätze, wie etwa Rumelhart und McClelland sowie (von philosophischer Seite in vielem auch) Paul Churchland, sind der Meinung, daß dieses Modell annäherungsweise die menschliche Erkenntnis am besten darstellen kann, obwohl es noch eine Reihe von Schwierigkeiten zeigt, etwa beim normalen eher symboli(sti)schen Buchstaben- und Worteerkennen, wie auch beim entsprechenden an Grundphänomenen ausgerichteten Sprechen und Hören sowie auch bei den Zusammenhängen zwischen Types und Tokens im linguistischen Sinne, bei den Bewertungen von Auswahlkriterien, die bei allen diesen symbolverarbeitenden Prozessen eine Rolle spielen. Es spricht m. E. einiges dafür, daß man mit einem einzigen System – sei es seriell-symbolisch, sei es (total)konnektionistisch – nicht auskommt und daß insbesondere das Modell des Konnektionismus nicht zu absolut genommen werden darf. Man kann zwar manche logischen Konnektive, also logische Verfügungspartikeln, wie „entweder oder" durchaus auch nach diesem Netzwerkmuster modellieren und einspielen, aber es scheint doch beim Menschen für das Handeln und insbesondere für das Wahrnehmen *zwei* verschiedene Verarbeitungsweisen zu geben, nämlich einmal eine konfigurative, schnelle, unterbewußt ablaufende, die eben nicht seriell, sondern parallel operiert, grob nach dem konnektionistischen Modell. Man kann sich das vielleicht so vorstellen: Das letztere beherrscht das Konfigurationserkennen, das Mustererkennen des menschlichen Gehirns, was meistens bei Rechtshändern in der rechten Hirnhälfte stattfindet. Und die andere Verarbeitungsweise ist das langsame, das serielle, schrittweise die Konstituenten oder Elemente

abarbeitende, das analytisch, bewußt argumentierende, z. B. schrittweise beweisende, Vorgehen, das bei Rechtshändern eher linkshe-
misphärisch zu lokalisieren ist. „Harte" Konnektionisten sind der
Meinung, daß diese zweite Art auf die erste zurückgeführt werden
kann. Das jedoch ist bislang nicht wirklich überzeugend nachgewiesen. Man kann allenfalls einfache Modellierungen vornehmen, und
hat das auch nur mit einem gewissen Erfolg leisten können.

Man kann daher die Auffassung vertreten – wie etwa Hinton
und Touretzky (1988) –, daß man eben *beide* Verarbeitungsweisen
irgendwie (wenigstens derzeit) als grundlegend voraussetzt, oder
indem man wie Smolensky (1995) in seinem neueren Aufsatz eine
Art von Integrationsmodell zwischen den konnektionistischen
und den symbolisch verarbeitenden Ansätzen aufbaut: Er spricht
von einer „integrierten konnektionistisch-symbolischen kognitiven Architektur" (1995). Man braucht anscheinend beides, Symbolverarbeitung *und* konnektionistische Erfassung. Smolenskys
integrative Modellbildung versucht, beides einzubeziehen und mit
Erfolg zu verwenden. Das dürfte der gegenwärtige und natürlich
vorläufige Stand der Diskussion sein: Man versucht, hier stärker zu
differenzieren und eine Art von Vereinbarkeit zu entwickeln,
indem man, wie etwa Touretzky und Hinton das bereits in ihrem
Vereinbarkeitsansatz entwarfen, explizite Regeln der Symbolverarbeitung in einem konnektionistischen Netzwerk darstellt. Man
kann das aber eben wohl auch so auffassen, daß auf einer höheren
Ebene der Softwareverarbeitung, bzw. der Abstraktion oder der
Deutung, eine *sekundäre* Art von Symbolverarbeitung serieller Art
auftritt, während im „Untergrund" so etwas wie eine konnektionistische, (sich) selbstorganisierende Aktivität der entsprechenden
Units und Netzwerke abläuft. Aber das ist natürlich noch eine
etwas vage Idee. Es scheint so zu sein, daß man in der Tat bestimmte menschliche Fähigkeiten, wie etwa das Know-how, das
Expertenhandeln, das Mustererkennen, das Lückenfüllen, „graceful degradation" und entsprechende Fähigkeiten, die in wesentlichen mit konfigurativen und wahrnehmungsmäßigen Erfassungen
zu tun haben, eben konnektionistisch zu erfassen versuchen sollte,
während man symbolische Logik, Darstellung von Beweisen, des
mündlichen Sprechen und etwa das Buchstaben- und Wortelesen,
also das Zusammenfassen von entsprechenden Zeichenelementen
zu komplexeren Zeichen(kombinationen), zunächst nicht als ein
konnektionistisches Reagieren oder Agieren auffaßt, sondern in
der Tat nach wie vor als serielles Zusammensetzen von entspre-

chenden Grundelementen nach („grammatischen") Regeln beschreibt, wie es der symbolkonstituierende Ansatz tut, welcher der
Linguistik, der Sprachphilosophie und den meisten traditionellen
Ansätzen der Erkenntnis zugrunde liegt – und gerade auch den
„klassischen" Ansätzen der Künstlichen Intelligenz (KI).
Man hat also insgesamt in Gestalt des Konnektionismus eine neue
Variante von methodischen Ansätzen, die bestimmte Eigenschaften
zeigen, welche die herkömmliche Erkenntnistheorie des Symbolver-
stehens überhaupt nicht aufweist. Wir haben keine strikt trennende
Unterscheidungsebene mehr zwischen dem, was durch Strukturmuster bearbeitet wird, und den Strukturmustern selber, sondern es ist
eine Art von Anpassungs- oder Passungsspiel, das sich „einspielt".
Die konnektionistisch aufgefaßten Schemata sind also dann nicht
irgendwelche (vor)gegebenen Strukturen, die auf ein *Etwas*" angewendet werden, sondern sie sind im Grunde dynamische Struktur-
funktionen, die sich beim Einspielen in der Interaktion mit der
Umwelt von selbst organisiert und ausgeprägt haben. Sie stellen sich
in der Abstraktion dann durchaus so dar, als *seien* sie Regeln, die angewendet werden können, aber sie sind nach diesem konnektionistischen Vorstellungsmodell in der Tat „eingespielt" – aufgrund einer
Lern- und Trainingsphase, in der ständigen rückgekoppelten Auseinandersetzung mit der entsprechend „reagierenden" Umwelt (s. u.,
s. Anm. 13). Das konnektionistische Modell ist natürlich eine interessante Idee, die, wenn sie richtig ist – z. T. ist sie sicherlich zumindest faszinierend, und es spricht vieles dafür –, die Grundlagen
unserer traditionellen Auffassung vom Zustandekommen der Erkenntnisse, sowohl was Kategorisierung, wie auch das Abrufen aus
dem Gedächtnis, die Verarbeitung, z.B. die Gehaltsadressierbarkeit
usw., angeht, revolutionieren dürfte.
In unserem thematischen Zusammenhang ist natürlich besonders interessant, daß hier ein enger Zusammenhang zwischen der
Aktivität des Subjekts (bzw. des Organismus, der Person) einerseits und eben der „Welt" oder der reagierenden Umwelt andererseits besteht und daß in einem bestimmten Sinne die Erkenntnisse,
die Strukturen der Wahrnehmung wie auch der höheren Kognitionen, in einem quasi Wittgensteinschen Sinne in einem viel höheren
Maße als nach traditioneller Auffassung (außer etwa im Pragmatismus) handlungs- oder verhaltensabhängig sind. Oder sollten wir
vielleicht sagen: aktivierungs- und aktivitätenabhängig? Die schematisierend-interpretatorischen Aktivitäten werden auf diese Weise als
durch Einspielung strukturiert, als durch solche konnektionisti-

schen Trainingsphasen zustande gekommen aufgefaßt. Auf diese Weise kann man in der Tat sagen, daß das Handeln die Grundlage unserer Sprachäußerungen darstellt (Wittgenstein *Über Gewißheit*, § 204). Dies jedoch gilt dann nicht nur von unserem Sprechen, sondern von unserem schematisierenden und schematisierten interpretatorischen Erkennen und Erfassen überhaupt. In diese Richtung muß man das Wittgenstein-Modell wohl ausdehnen – und zwar nicht nur auf das Erkennen, Wahrnehmen oder auch auf höhere Kognitionen beschränken, sondern auch auf jegliche Erfassungsstrukturen im *handelnden* Sinne beziehen, also auch auf Handlungsschemata-Formierung. Auch die Handlungsschemata ("Skripts", s. S. 95ff) sind auf diese Weise als "eingeschliffen", "eingewöhnt", als durch eine Vielzahl von Zyklen der Rückkopplung "eingespielt", vorzustellen. So kann man in der Tat versuchen, die Schematheorie, wie sie traditionell in der kognitiven Psychologie entwickelt und wie sie in der Philosophie beispielsweise seit Kant diskutiert wurde (s.o. S. 32ff), auf diese Weise quasi systematisch-assoziationistisch – geradezu im Sinne der Englischen Empiristen, aber nunmehr unter einem *weiteren, nichtpassivistischen* Gesichtspunkt, nämlich dem der Interaktion mit der Umwelt – zu unterfüttern. Die traditionelle Wahrnehmung wird ersetzt durch ein *Handeln*, das *Wahrnehmungshandeln*, das in solchen Schemaaktivierungen, die eben in den Trainingsphasen eingeschliffen wurden, gelernt worden ist. Die quasi modellartigen Vorstellungen der adaptiven neuronalen Netze erlauben dann, gewisse Schwierigkeiten, welche die herkömmliche passivistische Erkenntnistheorie (insbesondere der Wahrnehmung) hatte, zu lösen. Zudem kommen diese Modelle auch den wirklichen neuronalen Funktionen sehr viel näher, welche die menschliche Kognition tragen und leisten. Beispielsweise sind, wie schon mehrfach betont, das Mustererkennen (das Konfigurations*gestalten*, nicht nur im passiven, sondern auch im aktiven Sinne), die Inhalts- oder Gehaltsadressierung, die dynamische Anpassung von Kategorien, Kategorisierungen wohl am besten konnektionistisch zu verstehen.[13]

---

[13] Es hat sich in der Wahrnehmungspsychologie in den letzten Jahrzehnten ergeben, daß Kategorisierung im Alltag meist nicht im Sinne der Anwendung eines Gattungsbegriffs durch Angabe einer allgemeinen Eigenschaft und einer spezifischen Differenz stattfindet, wie es in der traditionellen Erkenntnistheorie aufgefaßt worden war, sondern eher durch die Angabe von gelernten und erfahrenen ("bestpassenden", "typischen") Prototypen ("basic level objects") und die Abweichung davon. Man lernt den Begriff "Vogel" nicht,

Ferner sind auch für die Erkenntnis generell die Plastizität der Anpassung, die „neurale" Nähe und Plausibilität, der direkte Zugriff und ähnliches bei der Speicherung alles wichtige Vorteile des Ansatzes der neuronalen Netze bzw. der Parallelverarbeitung oder der entsprechenden Modellvorstellungen.

Besonders wichtig für uns ist natürlich hier die grundsätzliche *Aktivitätsorientierung*, die Interaktivität, die ständige Auseinandersetzung mit der Aktivierung des Systems in bezug auf die Umwelt und die Verarbeitung der Reaktionen aus dieser.[14] Die Schemata, wie wir sie bisher behandelt haben, sind also eher dynamische Strukturen der schematisierend-interpretatorischen Aktivitäten, die ihrerseits nur *funktional-dynamisch* etabliert und (relativ) stabilisiert sind und für eine bestimmte Zeit aufrechterhalten werden. Sie müssen aber jeweils wieder aktualisiert werden.

---

indem man eine allgemeine begriffliche Definition lernt, sondern man lernt ihn normalerweise, indem man bestimmte eher typische und eher untypische Vögel sieht, und die man dann mehr oder minder als charakteristische Exemplare, als eben dem Prototyp entsprechend, ansieht. Der Spatz könnte also ein „typischerer" Vogel sein als der „Vogel Strauß", der ja nicht fliegen kann. Es hat sich seit Eleanor Rosch (z.B. 1977) und ihren Untersuchungen herausgestellt, daß typischerweise Menschen nach diesem prototypischen Verfahren kategorisieren. Das mag übrigens durchaus auch auf unterschiedlichen Ebenen geschehen: Der Experte kategorisiert natürlich in seinem Spezialbereich anders als der normale Mitbürger, der kein Experte ist. Das Grundverfahren der Experten ist aber oft ganz ähnlich und gestaltet sich zumeist anders, als es die generalisierende und „spezifisch differenzierende" (*per genus proximum et differentiam specificam*), ordnende Verfahrensweise der von der Theorie gesteuerten Wissenschaft etwa sieht und vorsieht. Ein eher traditionell verfaßter Bereich der *wissenschaftlichen* (freilich nicht der alltäglichen!) Kategorisierung dürfte die Ein- und Unterordnung bei biologischen Arten sein, die nach der herkömmlichen Weise der Gattungsmerkmale und spezifischen Differenzen vorgeht.

[14] Was die direkte Verwobenheit mit der Umwelt (sei sie rezeptiv oder aktiv) angeht, scheint es tatsächlich ein großes Potential konnektionistischer Modelle zu geben. Allerdings werden die heute üblichen Netze (die schließlich bislang vorwiegend auch nur im Rechner simuliert werden), mit hochgradig vorverarbeiteten und geschickt zurechtgemachten Außensignalen versorgt. So erhält das Minen/Felsen-Netz (s.o.) einen Vektor von äquidistanten Frequenzwerten einer (analogen) Echolotabtastung, was die Klassifizierungsaufgabe natürlich viel einfacher macht, als wenn man einfach den kompletten Datenwust eines Echolots an das Netz weiterleiten würde. Insofern ist der Umweltbezug bei gängigen Netzen noch immer hochgradig artifiziell. (Hinweis Stefan Bauer).

Man spricht ja auch von (Re-)Instantiierungen eines Schemas. Schemata stellen auf diese Weise gleichsam dynamisch-funktionale Entitäten von grundsätzlichem Interpretationscharakter dar. Sie sind selber *interpretatorische* abstrakte Strukturen, die erst im Aktivieren und Reagieren realisiert werden. Sie sind erlernt, sie werden instantiiert, sie werden verwendet, gespeichert, abgerufen und verarbeitet entsprechend (eher) gebrauchstheoretischen und funktionalistischen Gesichtspunkten. Es gibt also offenbar doch nicht so etwas wie eine mentale Zeichensprache auf der untersten Ebene: Das entsprechende Modell Fodors, es gäbe eine Gehirnsprache („Mentalesisch", „mentalese" oder „brainese"), in der einzelne „Buchstaben" oder „Atome" wie in der normalen Sprache nach generellen, fix vorgegebenen „grammatischen" Regeln verbunden werden, scheint sich nicht zu bewähren, sondern selbst das Vorstellen, Repräsentieren, innere Sprechen sind viel dynamischer, viel plastischer, viel funktionalistischer, und viel stärker zugeschnitten auf die Aktivitätsorientierung und Umweltinteraktion des repräsentierenden Systems, als es der symbolistische Konstituentenverarbeitungsansatz vorsieht. Wenn man so will, geht es hier viel stärker Wittgensteinianisch zu, wenn auch nicht auf der Ebene des äußeren Sprechens, sondern auf der Ebene des internen dynamischen Schemata-Anpassens. Im übrigen kann man – wie oben gezeigt – auch eine funktionalistische Interpretation der Peirceschen Zeichentheorie entwickeln. Dabei ist eine ähnliche Möglichkeit der Vereinigung dieser Ansätze entworfen worden, so daß man ähnlich wie Gillet sagen kann, daß Gesichtspunkte der Gebrauchstheorie von Wittgenstein und einer funktionalistisch verstandenen, eher symbolistischen Zeichentheorie von Peirce zusammenkommen, um einen quasi-kantischen Ansatz hinsichtlich der Schematisierung durchführen zu können. Dieser Kombinationsansatz zeigt sich funktional, dann aber in einem viel stärkeren Sinne dynamisch, interaktiv, aktivierend, ist nicht fix, nicht statisch im Sinne Kants, der sich die Kategorien als feste apriorische und unverrückbare, notwendig und allgemein geltende Muster vorgestellt hat, die jedem vernünftigen Wesen zukommen und die für alle die gleichen sind. Sondern alles Schematisieren ist in einem hohen Maße dynamisiert. Dennoch bleibt die Grundidee Kants, daß hier in der Tat der menschliche Repräsentationsakteur (bei Kant der „Verstand") aktiv ist, nach wie vor richtig. Gerade in der neuartigen interaktiven Formierung, wie ich sie am Beispiel der parallelverarbeitenden konnektionistischen Modelle zu schildern versucht habe, stellt sich deutlich diese Aktivitätsorientierung der Erkenntnis heraus – und nicht nur der Erkenntnis, sondern jeglicher Erfassung, insbesondere auch der Handlungsstrukturierung allgemein. Mit anderen Worten: man konstatiert ein Zusammenmünden der verschiedenen Traditionsstränge und auch der unterschiedlichen betroffenen wissenschaftlichen Disziplinen, z. T. naturwissenschaftlicher Art, z. T. traditionell geisteswissenschaftlicher bzw. philosophisch-erkenntnistheoretischer Provenienz. Das ganze Forschungsfeld ist ein höchst interessantes und zur Zeit außerordentlich spannendes Gebiet – gerade auch für (noch weitgehend tentative) philosophische Deutungen –, ein Waldgebiet, das sich freilich immer mehr zu lichten scheint – allerdings in dem Sinne, daß viele Grundstrukturierungen, die beispielsweise bei Kant als absolut, sicher, notwendig, a priori, gegeben und fixiert vorausgesetzt wurden, nun in einem hohem Maße dynamisiert, relativiert, „funktionalisiert", werden und interaktiv, ja, interventiv zu erlernen sind, aber dennoch nach wie vor formierend vorhanden sind.

Insbesondere gilt das, wie ich schon betont habe, hinsichtlich der Nichtberücksichtigung der aktiven und der interaktiven Momente in der Kantischen Theorie der *Wahrnehmung*: Nicht nur „der Verstand"[15] ist aktiv und *bearbeitet* das sinnliche Material, sondern jegliches Wahrnehmen und Perzipieren geschieht schon unter diesem grundsätzlich welteingebetteten Zugriff.

Hinzu kommt noch, was Kant überhaupt nicht gesehen hatte, daß die entsprechenden, zumindest die bewußten, Schematisierungen *sozial* eingespielt sind. Neben den primär angelegten, biologisch fest gegebenen, von uns nicht veränderbaren Schematisierungen oder primären Schemainterpretationen der ersten Stufe („Ur- oder Primärinterpretationen") und eventuell der durch Wahrnehmungsgleichheiten und -ähnlichkeiten darauf aufbauenden „Fest-Stellungen" über Musterbildungen der Stufe IS$_2$ gibt es die oben entwickelten höheren Stufen, die in einem viel stärkeren Maße flexibel bleiben. Sie sind abhängig von sozialen Einspielungskontext und entsprechenden Trainingssituationen. Dies spricht dafür, daß der späte Wittgenstein in bezug auf diese Ebenen des Schematisierens und des Interpretierens recht hatte, indem er immer wieder beson-

---

[15] Dieser wird von Kant wie erwähnt zu homunkulusartig gesehen – als innerer, mentaler (?) Akteur, während auch er doch nur als erkenntnistheoretisches Interpretationskonstrukt zu erfassen ist.

ders auf die *sozialen* Lebensformen und die tiefe Einbettung aller Erfassungsformen in soziale Zusammenhänge hingewiesen hat.

Was wir bisher noch nicht diskutiert haben, ist das *Intervenieren* im bewußt experimentierenden oder gar experimentalistischen Sinne, das beim Erkennen ebenfalls eine wesentliche Rolle spielt – nicht nur in der Wissenschaft, sondern auch im Alltagserkennen und -handeln. Dieses Thema soll im folgenden exemplarisch am wissenschaftlichen Experimentieren erörtert werden.

9. Experimentieren als Handeln und Intervenieren

Wir leben in einer wissenschaftlich-technischen Welt – und dennoch sind wir auf Worte fixiert. „Worte, Worte, Worte", war die Antwort, die Hamlet (II, 2) gegeben hat, als Polonius ihn fragte: „Was leset ihr, mein Prinz?" Indes: „Worte sind schön, doch Hühner legen Eier", sagt ein afrikanisches Sprichwort.

Im folgenden soll am Beispiel der Diskussion des Experiments und der Handlungsorientierung der Erfahrung in der Wissenschaft gezeigt werden, daß die Interpretationen und die Verwobenheit von Handeln und Erkennen, wie wir sie bisher behandelt haben, in einem ganz spezifischen Sinne den Einfluß der Welt nicht nur mitberücksichtigen, sondern gezielt einbeziehen, einbringen und zugleich in den Interaktionszusammenhang des Sozialen stellen. Wir greifen in die Welt ein, wir verändern die „Erfassungs"-Formen, wir tun beides auch zusammen: in Interaktion, in Wechselwirkung und Wechselanpassung. Das Eingreifen in die Welt verändert auch unsere Formen, mit denen wir die Welt zu erfassen suchen. Das Lernen und Ausbilden der Schemata, von denen wir gesprochen haben, geschieht eben in Zusammenhang mit dem aktiven Eingreifen in die Welt, mit dem Beherrschen-Lernen, dem Handeln und Einüben des Handelns. Es ist aber nicht als ein Dualismus zu sehen dergestalt, daß eines dem anderen vorausgeht und gleichsam apriorisch eine Bedingung des anderen darstellt – ich komme darauf noch zurück –, sondern es ist sicherlich falsch, einfach *generell* wie traditionelle Wissenschaftstheoretiker zu behaupten, daß alle Erkenntnis der Beobachtung, alles Experimentieren und Erfahren, prinzipiell begriffs- und theoriegeleitet ist und nichts sonst. Das ist einseitig. Das ist zwar teilweise richtig und verweist pointiert auf einen gewissen Gesichtspunkt, der lange vernachlässigt worden ist, insbesondere seit Hanson, Kuhn und Feyerabend u. a. ist dieser deutlich geworden. Diese Sicht war aber eigentlich schon dem Wissenschaftstheoretiker Pierre Duhem bekannt, dem neben Poincaré herausragenden Konventionalisten vom Anfang des Jahrhunderts.

Umgekehrt ist aber die Handlungsorientierung der Erkenntnis genauso zu berücksichtigen. Auch hier wäre es natürlich falsch, wollte man das pragmatische Fundament einzig und etwa zum Apriori verabsolutieren. Es handelt sich also um eine Art von Interaktionsprozeß und um einen gegenseitigen Verbesserungs- und Wechselwirkungsvorgang, der zu einer allmählichen Entwicklung und Abstimmung der Erkenntnis führen kann. Das gilt insbesondere auch für das Zusammenspiel von der Theorie bzw. Theorieentwicklung einerseits und dem Experiment andererseits. Das Experiment ist nicht nur als eine unerläßliche Art der Überprüfung einer Theorie aufzufassen, sondern auch als *Intervention* in die Welt unter kontrollierten Bedingungen, die einen Probe-, Ausprobier- und Handlungscharakter aufweist. Die traditionelle Erkenntnis- und Wissenschaftstheorie hat das bislang meist nicht genügend beachtet. Sie ist (zu) theorielastig gewesen. Zwar ist seit Francis Bacon das Experimentelle immer wieder betont worden. Geradezu beschwörend wurde immer hervorgehoben: Wir leben ja im galileischen und baconschen Zeitalter der Wissenschaft, nämlich der *experimentellen* Wissenschaft, die gezielt Experimente vornimmt und diese als einen Umgang mit der Natur ansieht, wobei die *Natur* in gewissem Sinne *manipuliert* wird. Doch die traditionelle Wissenschaftstheorie verblieb theoriefixiert.

Bacon war wohl der erste, der das Methodologisch-Pragmatische, ja, *Technische* daran gesehen hatte, vielleicht außer einer Vorläuferschaft bei Nikolaus von Kues[1]. Bacon hat klar erkannt, daß wir eine *interventionistische Strategie* in der Wissenschaft verfolgen, daß wir in die Natur eingreifen, daß wir, um sie zu erkennen, die Natur zur Reaktion oder gleichsam in eine Ecke drängen, sie gleichsam *„stellen"*, so könnten wir unter bestimmten Gesichtspunkten und Fragestellungen sagen. Man kann das auch so deuten, daß wir die Natur durch die Auswahl bestimmter isolierter Versuchsbedingungen usw. „zwingen" (müssen), und zwar in bestimmte, eventuell vorher nicht gesehene oder auch nicht vorher existierende Bahnen, Gefüge, Konfigurationen.

„*Dissecare naturam*", sagte Bacon bereits: „die Natur zerschneiden", „zerlegen". Dies kann z. T. auch, *muß* aber nicht (nur) im wörtlichen Sinne verstanden werden. Wir zerlegen Naturzusammenhänge in bestimmte Teilkomplexe oder Elemente, indem wir

---

[1] Möglicherweise abgesehen auch von dem sozusagen „ersten modernen Menschen", nämlich Archimedes.

eben einzelne Variable, die in einem Experiment in Bezug auf einen hypothetischen Zusammenhang getestet worden sind, isolieren und diese planmäßig manipulieren. Aber natürlich meint „Zerschneiden" *auch* das „Zerlegen" im *theoretischen* Sinne, wie Galilei das insbesondere im Auge hatte. Er sprach von der „resolutiven" oder „dissolutiven", auflösenden, Methode, die dann natürlich ergänzt werden muß durch eine spätere „compositive" Synthese, durch ein Wiederzusammensetzen jener Elemente, in die man die Natur gleichsam „aufgeschnitten" hatte.

Auch Bacons berühmter Spruch: „*Natura non nisi parendo vincitur*" („die Natur kann nur besiegt werden, indem man ihr gehorcht", indem man ihre Gesetze anwendet) wird mit dem Gesagten also in einer ganz spezifischen Weise interpretiert, nämlich interventionistisch.

In der Tat ist diese experimentalistisch-interventionistische Baconsche Strategie, wie etwa J. E. Tiles in seinem Aufsatz *Experiment als Intervention* (1993, 466) sagt, in „unsere wissenschaftliche Kultur" einprogrammiert: Alle Techniken, Entwürfe, Versuchsanordnungen sind unter diesem Gesichtspunkt der künstlichen Isolierung, der Schaffung von künstlichen Bedingungen, Versuchsanordnungen, der künstlichen Fragestellung und Stellung der Natur geprägt, und es ist eine Art von planmäßig erzeugtem, von einer bestimmten Idee und von Vorstellungen geleitetem Eingreifen, kurz: ein *kontrolliertes Eingreifen* in die Natur. Das hängt wohl damit zusammen, daß in jener Zeit die Teilchenauffassung der Natur, die korpuskulare Deutung der insbesondere mechanischen Prozesse, aber auch der Gravitation im Zusammenhang mit dem Newtonschen Modell siegten und daß man gerade neue Entdeckungen und Fähigkeiten versuchte, auf diese Weise durch praktische Experimente zu erzielen und zu reproduzieren bzw. zu stabilisieren.

Bacon richtete sich natürlich wie Galilei auch gegen Aristoteles, gegen die Überlegung, daß man in erster Linie Theorie betreibt, eine Sicht der Natur aufgrund von einer Erfahrung im alltäglichen umfassenden Sinne, die eher beobachtend ist. Es gab zwar bei Aristoteles auch eine Betonung der Erfahrung („Erfahrenheit") im Umgang mit Dingen, die sich aber im wesentlichen auf die Künste, die Praktiken, die Handwerker und die Experten des Praktischen bezog. *„Empeiria"* hieß der Umgang mit den praktischen Aufgaben, die beispielsweise der Handwerker betreibt; dieser entwickelt mit der Zeit (s)eine „Erfahrenheit", so sollte man vielleicht besser sagen, sein Expertenkönnen und Expertenwissen i. S. v. Know-how (eher als „Know-that"!), die man aber auch in der Wissenschaft, freilich eher in abstrahierter Weise, nutzt. Nach Auffassung der Griechen orientiert sich der Wissenschaftler im wesentlichen am Vorbild des mathematisch gesicherten Wissens, des mit mathematischer Sicherheit demonstrierbaren Wissens. Beweisbarkeit und Ableitbarkeit waren die Maßstäbe des Wissenschaftlichen. (Das wirkt noch heute in den exakten Wissenschaften nach, zumal auch in den möchte-gern-(möglichst)-exakten!) Beides – die bloße Erfahrenheit wie das Ideal und die Einzigkeit der Beweisbarkeit wird von Galilei und auch von Bacon erfolgreich kritisiert. Galilei war wohl auch darum einer der ersten modernen Wissenschaftler, weil er von den *Praktikern* gelernt hat, einige seiner Versuche und Hypothesen entwickelte, indem er etwa in die „Arsenale", also in die Waffenschmieden und -kammern gegangen ist und dort mit den Technikern über Ballistik diskutiert hat. Das bedeutete die Grundentscheidung zu einer neuen Orientierung der experimentellen Wissenschaft. Nun ist allerdings Bacons Überlegung und sein Hauptpunkt nicht derjenige, daß die Wissenschaft zu einem rein technischen und technizistischen Gesichtspunkt in dem Sinne führt, daß alle Ergebnisse der Wissenschaft menschliche Produkte und eben *bloß* menschliche Erfindungen seien, sondern der Wissenschaftler studiert die Natur – das sieht Bacon durchaus nach wie vor so –, aber die studierten Erscheinungen umschließen oder involvieren menschliche Interventionen und Produkte. Das heißt, die entscheidenen Interventionen und Produkte des Menschen, sowohl die Ergebnisse des Eingreifens, als auch die Veränderungen und Bildungen seiner eigenen Erkenntnisformen, einschließlich der theoretischen, aber natürlich wesentlich auch der experimentell-praktischen, sind im Grunde von zweierlei geprägt, nämlich einerseits vom Einfluß der Natur selber, andererseits eben von diesen menschlichen Handlungen und Eingriffen wie dem Isolieren, kontrollierten Manipulieren und Feststellen der Reaktionen.

Man muß also Bacon so interpretieren, daß er sich gegen einen methodologischen Dualismus ausspricht. Tiles beispielsweise, der das auch betont, sagt (1993, 471), jede scharfe „Grenzlinie, die natürliche Erscheinungen auf die eine Seite und menschliche Aktivität oder Handlungen auf eine andere Seite stellt und absolut voneinander trennt", würde „implizit die menschlichen Wesen außerhalb der Natur stellen" und gleichsam einen künstlichen Gegensatz erzeugen, wie er tatsächlich in der abendländischen Philosophie in der Gegenüberstellung von Subjekt und Objekt, Mensch und Welt, Erkennen und Handeln, Wissen und Technik immer eine große Rolle gespielt hat. Obwohl die Wissenschaftstheorie sehr die empirische Bedeutung und damit grundlegend auch die Rolle des Experiments betont hat, dürfte sie doch noch, so Tiles, eine Art von aristotelischem Erbe weitergetragen haben – gerade auch, indem sie das Experiment nicht als Handlung auffaßte, nicht als Eingriff in die Welt, sondern immer nur als Prüfinstrument, zur nachträglichen Bestätigung oder Wiederholung einer Theorie.

Der Unterschied zwischen Beobachtung und Experiment, zwischen Erfahrenheit („empeiria") und Experimentalprobe und -test, der kennzeichnend ist für die neue Experimentalwissenschaft, also zwischen bloßer und eher passiver Beobachtung und dem aktiven Experiment, ist von der Wissenschaftstheorie in diesem Jahrhundert nicht genügend berücksichtigt worden – nach Tiles (ebd. 472) eine weitere aristotelische Erblast. Beobachtung und Experiment sind in einen Topf geworfen worden, in einem abgehandelt worden. Und das erweist sich sicherlich in genauerer Differenzierung als falsch, zumindest als höchst unzweckmäßig (weil bestimmte funktionale Unterschiede von Beobachten und Experimentieren so nicht akzentuiert werden können). Dennoch ist die Gleichbehandlung in einem anderen, zumal auch in einem feineren Sinne durchaus richtig – dies hat aber die frühe empiristische Wissenschaftstheorie nicht gesehen –: Es gilt nämlich durchaus, daß auch Beobachtungen grundsätzlich präpariert sind. Wenn sie nicht aktive Eingriffe in die Natur sind, so gestalten sie sich doch abhängig von gemachten Formatierungen oder Schematisierungen, wie wir ja auch z. T. gesehen haben. (Insbesondere durch die Interpretation der Quantentheorie ist das deutlich geworden (s. u. S. 252ff, 276ff).) In diesem Sinne wäre auch die Beobachtung grundsätzlich, eigentlich wie das Experiment, mit auf die *aktive* Seite (auf die Handlungsseite des Erkennens) zu schlagen. Damit gelangt man zu einer gewissen Entsprechung – bzw. findet die diesbezügliche partielle und epistemologische (aber nicht *methodologische*) Gleichartigkeit – zwischen Beobachtung und Experiment. Somit ist die generelle Zuordnung, daß die Beobachtung passiv sei, daß da nichts „passiere", daß man bloß feststelle – und dieses noch ohne Theorie – und daß das Experiment lediglich eine Überprüfungsinstanz eines grundsätzlich nur theoriegesteuerten Erkenntnisprozesses sei, sicherlich auch (wissenschafts-)historisch unrichtig.

Erkenntnis*theorie* und Wissenschafts*theorie* waren in der vorbaconschen Zeit und selbst noch in der akademischen Disziplin
Wissenschaftstheorie, z. T. auch bis vor kurzem, sehr kopflastig,
theoriefixiert. John Dewey hat um die Zeit des Ersten Weltkrieges
von einer „Zuschauertheorie des Wissens" gesprochen (1917, zit.
nach Tiles 1993, 473). Er meinte, das Wort ‚*theoria*' sei zu wörtlich
genommen worden (es heißt ja ursprünglich „Schau"), indem man
sich die Theorie als das Entscheidende vorstellte und der Erkennende quasi eine Stellung als Zuschauer in einem Theater eingenommen
hatte. Man könnte direkt von einer „Theaterzuschauer-Metapher"
der Erkenntnis sprechen, welche die alte Auffassung gleichnishaft
treffend darstellt. Man hatte bestimmte *Darstellungs*mittel, *Repräsentationen* linguistischer wie auch mathematischer und theoretischer Art. Die waren für die Wissenschaftstheoretiker – oder nach
Meinung dieser für die Wissenschaftler – besonders wichtig, und
alles andere spielte eigentlich keine entscheidene Rolle. Der Kontakt
mit der Wirklichkeit geschah dann erst nachträglich – in der Überprüfung im Experiment. Eine solche Auffassung ergab sich nicht nur
in der Wissenschaftstheorie, sondern auch in der Erkenntnistheorie
allgemein. Es scheint eine grundlegende Abneigung vorhanden (gewesen?) zu sein, menschliche Handlungen als Teil des Wissens
aufzufassen bzw. Wissen als handlungsgeprägt oder handlungsgebunden zu sehen. Man unterschied in beiden Disziplinen erst viel
später zwischen *Know-that* und *Know-how*. Ryle (1949) hat das besonders philosophisch betont. Das *Know-how*, also das praktische
Könnenswissen, wie man mit etwas in der experimentellen Praxis
umgeht, spielte eigentlich für die Wissenschaftstheorie früher keine
Rolle. Man war orientiert an sprachlichen und mathematisch-forma-
len Darstellungen, an Wahrheit oder Falschheit, an der Überprüfung
von Sätzen oder der theoretischen Systeme von Sätzen, hatte aber
die eigentlichen und spezifischen Weisen des wissenerzeugenden
Handelns und des experimentellen Handelns nicht (genügend) gesehen. Das gilt auch für die Erkenntnistheorie, also die Epistemologie,
allgemein. Man glaubte, die Sinne mit Fenstern, durch die der Geist
auf die Welt blickt, vergleichen zu können, wie Tiles (1993, 473) das
ausdrückt. Die Monaden hatten auch keine Arme. Die Fenstermeta-
pher ist – wie die Zuschauertheorie – irreführend.

Offensichtlich verstand man das Experiment besonders in der
klassischen Zeit vor Bacon, aber auch z. T. später noch, in erster
Linie als eine Art von *pädagogischem* Instrument (Tiles ebd., Kuhn
1977): Man unterschied didaktische und pädagogische demonstra-

tive Experimente von anderen, den eigentlich theorie(über)prüfenden, aber man orientierte sich eigentlich nicht an der wirklichen Handlung des Eingreifens: Das Experiment war sekundär. Es war entweder ein didaktisches Instrument, um etwas in Experimentalvorlesungen vorzuführen, oder es war das allerletzte Prüfinstrument, um die Wahrheit oder Falschheit eines Satzes zu demonstrieren – mehr nicht.

In der Tat ist dieses Versäumnis in der letzten Zeit häufig festgestellt worden. Diese Mißachtung oder Nicht-Achtung des Experimentellen in seiner wirklich zentralen (nicht nur nachträglich prüfenden, sondern genuin Hypothesen und Zugangsweisen, Techniken usw. mitgenerierenden) Rolle bedeute(te) eine neuartige generelle Feststellung für die neueste Wissenschafts- und Erkenntnistheorie. Es gab zwar gewisse Ausnahmen in der Geschichte, die ich kurz erwähnen will, z.B. im Zusammenhang mit dem Problem, wie man an die „reale Welt" – was immer das sein mag – „herankommt", aber allgemein herrschte die Theorielastigkeit ungestört.

Eine gewisse (aber letztlich doch nur scheinbare) Ausnahme findet sich bei Oswald Külpe (1912: II). In seinen Werk *Die Realisierung* meinte er, daß man durch „Gedanken" allein die Welt an sich nicht erfassen kann und daß Gedanken nicht die Gegenstände machen, hervorbringen könn(t)en: „Die Gedanken von Gegenständen machen diese nicht selbst wieder zu Gedanken" (ebd. 212), aber die Gedanken benötigen, um objektiviert zu werden, eine Art von „Realisierung":

> „Wir wollen das Verfahren, das man in allen diesen Wissenschaften einschlägt, um in der Erfahrung und aus ihr heraus ein wahrhaft Seiendes oder Gewesenes zu erkennen, die R e a l i s i e r u n g nennen, und den Gegenstand, auf den sie gerichtet ist, das R e a l e oder die R e a l i t ä t ...[2] Unser Begriff von Realisierung ist eine Art desjenigen der Erkenntnis."(ebd. 3). Für Külpe bezeichnet der Begriff „ein Forschungsverfahren, bei dem das zu erfassende Reale vorausgesetzt, nicht erst hervorgebracht wird. Nur die Gedanken, in denen wir es darstellen und zu verstehen suchen, werden erzeugt und gestaltet" (ebd.).

---

[2] Interessanterweise – und das ist wichtig für die Kritiker – fährt Külpe (1912, II: 3) fort: „Der übliche Sprachgebrauch verbindet mit dem Ausdruck Realisierung den Gedanken einer Herstellung, eines Tuns und Erzeugens (Realisierung einer Absicht, einer Idee, eines Planes u. dgl.). Davon soll hier natürlich abgesehen werden." Aber gerade dadurch begibt sich Külpe selbst wieder in das Fahrwasser der Theorie- und Kopflastigkeit, der Aktionslosigkeit!

Es handelt sich also im Grunde einerseits durchaus um eine wichtige Berücksichtigung des Realisierungsverfahrens als eines Mittels der Realitätsdarstellung und -erfassung. „Das Konkretum", sagt Külpe, ist dann ein bloßer „Grenz- oder Idealbegriff unserer Erkenntnis": Der „Idealbegriff unserer Erkenntnis" „bleibt hinter seiner Aufgabe", erkannt zu werden, „stets zurück und ist somit immer ein Abstraktum." (ebd. 137). Aber in gewissem Sinne verbleibt Külpe andererseits, obwohl er recht modern wissenschaftstheoretisch gleichsam Popper vorwegnimmt und den hypothetischen Charakter aller Erkenntnis betont (z.B. ebd. 147), doch noch zu sehr diesem aristotelischen Ideal verhaftet, weil er eben die „Realisierung" als einen bloßen *Erkenntnis*prozeß versteht, als einen Vorgang, welcher der Erkenntnis den realen Gegenstand irgendwie „gibt", unterstellt, vermittelt, ohne daß das wirkliche Verfahren des Eingreifens in die Welt näher analysiert oder geschildert wird. Külpe sieht zwar, daß „Erfahrung und Denken an der Realisierung beteiligt" sind, daß „die realen Objekte weder (bloß, H. Lenk) *gedachte*[3] Wirklichkeit noch wirkliche Gedanken" sind, sondern ein „drittes Reich", wie er sagt, „eine eigene Welt bilden" (ebd. 257), die wir nicht direkt erkennen können, sondern nur durch gewisse Grenzbegriffe wie „Welt an sich", „Ding an sich" uns besser zugänglich gemacht werden können. Aber die Art und Weise, wie diese Zugänglichkeit „verwirklicht", konkretisiert werden kann, diskutiert Külpe nicht weiter. Er kritisiert im wesentlichen den Konszientialismus, wie er sagt (ebd. bes. Kap. I), also die Auffasssung, daß die Wissenschaft und die Erkenntnis nichts anderes als bloße Gedankenprodukte hervorbringe. Dieser Konszientialismus könnte natürlich idealistisch verstanden werden. Es kann auch ein überzogener Interpretationismus gemeint sein. Külpe kritisiert also diesen Konszientialismus als eine rein bewußtseinstheoretische Erkenntnistheorie und meint, daß dieser Ansatz eben Gedanken und Gegenstände von Gedanken zu einfach gleichsetzt und entsprechend dann natürlich bei der Aufgabe, die Realität zu erfassen, versagt.

In gewissem Sinne ist auch Külpes eigene Auffassung der Realisierung noch zu stark rein erkenntnisorientiert, noch zu theorieförmig. Es geht ihm zwar um Erkenntnis, aber diese ist zu theorielastig gesehen. Er trennt noch zu sehr zwischen Erkennen als einem bloß *theoretischen* Ansatz für einen Realismus einerseits

---

[3] Hervorhebung hinzugefügt, H.L.

und dem Verfahren der experimentellen „Realisierung", der handelnden Manipulation, des Eingreifens in die wirkliche Welt und in die praktisch isolierte Versuchssituation, andererseits. Beides ist noch nicht wirklich ineinander verwoben. Külpes Erkenntnisbegriff bleibt (zu) rein theoretisch. Er ignoriert zu sehr das experimentelle Handeln[4] und das Experiment. In gewissem Sinne ist sein „Realisierungs"-Begriff ein ‚*misnomer*', eine irreführende Bezeichnung oder ein Ausdruck mit zu eingeschränkter Bedeutung: Beides führt ihn auf eine „falsche" Schiene einer zwar realistischen, aber handlungsfernen Wissenschaftsauffassung.

In den 20er Jahren gab es dann eine Schule des sog. Operationalismus oder Operativismus in der Physik, begründet durch den Physiker und Wissenschaftstheoretiker Bridgman. Dieser meinte, man könne den Bezug zur Realität allein durch sog. *„operationale Definitionen"* herstellen, insofern man die Meßverfahren als Definitionen der Größen von wissenschaftlichen Theorien ansieht. Aber auch dieser Ansatz ist schließlich gescheitert: einerseits am Problem der sog. theoretischen Begriffe, andererseits daran, daß bestimmte Meßverfahren immer nur einen bestimmten Bereich zu messen gestatten. Man kann z. B. die Temperatur der Sonne nicht mit dem Thermometer messen. Mit anderen Worten: Man müßte doch so etwas wie eine übergreifende *theoretische* Definition der Größen und der entsprechenden Zuordnung unterschiedlicher Meßverfahren anstreben, die über das gesamte Spektrum der Größenausdehnung anwendbar wären, um dann spezifischer je ein Meßverfahren in einem (Teil-)Bereich dieses Spektrums zu etablieren und zu verwenden. Thermometer werden beispielsweise bei uns im mittleren Bereich, Strahlungsintensitäten in anderen benutzt, um Temperaturen zu messen.

Dieser rein definitorisch ausgerichtete Operationalismus ist also nicht theoretisch integrativ genug. Er war im übrigen auch oft zusammen mit dem Behaviorismus in den Sozialwissenschaften vertreten worden. Auch dort ist er, wie ich früher (1975, 173ff.) schon zu begründen versucht habe, gescheitert. Intelligenz ist eben nicht nur, was die Intelligenzquotientenfeststellung mißt, sondern ein komplexeres Produkt. Die Verfahren sind sekundär zugeordnet, aber sie eignen sich nicht zur Definition der Grundgrößen. Carnaps Kritik an der expliziten Definition von (theoretischen) Dispositionsbegriffen durch die Einführung von notwendigen und

---

[4] Vgl. die vorletzte Anmerkung.

hinreichenden Reduktionsansätzen ist auch hier einschlägig: Solche Definitionen wären empirisch gehaltvoll, verletzten das Grundgebot der „Nichtkreativität" reiner Wortbestimmung, eben der Normaldefinitionen. – Ich möchte aber im einzelnen hier nicht (mehr) auf die Kritik des Operationalismus eingehen, sondern auf eine andere Philosophie hinweisen, die ausdrücklich das Experiment in den Mittelpunkt gestellt hat.

Es handelt sich um Hugo Dinglers Philosophie des Experiments, die dieser in den Grundzügen schon seit 1915 entwickelt hatte und im wesentlichen 1928 in einer Monographie veröffentlichte. Er behauptete, als erster überhaupt eine „Philosophie des Experiments" geschrieben zu haben. Er hat später noch Arbeiten wie *Der Aufbau der exakten Fundamentalwissenschaften* (1943) und *Die Ergreifung des Wirklichen* (1952) geschrieben, die diesen Ansatz wieder aufgreifen, detaillierter entwickeln und zu verallgemeinern versuchen. Doch das Buch von 1928 *Das Experiment. Sein Wesen und seine Geschichte* ist in diesem Zusammenhang zweifellos die wichtigste Arbeit. Diese faßt nämlich ganz klar *Experimente als Handlungen* auf, welche ausgeübt werden, reproduzierbar, (intersubjektiv „wiederholbar") sind und die Aufgabe haben, Konstanten (*„Konstanzen") „im Fluß des Geschehens"* (1928,54) zu gewinnen, und zwar auf methodische und eindeutige, ja, einzigartige Weise. Man kann nur durch exakte, methodische Reproduktion von „konstante(n)" „Bausteinen" „realer Art" (ebd. 55) oder entsprechenden Teilverfahren überhaupt Gleichheiten sehen und erfassen oder auch sogar schaffen, genauer: Gleichheiten werden *hergestellt* – dadurch, daß man an bestimmte äußere Verfahren eine Art von Reproduzierbarkeitsforderung stellt und diese auch dann wirklich durchführt. Auch Dingler verweist wie Galilei auf „die Werkmeister und Arbeiter in den Fabriken für Feinmechanik und Instrumentenbau" (ebd. 64) und meint, die Tatsachen, die im Experiment untersucht werden oder hergestellt werden, sind ... ,Tat'sachen im vollsten Sinn des Wortes, diese *Handlungen* nämlich der Werkmeister sind es, welche die praktische Geometrie bestimmen" (ebd. 65). Es handelt sich bei den Bauteilen unserer exakten Wissenschaften um solche, die wir benutzen, um auch alle anderen Wissenschaften aufzubauen, um entsprechende einfache Formen oder Verfahren, die reproduzierbare Herstellungsweisen erlauben oder ermöglichen. Das einfachste Verfahren und das Beispiel, das Dingler konzipiert, das später von Paul Lorenzen mittels Symmetrieprinzipien auf eine exaktere Form gebracht worden ist, ist z. B. das

„Drei-Platten-Verfahren". Dieses zeigt, wie man eine Ebene (genauer: ein Ebenenstück) praktisch herstellt durch Aneinander-Abschleifen von gleichartigen und gleich harten Körpern, die hinreichend lange gegeneinander geschliffen werden. Aber man muß dabei *drei* Körper verwenden und den mittleren häufig einmal umdrehen, um eine *Ebene* erreichen zu können und nicht beispielsweise eine Kugel auszuhöhlen. Eine Kugel ist ja auch eine glatte Fläche ohne Unterschiede, aber sie ist eben keine Ebene (jedenfalls nicht in der industriellen Herstellungspraxis und auch nicht in der euklidischen Geometrie). Wenn man aber *drei* Platten hat, kann man eine Ebene (ein Ebenenstück) realisieren.

Lorenzen hat versucht, den Ansatz mit Symmetriebedingungen zu einer formal befriedigenden Begründung der Euklidischen Geometrie zu führen. Das ist auch interessanterweise weitgehend gelungen (1961, 1967; vgl. dazu auch Lenk 1979, 254ff.); und ich denke auch, daß das Konzept haltbar ist als eine Zuordnung von elementaren mathematischen Formen zu praktischen Ausführungsweisen, wie sie in der Welt tatsächlich durchgeführt werden. Rechte Winkel kann man sich als auf ähnliche Weise gewonnen vorstellen. Man legt etwa Ziegelsteine aneinander und, wenn man einen Ziegelstein umdreht, muß der dann auch wieder passen. Die Symmetriebedingung, daß zwei rechte Winkel eben in jeder Richtung aneinander passen, ist dabei wichtig.

Das Wichtige ist also nicht so sehr das Beschreiben, sondern das *Handeln*, das Herstellen und Nachbauen, das, wie Dingler sagt, den Charakter der konstruktiven Wissenschaft bestimmt. Er spricht anhand dieser Formen wie der Ebene, des rechten Winkels usw., die praktisch hergestellt sind, von den „geometrischen Formgestalten", die elementaren Charakter haben(„elementare Formgestalten"), oder von den wiederherstellbaren geometrischen Elementarformen in der Realität (ebd. Kap. II, 56-109). Man muß mit den Händen praktisch eine Realisierung der idealisierten Ebenen herstellen und kann dies z.B. durch dieses Drei-Platten-Verfahren leisten. Ähnliches kann man dann angeben für die Realisierung des „starren Körpers". Wenn man dann die Ebene und die Rechtwinkligkeit bereits realisiert hat, vermag man schon die Euklidische Geometrie zu gewinnen. Ähnliches versucht Dingler dann auch für die Newtonsche Physik, zumindest für die Kraftmechanik und die Gravitationstheorie, durchzuführen, wobei er von „elementaren Wirkungsgestalten" (ebd. 110-152) redet, die in ähnlicher Weise, gleichsam apriorisch, durch Konstruktionen elementarer Art hergestellt werden. Er spricht dabei auch vom „Herstellungsapriori" (ebd. 188) und von „realen experimentellen Elementargestalten" (ebd. 248f.). Das neue „Apriori" sei ein Herstellungsapriori; „demjenigen, der in der Wissenschaft an *Worten* klebt, ist natürlich nicht zu helfen" (ebd. 185).

Man könnte ebenso sagen: Demjenigen, der an dem aristotelischen und vorbaconschen Modell der Wissenschaft oder auch der Wissenschaftstheorie hängt, ist auch nicht zu helfen. Definitionen und Theorien müssen „in der Tat" (in doppeltem Sinne!) mit der Realität in Verbindung gebracht werden, und „solche Formen", die das leisten können, müssen wir nach Dingler eben in der Realität unmittelbar (mit unseren Händen bzw. Werkzeugen) herstellen. Es sei ein „echtes ,Apriori'" (ebd. 187), das aber kein *Kantisches* Apriori ist (nicht denknotwendig für jede theoretische Vernunft das gleiche), sondern eben ein Handlungs-, ein „*Herstellungsapriori*", ein „Definitionsapriori" *praktischer* Art, das Dingler, wie er meint, als erster entdeckt hat: „Es hat meines Wissens bisher keine Philosophie gegeben, in der dieses wichtige Moment irgendeine Rolle gespielt hätte. Es scheint, daß sich die bisherigen Denker allzuweit vom Handwerklichen gehalten haben." (ebd. 188) Aber das ist natürlich nicht richtig, denn erstens ist Bridgman jedenfalls vor 1928 schon mit seiner Operationalisierung der Definition der Begriffe durch Meßverfahren aufgetreten, was auch eine direkte „Zuordnung" zu einer Art „Herstellungsverfahren" ist. Zweitens ist lange vorher Thomas Hobbes der erste Operationalist gewesen, wie Hans Fiebig in seiner Dissertation *Erkenntnis und technische Erzeugung* (1973) nachgewiesen hat, in der er Hobbes als Operativisten dargestellt hat. Schließlich ist die These, daß wir nur das wirklich erkennen (verstehen), was wir auch selber herstellen, sowohl von Vico als auch von Hobbes vertreten worden. Praktisch jedoch hat Dingler wohl in der Tat als erster ein solches Herstellungsapriori detailliert beschrieben und die klassische exakte Physik und die euklidische Geometrie operationalistisch aufzubauen versucht.

Es ist sicherlich richtig, daß das Vorhaben nicht im „*mainstream*" der Philosophie und Erkenntnistheorie gelegen hat, sondern immer vernachlässigt wurde. Dingler schreibt (1928, 188): „Es mangelte dabei völlig eine Berücksichtigung jener unmittelbar uns gegebenen Möglichkeit unseres *handelnden Eingreifens in die Realität*, wie sie uns unser Körper und seine Gliedmaßen erlauben, und wie sie in unseren *willensbestimmten Bewegungen* uns gegeben ist. *Es mangelte das Element der aktiven*, der – direkt gesagt –

manuellen Tat." Dingler hat das selbst immer wieder hervorgehoben sowie den *„Herstellungsstandpunkt"* (ebd.) und dessen fundamentale Bedeutung betont. Insoweit hat er zweifellos auch recht, nur hat er das Konzept dann im Sinne einer Einzigkeitsbehauptung („daß es nur eine einzige Art von experimentellen Elementargestalten gibt" (ebd. 249)) überzogen: Er hat also insofern einen Einzigkeitsanspruch erhoben und gleichsam dogmatisch verfochten, obwohl er in späteren Büchern sowie auch in *Das Experiment* einen halben Rückzieher macht. Immer wieder behauptete er, daß er zwar das Verfahren nicht anderen vorschreiben wolle, daß es aber die „einzige" mögliche Begründung der exakten Fundamentalwissenschaften sei (z. B. 1943, 64). Dabei spielten nach wie vor das Prinzip der „Beherrschung der Natur", das „Prinzip der Realisierung" durch Herstellung, wie er es nennt, den Hauptpart, um die „S-Wissenschaft", („die sichere Wissenschaft"), zu erreichen, wie er etwa in *Aufbau der exakten Fundamentalwissenschaften* (ebd. 39 ff., 46) sagt, aber es spielt auch das „Prinzip der Exhaustion" eine entscheidende Rolle, das Prinzip der Ausschöpfung der entsprechenden Erscheinungen im Experiment durch immer weitergehende Verfeinerung der Konstruktionen herstellender Art. „Wir unterfahren also", so sagt er in den *Fundamentalwissenschaften* (ebd. 223): „eine zu erklärende Naturerscheinung geistig mit früher schon festgestellten Beziehungen und Gesetzen", nämlich mit den Herstellungsverfahren beispielsweise einer Ebene, einer euklidischen Struktur, und zwar durch die entsprechenden Verfahren und zusätzlichen Zuordnungen (etwa die Umwendebestimmungen), wie sie geschildert worden sind. Man kann also von einer Introduktion dieser früheren Gesetze oder von einer Introjektion, Substruktion oder Suppossierung sprechen. Dingler nennt es kurz das „Exhaustionsverfahren" und meint, daß man sich durch diese schrittweise Fortführung der gelenkten und immer verfeinerten Konstruktionsherstellung dann schließlich doch in ausschöpfender Weise – daher die Ausdrücke ‚Exhaustion' und ‚Exhaustionsprinzip' – der Realität nähert und diese dann beherrschen kann.

Dieser Dogmatismus der Einzigkeit ist der kritische Punkt bei Dingler. Er hat den operationalistisch-konstitutiven Gesichtspunkt insofern überzogen und zu stark radikalisiert. Man müßte seinen Ansatz ähnlich liberalisieren wie etwa Kants Auffassung, daß nur der Verstand mit genau den Formen, die für jedes vernünftige Wesen dieselben sind, nämlich den Kategorien, die sinnliche Materialfülle zu organisieren vermag. Wenn wir also hier eine Kritik des Einzigkeitsstandpunktes oder dieses Einzigkeitsdogmatismus zulassen, dann kann man diese handlungs- und herstellungsorientierte Begründung vieler Prozesse der Realwissenschaften in der Tat anerkennen. Aber man wird vermutlich nicht, wie Dingler behauptete, und wie dann später auch Lorenzen (1967, 1968 u. a.) gemeint hat, notwendig zu genau der *einen* Form von Wissenschaft kommen, sondern es ist jeweils eine *Entscheidung* zwischen Alternativen im Spiel. Man muß sich zu einer Herstellung entscheiden. Man könnte eventuell auch eine andere Herstellung wählen und u. U. entsprechend verwendbare andere Elementarformen gewinnen und, das haben die Konventionalisten ja schon erkannt, könnte dann ggfs. mit anderen Formen empirisch gleich leistungsfähige Theorien erreichen und anwenden (wenn auch dann mit anderen wissenschaftlichen Grundkalkülen und anderen realisierten Elementarformen). Im Grunde kann man dann möglicherweise mit anderen Formen der Instrumente, der Theorien, der kalkulatorischen Form, also der Mathematik und der Logik sozusagen, die gleichen Inhalte[5] darstellen und erreichen. Das ist durchaus denkbar und insbesondere seit der Entwicklung der Relativitätstheorie auch immer wieder diskutiert worden.

Diese einzigkeitsdogmatische Auffassung Dinglers (und Lorenzens) muß also zurückgenommen werden. Das gilt sicherlich auch dafür, daß beispielsweise letztlich nur die Euklidische Geometrie zugrunde gelegt werden könne, daß bloß die Newtonsche Mechanik zum Bau von Meßinstrumenten benutzt werden dürfe und daß nur die klassische zweiwertige Logik zu verwenden sei. Alles das sind ja Gesichtspunkte, die inzwischen auch kritisiert worden sind und bezüglich deren alternative Möglichkeiten entwickelt worden sind, die sich aber prinzipiell auch recht gut verwenden lassen. Das Problem, inwieweit die klassischen Verfahren oder Instrumente Grenzfälle der neueren darstellen, ist ein schwieriges Problem.[6] *Logisch* sind sie u.U. eben keine Grenzfälle voneinander. Die klas-

---

[5] Dabei sind natürlich zu berücksichtigen u.a. die Probleme der (Un-)Vergleichbarkeit ((In-)Kommensurabilität von Theorien nach Feyerabend), der Kompatibilität von Instrumen(theorie) und erklärender Theorie sowie die Frage der Grenzfälle. (Ist die klassische Kinematik ein beschreibbarer logischer Grenzfall der relativistischen bei gegenüber der Lichtgeschwindigkeit „kleinen" Geschwindigkeiten?)

[6] Vgl. die vorige Anm.

sische Mechanik oder Dynamik ist eben kein einfacher Grenzfall der Relativitätstheorie in dem Sinne, daß die Strukturen *dieselben* seien, nur eben für kleine Geschwindigkeiten – klein gegenüber der Lichtgeschwindigkeit. Die „logischen", formal-theoretischen Strukturen sind eben andere. Trotzdem kann u.U. der andere Ansatz empirisch gleich leistungsfähig sein. Aber das ist ein weites Feld und ein anderes Problem, das uns hier nicht direkt beschäftigen soll.

Wichtig ist also, daß das Herstellen, das Konstruieren, das Eingreifen, das Machen, das Handeln eine entscheidende Rolle spielen bei der Konstitution auch der wissenschaftlichen Instrumente und natürlich in erster Linie bei jedem Experiment. Das Experiment ist eine *Handlungsform* und ist verbunden mit dem (in unserem Sinne verstandenen) „Imprägnieren" durch äußere „Weltfaktoren", aber gleichzeitig abhängig von einem realen aktiven Welt-"Fassen" in dem Sinne, daß wir unsere Schemata ausbilden und wirklich auf die Welt, in der Welt anwenden, aber je auch wieder umändern und korrigieren können. Wir haben also von einer generellen Interaktion zwischen Welt oder „Weltfaktoren" (wie wir vielleicht vorsichtiger sagen können) und unseren Schematisierungen zu sprechen, die sich im Laufe der Zeit und Theorieentwicklung usw. einander anpassen. Hinzu kommt dann die dritte Dimension, nämlich die soziale Abstimmung (s.o. S. 128ff). Damit erst paßt sich dann ein solcher Handlungs- und Schematisierungsansatz der entsprechenden Wissenschafts- oder Erkenntniskultur oder Kultur generell an.

Das zuletzt Angedeutete ist in den letzten Jahren auch in die Diskussionen einer nicht-orthodoxen, an der Wissenschaftsgeschichte orientierten Wissenschaftstheorie eingegangen. Seit Kuhn und Feyerabend kannte man das Stichwort „Historisierung der Wissenschaftstheorie", doch hatte man sich auch bei der Untersuchung der geschichtlichen Entwicklung der Wissenschaften noch vorwiegend, ja, fast ausschließlich auf den Theorienwandel und die Theoriendynamik beschränkt. Man kann wohl sagen, daß auch diesbezüglich derzeit eine Entwicklung in Richtung auf eine größere Praxisnähe festzustellen ist und daß die traditionellen, quasi-aristotelischen, sehr wort- und theorieorientierten Auffassungen der Wissenschaftstheoretiker sich zu wandeln begannen. Neuerdings wird sehr viel deutlicher das Eingreifen, das technische Manipulieren mit Instrumenten auch im Experiment hervorgehoben, das insbesondere auch den Realitätsgehalt und das Entstehen von Wissenschaft auf eine Art von *handelnder* Auseinandersetzung mit der Welt zurückführt.

Hier ist besonders das Buch *Representing and Intervening* von Hacking (1983, dt. 1996) zu erwähnen. Hacking vertritt eine Art von pragmatisch-interventionistischem Realismus. Wenn man etwas verläßlich als Instrument benutzt, um etwas anderes nachweisen zu können und dieses vielfach und wiederholt tut, zum Standard erhebt, dann ist dasjenige, was in das Instrument eingebaut ist oder in bzw. mit dem Instrument oder selbst *als* Instrument benutzt wird bzw. dessen Benutzung technisch erst ermöglicht, *real* zu nennen. Das Beispiel, das Hacking immer wieder heranzieht, sind Elektronen. Diese waren früher problematisch, sog. „theoretische Entitäten", und wurden/werden erst mit Beginn jener Phase, in der sie beispielsweise extensiv in großen Beschleunigern und somit direkt praktisch verwendet werden, um etwa die offene Frage nach freien Quarks zu lösen, *als real* vorausgesetzt. Das technisch in großem Maßstab Benutzte zumindest ist *real*. Elektronen können und müssen in dem Maße, in dem sie erfolgreich für andere Zwecke eingesetzt werden, als „real" gelten.

Hacking war einer der ersten, der diesen Punkt betont hat. Ein anderer war Rom Harré, der in seinem Buch *Varieties of Realism* (1986) die experimentelle Wissenschaft als durch eine „materiale Praxis" gekennzeichnet sieht. Man kann ihm zufolge sagen, die Experimentalwissenschaft sei durch eine wissenschaftsoperationale und experimentelle Praxis charakterisiert, in der beispielsweise Aufspürverfahren, jagdartige Verfahren inszeniert würden, um die sog. theoretischen Entitäten schließlich dingfest (auffindbar, und zwar reproduzierbar) zu machen. Harré sieht also den Realitätszugang als abhängig von der Erstellung oder Herstellung von „physischen referentiellen Bezügen" oder „Verbindungen" der Wissenschaftler bzw. der entsprechenden theoretischen Konstrukte zu den postulierten Entitäten oder dem, was den postulierten Entitäten zugrunde liegt: *„Reference is established by achieving a physical tie between embodied scientists and the being in question."* (1986, 68). Die Wissenschaft muß also eine *physisch realisierte* Beziehung herstellen, die zu den entsprechenden gesuchten Entitäten führt, also heutzutage beispielsweise von den Elektronen und Instrumenten, die diese einsetzen, zu den gesuchten (evtl. freien) Quarks. Das kann natürlich nur durch eine physische materielle Verfahrensweise in instrumentell realisierten Mechanismen geschehen oder in großtechnischen Versuchsanordnungen, die verläßlich eine solche Art von Suche durchzuführen gestatten. Big science ist abhängig von Big technology, ist heute Wissenschaft mit Großtechnik. Harré spricht von einem *„referentiellen Realismus"*, einem „Referenzrealismus", der eben dadurch charakterisiert ist, daß man postulierte theoretische Entitäten schließlich durch eine Art von Suchjagd aufspürte, dingfest macht. Man versucht eben durch bestimmte raffinierte technische Verfahren die entsprechenden Referenten (Bezugsobjekte) zu finden, eben „dingfest", besser: verläßlich durch materiell und operationell zu konkretisierende „referentielle" Verfahren manifestierbar zu machen.[7]

Ein weiterer Ansatz ist der von Ronald Giere, der in seinem Buche *Explaining Science* (1988) ebenfalls versucht, die technischen Anwendungen und die Interventionen in die Realität, trotz aller zugegebenen Konstruktionen, Modellentwicklungen und Verhandlungen der Scientific Community, doch zu einer experimentalistisch-realistischen Auffassung zu führen. Er versteht seinen „konstruktiven Realismus" in dem Sinne, daß man wissenschaftliche Theorien und deren Modelle als komplexe Modelle von Modellen oder sogar als noch höherstufige Modellkonstruktionen („Cluster von Clustern von Clustern von Modellen" oder „eine Familie von Familien von Modellen", ebd. 80) auffaßt, die aber durch die technische Verwendung und in den Experimenten mit der Realität zu einer realistischen Abgleichung[8] geführt oder gedrängt („gezwungen", würde Bacon sagen) werden – und zwar nicht im Sinne *des* einzig besten oder optimalen Passens, sondern im Sinne eines „satisficing" (nach dem Ökonom und Nobelpreisträger Herbert A. Simon). Man maximiert nicht die Modellentsprechung – das kann man gar nicht leisten, sondern man optimiert sie im Sinne eines Ziels, das *ein* (unter mehreren mögli-

---

[7] Dabei ist es eben oft so, daß diese Referenten zunächst nur unbestimmt gekennzeichnet werden können: „Das, was diesen Blasen in der Nebelkammer zugrunde liegt, kann nur das und das sein." Hier benutzt man erstens ein individualisierendes Prädikat, ‚dieses', und ein indefinites, ‚was auch immer', in Gestalt des Das-was-Prädikats also eine IP-Charakterisierung. So und wird eine auch logisch interessante Kennzeichnungsmethode nach L. D. Roberts (1986) benannt, die anders aber läuft als die übliche Suchmethode, daß man einem schon durch Hinweis (also demonstrativ) bestimmten Ding nun ein Gattungsprädikat (Komplemente) zuordnet (DC-Charakterisierung).

[8] Dabei ist „der Begriff der *Ähnlichkeit* zwischen Modellen und realen Systemen eine sehr notwendige Quelle für das Verständnis von Annäherung in der Wissenschaft" (Giere 1988, 106).

chen Zielen zu findendes) *zufriedenstellendes* Ergebnis für die experimentelle Modellentsprechung, eine gradweise abgestufte und an Hinsichten gebundene „Passung" herauskommt. Wissenschaftler sind also nach Giere Modellentsprechungsoptimierer – eben „satisficers", wie die Ökonomen das nach Simon nennen – aber sie sind keine Maximierer der Modellentsprechung (ebd. 158, 161 f.). Auf diese Weise läßt sich auch so etwas wie ein konstruktiv und praktisch moderierter Realismus der Modelle vertreten, der sich durchaus an Hackings Ansatz anschließt, weil auch er herausstellt: Was immer „großmaßstäblich, technisch, physikalisch und instrumentell manipuliert und kontrolliert werden kann, ist *real*", wenigstens wenn dies in diesem großen technischen Maßstab und auf relative Dauer geleistet wird (ebd. 126).

„Die Hauptverbindung zwischen unseren entwickelten kognitiven Fähigkeiten und der Mikrowelt der Kernphysik ist die *Technologie*" (ebd. 137 f.); die Entwicklung der Wissenschaft hänge „wenigstens ebenso sehr von neuen Maschinen ab wie von Ideen", stellt Giere fest: „Es ist die Technologie, die die Verbindung zwischen unseren entwickelten Sinnesfähigkeiten und der Welt der Wissenschaft liefert" (ebd. 138). Die Technologie des Experimentierens, aber gerade auch die Entwicklung der Meßinstrumente und der entsprechenden technischen Eingriffsfähigkeiten und der Experimentierweisen sowie von deren bewährten Mitteln und Verfahren wird als sozusagen konkret gewordenes „verkörpertes Wissen" aufgefaßt. Giere beschreibt das beispielsweise in Bezug auf das Proton:

> „Das Proton war einst unter den am stärksten theoretischen Teilchen. Die Wissenschaftler hatten wirkliche Fragen über die Realität eines jeden solchen Dinges. Heutzutage ist das Proton gezähmt und in das Ausrüstungsgeschirr eingebunden, das benutzt wird, um andere Partikeln und Strukturen zu untersuchen: Quarks, Gluonen und das Schalenmodell des Kerns. So wird etwas, was wir heute lernen, in die Forschungsinstrumente von morgen hineinverkörpert (embodied)" (ebd. 140).

Giere hat damit technisch-erkenntnisgenerierend ein reales System unterstellt, das in der entsprechenden technisierten Experimentierweise oder in den Komplexen von solchen experimentellen Verfahren gleichsam „einverkörpert" ist; diese instantiierende Konkretisierung der Modelle in den experimentellen manipulativen Techniken der experimentellen Wissenschaft ist also entscheidend. Der *experimentelle und technologische Handlungsaspekt* ist somit die entscheidende Grundlage für das Urteil der Realitätsentsprechung der Wissenschaft und überhaupt auch für Gieres Realismus, den er einen „konstruktiven Realismus" nennt – in Annäherung etwa an van Fraassens „konstruktiven Empirismus". Das ist natürlich auch dann durchaus interpretationskonstruktionistisch zu reformulieren und zu verfeinern, was hier nicht weiter durchgeführt werden soll. (Vgl. dazu Verf. 1993, 296 ff.).

Ein modellkonstruktivistischer Realismus, wie Hacking und Giere ihn vertreten, ist natürlich ebenso wie der Harrésche Ansatz durchaus im Zusammenhang mit unseren Überlegungen der interpretatorischen Schematisierung von Zugangsweisen zu sehen, aber das Entscheidende, das hier zu betonen ist, ist eben dieser techno-aktivistische Zusammenhang, die innige Verwobenheit der Erkenntnis mit experimentellen, d. h. objektiv kontrollierten, Handlungsweisen und technischen Eingriffen, die nicht nur nachträglich Erkenntnis garantieren, bestätigen oder irgendwie validieren, sondern die von vornherein beim Zustandekommen der Erkenntnisse mitbeteiligt sind. Das hat sich als neues Ergebnis im letzten Jahrzehnt auch in der Wissenschaftstheorie historisierender Art, aufgrund der Untersuchungen von Wissenschaftsforschern, Wissenschaftshistorikern und Wissenschaftssoziologen immer deutlicher herausgestellt, so daß schließlich auch die Wissenschaftstheoretiker im engeren Sinne genötigt waren, diese Entwicklung zur Kenntnis zu nehmen und ernsthaft darauf einzugehen.

Beispielsweise hat David Gooding dazu eine Anzahl von Arbeiten veröffentlicht aufgrund ausgedehnter eigener wissenschaftshistorischer Untersuchungen. Ich referiere im folgenden über seine Arbeit *Putting Agency Back into Experiment* (1992), also den Versuch, das Handeln wieder in das Experiment hineinbringen, der eine Art von Resümee seiner bisherigen Untersuchungen darstellt, die sich weitgehend an einer intensiven Studie der Labornotizen von Faraday orientieren. Er hatte Faradays Notizbücher vorliegen und diese auswerten können, stellt also genetisch-realistisch recht detailliert dar, wie Faraday zu seinen Entdeckungen gekommen ist, auf welche Art und Weise er den experimentellen Prozeß immer wieder durch Entscheidungen unter möglichen Alternativen vorangetrieben, weiterentwickelt hat. Doch Gooding hat das Gesamtbild dann auch anhand von neueren, beispielsweise von Morpurgo mit einem ganzen großen Team geleisteten Untersuchungen, daß kein freies Quark existiert, zu bestätigen versucht. Auch dort wird im wesentlichen ähnlich vorgegangen, wie Faraday es als einzelner tat, nur sind die entsprechenden Notizen des Großteams nicht so ergiebig für die Dokumentation bzw. Analyse der faktischen Genese der Entdeckungen.

Alle natürlichen Erscheinungen und Phänomene, genauer: deren Erfassungen, sind nach Gooding begrenzt durch „die menschliche Tätigkeit" eben bei der Erfassung jener. Das bedeutet keineswegs, meint Gooding (ebd. 66), daß wir eine unabhängige Welt nun leugnen würden, es besagt jedoch, zu „leugnen, daß unsere Repräsentationswelten", die Repräsentationen von der Welt, in gewisser Weise von den „verkörperten Praktiken" („embodied practices", vgl. a. Giere 1988, s. o.) ... „zu unterscheiden wären". Es ist wichtig, daß die Unabhängigkeit der Repräsentation von dem Bereich der „verkörperten Praktiken" eben nicht gegeben ist. Das Experiment – und zwar *alles* Experimentieren (selbst das Gedankenexperiment) – ist nach Gooding eine Form des *Lernens*, und zwar eine auf einen bestimmten Bereich zugeschnittene „Form des Lernens", „indem die Manipulation von begrifflichen Gegenständen oft unabhängig von der Manipulation der materiellen ist und umgekehrt" (Gooding 1992, 66), wie es sich im Experiment eben tatsächlich praktisch und auch historisch darstellt. Um das nun genauer zu untersuchen, versucht Gooding einerseits eine Beschreibungstechnik zu entwickeln, andererseits das allgemein Charakteristische des Experiments zu erfassen. Das Charakteristische des Experimentierens, das allen Weisen von Experimentieren gemeinsam ist, sei durch vier Merkmale gekennzeichnet: *Erstens*: „Das Zusammenwirken" der Organe, also beispielsweise der Hände, der Augen und der Sinnesorgane und des Geistes, zumal in der Gewinnung der Feinstruktur oder bei der Verfeinerung der entsprechenden Beobachtungen bei oder zur Durchführung des Experiments. Die Unterscheidung zwischen Beobachtung und Experiment sei künstlich und sei immer nur erst nachträglich möglich bzw. beruhe auf nachträglichen Zusprechungen (ebd. 68). Das bezieht sich durchaus auch auf das vorher erwähnte aktivistische Moment, das selbst in bloßen Beobachtungen enthalten ist. Gooding versteht „Beobachtungen" nun nicht mehr bloß in einem aristotelischen Sinne, also als bloßes passives Beobachten, sondern Beobachtung ist selbst auch schon von Techniken, von Interaktionen oder Präparationen der entsprechenden Voraussetzungen oder Bedingungen durchdrungen und charakterisiert.

Das *zweite* Merkmal ist der Handlungscharakter („human agency", ebd.), der unter der sprachphilosophischen oder linguistischen Vorherrschaft in der Philosophie stark vernachlässigt worden war. Die Tätigkeiten der Experimentatoren seien überhaupt nicht diskutiert worden. Die Wissenschaftstheorie und die Philosophie der Physik, die Erkenntnislehre generell hat sich im wesentlichen eigentlich nur mit *Sätzen*, mit Prädikaten „wahr" oder „falsch", mit Bestätigung von Hypothesen oder Theorien befaßt und das Experiment im einzelnen überhaupt nicht differenziert als *Handlung*, als wesentliche reale Aktivität und in seiner Struktur diskutiert.

Das *dritte* Moment ist, daß „unerwartete Ereignisse" (ebd.) auftreten können und daß im Laufe eines langen experimentellen Prozesses nicht nur das Experiment und die Fragestellung, sondern unter Umständen auch der theoretische Ansatz verändert werden kann. Und dies geschieht sogar typischerweise. In Wirklichkeit ist es also nicht so, daß eine voll spezifizierte Hypothese auf einen einzelnen Fall, der (dessen Beschreibung und Spezialisierung unter Randbedingungen) aus der Theorie abgeleitet ist, nun einem Experiment unterworfen wird, sondern faktisch, insbesondere bei der Entwicklung von neuen Gebieten oder bei Experimenten mit Bereichen und Größen, die man bisher noch nicht kannte, ist ein viel intrikateres Geflecht aus dem Vorwärtstasten in der Theorie und in Hypothesen, dem Verändern der Instrumente, dem Anwenden, dem Bauen von neuen Instrumten samt dem Umbauen, dem Verbessern der realen Versuchsbedingungen usw. relevant. Dieses Faktoren-, Bedingungs- und Handlungsgefüge ist viel schwieriger zu untersuchen und zu konkretisieren, als sich das etwa der herkömmliche Wissenschaftstheoretiker vorstellt(e). Es ist also „harte Arbeit", das Experiment, das man schließlich erreichen will, durchzuführen, ohne es im voraus bis ins letzte schon beschreiben zu können.

Man braucht schließlich auch ein vorzeigbares dokumentarisch verwertbares Schlußergebnis, das dieses Experiment nicht nur abschließt, sondern das auch geeignet ist, dieses der Mitwelt, insbesondere den wissenschaftlichen Kollegen zu präsentieren. Es muß mitteilbar sein, „kommuniziert" werden können (ebd. 68). Es ist also eigentlich ein weiteres – *viertes*, von Gooding nicht eigens gezähltes – Merkmal, daß ein veröffentlichungsfähiges zusammenfassendes Konstrukt entstehen muß, das zwar dann „Bericht über das Experiment" heißt, aber normalerweise eine nachträgliche, geradezu rationalisierende Rekonstruktion ist. Diese sieht weitgehend von den eigentlichen Feinheiten der zwischenzeitlichen Veränderungen ab, die u.U. darin bestehen können, daß die Fähigkeiten des

Experimentators sich mühsam verbesserten oder daß entsprechende Schwierigkeiten bei der theoretischen Erfassung von „Widerständigkeiten" im Instrumentenapparat oder bei den anderen Mitbeobachtern oder gar in der Natur selbst auftreten, daß also nicht das, was man gerne glatt generiert hätte, so funktioniert(e), wie es sich der Experimentator zunächst vorgestellt hatte. Notorisch geht immer wieder etwas schief. (Das besagt schon Murphys Gesetz des Experimentierens.)

Das letzte (*fünfte*, für Gooding *vierte*) wichtige Merkmal ist die „Abwesenheit einer linearen, logischen Struktur" des Experiments. Erst nachträglich „taucht" eine (quasi) logische Struktur auf, meistens erst im zusammenfassenden Bericht. Die (scheinbare) Linearität des Zusammenhangs bei der Abfolge der einzelnen experimentellen Schritte ist von vornherein *nicht* gegeben; die nachträgliche Konstruktion der Berichte und Erzählungen, wie die Wissenschaftler ihre Experimente beschreiben, erzeugt die Linearität und „logische" Abfolge erst, rationalisiert den Versuchs-und-Irrtums-Prozeß. Das gilt insbesondere dann, wenn Naturwissenschaftler die Ergebnisse in meist noch viel kürzerer Form wissenschaftlich publizieren. Die veröffentlichte Darstellung des experimentellen Vorgehens ist natürlich eine sehr verzerrte Darstellung, nicht geeignet, den wirklichen Vorgang des Forschens, des Experimentierens, erfassen, beschreiben und auch hinsichtlich seiner Wichtigkeit für das Intervenieren in den entsprechenden Weltbereich beurteilen und differenziert auswerten zu können (ebd. 68f.).

Wichtig ist auch, daß die Beobachtungsergebnisse in der Praxis immer „korrigierbar" (ebd. 69) sind. Sie sind also nicht etwas fix „Gegebenes" oder ein und für alle mal Erreichtes. Man hat sich im Groben daran gewöhnt, daß man das experimentelle Versuchsergebnis als festes Datum nimmt bzw. versteht, selbst wenn statistische Methoden der besten Durchschnitts-Geraden, wie sie beispielsweise beim linearen Zusammenhang durch einen Punkthaufen gelegt wird (etwa nach der Methode der kleinsten quadratischen Abweichungen), in Wahrheit das Grund-Datum klarerweise erst künstlich erzeugen. Es gibt da die vielfältigsten Schwierigkeiten und Widerstände, die eine Diskrepanz zwischen der erklärenden Theorie, den Instrumenten, der instrumentellen Theorie selber (also der Theorie der Meßinstrumente, mit denen die Messungen vorgenommen wurden/werden) und den Verfahren der Versuchsplanung, des Aufbaues des Experiments sowie zwischen der Meßpraxis und den Ergebnissen auftreten können. „Philosophien" sagt Gooding (ebd. 70), „die nur mit Repräsentationen handeln, können nicht hoffen, das Vertrauen der Wissenschaftler in die Existenz von experimentellen Phänomenen zu erklären, geschweige denn zu rechtfertigen": „Philosophies, that deal only in representations can not hope to explain (let alone justify) scientists' confidence in the existence of experimental phenomena" (ebd. 70).

Nun, wie hat Gooding versucht, diese wirklich geschehen(d)en experimentellen Abläufe darzustellen? Hierzu hat er eine ganz interessante Methode entwickelt, die geeignet ist, die Handlungseingriffe der entsprechenden Experimentatoren deutlicher festzustellen und zu schildern. Er benutzt zweidimensionale Diagramme und bestimmte Symbole, die Ideen, Vorstellungen, bildliche Vorstellungen oder mentale Modelle einerseits kennzeichnen; diese werden durch runde Kreise dargestellt. Andererseits werden die wirklichen Sachen, die feststellbaren materiellen Dinge und die Instrumente selber, also die „harten Sachen", durch Quadrate dargestellt. Es kommt nun vor, daß nicht nur Quadrate sich um Kreise herum figurieren, nämlich daß eine Idee dann konkret-materiell *„verwirklicht"* wird (Verwirklichung eines mentalen Modells oder einer Vorstellung), sondern man kann natürlich auch umgekehrt bestimmte Instrumente oder bestimmte Dinge in Ideen fassen.[9]

Man hat also etwa eine diagrammartige Karte zur Verfügung, die ein einfaches Hypothesentesten darstellt:

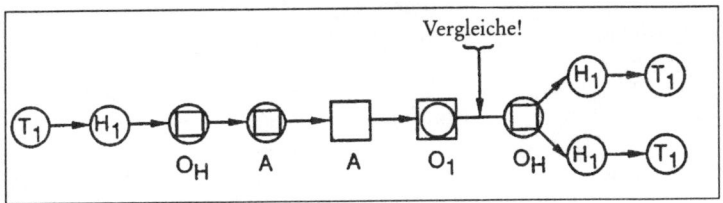

Abb. 9.1. (Quelle: Gooding 1990, 14)

---

[9] Interessanterweise benennt Gooding diese Mischung zwischen squares and circles „squurkles": Diese stellen die Tatsache dar, daß das Realisieren („realizing") ein geschichtlicher Vorgang ist, in dem der ontologische Status beobachtbarer Dinge dadurch herausgearbeitet wird („worked out"), daß Beobachtungstechniken entwickelt und verbreitet werden – durch das Beherrschen und Übertragen von (experimentalen) Geschicktheiten („skills") (1992, 72).

Gooding zeichnet immer alles das, was als etwas Neues hinzukommt, auf derselben Zeile ein, und, wenn sich prozessual nichts Neues ergibt, immer darunter. In dem Bild 1 hat man dementsprechend eine Theorie T_1, die zu einer Hypothese H_1 führt, die aus jener abgeleitet wird. Daraus ergibt sich eine Anwendung, nämlich eine Beobachtung der Hypothese (OH) an einem Instrument. „A" bezeichnet die menschliche Handlung („action"), die dabei eine Rolle spielt: Die Vorstellung einer Handlung, die dann zu einer Handlung selber führt zur nun „quadratisch" dargestellten *Verwirklichung* der Handlung. Das führt wiederum zu der Beobachtung (im „squurkle" OH_1), die einer Idee entspricht. Und im folgenden wird dann diese Beobachtung, die der Hypothese entspricht, eingetragen, d. h. also, hier wird die faktische Beobachtung einer Idee verglichen mit einer (ebenfalls, aber anders „gesquurkelten") Idee von der faktischen Realisierung der Hypothese. Das wird zu einer Alternative der Vorstellungen führen. Einmal kann die Hypothese bestätigt werden, die Idee der Hypothese sich also aufgrund dieser experimentellen Feststellung durchsetzen – die Theorie ist fallweise bestätigt. Dieser Fall kann aber auch *nicht* eintreten. Dann ist also die Hypothese in diesem Fall zunächst nicht bestätigt, wird eventuell verworfen und entsprechend gilt dann die Theorie als falsifiziert (oder weist eine zusätzliche Falsifizierungsinstanz auf). Entscheidend ist natürlich praktisch zumal der Vergleich („compare"!) zwischen experimenteller Handlung bzw. deren Durchführung und der Feststellung und Vorstellung von der Hypothese.

Die Übergänge zwischen den entsprechenden Instanzen sind natürlich im Sinne des Einsetzens von Handlungen oder Aktivitäten und eines zeitlichen Flusses zu verstehen. Erst haben wir also die Theorie und die Ableitung einer Hypothese aus der Theorie. Eine Konkretisierung folgt der entsprechenden Vorstellung von einer Handlung in einem Experiment, nämlich in Gestalt der experimentellen Handlung; dies ist also der Übergang von der Vorstellung der Handlung zur Handlung selbst. Die Notationen bedeuten einerseits die zeitliche Nachfolge, aber andererseits auch einen bestimmten Aspekt in der Tätigkeit oder in einer gleichsam „verfahrenslogischen" Abfolge. Wenn man dann unter Umständen unterschiedliche Beobachtungen bezüglich derselben Theorie diskutiert, könnte man zu anderen Handlungen übergehen oder andere Beobachtungen, andere Ideen und Beobachtungen notieren.

Dadurch würde etwas Neues hinzukommen; Gooding schreibt die entsprechenden Prozeßstadien auf tiefere Zeilen (s. Bild 9.2).

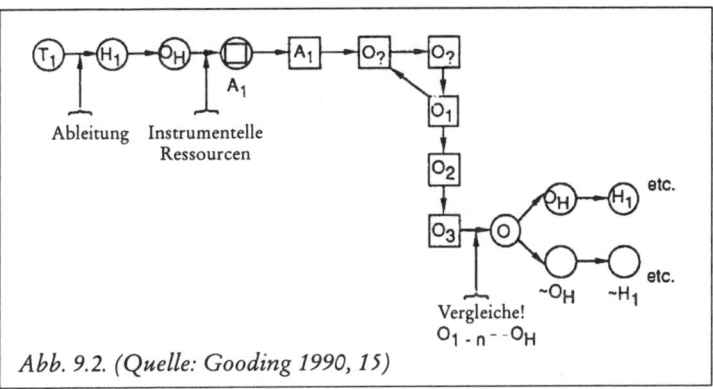

Abb. 9.2. (Quelle: Gooding 1990, 15)

Bei Bild 9.2 gibt es Parallelfälle oder Wiederholungen der Beobachtung. Es kann aber auch passieren, daß, wenn man Beobachtungen getätigt hat, Schleifen oder Rückkopplungsprozesse auftreten. Diese diskutiert Gooding auch. Es mag sein, daß ein Fall von Wiederholung oder Bestätigung in einem experimentellen Wechselwirkungsprozeß zirkulärer Art gegeben ist oder entsprechend zu Veränderungen führt (ebd. S. 74f.).

Gooding spricht generell vom Experimentieren als einem Spiel von Operationen in einem Handlungsfeld, in einem Feld von Aktivitäten (ebd. S. 75), das er den „Experimentierraum" (genauer: „Experimentatorraum", „experimenter's space") nennt. Er führt das dann an mehreren Beispielen durch und untersucht diese insbesondere darauf, wieweit die Berichte über Experimente (nachträglich verzerrende) Rekonstruktionen umfassen. Gooding diagnostiziert *„demonstrative"*, also zu Demonstrationszwecken geeignete oder methodische bzw. *„methodologische Rekonstruktionen"*, *„didaktische* Rekonstruktionen"*, die zur Erklärung oder auch zu formalisierten Überlegungen führen bzw. gehören. Diese umfassen auch *„normative Rekonstruktionen"* (ebd. S. 77), die meistens nachträglich im Zusammenhang mit methodologischen Aspekten zu entsprechenden Bewertungen führen. Ursprünglich sind also die Abläufe in Realabfolgen aufgeführt, nachträglich werden dann meistens lineare Interpretationen methodologischer oder bewer-

tend-normativer oder gar didaktischer und rhetorischer Art beige-
bracht, die dann u. U. in den veröffentlichten Aufsätzen erscheinen.
Faktisch ist es aber so, daß die experimentelle Praxis, wie Gooding
erkannte, sehr viel weniger „logisch" geordnet ist, als man sich das
normalerweise vorstellt(e). Er versucht das sehr ausführlich anhand
der beiden erwähnten experimentellen Großsequenzen zu zeigen:
einmal bei Faradays Entdeckung und Entwicklung des Prinzips des
Elektromotors, andererseits bei der Suche nach freien Quarks durch
Morpurgos Team.

Faradays Geschichte sei kurz beleuchtet: Er hat ein neues
Phänomen *hergestellt* – aufgrund der Feststellung von Örsted, daß
ein Draht in der Nähe eines Magneten Strom führt bzw. die Magnet-
nadel auf einen stromleitenden Draht reagiert. Faraday war
derjenige, der dann schließlich „beobachtet" (experimentell herausgearbeitet) hat, daß die Magnetnadelbewegung nicht bloß ein chaotisches Reagieren ist, und zwar auch nicht nur ein paralleles
Hin-und-Herschwingen, sondern daß man die betreffende Bewegung in eine(r) Kreisform führen kann. Faraday hat den langen und
mühevollen, von Hindernissen gesäumten Weg von Vermutungen
und Umbauten des Versuchs in seinen Notizbüchern ausführlich geschildert – z. B. wie er am 3. September 1821 plötzlich auf die Idee
kam, sich das Ganze einmal *von oben* anzusehen, nachdem er nacheinander mehrere sinnreiche Konstruktionen mit Magneten und
eben metallischen Leitern, nämlich Drähten, aufgebaut und ausprobiert hatte (ebd. S. 94, 96). Dadurch kam er plötzlich auf die Idee,
daß das ein Kreisprozeß sein kann. (Im übrigen hatte er damit ja
auch schon die Grundlagen praktisch für den Dynamo gelegt, indem
er das umgekehrte Prinzip des Elektromotors darstellte.)

Das andere, hier nicht zu skizzierende Beispiel ist der Nachweis, daß kein freies Quark existiert bzw. bislang nicht nachgewiesen werden kann; auch dazu hat Gooding (ebd. S. 84ff.) seitenlange
Diagramme ausgeführt. Diese können im einzelnen hier nicht wiedergegeben werden.

Es kann übrigens auch der Fall sein, daß diese Experimentier-
verfahren, wenn sie eine gewisse Entwicklung nehmen, möglicherweise auch kennzeichnende – man kann sagen: vorwärtstreibende
– Anomalien zu produzieren. Insbesondere am Beispiel Faradays
hat Gooding das detailliert ausgeführt; er hat ein ganze Monographie (Gooding 1990, s. a. Gooding – James, Hg., 1985) darüber
geschrieben. Dies alles kann hier im einzelnen auch nicht diskutiert
werden.

Es gilt jedenfalls generell, daß bei der Erschaffung neuer experimenteller Phänomene („making new phenomena", Gooding 1992, 91ff.) die Beobachtung keineswegs passiv und deskriptiv ist, sondern daß man durch das Experiment immer aktiv in einen bestimmten Zusammenhang eingreift. Das Experimentieren ist auch ein „Bauen" und Herstellen, das eben Handlungsformen involviert, beispielsweise Weisen der Manipulation, des Behandelns, des Beherrschens. Es sind insbesondere eben Interventionen, Eingriffe – aber auch eben „Erfindungen" (z. B. neuer Versuchsanordnungen), „Herstellungen" und somit Manipulationen materieller oder physischer Entitäten einerseits und Arten und Änderungen auch der entsprechenden mentalen Vorstellungen andererseits. Das wichtige Abschließende dabei ist, daß schließlich der Experimentator versucht, eine „stabile Repräsentation" zu erreichen, eine Abgleichung zwischen den unterschiedlichen Einflußfaktoren: Man „dreht" sozusagen an den verschiedenen Enden, probiert herum – solange, bis eine klare wiederholbare Effektsituation eintritt oder ein exemplarischer „Effekt" nachgewiesen werden kann (ebd. z. B. 91, 99f.: bei Faraday), insbesondere, wenn es sich um *neuartige* Effekte handelt. Es ist deutlich, daß man auf diese Weise den Beobachtungsprozeß bei der Deutung und Erzeugung neuer Phänomene als untrennbar von der Konstruktion der entsprechenden Instrumente, Versuchsanordnungen und eben auch der experimentellen Gesichtspunkte anzusehen hat. Bei einer experimentellen Gewinnung und Nachweisung eines neuen „Effektes" arbeiten die Erfindung von Instrumenten und von Verfahren, das Entwickeln von Vorstellungsbildern, das Konzipieren von theoretischen Elementen ineinander. Das Prozedere ist abhängig von entsprechenden experimentellen Geschicklichkeiten, die der Experimentator selber erst entwickeln und schulen muß; er muß wie Faraday (ebd. 97) ein „Gefühl" für die Beziehungen zwischen den entsprechenden elementaren Teilen dieser Versuchsanordnung bekommen, sowohl für die Reaktionen als auch für die wirklich in das Experiment eingehenden Bausteine. Das alles wird am Beispiel von Faraday sehr ausführlich geschildert und detailliert aus dessen Notizen belegt – und ist sehr plausibel und überzeugend. Es zeigt, daß der Experimentator in einer solchen „Frontsituation" beim Aufbruch zum Neuen gar nicht in der Lage ist, zwischen der bloßen „Repräsentation und dem Gegenstand" selber hinreichend klar zu „unterscheiden" (ebd. S. 99). Er manipuliert und agiert mit beidem. Das ist bei Faraday sehr deutlich zu erkennen.

Gooding meint dann noch (ebd. 101ff.), die traditionelle Auffassung der Vermutungen und zu bildenden Hypothesen und des
bloßen Testens dieser weise in der Tat Mängel auf, weil sie eben
nicht die skizzierten Hintergründe berücksichtigt, um nun wirklich in dieser experimentellen Entwicklungssituation die enge Interaktion von Gedanke und Handlung, von Denken und Handeln,
wenn sich das alles über lange Sequenzen hinzieht, deutlich darstellen zu können. Und damit wird in den traditionellen Darstellungen natürlich das Prozessuale, das Handlungsgesteuerte, das
Aktive vernachlässigt. Ganz abgesehen davon, daß sich ein weiterer Effekt ergibt durch die „Wortkultur", die Darstellung in wissenschaftlichen Arbeiten, die sich nur auf Ergebnisse konzentriert,
wobei die Experimente nur noch in Form von Daten auftreten und
bloß erwähnt werden, aber nicht mehr die entsprechenden Mani-
pulationsweisen, experimentellen und präexperimentellen Vorentscheidungen genügend diskutiert werden, so daß also in gewissem
Sinne gerade dieses intrikate Ineinanderwirken zwischen den unterschiedlichen Bereichen bzw. der Gesichtspunkt des handelnden
Eingreifens und des Entstehens der Strukturen aus dem Experiment nicht genügend berücksichtigt und gesehen werden kann
(„making skills disappear", Gooding ebd. S. 105ff.). Man konver-
giert zu schnell alles in einen nachträglichen erzählenden Bericht
hinein; Gooding meint, daß die wirkliche erkenntnistheoretische
und wissenschaftstheoretische Bedeutung des Experiments und
des Know-how dabei zu kurz kommt (ebd. S. 104ff.). Die traditionellen wissenschaftstheoretischen Ansätze versuchen das For-
schungsgeschehen nur aufgrund der rekonstruierten Geschichte(n)
oder der Artikel, der veröffentlichten Versionen, bzw. der als fixiert
gesehenen Daten zu deuten und sind dadurch von vornherein nur in
der Lage, ein sehr verzerrtes Bild von dem Einfluß der Praktiken des
Experimentellen, insbesondere des materiellen Manipulierens von
Instrumenten und des Organisierens und Durchführens von Versuchen und von den entsprechenden experimentellen Fähigkeiten zu
geben. Man hat also statt der eigentlichen Handlung, die man beschreibt, nur die nachträgliche Rekonstruktionen zugrunde gelegt,
die immer verzerrt sind, die eindeutig erst linear-logisch *gemacht*
worden sind. Eine solche verzerrte Darstellung ist sicherlich falsch;
denn Erkennen und Handeln sind in einem viel höheren und meist
einem nicht linear miteinander verbundenem Maße ineinander verwoben: „Cognition and action are highly interactive" (ebd. S. 106).
Gooding geht sogar so weit, zu urteilen, die „cartesische Trennung

des Mentalen vom Materiellen" sei zu verabschieden oder zumindest herausgefordert, weil die Manipulationen eben oft *„interdependent"* sind: Vorstellungen werden verändert, manipuliert, gleichzeitig mit entsprechenden Manipulationen der entsprechenden Instrumente, Anordnungen, Versuchssituationen usw. (ebd. 106f.). Letztlich muß man also sagen, daß die experimentellen Ergebnisse, die empirischen Erscheinungen und Phänomene immer unter wesentlicher Abhängigkeit der „menschlichen Aktivität" (ebd. S. 103), wir könnten sagen: der entwerfenden, bewußt entwerfenden Strukturierungstätigkeit und auch natürlich der mehr oder minder unterbewußt oder teilbewußt ablaufenden Schematisierungsfähigkeiten und der entsprechenden Handlungsfähigkeiten *entstehen*, die ja auch von Schematisierungen geleitet, abhängig und geprägt sind, wie wir gesehen haben. Und natürlich sind sie wesentlich auch von der Art und Weise abhängig, wie menschliches Handeln und die Handlungsweisen von der entsprechenden Kultur, in der sie auftreten, mitgeprägt sind. Das verweist dann wiederum auf die *soziale* und *kulturelle* Einbindung.

Generell kann die wechselseitige Interaktion von Handeln und Erkennen im Experiment, das Zusammenspiel des Experiments, dieser Art von kontrollierter praktischer Beobachtung, mit der Erkenntnis als wechselseitig sich bestimmende und durchdringende Handlungsprozesse, nicht mehr bezweifelt werden. Das ist sicherlich ein Ergebnis, das die Erfahrungen und Untersuchungen der Wissenschaftshistoriker und Wissenschaftssoziologen in den letzten Jahrzehnten verdeutlicht haben – ein Ergebnis, das wirklich die traditionellen, zu theorielastigen Auffassungen der Wissenschaftstheoretiker zutiefst verändert, ja, revolutioniert. Die Erreichung eines „kohärenten" „stabilisierten Zusammenspiels" der Handlungen, die dann in einem präsentierbaren Bericht aufgenommen werden können, ist in der Tat von Geschicklichkeiten, Instrumententheorien und den wechselseitig sich bestärkenden Urteilen anderer Wissenschaftler, von einer Differenzierung und eben auch vom Training, von der Schulung der entsprechenden Handlungsmöglichkeiten, in unlösbarer Weise abhängig und mit allen diesen zum Gutteil praktischen Fähigkeiten verknüpft. Das heißt also, wir müssen unsere Wissenschaftstheorie und die Erkenntnistheorie stärker auf die aktive Rolle des Experiments als eines *handelnden* Beobachtens abstellen.

Das in diesem Kapitel Entwickelte ist hier am Beispiel der Experimentalwissenschaft durchgeführt worden, gilt aber natürlich

entsprechend genauso für den Zusammenhang von Handeln und
Erkennen allgemein – auch von Aktivitäten im Alltag und dem
„Erfassen" in einem viel weiteren Sinne. Ich denke, daß das Experimentieren insofern ein sehr gutes Beispiel für das Zusammenwirken von Interaktion mit der Welt, der sozialen Gemeinschaft,
Gruppe der Wissenschaftlergemeinschaft und der Intervention in
die Welt und u. U. auch der Auswirkung und Wirkung auf andere
Auffassungsweisen abgibt. Intervenieren und Interagieren gehören
in einem unlöslichen Zusammenhang zusammen. Man kann hier
tatsächlich von einem pragmatisch-realistischen Interaktions- oder
Interreaktionsschemainterpretationismus sprechen, der dann eine
gewisse dynamisch-prozessual-funktionalistische Charakterisierung zeigt. Man sollte eben auch nicht nur das *„putting back
agency into experiment"* fordern, sondern auch ein *„putting back
agency into epistemology again, putting back agency into cognition"*.

10. Exkurs über Heideggers „Stellen" der Natur im Technischen

Wir können nicht etwas in gewisser Weise nur passiv erkennen. Das passive Erkennen und Beobachten ist jeweils eine Abstraktion, eine sekundäre Abstraktion, die zwar vielfach benutzt wird und auch begrenzt einen gewissen guten Sinn macht, aber doch in vielfacher Weise – selbst beim Wahrnehmen – zu kurz greift. Im Experiment „stellen" wir die Natur, „zwingen" wir sie zu einer Reaktion, das sah bereits Bacon (s. o. S. 9, 11). Das gilt nicht nur für die experimentelle Welterfassung, sondern erst recht für die technische Weltveränderung. Dieser Aktivismus der Naturherausforderung durch das Technische und im Technischen wurde in unserem Jahrhundert in der Philosophie gelegentlich gesehen; er wurde insbesondere auch von Martin Heidegger in seiner Philosophie der Technik herausgestellt. Heidegger betont in der Tat der Zugreifende, Eingreifende und auch praktisch Hervorbringende der Weltzugriffe der Technik in Bezug auch auf das wissenschaftliche, naturwissenschaftliche Erfassen. Allerdings sieht er das alles letztlich doch zu sehr dann unter dem Gesichtspunkt einer >Seinsehrfurcht<. Das Sein würde sich dem „Stellen" durch den Menschen doch in der Weise eröffnen, daß es sich ihm „entbirgt". Heidegger schreibt in seiner *Frage nach der Technik* (1954): „Die Technik ist eine Weise des Entbergens" (ebd. 20). Sie gehöre als „τέχνη" zwar „zum Her-vor-bringen, zur Poiesis, sei in diesem Sinne etwas Gemachtes, „Poietisches", also Her(zu)stellendes, aber sie sei doch etwas, das nur eine Art von Wahrheitseröffnung darstellt: „Die τέχνη ist eine Weise des ἀληθεύειν. Sie entbirgt solches, was sich nicht selber her-vor-bringt ..." (ebd. 21). Sie ist, wie gesagt, „ein Entbergen", das die moderne Technik durchherrscht, sich aber nicht immer im hervorbringenden Sinne einer Poiesis entfaltet, sondern: „Das in der modernen Technik waltende Entbergen ist" – das ist ein zentraler Satz – „ein Herausfordern, das an die Natur das Ansinnen stellt, Energie zu liefern, die als solche herausgefördert und gespeichert werden kann" (ebd. 22). Heidegger bringt das Beispiel von dem „Wasserkraftwerk", das „in den

Rheinstrom gestellt ist": „Es stellt ihn auf seinen Wasserdruck, der die Turbinen daraufhin stellt, sich zu drehen, welche Drehung diejenige Maschine umtreibt, deren Getriebe den elektrischen Strom herstellt, für den die Überlandzentrale und ihr Stromnetz zur Strombeförderung bestellt sind" (ebd. 23). Es wird also ein bestimmtes Gebiet „bestellt" durch eine bestimmte Aktion(sweise) des „Stellens". Er sagt (ebd. 24):

„Das Entbergen, das die moderne Technik durchherrscht, hat den Charakter des Stellens im Sinne der Herausforderung. Diese geschieht dadurch, daß die in der Natur verborgene Energie aufgeschlossen, das Erschlossene umgeformt, das Umgeformte gespeichert, das Gespeicherte wieder verteilt und das Verteilte erneut umgeschaltet wird. Erschließen, umformen, speichern, verteilen, umschalten sind Weisen des Entbergens ... Steuerung und Sicherung werden sogar die Hauptzüge des herausfordernden Entbergens."

Die Grundidee ist: „Nur insofern der Mensch seinerseits schon herausgefordert ist, die Naturenergien herauszufördern, kann dieses bestellende Entbergen geschehen" (ebd. 25). Der Mensch ist also seinerseits herausgefordert, die Natur in seinen experimentellen Eingriffen, Angriffen, Anordnungen zu „stellen", herauszufordern, zu konfrontieren und sie dadurch zu zwingen. Das erinnert direkt an Bacon: Wir besiegen die Natur (nur) dadurch, daß wir sie nutzen, ihre Gesetze benutzen und sie in entsprechender Weise zerschneiden, „stellen" und manipulieren. Der Mensch ist also für Heidegger das „stellende", herausfordernde, das experimentierende und in diesem Sinne imprägnationsinterpretierende Wesen, das präpariert, konstituiert, das Interaktions- und Interventionsmöglichkeiten ausnutzt. Deswegen sagt er:

„So ist denn die moderne Technik als das bestellende Entbergen kein bloß menschliches Tun.

Darum müssen wir auch jenes Herausfordern, das den Menschen stellt, das Wirkliche als Bestand zu bestellen, so nehmen, wie es sich zeigt. Jenes Herausfordern versammelt den Menschen in das Bestellen. Dieses Versammelnde konzentriert den Menschen darauf, das Wirkliche als Bestand zu bestellen" (ebd. 26f.).

Heidegger kommt damit zu seinem berühmt-berüchtigten definitorischen Konstrukt; er nennt den „herausfordernden Anspruch, der den Menschen dahin versammelt, das Sichentbergende als Bestand zu bestellen – das *Ge-stell*" (ebd. 27):

„Ge-stell heißt das Versammelnde jenes Stellens, das den Menschen stellt, d. h. herausfordert, das Wirkliche in der Weise des Be-

stellen als Bestand zu entbergen. Ge-stell heißt die Weise des Entbergens, die im Wesen der modernen Technik waltet und selber
nichts Technisches ist." (ebd. 28).

Dieses hervorbringende Stellen ist also keineswegs „ein bloßes
Mittel" oder „nur ein menschliches Tun", sondern es ist ein Gesamtzusammenhang, der in gewissem Sinne übertechnisch ist. Zusammenfassend heißt es: „Das Ge-stell ist das Versammelnde jenes
Stellens, das den Menschen stellt, das Wirkliche in der Weise des
Bestellens als Bestand zu entbergen" (ebd. 31). „Das Wesen der
modernen Technik zeigt sich in dem, was wir das Ge-stell nennen"
(ebd.). Es sei also nichts Maschinenartiges, sondern eine Naturherausforderung des Menschen und durch den Menschen. Heidegger
meint, daß natürlich darin auch eine Gefahr, ein Risiko liegt und
daß aber dort, wo eine Gefahr sich stellt, das Rettende (in Anlehnung an Hölderlin) sich dann zeige: „Wo aber Gefahr ist, wächst /
Das Rettende auch" (ebd. 36). Heidegger hofft, daß letztlich die
Möglichkeit und Gestelltheit des Menschen in diesem Ge-stell des
Umgangs mit der Technik doch noch eine Rettung (s)einer Welt
des Seins geradezu zu garantieren vermag, daß gleichsam eine Art
von „rettendem" Abwarten, Hoffen und Vertrauen auf die Entwicklung gewährleistet werden kann.

Die Art von grundsätzlich „stellender" Herausforderung ist
meines Erachtens von Heidegger nicht falsch gesehen. Aber die
Frage des Entbergens im Sinne dessen, was sich darstellt, „entbirgt", als „Wahrheit" offenbart, ist, glaube ich, dann doch zu passivistisch gesehen. In der Tat ist dieses Stellen und Herausfordern
eine Weise des Gestaltens, vielleicht sogar auch des Gestaltens im
Sinne der Präparierung der Erfassungsweisen, wie wir das am
quantenmechanischen Beispiel zu beschreiben versuchten (s.
S. 266ff). Es handelt sich aber in der Tat um *Interaktion*, um präparierende Intervention, und keineswegs nur um das „Bestellen eines
Bestandes" in dem Sinne, daß man nun vertrauensvoll auf das
Wachstum oder die Ankunft des Rettenden warten könnte. (Ganz
abgesehen davon, daß die Auffassung der Technik als einer *Seins-
disziplin* sicherlich übertrieben ist.) Jedenfalls meine ich, daß man
das pragmatische und aktivistische Moment, das in dieser Philosophie der Technik bei Heidegger zum Ausdruck kommt, anerkennen kann, daß man dennoch seine Seinsgewährung und -ge-
währleistung nicht so sehen muß und daß dieses „Bestellen des
Bestandes" als „Ge-stell" oder durch das „Ge-stell" keineswegs in
dem Sinne nun als eine passive Angelegenheit aufgefaßt werden

muß, sondern es ist in der Tat als aktives Tun, als Handlungskomplex aufzufassen. Das Stellen ist Interaktion, ist Intervention. Und es ist jeweils im Zusammenhang des Eingreifens des Menschen in die Umwelt, in die Natur zu sehen. Das gilt insbesondere für die *technischen* Eingriffe, gilt aber mutatis mutandis ebenso auch für die präparativen Zuschnitzungen oder Zuschneidungen in Erfassungsformen, also für die Präparation der Rahmen und Formen, für die Bildung der entsprechenden Schematisierungs-, Interaktions-, Interventionsformen, die wir benutzen. Insoweit ist, glaube ich, in gewissem Sinne richtig, was Heidegger meint, wenn er schreibt, daß diese Prägungen durchaus nichts spezifisch Disziplinäres oder gar bloß rein Technisches sind, sondern mit der Situation des aktiven und interaktiven und intervenierenden Menschen in der Welt zusammenhängen, aber viel tiefer in seine eigenen Erfassungsformen und -weisen, auch in seine Selbsterfassungsweisen hineinwirken, als Heidegger selber sich das in dieser Technikphilosophie etwa vorstellte. Es geht also keineswegs nur um das „Wesen der modernen Technik", sondern es geht, könnte man sagen, um die Verfassung des aktiv, interaktiv, interventionistisch aufzufassenden Wesens Mensch überhaupt.

Das Skizzierte gilt natürlich in erster Linie für die *abendländische* Variante der Welterfassung, für den Menschen der „westlichen" Kultur. Es ist die Frage, ob dies entsprechend in ähnlicher Zuspitzung auch in anderen Kulturen zu finden ist, zumal in Kulturen, die eher passiv, horchend, sich einlassend vorgehen wie etwa die buddhistische Tradition. Das ist hier nicht zu diskutieren, aber für den abendländischen Menschen gilt das von Heidegger Konstatierte durchaus.

Ich denke insgesamt, daß diese Anregung von Heidegger parallel gesehen werden kann zu dem experimentalistischen oder interpretationistisch-perspektivistischen Präparationismus, wie ich ihn hier entworfen habe, daß man aber Heideggers Ausdehnungen auf die Wahrheits- und Seins-"Entbergung" nicht mitzumachen braucht. Heidegger sieht zwar einen wichtigen Gesichtspunkt im experimentierenden Zugriff, aber er versucht letztlich das Sein als das Rettende einzubringen: Das „Ge-stell" soll per se schon ein „Entbergen", ein Darstellen der Wahrheit sein: *„Das anfänglich aus der Frühe Währende ist das Gewährende.* Als das Wesende der Technik ist das Ge-stell das Währende." (ebd. 39). Insofern wäre dann die Gewährung der Rettung aus den Weltkrisen gerade durch das „Wesen", das „Wesende" der Technik möglich. „Das Wesende der Technik", meint er, „birgt den möglichen Aufgang des Rettenden in sich" (ebd. 40). „(Es) ereignet sich das Ge-stell seinerseits im Gewährenden, das den Menschen darin währen läßt, unerfahren bislang, aber erfahrener vielleicht künftig, der Gebrauchte zu sein zur Wahrnis des Wesens der Wahrheit. So erscheint der Aufgang des Rettenden" (ebd. 41). Das kann man heute eigentlich nicht mehr nachvollziehen, jedenfalls ist es mir nicht deutlich (genug) geworden. Zwar sind der Zugriff und die Bestimmung der entsprechenden Eingriffsformen im Sinne des Experimentellen und das „Stellen", das Herausfordern der Natur oder der gegenständlichen Welt, der Welt überhaupt, auch der sozialen Welt, durchaus sinnvoll interaktivistisch-interventionistisch zu interpretieren, aber ich glaube, das alles, was dann später z. B., als „das Gewährende" aus dem „Sein" von Heidegger postuliert wird, in gewissem Sinne heute – in nach(fundamental)ontologischen Zeiten – nicht mehr nachvollzogen werden kann. Heidegger schließt übrigens mit einer Apotheose der Kunst, des in die Poiesis gehörenden vielfältigen „her- und vor-bringenden Entbergen(s)", die in gewissem Sinne möglicherweise „die Rettung" leisten könn(t)e, wenn sie sich über das Technische hinaus, aber durch alles Technische hindurch in ein „Ereignis der Wahrheit hineinkonkretisiert" (ebd. 43). Die Kunst wäre dann die Befreiung vom „Rasenden der Technik". Heidegger sagt:

„Das Wesende der Technik bedroht das Entbergen, droht mit der Möglichkeit, daß alles Entbergen im Bestellen aufgeht und alles sich nur in der Unverborgenheit des Bestandes darstellt. Menschliches Tun kann nie unmittelbar dieser Gefahr begegnen. Menschliche Leistung kann nie allein die Gefahr bannen. Doch menschliche Besinnung kann bedenken, daß alles Rettende höheren, aber zugleich verwandten Wesens sein muß wie das Gefährdete" (ebd. 42).

Das mag ja so sein, aber es ist jedenfalls nicht durch das anwährende Warten und Hoffen auf das Ereignis der >Wahrheitslichtung< garantiert, zu gewährleisten oder zu gewahren.

11. Kaleidoskop-Welt: Quantentheoretischer Präparationismus und Perspektiventscheidungen

Man findet eine spezifische Art von Situations-, Meßanordnungs- oder Kontextabhängigkeit der Beschreibungen, die Abhängigkeit des Ergebnisses von der Versuchsanordnung, typischerweise in der Quantenmechanik. Die „Eingriffe" des Menschen beziehen sich hier auf die Gestaltung der jeweiligen Versuchanordnung (und die Entscheidung darüber). Man kann das Ganze so darstellen, daß die Meßanordnung selbst mit dem zu messenden oder zu beobachtenden Phänomen selber merklich interagiert (wechselwirkt) und/oder daß *in gewisser Weise* die „Realität" in der Messung erst erzeugt werde und die „Quantenrealität" davon abhängig ist, d. h. definiert ist in Bezug auf diese jeweilige Versuchsanordnung. Bohr, der große Entwickler des ersten quantenphysikalischen Atommodells, der insbesondere die positivistische (sogenannte Kopenhagener) Deutung der Quantentheorie vorangebracht hat, die im wesentlichen sich darauf beschränkt, zu sagen, wir können nur das wissen, was wir messen oder gemessen haben, sprach von einer *„beziehungsabhängigen Realität"* der Quantenentitäten: Die Quantendinge sind nur beziehungsabhängig (erfaßbar), d. h. beobachtungsabhängig, beobachtungsgebunden, abhängig von der Meßanordnung, von der Art der Messung, von den Meßprozessen. Das ist eine Aussage, die sehr viel diskutiert worden ist und die auch zu verschiedensten Deutungen der Quantenmechanik und zu diesbezüglichen Schwierigkeiten Anlaß gegeben hat.

Man kann die Schwierigkeiten zur Deutung der Quantenmechanik und aller folgenden Theorien im Zusammenhang mit der Philosophie der Elementarteilchen, die heute gerade in der Entwicklung ist, an dem einfachsten, grundlegenden Experiment illustrieren, nämlich an dem berühmten Doppelspaltversuch:

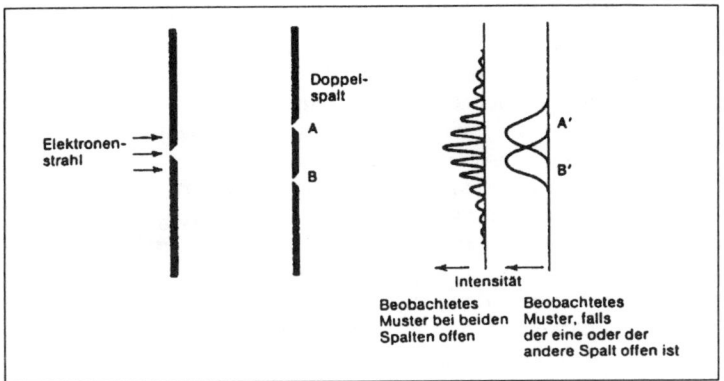

Abb. 11.1: Das Doppelspalt-Experiment (nach Gribbin (1987, 187)): „Experimente mit Elektronen oder Photonen zeigen (...), wenn beide Spalten ‚offen' sind, nicht das Muster, das sich ergibt, wenn wir die Ergebnisse addieren, die wir bei getrennter Öffnung der beiden Spalten erhalten."

Man hat eine Quelle, die Elektronen oder Photonen aussendet, die durch zwei Spalten passieren und auf einen Schirm fallen. Es handelt sich um zwei eng benachbarte Spalten. Einmal soll der eine, dann der andere geschlossen sein – und einmal sollen beide offen sein. Was dabei herauskommt, sieht man auf dem Bild: Wenn etwa die Elektronen lediglich durch einen Spalt auf einen Fluoreszenzschirm auftreffen, dann ergeben sich die rechts abgebildeten Verteilungsmuster A' und B'. Wenn man bei geöffnetem Doppelspalt immer mehr Elektronen durchschickt, bekommt man schließlich das linkere Muster, das eine Art von wellenartiger Intensitätsverteilung aufweist. Man hat also ein beobachtetes Muster, das ein Interferenzmuster ergibt, so ähnlich wie interferierende Wellen, die man auf der Oberfläche des Wassers sehen kann, wenn zwei Wellenfronten sich schneiden. Hinten haben wir eine Kurve, die etwa der Gaußschen Wahrscheinlichkeitskurve des Auftreffens entspricht. Man würde nun erwarten, daß, wenn beide Spalten offen sind, eine gemeinsame Überlagerungskurve der beiden rechten Einzelkurven entstehen würde; aber das ist nicht der Fall, sondern es entsteht so etwas wie ein Interferenzmuster, das für eine Art von Wellenerscheinung spricht. Was ist nun also dieser Elektronenstrahl? Handelt es sich um eine Welle, oder handelt es sich um Teilchen korpuskularer Art, die auf den Schirm auftreffen? Das Interessante ist, daß diese Vorstellung, die aus unserer klassischen mesokosmischen oder auch makrokosmischen Welt stammt, hier versagt. Offensichtlich sind diese Elementar"teilchen" keine klassischen Teilchen und auch keine klassischen Wellen, sondern diese beiden Deutungsmuster schließen einander aus.

Das ist dann auch eine Hauptaussage der fortgeschritteneren Entwicklung der Quantentheorie aus den zwanziger Jahren, daß hier eine Komplementarität nach Bohr entsteht: Entweder verhalten sich die Entitäten wie Wellen (in bestimmten Zusammenhängen – etwa, wenn beide Spalten offen sind) oder sie verhalten sich wie Teilchen (wenn z. B. nur ein Spalt geöffnet ist). Jedes einzelne Teilchen reagiert sozusagen punktförmig, dagegen ist die Verteilung der vielen Teilchen eine Art von Wellenphänomen oder kann (nur) als solches gedeutet werden. Interessant ist dabei auch, und das ist das „Absurde", daß wenn man ein (selbst ein als klassisches Teilchen aufgefaßtes) Photon durch einen Spalt schickt, und durch einen Spalt muß es anscheinend ja gekommen sein –, es offenbar in gewisser Weise „wissen" muß, ob der andere Spalt offen ist, weil dann, wenn der andere Spalt geschlossen ist, ein ganz anderes Muster erzeugt wird. Man kann also gar nicht wissen, durch welche Öffnung des Doppelspalts das Photon oder das Elektron (je nachdem, welche Versuche man macht) hindurchgeht; man kann nicht einmal sagen, daß das Elementarteilchen sicher durch genau einen der beiden Spalten hindurchgegangen sein muß. Es versagt also sozusagen die alltäglich-mesokosmische klassische Deutung, daß, wenn das „Teilchen" etwa als kleines Ding aufgefaßt werden kann, es durch einen der beiden Spalten, aber nicht durch beide gegangen sein kann. Vielmehr scheint es bei diesem Zweispaltenexperiment, wenn beide Spalten offen sind, so zu sein, daß die Photonen z. B. „in gewisser Weise" durch beide Spalten zugleich gegangen sind, bzw. es sich jedenfalls nicht feststellen läßt, durch welchen. Elektronen und Photonen „wissen" scheinbar nicht nur, ob beide Löcher offen sind, sie „wissen" gleichsam auch, ob wir sie beobachten oder nicht, und sie stellen sich sozusagen in ihrem Verhalten darauf ein.

Es gibt also in der Tat eine Art von Situations-, Meßanordnungs- oder Kontextabhängigkeit der Beschreibung, die Abhängigkeit des Ergebnisses von der Versuchsanordnung ist also deutlich. Dies wurde vielfach auch so verstanden, daß die Meßanordnung mit dem gemessenen System interagiert (wechselwirkt) und daß in gewisser Weise je eine der beiden alternativ möglichen Realitäten, also die Wellen- oder die Teilchenrealität, in der Messung erst erzeugt[1] wird und die somit „Quantenrealität" davon abhängig ist, d. h., definiert ist in Bezug auf diese Versuchsanordnung. Bohr sprach deswegen – wie erwähnt – von der „beziehungsabhängigen Realität" der Quantenentitäten: Diese sind abhängig von der Meßanordnung und den Meßprozessen selber. Es zeigt sich also im Experiment zunächst entweder ein Teilchencharakter oder ein Wellencharakter oder beides, wenn man die beiden alternativen Deutungen gleichsam zusammennimmt. Aber wie kann man sich das vorstellen? Die Alternativen sind eben auch dann ausschließlich: Wenn nur ein Spalt offen ist und sich die Gaußsche Verteilung auf dem Schirm entwickelt, dann ist ganz klar, daß der Versuch wie ein klassisches Teilchenexperiment gedeutet werden kann. Der Wellencharakter, der durch das Interferenzmuster gekennzeichnet ist, zeigt sich bei den zwei geöffneten Spalten, und ist auch in gewissem Sinne eindeutig so zu verstehen, zumindest muß man sagen, daß die Teilchen in Mustern auftreffen, als seien sie in wellenmäßigen Intensitäten ausgesandt worden.

Feynman sagte, daß dieses Doppelspaltexperiment das ganze Geheimnis der Quantenmechanik enthalte. Ein theoretischer Physiker aus Innsbruck, Zeilinger, hat kürzlich noch geurteilt: „Die meisten Physiker sind sehr naiv, sie glauben immer noch an wirkliche Wellen oder Teilchen!" In der Tat scheinen die Eigenschaften der Quantenobjekte situations-, kontext- und versuchsabhängig zu sein, sie sind also beziehungsabhängig oder relational an die „präparierte" Versuchssituation gebunden, *sie sind also nicht einfach schlicht Eigenschaften von Dingen, sondern sie entstehen aus der Zuordnung der Versuchsanordnung zu der zu beobachtenden Natur*, sie sind also gebundene Zuschreibungseigenschaften oder eine Art von Interpretationskonstrukten, die sich als Ergebnis dieser Experimente bzw. des Zusammenwirkens, einschließlich des Präparierens des Meßsystems und des Reagierens des gemessenen Systems, herausstellen. Das muß nicht ein kausales Wirken zwischen der Anordnung der Versuchsanlage und dem Ergebnis bzw. zwischen – wie man es deuten kann – der Natur und der Präparierung der Natur durch die Experimentieranordnung sein. Es war nun Bohrs Idee und Lösung, daß hier

---

[1] Die Messung, die nach dieser Kopenhagener Auffassung erst das physikalisch Reale erzeugen kann, erzeugt den entsprechenden Meßwert. Die Physiker sprechen vom „Zusammenbruch des Wellenpakets durch die Messung".

grundsätzlich gar nicht zu entscheiden ist, durch welchen Spalt das
als klassisch verstandene Photon oder Elektron gegangen ist, und
daß man eben über einen unbeobachteten oder unbeobachtbaren
eventuellen Spaltendurchgang im Falle zweier offener Spalten überhaupt nichts aussagen kann. Bohr meinte, wir können nur messen,
und über alles weitere können wir keine Aussagen machen: Was wir
messen, existiert jedenfalls. Die Frage wäre dann, existiert auch *nur*
das, was wir messen und was gemessen werden kann? Über das, was
dahintersteckt, meint Bohr, können wir überhaupt keine objektiven
und verläßlichen Aussagen machen oder Vorstellungen fassen, weil
wir dann über die Grenzen der klassischen Versuchsbeschreibung
und der entsprechenden Sprache hinweggreifen müßten. Man sieht,
wie auch diese Teilchen- und Wellensprache an ihre Grenzen stößt,
und deswegen wurde immer mit einem gewissen Recht gesagt, was
überhaupt gesagt werden kann, das stecke alles in dem mathematischen Formalismus drin. Z. B.: da gibt es eine Wellenbeschreibung
nach der Wellengleichung von Schrödinger, und es gibt auch eine
eher korpuskelähnliche Darstellung (Matrizendarstellung) der
Quantenmechanik nach Heisenberg, die von Max Born als äquiva-
lent mit dieser Wellendeutung nachgewiesen wurde, wobei bestimmte Werte, die sich aus diesen Matrizendarstellungen ergeben,
als Wahrscheinlichkeiten gedeutet wurden dafür, daß man ein Teilchen an einem bestimmten Ort findet oder daß man einen bestimmten Meßwert einer Größe (sei es ein Ort oder sei es ein Impuls, die
man nach der sog. Heisenbergschen Unschärferelation[2] nicht gleichzeitig scharf messen kann) bekommt. Interessant ist, daß das nicht
nur Folgen hat für das Mikrophysikalische, sondern daß man sich
auch Experimente überlegte (und heute auch durchführt, z. B. mit
Josephson-Brücken bei Supraleitern), zunächst insbesondere Ge-
dankenexperimente, z.B. das berühmte von der Schrödingerschen
Katze, für die Erkenntnis zur Überlagerung von Zuständen eines

---

[2] Die Heisenbergsche Unschärfebeziehung besagt im wesentlichen, daß es sog.
konjungierte Größen gibt: Wenn man ein Elektron oder ein Photon hat, dessen Impuls man scharf messen kann, dann kann man nicht zur selben Zeit
dessen Teilchen-Ort scharf messen. Beide Extremmöglichkeiten sind in einer
bestimmten Multiplikationsbeziehung verkoppelt, die in einer Proportiona-
lität zum Planckschen Wirkungsquantum, also einem nichtverschwindenden
kleinen Wert, besteht: Je schärfer man den Ort mißt, desto weniger scharf
kann man den Impuls messen und umgekehrt. Entsprechend ist es bei Energie und Zeit, die auch konjungierte Größen darstellen.

bestimmten Systems im Makroskopischen und Mesoskopischen bzw. Mesokosmischen der üblichen Gegenstandsabmessungen. Einstein, Podolsky und Rosen entwickelten 1935 ein berühmtes Gedankenexperiment (EPR-Experiment), mit dem sie zeigen wollten, daß die Quantenmechanik unvollständig ist; sie meinten, daß es einen Begriff der von uns unabhängigen physikalischen Realität gibt, mit dem eine physikalische Theorie immer arbeiten muß; man kann sagen, jedes Element der physikalischen Realität muß oder sollte zumindest eine Entsprechung in der physikalischen Theorie haben, wenn diese Theorie vollständig ist. Eine physikalische Theorie muß also, wenn sie vollständig ist, alle physikalischen Dinge oder Ereignisse erfassen können. Ein Kriterium, auf das die Autoren sich stützten, ist eine Art von Realitätskriterium, das aber im wesentlichen als eine hinreichende Bedingung verstanden wird – und nicht als eine notwendige allein: „Wenn wir, ohne auf irgendeine Weise ein System zu stören, den Wert einer physikalischen Größe mit Sicherheit, d.h. mit der Wahrscheinlichkeit 1, vorhersagen können, dann gibt es ein Element der physikalischen Realität, das dieser physikalischen Größe entspricht." Das ist das EPR-Realitätskriterium. Sie entwerfen ein Gedankenexperiment, das dann später auf andere Weise in verschiedenen Abwandlungen auch wirklich durchgeführt wurde. Das einfachste dieser Experimente ist in der Tat das Experiment mit impulskorrelierten Elektronen: Man erzeugt durch ein Ereignis zwei impulsgekoppelte Elektronen; die Elektronen fliegen auseinander. Sie haben zunächst einen bestimmten Gesamtimpuls, der sich auf diese beiden Elektronen aufteilt. Wenn wir nun bei einem Elektron den Ort scharf messen und bei dem anderen Elektron den Impuls exakt messen, dann müßte man den Impuls des ersten Elektrons durch Rückrechnen aus dem Gesamtimpuls und dem am anderen gemessenen Impuls, der durch das Ereignis den beiden Elektronen mitgegeben ist, nach dem Impulserhaltungssatz berechnen können. Wenn man den einen Impuls scharf gemessen hat, kann man den des anderen errechnen: Das aber widerspricht der Heisenbergschen Unschärferelation. Insofern haben Einstein, Podolsky und Rosen gemeint, die Quantentheorie sei nicht vollständig, es gebe Bestimmungsmöglichkeiten entgegen der Heisenbergschen Unschärferelation. Eine solche Bestimmung ist nun auch mehrfach versucht worden, aber experimentell hat das nie geklappt. Heisenbergs Unschärferelation bzw. die Quantentheorie reüssierte stets experimentell. Die Kopenhagener Auffassung nach Bohr und seinen Schülern besteht darin, daß gesagt wird, der Impuls sei überhaupt nicht real zusprechbar, die Größen seien generell nicht an sich zuschreibbar, man müsse sich auf die Messungen beschränken, und mehr könne man grundsätzlich nicht tun. Offensichtlich ist nach dem Einsteinschen Realitätskriterium eine Art von Unabhängigkeit der beiden Elektronen gegeben, sie sind also unabhängig voneinander und können im Prinzip unabhängig beschrieben oder erfaßt werden, aber das läßt sich bei solch einer Impulskorrelierung nicht so einfach deuten; es ist offensichtlich so, daß, wenn bei einem der Elektronen der Impuls gemessen wird, gleichzeitig – und sei das andere Elektron noch so weit weg – doch der Impuls des anderen Elektrons korreliert ist. Die Messung, die das „physikalisch Reale" zufolge dieser Kopenhagener Auffassung erst erzeugen kann, „produziert" oder determiniert" zugleich beim entfernten Elektron den entsprechenden Meßwert oder berechneten Quasimeßwert. Die Physiker sprechen wie erwähnt vom „Zusammenbruch des Wellenpakets durch die Messung". Durch die Messung an dem einen Elektron würde der Zusammenbruch des Wellenpakets in der Zustandsbeschreibung des Gesamtsystems und damit auch des anderen Elektrons automatisch ohne irgendeinen Eingriff miterzeugt. Das ist nach klassischen Vorstellungen absurd und nicht zu verstehen. Es ist also experimentell der Fall, daß solche Phänomene auftreten. Es ist in vielen Versuchen, insbesondere in Polarisierungsversuchen mit Photonen bewiesen worden, daß die Quantenmechanik „in Ordnung" ist und daß man mit klassischen Vorstellungen hier nicht erfolgreich ist.

Ich möchte im folgenden zwei sehr raffinierte neuere Experimente vorstellen, die philosophisch noch viel interessanter sind, die nämlich die Frage des *Wissens* von der Realität und den Quantenzuständen betreffen. Solche Versuche sind erst vor relativ kurzer Zeit gemacht worden. Es geht im Grunde um Verfeinerungen des Experiments von Aspect von 1982, diese wohl neuesten Experimente wurden von Mandel (Rochester) und Chiao (Berkeley) durchgeführt. Wir haben etwa beim Experiment von Mandel eine raffinierte Anordnung, die auch mit Interferenzmustern und Photonendetektoren arbeitet, die aber die Entscheidung darüber, ob es sich um ein Wellen- oder um ein Teilchenbild handelt, das im Ergebnis auftaucht, bis zum allerletzten Moment verschiebt, also deutlich macht, daß in gewissem Sinne diese Dualität das unterschiedliche Wissen widerspiegelt und gar nichts mit der Interaktion der Systeme, der Störung des Messapparats in Bezug auf das gemessene System zu tun hat, was sehr häufig als die einzige Deutungsgrundlage verstanden wurde. (Schließlich zeigt sich bei Chiaos Experiment, daß die entsprechende Abänderung des Vorstellungsbildes sogar wieder rückgängig gemacht werden kann.)

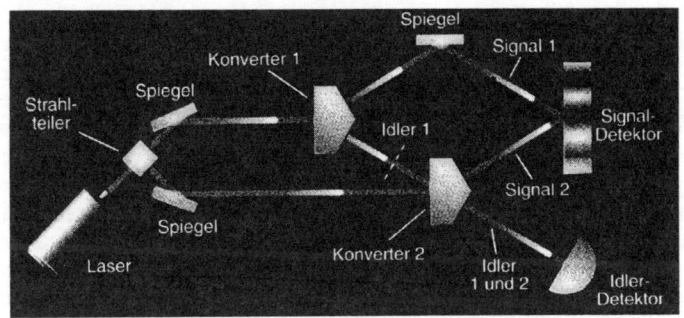

Abb. 11.2.

„Bereits die Möglichkeit einer Kenntnisnahme und nicht erst die direkte Messung zerstört das wellenähnliche Verhalten. Dies hat ein an der Universität Rochester durchgeführtes Experiment demonstriert. Ein halbdurchlässiger Spiegel teilt einen Laserstrahl in zwei Teilstrahlen auf, von denen jeder sodann auf einen parametrischen Konverter fällt, der jedes einfallende Photon in zwei Photonen geringerer Energie umwandelt. Jeweils eines dieser Photonen – das Signal – trifft mit dem Signal-Photon des zweiten Teilstrahls auf einem Detektor zusammen; da dieser nicht unterscheiden kann, woher die Signal-Photonen kommen, hat jedes Signal wie eine Welle beide Wege durchlaufen, so daß ein Interferenzmuster entsteht. Die beiden nicht genutzten Photonen, die man englisch als *idler* (etwa: Nichtstuer, Mitläufer) bezeichnet, fallen auf einen zweiten Detektor. Blockiert man nun den Weg der von dem Konverter 1 kommenden Idler-Photonen (gestrichene Linie), verschwindet erstaunlicherweise das Interferenzmuster auf dem Signal-Detektor. Der Grund ist, daß nun der Weg jedes Signal-Photons zurückverfolgt werden kann; die gleichzeitige Registrierung eines Signal- und eines Idler-Photons zeigt an, daß beide von einem Photon stammen, das den Weg vom Strahlteiler zu dem Konverter 2 genommen hatte" (n. Horgan 1992, 87).

Es handelt sich hier um das Experiment von Mandel und seinen Mitarbeitern. Durch einen Laser werden Photonenstrahlen ausgesandt; sie werden auf einen Strahlteiler gegeben, d. h., in diesem Strahlteiler werden die Photonen geteilt: Aus einem Photon werden zwei Photonen mit halber Energie hergestellt, die dann diese beiden verschiedenen Wege einschlagen, auf Spiegel treffen, die sie in bestimmte „Konverter" bringen, sog. parametrische Konverter, die wiederum den Strahl in zwei Strahlen aufspalten, und zwar in einen Signalstrahl, der zu einem Signaldetektor geht, und in einen anderen Strahl, der „Idler" genannt wird, also „Nichtstuer". Die beiden Idlerstrahlen werden in einem Konverter auch wieder zusammengefügt und kommen beide auf den zweiten Detektor, den Idlerdetektor. Es ist im Grunde Sache einer Konvention, welchen Strahl man als Signal- und welchen man als Idlerstrahl bezeichnet. Man kann feststellen, daß sich die bekannten Interferenzmuster ergeben, und zwar dadurch, daß man den Abstand (also die Lichtwegelängen) systematisch etwas ändert und dadurch entsprechende Intensitätsvergrößerungen und -verkleinerungen der Dichte des Auftreffens der Photonen feststellt. Es entstehen, wenn beide Strahlen aktiv sind, intensive Interferenzmuster. Interessant ist nun, daß die Signal- und Idlerphotonen sich auf ihren Bahnen bewegen, ohne sich jemals direkt zu begegnen. Sie laufen also auf verschiedenen Wegen. Wenn einmal ein Strahl geteilt ist, dann begegnen die Photonen der Teilstrahlen sich nicht mehr. Dennoch kann man, und das ist das Seltsame, durch ein einfaches Verschließen eines der beiden Idlerwege einen Einfluß auf den Signaldetektor ausüben, nämlich das Verschließen eines Idlerweges zerstört das Interferenzmuster *auf dem Signaldetektor* (!), obwohl es sich nur um den Idler handelt und nicht um den Signalweg. Man deutet das nun so, daß das potentielle Wissen des Beobachters geändert worden sei; er kann nämlich jetzt sagen, das Auftreffen auf dem Signaldetektor kann nur dadurch geschehen sein, daß der Signalweg begangen worden ist. Durch das Verschließen des Idlers wird ausgeschlossen, daß Idler 1 und Idler 2 zusammentreffen. Der Beobachter kann nun bestimmen, welchen Weg die Signalphotonen zu ihrem Detektor genommen haben, indem er ihre Ankunftszeiten mit denen der verbliebenen nicht blockierten Idlerwellen vergleicht. Die Übereinstimmung der Ankunftszeiten wird als Identifikation des Photons benutzt. Wenn aber der Idler 1 verschlossen ist, dann heißt das doch, daß nur der Idler des Signals 2 hier in Frage gekommen sein kann und nicht der Idler des Signals 1, insofern kann für dieses Photon, wenn Übereinstimmung festgestellt ist, nur dieser zweiten Gang benutzt worden sein. Der Weg jedes Signalphoton kann zurückverfolgt werden. Die Kennzeichnung des Photons bzw. des Photonpaares wird dadurch erreicht, daß die genaue Ankunftszeit computermäßig errechnet und dargestellt wird. Der Weg ist also eindeutig – und damit ist die

Unsicherheit weg. Man deutet das nach Mandel so: Wenn das potentielle Wissen derart abgeändert wird, daß man Eindeutigkeit des Wissens erzeugt, wenn sozusagen nicht mehr unklar ist, aufgrund welcher Teilung der Photonweg zustande gekommen ist, dann ergibt sich keine Überlagerungswelle (für die Auftreffwahrscheinlichkeit). Und in der Tat: das Interferenzmuster wurde experimentell jedesmal durch das Schließen eines der Idlerwege zerstört. Man hat also eigentlich nicht in das System selbst in der Weise eingegriffen, daß man irgendetwas in oder an dem Weg der Signalphotonen manipuliert hätte, sondern man hat eigentlich nur etwas in der Dokumentation und Verwendung der gleichzeitigen Messung der Ankunftszeiten im Idler verändert. Mandel geht sogar soweit zu sagen, die „bloße ‚Drohung‘, daß man eine Information über den genommenen Weg erhalten könne", zwinge „das Photon, nur einen Weg einzuschlagen" (das ist wohl ein wenig übertrieben formuliert): „Der Quantenzustand spiegelt nicht nur das wider, was wir über das System wissen, sondern das, was im Prinzip erfahrbar ist" (zit. n. Horgan 1992, 85). Bei einem weiteren entsprechenden Experiment von Chiao (ebd.) kann man sogar diese Zerstörung des Interferenzmusters wieder rückgängig machen.

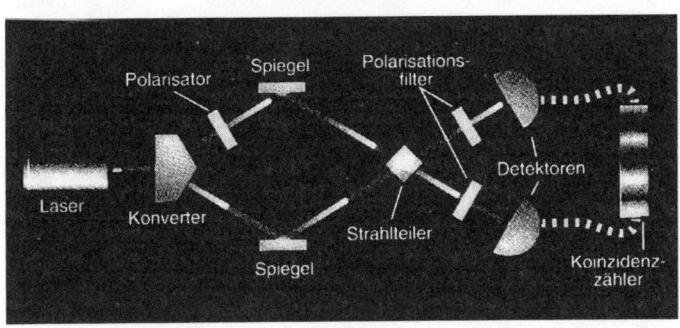

Abb. 11.3

„Ein an der Universität von Kalifornien in Berkley (von Chiao u. Mitarbeitern) durchgeführtes Experiment hat gezeigt, daß sich das wellenähnliche Verhalten wieder herstellen läßt, indem man die Information löscht, daß das Photon einen bestimmten Weg eingeschlagen hat.

Paare von Photonen mit identischer Polarisierung, die ein parametrischer Konverter erzeugt, gelangen über Spiegel auf einen Strahlteiler (einen halbdurchlässigen Spiegel), wo sich die Teilstrahlen überlagern und dann auf zwei Detektoren fallen. Ein Koinzidenzzähler registriert ein Interferenzmuster in der gleichzeitigen Ankunft der Photonen – ein Hinweis, daß jedes Photon wie eine Welle vom Strahlenteiler aus beide Wege durchlaufen hat. Stellt man in einen der beiden Strahlengänge einen Polarisator, der die Polarisationsebene der Photonen dreht, verschwindet das Interferenzmuster, da nun die Photonen unterscheidbar sind.

Bringt man jedoch vor beiden Detektoren ein Polarisationsfilter an, macht man die Unterscheidbarkeit der Photonen rückgängig: Die Photonen sind wieder identisch, und das Interferenzmuster ist wiederhergestellt" (n. Horgan 1992, 87).

Die Wahlentscheidung bei der Beobachtung eines quantenmechanischen Systems, z.B. der Präparation der Versuchsanordnung, der Perspektivenwahl dazu, bestimmt, ob wir einen Vorgang im Wellen- oder im Teilchenbild erfahren. Die Schwierigkeit besteht darin, daß man keineswegs nur sagen kann, daß hier die Methode der Messung allein und der Eingriff in das System schon diese Änderung herbeiführen würden. Allein der Beschluß und die Entscheidung für eine Sichtweise scheint schon auszureichen, um eine solche Perspektivenänderung herbeizuführen, wie wir oben anhand der äußerst raffinierten Experimente von Mandel und Chiao gesehen haben, welche die Entscheidung über Wellen- und Teilchenbild bis zum allerletzten Moment beim Auftreffen auf den Signaldetektor verzögert haben. Daß zwar das Handeln, das Intervenieren eine Rolle spielt, ist sicherlich richtig, aber vielleicht ist es sogar etwas zu einfach, wenn Heisenberg sagt, daß der Mensch nicht mehr der Natur an sich, sondern nur noch der menschlichen Fragestellung ausgesetzten Natur gegenübersteht (1955, 1971, 120f., 125). Das ist zwar einerseits im groben vielleicht sogar richtig, aber es ist andererseits zu kurz gegriffen; wie er selber dann auch sagt, ist der Zugriff der Methode geeignet, den Gegenstand zu verändern und so zu gestalten, daß die Methode sich nicht mehr vom Gegenstand distanzieren lassen kann: „Das naturwissenschaftliche Weltbild hört damit auf, ein eigentlich naturwissenschaftliches zu sein" (ebd. 126). Die Eingriffsmethode allein reicht noch nicht aus, sondern es muß die Perspektive, die Entscheidung über die entsprechende Sichtweise hinzukommen, und die Einsichten über die Methodenabhängigkeit, die Handlungsabhängigkeit, die Abhängigkeit von Relationen und Korrelationen zwischen gewählter Meßanordnung, von Interpretationen und Konstruktionen, von Perspektiven. Auch bei naturwissenschaftlich konstituierten Gegenständen und der naturwissenschaftlichen Erkenntnis ist dies in der Tat zuzugestehen – das Phänomen ist keineswegs (und das ist das Entscheidende und das Neue) nur auf die

Mikrophysik beschränkt. Gegenstände sind immer abgegrenzte, ausgegrenzte, ausgezeichnete, beschriebene oder durch idealisierte Konzepte nur annähernd erfaßte, durch Typisierung oder Unterteilung gebildete, konstituierte Gegenstände, die damit schon eine gewisse Form gewinnen, die ihnen aber aufgeprägt wird. Ich spreche deswegen auch hier von Interpretationskonstrukten oder spezifischer dort, wo es sich um sogenannte Gegenstände der Außenwelt handelt, sogar von *Imprägnationen*: ihnen wird sozusagen eine Form aufgeprägt, sie wird ihnen „imprägniert", und das hier eigentümlich konstituierende Interpretieren ist in diesem Sinne ein Spezialfall, nämlich ein Imprägnieren, ein imprägnierendes Interpretieren.

Das alles ist sehr sonderbar und mit dem üblichen Alltagsverstand auch gar nicht zu verstehen. Heisenberg hatte schon gesagt, Atome – er meinte wohl Elementarteilchen – seien keine Dinge. Manche, wie beispielsweise der Physiker Nick Herbert, der ein schönes Buch über *Quantenrealität* (1987) geschrieben hat, spricht bei den Quantengegenständen, die keine Gegenstände sind, von „Quonen", also von Quantenteilchen, die ganz besondere, von sonstigen Dingen völlig verschiedene „Eigenschaften" haben und die nur bei entsprechend bestimmten experimentellen Bedingungen so reagieren, als seien sie „Dinge". Die Deutungen der Quantenmechanik beziehen sich auf diese Entitäten, die keinen wirklichen Dingcharakter haben, sondern nur unter diesem Aspekt der Konstruktion, der Beziehung oder – wie Bohr sagte – der beziehungsmäßigen Realität oder beziehungsgebundenen Realität zu verstehen sind; wobei man fragen muß, was „Realität" hier heißen soll: Ist sie nicht eine *gemachte, präparierte* Realität? Dabei bezieht sich diese Welt der Quantenphänomene auch auf die durch das berühmte Experiment von Einstein, Podolsky und Rosen hervorgehobene Koppelung, die Korrelierung, von Gegenständen, die weit voneinander entfernt sind und bei denen das Phänomen auftritt, daß wenn man eine Zustandsgröße bei einem mißt, gleichzeitig, mit Überlichtgeschwindigkeit vermittelt, bei dem anderen auch eine Festlegung des entsprechenden zu errechnenden Wertes auftreten müßte. Solche Systeme sind nicht mehr im traditionellen Sinne „lokal" zu verstehen; die Lokalität ist verletzt; und auch die Separabilität, die Trennbarkeit, der Systeme im klassischen Verständnis ist nicht mehr gegeben. Die beiden Elektronen, die bei diesem EPR-Gedankenexperiment auseinanderfliegen, sind nach wie vor *ein* System. Man muß sogar darüber hinausgehen und sagen, die ganze Welt ist eigentlich ein holistisch zusammenhängendes Gesamtsystem, und die

Unterteilung in unabhängig voneinander wirkende oder zu beschreibende Teilsysteme ist letztlich gar nicht möglich, sondern nur graduell, approximativ durchführbar und in gewissem Sinne berechtigt, aber ähnlich wie in unserem Alltagsleben grundsätzlich nicht zu vermeiden (s. u. S. 278f, 292ff). Man muß mit Ausschnitten aus der Realität und aus den Systemen arbeiten; man kann nicht über alle Systeme gleichzeitig immer etwas aussagen und mit ihnen arbeiten.

Es ist damit eine Art von Verschärfung der Dilemmasituation eingetreten, die übrigens letztlich von theoretischen Physikern auch in der Weise genutzt wird, daß man glaubt, diese Deutungen könne man auch auf die makroskopischen Gegenstände übertragen, und die entsprechenden Überlagerungsphänomene und deren Feststellung seien dann auch bei anderen Gegenständen, z.B. bei ganzen Atomen oder Molekülen oder gar bei kleinen Organismen zu erwarten, man müßte auch bei diesen dann eine Art von wellenähnlichem Verhalten beobachten. Ein Physiker namens Pritchard meinte, daß man eines Tages solche Versuche mit biologisch bedeutsamen Molekülen oder sogar Amöben machen könnte. Aber es ergeben sich gewisse Hindernisse: die Amöben müßten sich sehr langsam bewegen, und es würde ungefähr drei Jahre dauern, bis sie das Interferometer passiert hätten.[3] Durch die Ergebnisse von Bell über die Nichtlokalität und Nichtseparabilität von quantenmechanischen Systemen – insbesondere auch durch die erwähnten realen Experimente von Aspect bis zu Mandel und Chiao – sind Spekulationen darüber wieder neu aktiviert worden, was sich ergibt, wenn man die quantenmechanischen Ergebnisse zur Verschränkung und Koppelung grundsätzlich u. U. auch auf Systeme von übermikroskopischer Größe, also auf mesokosmische oder makroskopische Dimensionen erweitert. Ist auch dann in einem gewissen Sinne noch eine Art der Überlagerung von Zuständen das Charakteristische für unser Wissen von den Systemzuständen bzw. von deren Koppelungen – ähn-

---

[3] Manche Physiker spekulieren noch weiter und gelangen zu ironischen Formulierungen wie die folgende: „Der Versuch, einen etwas größeren und intelligenteren Organismus, einen Philosophen zum Beispiel – entlang zweier Wege durch eine Doppelspaltanordnung zu bekommen, wäre eine ungleich kniffligere Angelegenheit: Die benötigte Zeit wäre länger als das Alter des Universums," berechnete Pritchard. „Selbst wenn die Physiker niemals fähig sein sollten, einen Philosophen in eine Überlagerung von Zuständen zu versetzen, so bemühen sie sich immerhin, Objekte, die so groß sind, daß man sie sehen kann, zu einem wellenähnlichen Verhalten anzuregen" (Horgan 1992, ebd. 89).

lich wie bei den Versuchen von Mandel und Chiao? John Wheeler
meinte in Konsequenz solcher paradoxalen Versuchsergebnisse,
unser Universum sei in gewissem Sinne ein ganzheitliches, partizi-
patorisches Universum; das Grundlegende der Realität wäre demnach vielleicht nicht das Quant, das trotz seiner Unbestimmbarkeit
ein physikalisches Phänomen ist, sondern eine Antwort auf eine re-
lativierte Ja-Nein-Frage, das Bit als grundlegende Informationsein-
heit, und er nennt das dann „the it from bit" (nach Horgan 1992,
ebd. 91). Das klingt ähnlich wie die Entwürfe von Carl Friedrich
von Weizsäcker über die Urentscheidungen („Ur"), die letztlich der
Quantenmechanik zugrunde liegen sollen. Das soll im einzelnen
hier nicht weiter diskutiert werden.

Auch Lockwood meint (1989) – und das wird auch von anderen
Interpretationen gestützt –, daß das Universum als Ergebnis der
engeren Korrelationen verschiedener Subsysteme nach dem ERP-
Experiment als ein zusammenhängendes Ganzes aufzufassen ist,
das sich deterministisch entsprechend einer Wellengleichung entwickelt. Man kann dieses zusammenhängende Universum sozusagen nur nachträglich durch Eingriffe und verallgemeinernd, aber
auf sehr verschiedenartige Weise dekomponieren, in Teilsysteme
zerlegen, die dann zueinander in gewisser Weise korreliert sind –
wie etwa bei dem Einstein-Podolsky-Rosen-Experiment, wo beispielsweise zwei Elektronen mit entgegengesetztem Impuls auseinanderfliegen, sehr weit voneinander entfernt sind, aber doch noch
korreliert sind in dem Sinne, daß die Messung eines Impulses an
dem einen Elektron erlaubt, den entgegengesetzten Impuls an dem
anderen, dessen Ort etwa gemessen wird, zu berechnen. Gerade
das schließt aber die Korrelation im herkömmlichen Sinne aus! Soweit also solche Korrelationen zwischen zwei Subsystemen bestehen, kann man nach Lockwood ein Subsystem als zu einem
bestimmten Zeitpunkt in einem bestimmten Quantenzustand befindlich auffassen. Aber dieser Quantenzustand hängt ab von der
Wahl des entsprechenden Subsystemszustandes ab: Man wählt[4] so-

---

[4] Nach Stöckler (brieflich) bleibt dabei durchaus rätselhaft – wie übrigens auch
in Primas' holistischer Deutung, wie die bloße Wahl eines unter den möglichen Zuständen das System selber verändern kann. Das Meßproblem wird
durch die differenzierende Einführung der Auswahl „real" nicht gelöst. Allenfalls wird die Beschreibung oder Erfassungsweise geändert. Dies aber ist
für einen erkenntnistheoretisch-perspektivistischen Ansatz bereits ein Ein-
sichtsgewinn (s. u.).

zusagen einen der möglichen Zustände dieses Subsystems, nicht einen Zustand, in dem das Subsystem sich in Wirklichkeit befindet (angesichts dieser Korrelationen gibt es keinen solchen an sich seienden wirklichen Zustand). Unternimmt man eine solche Wahl eines Subsystems, z.B. durch eine Meßanordnung für einen Impuls eines von zwei systemgekoppelten Elektronen, dann kann man dem anderen Subsystem einen bestimmten Quantenzustand relativ zu dem gewählten Zustand des ersteren Subsystems zuschreiben. Die Idee besteht also darin, den Entscheidungsprozeß des erkennenden Subjekts – und Lockwood meint sogar: des Bewußtseins des Subjektes – als einen wichtigen Schritt einzuführen. Es sei, als ob ein bestimmter Zustand eines besonderen Subsystems durch dieses Bewußtsein ausgewählt werde, zum Beispiel durch die Wahl, bei einem Elektronenpaar den Impuls an Elektron 1 und den Ort an Elektron 2 zu messen. Lockwood nennt dies „das Designieren eines solchen Zustandes durch das Bewußtsein" (ebd. 214), und meint, nur solche Zustände, die gemeinsame Eigenzustände von bestimmten im Bewußtsein präferierten Mengen von Größen, von Observablen, sind, die auch im Gehirnsystem irgendwie vorhanden seien, er spricht sogar von „Gehirnvariablen", würden für solche Zustände in Frage kommen, die sich dann bei der Messung ergeben (ebd. 213). Wenn ein bewußtes Subjekt eine Entscheidung über eine Beobachtung oder eine Messung vornimmt, ordnet es damit auch einem anderen Subsystem einen bestimmten Quantenzustand relativ zu dem gegebenen und gewählten Zustand zu, und deswegen redet Lockwood hier von einem Relativzustandsansatz (relative state formulation) (ebd. 217) – ein Ausdruck, der auch von den Viele-Welten-Theoretikern der Quantenmechanik bereits verwendet worden war. Mit anderen Worten: Die Grundidee ist: *Wir können nicht von Zuständen an sich reden, sondern immer nur in Abhängigkeit von unseren Vorausperspektiven, von unseren Auswahlen, von unseren Eingriffen durch Messung und unseren Entscheidungen.*

Wir sehen hier bereits eine gewisse Ähnlichkeit zu dem Perspektivismus des Interpretationskonstruktionismus. Was wir normalerweise als **den** Zustand von etwas zu einer bestimmten Zeit ansehen, müßte also lediglich aufgefaßt werden als sein Zustand relativ zu dem gegebenen, ausgewählten, designierten Zustand bzw. relativ zu der Meßanordnung usw. Die fundamentale Annahme Lockwoods ist, daß die unmittelbaren Inhalte des Bewußtseins („awareness") immer mit den entsprechenden Meßwerten, Eigenwerten, Beobachtungswerten einer Menge von miteinander kompatiblen Observablen in einem entsprechenden Subsystem verbunden sind oder diesen entsprechen. Nicht die Natur zeichnet bestimmte Zustände bei Subsystemen aus, sondern nur das Bewußtseins, die Zustandswahl (etwa eines der korrelierten Subsysteme) oder die Entscheidung zur Messung kann dies tun. Die Natur erlaubt eigentlich nur, *relative* Zustände oder Zustandsmöglichkeiten zu erfassen. Diese Auffassung ist also ähnlich einer interpretationskonstruktivistischen, wie sie mir vorschwebt; allerdings beziehe ich das nicht auf das Bewußtsein und versuche auch nicht, einen Mystizismus in die Deutung der Quantentheorie hineinzubringen, wie das viele andere[5] tun. Es geht um die bedingende Entscheidung bei der Subsystemszustandsfestlegung, die sich beispielsweise im Präparieren der Meßanordnung und im Meßprozeß selber konkretisieren kann, nicht quasi magisch durch das Bewußtsein dem System aufgeprägt wird.

Alles das Gesagte in Bezug auf die „Wahl" – sei sie durch das „Bewußtsein", das „Gehirn" oder durch die (hier wichtigere) Festlegung der Meßordnung bestimmt – wird meines Erachtens meist zu ontologisierend gedacht, es muß im Grunde in erster Linie methodologisch oder erkenntnistheoretisch verstanden werden.

Die offengebliebene Frage ist: Wie ist die Realität der Quanteneigenschaften oder dieser Quantenentitäten, dieser „Quonen", zu verstehen? Sind sie „real", obwohl sie nach Bohr nur „beziehungs-

---

[5] Z.B. gibt es ein hübsches Büchlein von Fred A. Wolf (1989): *Der Quantensprung ist keine Hexerei*, das für Nichtquantentheoretiker gut und lustig zu lesen ist. Der Autor bezeichnet die Wellenfunktion der Systeme als Quantenwellenfunktion und nennt sie „*Qwiffs*". Die Qwiffs sind sozusagen die Wellendarstellungen eines Zustandes, und der Beobachtung entspricht dann ein *Blop*. Das Gehirn oder das Bewußtsein hat im wesentlichen die Aufgabe, Qwiffs zu „bloppen". Die Qwiffs verfließen, da kann man nichts feststellen, und das Bewußtsein oder das Gehirn macht aus ihnen immer einen Blop. Es wird natürlich nicht erklärt, wie das Bewußtsein das macht! Es treten auch paradoxale Phänomene auf: Wenn man etwa das System nimmt, das den beobachteten Kasten und den Beobachter selber umfaßt, dann trifft man auf der höheren Ebene natürlich wieder auf dasselbe Problem, wenn man den Zustand dieses Systems samt Beobachter betrachtet; und man bekommt einen unendlichen Regreß. Das ist die Paradoxie von Wigners Freund: Wer legt fest, welches der Zustand ist? Macht das schon der Beobachter oder macht das erst der Freund von Wigner, der den Beobachter samt System beobachtet, oder der nächsthöher geordnete Beobachter des Beobachters des Beobachters ...?

abhängige Realitäten" sind? Sie sind sicherlich keine üblichen Entitäten wie mesokosmische Dinge, weil sie z.B. nicht Ort und Impuls zugleich aufweisen; diese konkretisieren sich erst dann, wenn sie im Meßvorgang (beim „Zusammenbrechen des Wellenpakets") in Erscheinung treten; und diese Entitäten verletzen die traditionelle Lokalitätsforderung, genauer also die Forderung, daß, selbst wenn korrelierte Systeme nicht miteinander wechselwirken, die Messung in einem (Sub-)System auslöst, daß Größen im anderen (Sub-)System instantan geändert werden – und seien diese Subsysteme noch so weit voneinander entfernt (Einstein-Podolsky-Rosen-Experiment und diesbezügliche reale Versuche). Man muß sagen, daß offensichtlich die physikalische Realität anders beschaffen ist, als man sie sich das normalerweise vorstellt(e). Man kann nicht mehr eine lokale (Gesamt-)Theorie aufbauen, aber trotzdem muß man in gewissem Sinne zu gewissen abtrennbaren Objekten kommen, die von anderen unterschieden sind; man arbeitet ja mit Objektabgrenzungen und mit Dingen – das ist vertraut, und das muß auch jeder Physiker so machen, wenn er irgendeinen Versuch oder eine Messung vornehmen will, obwohl die Entitäten selber so etwas wie von der Präparation der Versuchsanordnung und einer Entscheidung über eine Meßalternative abhängige Interpretationskonstrukte sind. Bohr meinte, isolierte materielle Teilchen sind Abstraktionen, ihre Eigenschaften sind nur durch ihre Wechselwirkung mit anderen Systemen definierbar und beobachtbar. Es wurde oft als Positivismus gedeutet, daß Bohr sich darauf beschränkte, nur etwas auszusagen, wo und was wir beobachten und messen können, und implizit möglicherweise behauptete, alles andere würde nicht existieren. Doch man kann all das auch anders deuten, nämlich im Sinne unserer pragmatischen schemainterpretationistischen Philosophie und Erkenntnistheorie, indem man sagt: Wir sind grundsätzlich im Umgang mit solchen mikrophysikalischen Entitäten auf unsere Theorien und Konstruktbildungen angewiesen, wir arbeiten hier und generell prinzipiell mit Abstraktionen oder besser: mit theoretischen Konstrukten und praktischen Entscheidungen zur Präparation der Versuchs-Anordnung, also mit konstruierten Variablen bzw. Observablen, die ihre Größen und Werte erst im Meßprozeß annehmen, konkretisieren, realisieren, offenbaren. Es ist durchaus so, daß diese Quantenentitäten zwar in gewissem Sinne keine Objekte sind, die Quantenrealität also objektlos, aber doch objektiv feststellbar ist. Man kann hier ein Bild anbringen, das Nick Herbert (1987, 217) benutzt und das mir sehr eingängig erscheint: das Bild des Regenbogens.[6] Besser noch für unsere Zwecke scheint mir das Bild des Kaleidoskops zu passen: Durch *aktives* Einwirken, nämlich *Schütteln*, wird die sich ergebende Anordnung erzeugt, die ein ebenso „objektives" Phänomen darstellt wie der Regenbogen. Wenn wir von der beziehungsabhängigen Realität Bohrs sprechen, müßten wir diese Art von Regenbogen- oder Kaleidoskopeigenschaft irgendwie miteinbeziehen: Der Regenbogen oder auch das Kaleidoskop(bild) ist perspektiveabhängig: Man erblickt ihn bzw. es aus einer bestimmten Perspektive bzw. aufgrund eines handelnden Eingriffs (z. B. im letzteren Falle des Schüttelns). Jeder Beobachter sieht den Regenbogen aus dieser Perspektive oder das Kaleidoskop, aber er hat keine charakterisierenden phänomenalen Bedingungen, die unabhängig von einer perspektivischen Sicht bzw. dem schützendem Eingreifen (gegeben) wären. Es handelt sich um ein perspektivisches handlungs- bzw. entscheidungsgeprägtes (und insofern beziehungsabhängiges) Etwas, das nicht vorgegeben ist, sondern das sich erst *ergibt*, kein „Objekt", aber etwas Objektives. Ganz ähnlich könnte man sich vorstellen, daß auch die Quantenwelt aus solchen Entitäten besteht, die objektive Phänomene (z.B. Meßergebnisse) erzeugen, aber selber keine „Objekte" sind. Es hat sich ja gezeigt, daß die Deutung der Quantentheorie nach den Bellschen Erkenntnissen über die Nichtlokalität und die Nichtseparabilität der Quantenentitäten nicht verstanden werden kann als ein Universum, das noch die Lokalität erhält, sondern die korrelierten entfernten Elektronen müssen in einem holistischen Zusammenhang gesehen werden. Die Beschreibung der Quantenentitäten kann letztlich nur nichtlokal stattfinden oder muß wenigstens in eine nichtlokal zu verstehende, quasiholistische Gesamtzusammenhangswelt eingebettet werden: „Ein Universum", so sagt Herbert (1987, 301), „das *lokale Phänomene* zeigt, die auf einer *nicht-lokalen Realität* aufgebaut sind, ist die einzige Art von Welt, die mit

---

6 Ein Regenbogen ist kein übliches Objekt, sondern eine Erscheinung, ein Phänomen, aber es ist ein durchaus *objektives* Phänomen; es läßt sich nicht nur sehen, sondern es läßt sich sogar fotografieren. Es ist also ein Etwas, das ein objektives Phänomen darstellt, obwohl es nicht ein gegebenes Ding oder Objekt ist; man hat z. B. noch nie einen Regenbogen angefaßt und, wenn man immer näher kommt, verschwindet der Regenbogen. Trotzdem verhält er sich ganz ähnlich – jedenfalls in der Erscheinungs- und Darstellungsweise – wie intersubjektiv erkennbare und wahrnehmbare Gegenstände.

den bekannten Fakten und dem Bellschen Beweis zu vereinbaren ist.
Eine superluminale Regenbogenwelt oder Kaleidoskopbilderwelt
könnte die Art von Welt sein, in der wir leben." („Superluminal"
heißt, daß zwischen den Systemen mit Überlichtgeschwindigkeit
Veränderungen von Größen stattfinden, ohne daß es sich um einen
kausalen Wirkprozeß handelt.) Bedeutet das nun, daß wir Abschied
nehmen müssen von unserer üblichen Auffassung der Welt als einer
von uns unabhängigen realen Welt, als einer Welt, die in Gegenstände und Systeme, Teilsysteme unterteilbar ist, die sich voneinander unabhängig entwickeln? Und muß das alles in einem großen
holistischen Zusammenhang gesehen werden? Manche der Physiker haben geradezu Hegelsche Assoziationen und meinen, der Gesamtzusammenhang des Ganzen sei jetzt das Entscheidende, und
alles andere könne man vergessen. Ich glaube, daß man in der Tat
versuchen kann, eine gewisse realistische Interpretation aufrecht-
zuerhalten, ohne diese als lokale zu verstehen, und ich denke, daß
unsere Deutung der Interpretationsmethodologie es auch erlaubt,
eine Zwischenschicht einzuschieben, die Schicht der theoretisie-
renden Entwürfe und der instrumentalisierten Modelle, der jeweils
gewählten Präparationen der Versuchsanordnung und der diesbezüglichen (auf den Bezug zu dem, was an quasiunabhängiger
„Natur" dahinter steht, angewiesenen) theoretischen Konstrukte.
Diese Zwischenschicht der Interpretationskonstrukte ist das Entscheidende, das diese beziehungsabhängigen Realitäten, wie Bohr
sie versteht, vermittelnd charakterisiert.

Das ist auch so ähnlich wie die Auffassung von Hans Primas
(1984), der verschiedene Systemarten unterscheidet und sogenannte ontische Systeme und klassisch-newtonsche Systeme von
epistemischen Zuständen unterscheidet, wobei die Resultate von
Messungen in Bezug auf Systeme in systemtheoretische Zustände
integriert werden, und der von einer „Verschränkung"[7] dieser Sy-

---

[7] Der Ausdruck „verschränkte Systeme" stammt übrigens von Schrödinger
selbst und bedeutet, daß (Sub-)Systeme nicht als voneinander getrennte Systeme aufgefaßt werden können: Die Separabilität, die (Auf-)Trennbarkeit,
der Systeme ist nicht gewährleistet – und auch nicht die Lokalität; man muß
annehmen, daß die Messung einer Größe z.B. bei einem Elektron instantan
eine Entscheidung über einen Meßwert beim anderen herbeiführt. Wären die
Systeme nicht verschränkt, dann müßte diese Art von instantaner Übertra-
gung als kausale Wechselwirkung mit Überlichtgeschwindigkeit gedeutet
werden, und das bedeutete ein Kausalparadox. Auch die Lokalität ist nicht
mehr gewährleistet, sondern man muß zu nichtlokalen Verbindungen und

steme spricht. Man muß offenbar, so meint er, den klassischen Begriff des Objektes und die klassische Subjekt-Objekt-Spaltung aufgeben; der Mensch sei gleichsam ein Macher der Natur, ein „Sezierer der Natur", der die Natur „seziert". Wenn er die Natur erkennen will, geschieht das, indem er notwendigerweise immer eingreift und bei seinen Systemunterteilungen von vornherein Strukturierungen, Manipulationen, Zerspaltungen, Zerschneidungen der Natur vornimmt. Das klingt fast so, wie Goethe in seiner *Farbenlehre* die Sektionen bzw. Zerschneidungen und sozusagen Vergewaltigungen des Naturzusammenhanges im Sinne der klassischen Physik verstand. Es ist für Primas eigentlich so, daß man die Idee der Unterteilung der Welt in Segmente, „Compartments" strenggenommen aufgeben müßte, die Welt hängt holistisch zusammen, man kann sie im Grunde nur in holistischen Zusammenhängen aufzufassen versuchen, obwohl man sie auch allein durch Benutzung und Durchführung von Unterteilungen sinnvoll beschreiben kann. Man muß also aktiv eingreifen, muß erst zerschneiden, muß Instrumente anwenden und insbesondere theoretische Unterteilungen und Untergliederungen treffen, um die Welt überhaupt erfassen zu können, aber die Welt insgesamt ist eigentlich ein einziges, verschränktes, unteilbares Objekt. Primas meint, es ergäbe sich letztlich so eine Art von Paradoxie, nämlich daß die Welt einerseits ein solch total verschränktes, nur holistisch zu erfassendes System ist, das man eigentlich nicht analysieren könnte, weil alles mit allem zusammenhängt (man hört Hegel heraus!), aber in jeder Teilbeschreibung, in jedem physikalischen Experiment wird praktisch die Existenz von Teilsystemen, von „Compartments" vorausgesetzt und benutzt oder postuliert. Man verwendet somit Konstrukte der Trennung, die eigentlich unrealistisch sind und sich letztlich nicht total oder strikt durchhalten lassen, man arbeitet also mit beschränkten Konstrukten in einer letztlich verschränkten Welt.

Bei Primas wird betont, daß nach der Quantenmechanik das ganze Universum ein verschränktes System darstellen muß. Wenn man die Quantenmechanik ernst nimmt, muß man sogar sagen:

Verschränkungen kommen. Das spricht meines Erachtens schon dafür, daß man hier im Grunde nur mit einem interpretativen Ansatz erfolgreich arbeiten kann oder z.B. mit einer Schrödingerschen Unwissenheitsinterpretation oder einer Art von Abschwächung dieser Lokalitätsforderung, wie es etwa Mittelstaedt versucht hat; aber das sind alles technische Fragen.

„Das einzige im Sinne der Quantenmechanik absolut existierende
Objekt ist die ganze Welt." (1984, 255). Alle Aufteilungen sind
dann sekundär. Aber es würde, so meint er, dann auch ein erkenntnistheoretisches Paradoxon entstehen, und das ist richtig: Einerseits ist die Welt ein total verschränktes System, doch muß in jeder
Beschreibung der Welt immer ein Teilsystem herausgehoben und
damit die Existenz wenigstens approximativ nicht verschränkter
Systeme angenommen werden. Messen kann man immer nur in
und an Teilsystemen. Man muß die Welt zerlegen, um jeweils *etwas*
erfassen, kennzeichen, beschreiben, messen zu können, um überhaupt interpretieren und denken zu können. Die Objekte der Welt
sind freilich enger miteinander verknüpft, als die klassische Physik
und allgemein auch der klassische Ansatz des Common sense und
auch etwa die klassische allgemeine Systemtheorie sich das vorgestellt haben. Deswegen meint Primas, aufgrund dieser Schwierigkeiten zeigt sich, daß in der Quantenmechanik und damit in der
modernen Physik der letzten Jahrzehnte generell eine Änderung
der traditionellen Auffassung der Erkenntnis und der Trennung
von Subjekt und Objekt, von Beobachter und beobachtetem System eintreten mußte. Es muß eine Relativität bezüglich der Beobachtungsmittel einbezogen werden; die Wahl des Meßvorhabens
entscheidet über die Möglichkeit des Zustandes, der dann beschrieben werden kann bzw. über die Meßwerte, die sich ergeben
können; und eine Relativität bezüglich der Systemkorrelationen
muß stets berücksichtigt werden.
   Bei korrelierten Systemen wird man aber nur zueinander komplementäre Beschreibungen gewinnen können. Man könnte allenfalls sagen, eine totale Beschreibung wäre eine solche, die beides
zusammen erlaubt. Anstelle einer einheitlichen, in sich konsisten-
ten Beschreibung muß man komplementäre Beschreibungen
zusammennehmen; und alle möglichen komplementären Beschreibungen zusammen sind in gewissem Sinne eine Weltbe-
schreibung.
   Primas (1984, 254ff.) geht noch viel weiter und sagt, nicht nur die
Cartesische Spaltung von Subjekt und Objekt müsse in der Erkenntnistheorie und der Physik aufgehoben werden, sondern auch
der alte Traum von einer monistischen Naturwissenschaft, die
etwas beschreibt, was außerhalb vom Subjekt vorgeht und sich selber erzeugt oder unabhängig verändert. Natürlich ist der Traum
von einer mechanistischen Naturwissenschaft längst ausgeträumt.
„Die Theorie verschränkter Systeme", sagt Primas (ebd. 258),

„führt uns zu einem neuen ganzheitlichen Sehen ‚der Dinge der Welt', welches der klassischen Physik und der Systemtheorie fremd war". (Das „Sehen" muß hier natürlich metaphorisch verstanden werden) „Die Welt wird nicht mehr als eine Ansammlung einzelner miteinander wechselwirkender, aber für sich selbst existierender Dinge gesehen, sondern als eine Einheit, in welcher Objekte nur im Zusammenhang mit ihrer Beziehung zu dem Beobachter und seinen Abstraktionen existieren. Es gibt keine Möglichkeit, Phänomene vorurteilslos und objektiv zu beschreiben", an sich zu erfassen, ohne daß man eine bestimmte Perspektive eingenommen oder gewählt hätte. „Verschränkte Systeme repräsentieren eine Ganzheit. Ganz ist" (das), „wovon keine andere als eine komplementäre Beschreibung gegeben werden kann." Primas gelangt dann sogar zu einem Satz, der in unserem Zusammenhang besonders interessant ist: „Die Realität ist eine *Beziehung* zwischen Beobachtendem und Beobachtetem[8]!" – Genauer und besser hieße es: Jede Realitätserfassung ist abhängig von dem experimentellen Make-up, von den gewählten und erzeugten, nach einer Präparierung der Versuchsanordnung zustandegekommenen experimentellen Eingriffen. Man könnte statt dessen sagen, sie ist im Grunde unausweichlich interpretationsgeprägt und interaktionsgebunden oder eine Imprägnation in dem vorhin erklärten Sinne; insofern ist das eine für einen Interpretationsansatz, ja, für einen Interpretationsrealismus wichtige Aussage. Sätze über die Materie seien immer Aussagen über deren Beziehungen, über „unsere Beziehungen zur äußeren Welt", die Gesetze der Naturwissenschaften seien nicht „Gesetze

---

[8] „Was" aber „ist das Beobachtete?", so kann man hier mit Manfred Stöckler (brieflich) fragen, wenn kein theorie- und meßprozeßunabhängiger Zugang zum hypostasierten Beobachteten besteht. Die Unterstellung und Distanzierung des „Beobachtenden" als eines unabhängig An-sich-Seienden ist schon das Ergebnis einer Interpretation, einer von der grundsätzlichen methodologischen Gebundenheit an die meßprozeßbedingte bzw. -geprägte Zugangsweise abstrahierenden Projektion. Relitätserfassung, ja, schon Realitätskonzeption (Erfassen im Sinne von „Meinen") ist stets interpretatorisch, kann grundsätzlich nicht von der prinzipiell notwendigen *Weise* des Erfassens absehen – außer eben in abstracto! Auf einer anderen Interpretationsebene (etwa der des Alltags oder eines wissenschaftlichen Realismus) mag man von der notwendigen Interpretativität abstrahieren, aber dies ist explizit das Ergebnis einer anderen, etwa höherstufig zu beschreibenden Interpretation, wie uns die Stufungen der Schemainterpretationen verdeutlichen (s. o. 69f. – Vgl. zu Primas' Ansatz a.u. S. 286ff.).

der Natur, sondern Handlungsanweisungen"[9] für die Naturwissenschaftler. Phänomene sind „kontextabhängig" und interpretationsabhängig, d.h. abhängig von einer bestimmten Wahl einer Perspektive, die erst die Beobachtung möglich macht. Diese Wahl von Perspektiven ist natürlich stets auch eine Handlung; und zugleich wird u.U. die Durchführung beispielsweise einer Beobachtung oder einer Messung dann auch ein Eingreifen in das System mit mehr oder weniger wichtigen Folgen bedeuten, die den Systemzustand beeinträchtigen oder verändern mag oder auf den Systemzustand einwirken kann (genauer s. a.u. S. 286).

Neuerdings hat Primas (1990) auch versucht, die Unterscheidung des Chaostheoretikers Rössler zwischen Endophysik und Exophysik, also zwischen der möglichen Erfassung eines physikalischen Systems („ohne einen außerhalb des Systems stehenden Beobachter"), „Endosystem" genannt, und einer „exophysikalischen Beschreibung" (wobei der Beobachter außerhalb des Objektsystems verortet ist) auf die Beziehung zwischen Mikro- und Makrosystemen anzuwenden. („Die Welt des Beobachters und seiner Kommunikationsmittel" nennt Primas (ebd. 235) „das Exosystem".) Die Sprache der experimentellen Versuchsdarstellungen sowie der Meßapparate muß natürlich klassisch-boolesch, also exophysikalisch sein, während in der endophysikalischen Erfassung keine Subjekt-Objekt-Trennung der strikt geschlossenen Systeme mehr möglich ist, sondern es handelt sich um im Schrödingerschen Sinne *verschränkte* Systeme. Im mathematischen Formalismus der erweiterten algebraischen Quantentheorie bezieht man sich nun auf endophysikalische Systeme, also eventuell auf ein verschränktes Gesamtsystem des Gesamtuniversums. Jedes quantentheoretische Endosytem in diesem Sinne kann durch Zustandsfunktionen im Schrödingerschen Sinne beschrieben werden – eventuell durch Überlagerungen von einander exophysikalisch ausschließenden. Die Vereindeutigung zur operationalen Erfassung mittels klassischer Meßanordnungen und Meßinstrumente muß also stets durch zusätzliche „starke extraphysikalische nor-

---

[9] Die mathematische Formulierung samt physikalischer Interpretation einer Grundgleichung kann natürlich nicht als einzelne schon eine „Handlungsanweisung" genannt werden, sondern erst im Gesamtzusammenhang von Modelldarstellung, theoretischem System und der experimentellen Anwendungsmöglichkeiten gewinnt man die Handlungsbezüge – also sehr indirekt und sozusagen globalistisch-kontextuell.

mative Forderungen" (1990, 238) geprägt sein, „um aus der Vielfalt
der möglichen exophysikalischen Darstellungen der Endowelt diejenige auszuwählen, die unserer handwerklichen Tätigkeit oder
unserer traditionellen Weltsicht entspricht" (ebd. 238). Der sog.
„Heisenbergsche Schnitt" zwischen dem Endosystem (d.h. dem
Quantenobjekt) und dem Exosystem (d.h. dem Meßinstrument
und dem Beobachter) ist variabel[10], verschiebbar – metaphorisch
gesprochen: „beliebig weit in Richtung des endgültigen Meßin-
struments" (ebd. 236).

„Nur die Gesamtheit aller komplementären Beschreibungen repräsentiert die ungeteilte Realität", schließt Primas (ebd.). Was
immer diese „ungeteilte Realität" nun sein und was das bedeuten
mag, das Konzept ist jedenfalls auch ein Konstrukt, eine Idee, die
man sich vorstellt – nämlich so, daß man alle Gesamtheiten möglicher Beschreibungen dennoch in ein Einheitsbild bringt. Alle
Welt- und Realitätserfahrung ist also interpretationsabhängig, und
zwar ganz gleich, ob es sich nun um Quantenzustände handelt
oder gar auch um makroskopische Erfassungen und Auffassungen.

---

[10] Es ist also analog zum Gödelschen Unvollständigkeitssatz für die Prädikaten-
logik zweiter Stufe mit Identität nach Kuyk 1977 möglich zu sagen: „Die
Aussage 'Die Katze ist in einem definiten Lebenszustand', (d. h. entweder tot
oder lebendig) ist endophysikalisch unentscheidbar (d. h. unbeweisbar und
unwiderlegbar), auch falls sie wahr sein sollte" (Primas, ebd. 238), d. h., exophysikalisch interpretiert wahr sein muß. Primas faßt diese vereinheitlichen-
den Forderungen, welche die eindeutig exophysikalische Darstellung aus den
möglichen Darstellungen der endophysikalischen, mathematisch beschreib-
baren, also möglichen, aber nicht operationell-experimentell zugänglichen
Zustände, auswählen, als „extraphysikalische normative Forderungen" auf,
durch die die Überlagerungen des verschränkten Systems (die Katze ist ja nie
ein strikt abgeschlossenes System) zu einer eindeutigen Zustandsbeschreibung reduziert werden – also als normative Postulate. Darunter wird offensichtlich verstanden, daß bestimmte die Auffassungsweisen prägende
Vorgegebenheiten vorausgesetzt sind, damit eine eindeutige Beschreibung des
Systems mittels klassischer Instrumente und Aussagen überhaupt möglich ist.
Doch hat dieses mit Normativität im üblichen Sinne nichts zu tun, sondern
bedeutet im wesentlichen die Notwendigkeit einer Wahl oder Festlegung von
vorzugebenden, für die Operationalisierung notwendigen Interpretationsperspektiven bzw. perspektivisch-operationalen Bedingungen, die eher durch
den Ansatz eines methodologischen Konstruktinterpretationismus und die
Notwendigkeit der erkenntnistheoretisch unerläßlichen Verschränkung von
Handeln und Erfassen zu beschreiben sind als durch die Normativitätsforde-
rung.

Wir haben es *immer* zu tun mit perspektivischen Vorentscheidungen über die Interpretationsperspektive, über die Meßmittel, Beobachtungs"mittel", über die Abgrenzung des Systems, über die Handlungsmittel und Präparationsverfahren, mit deren Hilfe wir eine bestimmte Darstellung, Beobachtung, Repräsentation eines Systems vornehmen. Nach Lockwood (1989, 214) selektiert das Bewußtsein diese Perspektiven, "designiert" sie, aber das sei hier im einzelnen nicht derart ontologisierend verstanden. Was wichtig ist, ist der methodologische Aspekt: Wir brauchen so etwas wie einen Ausgangspunkt, durch eine Art von Interpretationsperspektive, die entweder pragmatisch (und evtl. vorläufig) durch unsere Sichtweisen gegeben ist, wie sie uns in unserer Kultur und Sprache vermittelt sind, oder durch eine bewußte Wahl eingenommen oder konstituiert wird, die erst dann Darstellungen der sog. Realität ermöglichen. Die Realität ist stets (nur) relativ zur eingenommenen Perspektive (zu erfassen, ja, selbst zu konzipieren), ist insofern interpretationsimprägniert. Das Reale ist in diesem Sinne (hinsichtlich seiner „Erfaßbarkeit") Imprägnation und Ergebnis einer Interaktion, einer innig verwobenen Wechselwirkung von durch das Präparieren aufeinander bezogenen „Weltfaktoren" bzw. erst abgegrenzten (Teil-)Zuständen einerseits und theoretischen Interpretationskonstrukten andererseits sowie vom intervenierenden Experiment dritterseits. Dann kann man analog zu den EPR-korrelierten Teilsystemen vorgehen, wie man bei diesen nur jeweils angesichts der erwähnten Verschränkungen der Systeme einen Quantenzustand relativ zu dem zuvor bei der Meßprozeßfestlegung fixierten und durch den Meßvorgang bedingten designierten Zustand des anderen Systems zuschreiben kann. Das entspricht in gewissem Sinne mutatis mutandis der Interpretationsperspektive, wie sie hier entwickelt wurde. Es besteht nur ein wichtiger Unterschied: Ich beziehe mich nicht direkt auf das Bewußtsein und dessen Fähigkeiten, sondern verstehe das mehr methodologisch oder transzendental: als notwendigen Zusammenhang der Bedingungen, die gegeben sein müssen. Bei Lockwood ist das alles gleichsam nur horizontal verstanden: Die Wahl etwa, den Impuls bei einem paargekoppelten Elektron zu messen, schränkt die Messung der korrelierten Größe bei dem anderen Elektron ein (sie kann aber z. B. durch einen anderen Beobachter vorgenommen werden, der sich in Kenntnis desselben Zustandes befindet). Das ist sozusagen eine horizontale Relativierung der Zustände; sie muß aber auch vertikal viel allgemeiner verstanden werden, nämlich als Vorbedingung der

Perspektivitätengebundenheit und der notwendigen Entscheidungen über die Einnahme dieser entsprechenden Perspektiven überhaupt. Das kann zum Teil durch eine individuelle Entscheidung oder Wahl geschehen, wie etwa an dem EPR-Beispiel eines Elektronenpaars exemplifiziert, es kann generell aber auch durch entsprechende interpretatorische Vorgegebenheiten, durch Sprache, Kultur, Geschichte und Erfassung bzw. vorgängige Konstituierung der vorausgegangenen Wechselwirkungen und Interaktionen mit dem System bzw. entsprechenden Systemen bestimmt sein.

Das Konzept der erwähnten Regenbogenrealität oder Kaleidoskopbildwirklichkeit der Quantenentitäten mit Systemverschränkung ist eine Idee, die noch weiter verallgemeinert werden kann und dem hier entwickelten Ansatz einer Erkenntnistheorie der Interpretationskonstrukte außerordentlich ähnlich ist: Man kann Gegenstände, Ereignisse, Phänomene ganz generell, ja, alle Ausgrenzungen von (Teil-)Systemen, als (imprägnationsgebundene) Schematisierungen, als Bildung von Interpretationskonstrukten vom Charakter ähnlich der Kaleidoskop(bild)- oder Regenbogenrealität auffassen. Man gerät natürlich schnell an die Grenze des Vorstellungsvermögens; und es ist auch so: Auch der Physiker wird sich üblicherweise, wenn er etwa mit einem Tisch in Berührung kommt, durchaus verhalten wie ein normaler Mensch, aber im Grunde ist physikalisch gesehen der Tisch ein Teilsystem, das ausgegrenzt ist (das übrigens im wesentlichen aus leerem Raum besteht, es sind ja sehr viel leere Räume in den Molekülen vorhanden, trotzdem kann er sich sehr hart den Kopf daran stoßen). Man sieht, daß auch hier so etwas wie eine perspektivische oder von der Analysetiefe und der entsprechenden Voraussetzung abhängige perspektiven- und operationspräparative Auffassungsweise eine Rolle spielt. Wenn man diese Kaleidoskopealität im Sinne einer solchen Schemaimprägnations- und Interpretationsauffassung versteht und generalisiert, dann könnte man zu einer Theorie der perspektivisch-interpretationskonzeptionistischen Deutung kommen, die sowohl Elemente einer Primas'schen holistischen Interpretation als auch einer anderen Deutung der Quantentheorie von Bohm und Vigier oder Prigogine aufnimmt, und würde dann die Quantenentitäten im Sinne einer solchen Kaleidoskop- oder Regenbogenrealität verstehen, und in bestimmten meßkontextabhängigen Zusammenhängen einbetten.

Die perspektivistisch-interpretationskonstruktionistische Deutung des quantenmechanischen Meßproblems liefert natürlich

keine Lösung des Problems auf der Objektebene noch in experi-
mentell-methodischer Hinsicht, sondern versetzt die Gesamtsitua-
tion im Verhältnis zur Auffassung von Gegenstandsbildungen und
-abgrenzungen im Alltag in eine neue Perspektive, wodurch andererseits natürlich dann auch die Deutung der quantenmechanischen Entitäten und der Meßproblematik in neuem Lichte
erscheint: Die Situation dreht sich gleichsam um, wie noch allgemeiner im Schlußabschnitt erläutert werden wird: Es ergibt sich
aus dem interpretationistischen Ansatz, daß nicht notwendigerweise die quantenmechanischen Gegenstände in Analogie zu Mi-
krogegenständen unter dem Gesichtspunkt des Common sense
und der mesokosmischen Alltagsauffassung von Gegenständlich-
keit zu dimensionieren sind, sondern daß aufgrund der handlungs-
und vorgängigen Schema- bzw. Interpretationsgebundenheit aller
Auffassungsweisen – gerade auch im Alltag, aber auch überall in
der Wissenschaft – die als extraordinär angesehene Situation beim
Meßproblem der Quantenmechanik der Regelfall ist. Die perspektivische und an Interpretationskonstrukte gebundene Sicht ist der
Normalfall. Gegenstände als interpretationistische bzw. perspektivistische Überlagerungen in Abhängigkeit von vorgängigen Hand-
lungs- und Auffassungsorientierungen ist der grundlegendere Fall,
der sich nicht nur in der Quantenmechanik, sondern generell
ausgeprägt hat, nur eben durch die naiv-realistischen Projektionen
des Common sense und des Alltags bzw. durch unsere mesokos-
misch-alltäglichen Vororientierungen nicht deutlich zu Bewußtsein gekommen ist. Natürlich können die Gründe durch die
Quantenmechanik eine Anregung geben, eher eine eben interpre-
tationskonstruktivistische, quasi theoretisch geprägte und von
Handlungsvorprägungen und Interventionsformen abhängige
Auffassungsweise auch generell zugrunde legen. Einerseits kann
also die Deutung der Quantenmechanik mit ihrer Auffassung der
Überlagerungsphänome bei der Gegenstandskonstitution Anre-
gungen für die Erkenntnistheorie im Sinne der entsprechenden
Konstruktbildungen ebenfalls bei der Bildung unserer Alltagsge-
genständlichkeiten darstellen, andererseits verändert sich durch die
abgeänderte Beziehung zwischen Makro- und Mikroobjekten
dann auch die Voraussetzung der Auffassungsweisen der Mikro-
objekte selber. Es ist dann nichts mehr so Ungewöhnliches, wenn
man perspektivistische und interpretationskonstruktgebundene
Auffassungsweisen in Mikroentitäten hineinliest, da eine entsprechende Auffassung ja bereits in der mesokosmischen Realitätsin-

terpretation vorhanden ist. Diese Einsichten lassen sich also in doppelter Weise – gleichsam nach zwei Seiten – ausnutzen: erstens zur abgewandelten und neuartigen konstruktinterpretationistischen Auffassung von Mikroentitäten und damit auch zur Deutung der Überlagerungsproblematik in der Quantentheorie und zweitens zur Verallgemeinerung entsprechender Thematisierungen und Konstruktbildungen in der üblichen mesokosmischen Alltagswelt und, genauer: und deren erkenntnistheoretische Deutung.

Das am Beispiel der Deutung der Quantentheorie und der quantenmechanischen Messung Erarbeitete kann man also spekulativ auf alle Erfassungen von strukturierten „Etwassen" erweitern, seien es nun Gegenstände, Ereignisse oder was immer. Dabei muß man nur aufpassen, daß man nicht etwa die Strukturen, die sich nur in Interpretationskonstrukten und deren Erfassungen darstellen lassen, einfach in die Realität projiziert. (Ein naiver Relationenrealismus ist mit dem interpretationskonstruktionistischen Ansatz nicht vereinbar.) Allenfalls kann man sagen, daß die Realität, wenn wir diese von uns distanzieren können, in gewissem Sinne die innere „Verfaßtheit" haben muß, daß unsere Strukturierungen, wie wir sie mit unseren Theorien und Interpretationskonstrukten vornehmen, wiederholbar, erfolgreich auf sie anwendbar sind. Das klingt ganz ähnlich wie die Kantische Metaphysik der Natur, nur jetzt nicht mehr bezogen auf die Urteilsbildung und die Kategorien, sondern allgemein auf die Strukturierungen und Theoretisierungen und Bildungen von Konstrukten in der Wissenschaft und im Alltag generell – und zwar ebenso auf die Bildungs-, Verhaltens- und gar Handlungsprozesse wie auf die Ergebnisstrukturen. Wenn man das so auffaßt, dann kann man in der Tat diese Art von Sonderexistenz der Quantenentitäten in Abhängigkeit sowohl von den Theoriebildungen, von den Präparierungen der Experimentalanordnungen hinsichtlich der möglichen Zustände von Systemen und des Wissens über deren Zustände durchaus im Sinne dieses Schematisierungs- und Interpretationskonstruktmodells deuten und verstehen. Die Welt generell hat sozusagen die Eigenschaft – wenn man so indirekt sprechen kann –, daß uns Konstruktbildungen von ihr in spezifizierter Weise möglich sind, erfolgreich angewendet werden können, aber wir wissen, erfahren, erfassen etwas über die Welt immer nur in solchen Konstruktbildungen, immer nur in Abhängigkeit von unseren eigenen Mustern, Theorien, Schematisierungen, Interpretationen (darunter Primärinterpretationen) usw. Die erkenntnistheoretische Lösung ist also die, daß man in gewisser Weise eine Zwischenschaltung von Interpretationskonstrukten zwischen der Realität an sich und den gleichsam „bloßen" Beobachtungsphänomenen in dem Sinne vornimmt, daß eben solche Interpretationsrealitäten in Abhängigkeiten von (durch evtl. unterbewußte oder bewußte Präparationen oder Einstellungen gewonnenen) Perspektiven, experimentellen Anordnungen usw. Interpretationskonstruktcharakter aufweisen, gleichsam aufgeprägte Schemata, Muster sind, die man vielleicht *Imprägnierungen* unter Konstrukten und unter präparierten Perspektivenstellungen nennen kann. Das Wissen ist in der Tat stets und prinzipiell von solchen Schemainterpretationen und -imprägnierungen abhängig. Insbesondere wenn es sich um Wissen von sogenannter Außenwelt oder von uns „Gegenüberstehendem" (z. B. materiellen Gegenständen) handelt, dann kann es nur aufgrund von Imprägnationen zustande kommen, das heißt, daß wir unsere Muster von den bestimmten Signalen, die wir haben, die wir auch nur im Rahmen und unter Benutzung von interpretativen Formen aufnehmen können, diesen Signalvorgängen bzw. den entsprechenden Interaktionen und Beziehungsprozessen und „-phänomenen" aufprägen. Imprägnationen sind – wie wir definierten – Prozesse und Konstruktergebnisse von Ein"wirkungen" der Welt – überformte Einflüsse, die bestimmten Signalen aufgeprägt werden, aber eben sozusagen von „der Welt" „mitbeeinflußt" sind. Hinzu kommt noch, daß in experimentellen Anordnungen und auch in interaktiven kommunikativen Zusammenhängen meistens ausdrücklich eine Interaktion dazukommt, also eine reale Wechselwirkung entweder im Prozeß des Experimentierens, des Messens, des Beobachtens oder eine methodisch-konstruktive Beeinflussung[11] bei der Bildung, Konstitution, der Schemata und Strukturen. Die Idee einer grundsätzlich „an sich" vorhandenen Realität, die interpretationsfrei, interpretationsunabhängig oder perspektivenfrei und operationenunabhängig „gegeben" und erfaßbar ist, ist aufzugeben. Jede Realität kann immer nur in Abhängigkeit von Perspektiven, Interpretationsgesichtspunkten und entsprechenden Formierungen, Präparationen, Interaktionen und Interventionen oder Präparierungen der Versuchsanordnung bzw. -situation und

---

[11] Noch weiter geht dieser Einfluß beispielsweise bei der Interpretation sozialer Phänomene, die in einem viel höheren Maße interpretationsabhängig sind, weil sie nicht nur interpretationsgebunden sind, sondern interpretations*produziert* sind.

zumal unter Schemata aufgefaßt werden, sie kann nur als solche auch verstanden und gar konzipiert werden. Selbst das Denken und Meinen der von uns unabhängigen Realität ist nur im Lichte von bestimmten i. w. S. „operationalen" und (schema)interpretatorischen Grundmustern und Annahmen möglich. Wir sind als Interpretierende aber auch Teil der Welt, wir interpretieren nicht von außen, von einem externen „Gottesgesichtspunkt"[12]; die Welt ist uns nicht gegenüber gestellt, sondern wir sind als erkennende Subjekte und notwendig damit auch als interpretierende Subjekte und als mit der Welt interagierende Organismen selbst Teil der Welt – und nach Verfahren operierende Handelnde in ihr. Wir ordnen uns durch die Bildung von (Schema-)Interpretationskonstrukten der „Erfassungen" wie der „Fassungen" selbst in die Welt ein. Durch die entsprechende Erkenntnistheorie können wir in gewisser Weise in Verbindung mit einem solchen perspektivischen und pragmatischen und durchaus auch noch „objektiven" Anforderungen genügenden Ansatz schließlich auch minimalrealistische Grundbedingungen aufrecht erhalten, indem wir sagen, es ist sinnvoll und praktisch erfolgreich, ja, sogar unerläßlich, daß wir eine von uns unabhängige Welt voraussetzen und erfahren. Ein absolutistischer Strukturprojektionismus und ein entsprechender Strukturrealismus oder gar Relationenrealismus dergestalt, daß die Strukturen[13] an sich unabhängig von jeglicher möglichen Interpretation und Erfaßbarkeit so in der Realität vorhanden seien, ist mit dem prinzipiellen interpretationistischen Zugang jedoch ausgeschlossen. Aber dennoch ist Objektivität gewahrt, wenn auch abhängig von Perspektiven und Präparationen sowie Interventionen generell. Der Zugang zur Welt ist nur durch Interpretationskonstrukte möglich, die Welt ist nur durch diese erfaßbar, jeder Zugang und Zugriff ist (schema)interpretationsabhängig und operativ-präparativ geprägt. Aber wir als Teile der Welt sind eben auch *in* der Welt, sind und verorten uns auch mit unseren Interpretationen in der Welt; wir sind somit auf einen

---

[12] Mit Putnams Ausdruck; aber ist der Gottesgesichtspunkt nicht eine mögliche Interpretation, eine mögliche Auffassung, sozusagen *eine* Bedingung der Möglichkeit, um sich in der Welt zurechtzufinden (zu handeln, zu erkennen)?

[13] Natürlich kann man sagen, es muß – im Normalverstande – in der von uns unabhängigen Außenwelt etwas geben, was den Strukturierungen durch unsere Konstrukte entspricht. Wenn man das dann „reale Strukturen" nennen will, kann man das tun, aber man muß sehen, daß es sich dann um einen zweiten Strukturbegriff handelt.

solchen interpretationskonstruktionistischen und grundsätzlich interaktionistischen sowie interventionistischen Ansatz angewiesen.

So kann man durchaus eine Art hypothetisch-pragmatischen Restrealismus vertreten, der sich erst in Interaktionen, also unter Interpretationen der Kontakte mit dem entsprechenden dargestellten oder beobachteten System konkretisiert, sozusagen in Interaktionsinterpretationen zu Zustandserfassungen konkretisieren läßt, und zwar durch unsere Handlungen, durch unsere Repräsentationen, durch die Wahl der Aktions- und Beschreibungsperspektiven, also durch das, was ich Imprägnieren[14] genannt habe, was zum Teil abhängig ist von einer bestimmten Wahl der Sicht in Bezug auf einen so genannten „äußeren" Gegenstand und zum Teil durch Primär- oder Urinterpretationen schon gegeben oder zumindest mit vorbedingt ist, zum Teil eben auch von pragmatisch notwendigen oder auch theoretisch-hypothetisch unterstellten Wirklichkeitsauffassungen, nämlich von der Wirklichkeit an sich, die wir im alltäglichen Leben auch voraussetzen, die man allerdings auch nur in einem interpretatorisch gefärbten Konzept und Begriff selber so bezeichnen, ja, schon meinen und erst recht erfassen kann. Imprägnationen sind also Resultate von Interaktionsinterpretationen. Die „Wirklichkeit an sich" stellt sich indirekt dann nur im Sinne verschränkter Systempotentiale dar, seien es quantenmechanische, seien es klassische. Selbst das Konzept der Realität an sich ist methodologisch eine erkenntnistheoretische, höherstufige Konstruktion, aber eine praktische und pragmatisch wohlgestützte.

Durch unsere schematisierungsgeprägten Erkenntniskategorien, aber auch durch unsere Entscheidungen über Kognitionsperspektiven und Handlungsformierungen werden generell sozusagen *Erfassungskonkretionen* hergestellt, d. h., die Erfassung ist interaktions- und aktionsabhängig. Das klassische Gegenstandsbild ist wie der klassische Determinismus ein besonders einfacher Sonderfall, leicht zugänglich, leicht verständlich, aber eigentlich idealisierend; und es ist ein simplifizierter Sonderfall, weil es die Lokalität und die Separabilität der verschränkten Systeme unterstellt, was man nicht generell vertreten kann, sondern nur approximativ zu konkretisieren vermag. Lokalität ist nicht allgemein gegeben, Separabilität der verschränkten Systeme ist nicht generell gewährleistet, wird aber notwendigerweise bei jeder einzelnen konkretisierenden

---

[14] Auch reine, bloß konstruktive Imprägnationen sind in schwachem Sinne Interventionen auf der Perspektiven- und Schemaseite.

Beobachtung oder Messung angenommen, *muß* unterstellt werden, obwohl sie nach der Deutung der Quantenmechanik nur approximativ erreicht werden kann. Der Common-sense-Ansatz, nicht etwa die quantenmechanische Zustandsverschränkung scheint erkenntnistheoretisch-systematisch gesehen der Ausnahmefall zu sein. Das, was wir als das Normale ansehen, ist die Ausnahme. Eine gestufte Auffassung von Interpretationen in den entsprechenden Schichten kann diese Relativzustandsbeschreibung im Mikrokosmischen durchaus nachvollziehen – und eben nicht nur dort, sondern sie kann diese auch auf das Makroskopische verallgemeinern.

Unsere gegenständlichen oder prozessualen Weltuntergliederungen sind schematisiert, interpretatorisch, pragmatisch-operational, perspektivengebunden, relativ zum Erfassungsrahmen und zu den (evtl. komplementären) Schematisierungen, sind interventions-, interaktionsabhängig und aktionsabhängig. Wir können sogar sagen: (Schema-)Interpretieren ist letztlich ein (u. U. schwaches) Intervenieren und Imprägnieren, soweit es an „äußere" Gegenstände, die konstituiert werden, gebunden ist. Theoretisch sind auch übliche mesokosmische und makroskopische Gegenstände und Prozesse im Sinne der Quantenmechanik als Überlagerungszustände aufzufassen oder als Möglichkeiten von Zuständen, die einander überlagern bzw. durch Linearkombination der Zustandsfunktionen zu repräsentieren sind. Wenigstens sind die Begriffsbildungen, die Klassen- und Sortenbildungen, die Theorienbildungen so aufzufassen, daß sie von den Ausgrenzungen von Teilsystemen, beispielsweise mit Quantenseparabilität u.ä., erst sekundär Gebrauch machen. Man muß sich dabei nicht auf die Viele-Welten-Auffassung der Quantentheorie von Everett einlassen, indem man forderte, daß nun alles Mögliche real sei oder werde, sondern es wird in der Interpretationsauffassung durch die vorausgesetzte Interpretativität aller Erfassungen die Perspektivität und Potentialität methodologisch berücksichtigt und dennoch eine sinnvolle Konkretisierung vorgenommen. Wenn schon der Positivismus der Kopenhagener Deutung der Quantenmechanik generell nicht haltbar ist, sondern etwa eine Relativzustandsauffassung à la Lockwood vertreten werden kann, dann kann man diese durchaus mit einer solchen perspektivisch-interpretationistischen Deutung verbinden, wie sie hier entwickelt wurde. Diese Deutung ist operationistisch-pragmatisch, „schematistisch" und perspektivistisch, erlaubt aber die klassisch-gegenständliche isolierende Vereinfachung im Sinne des Common sense als Approximation, indem die stärkeren Korrelationen, die Nichtlokalität und die Nichtseparabilität der entsprechenden verschränkten Systeme ignoriert werden. Eine einheitliche holistische Gesamtbeschreibung scheint nicht möglich, jedenfalls nicht ohne Berücksichtigung der Beschreibungen unter verschiedenen Komplementaritätseinschränkungen, dennoch könnte man diese Relativierung auf die entsprechende Wahl einer komplementären Sicht so auffassen, daß hier im Grunde die Möglichkeit relativierter Interpretationen anerkannt wird, die durch die andere Möglichkeit der jeweils komplementären Interpretation ergänzt wird; und beide zusammen sind dann, obwohl sie systematisch in striktem Sinne nicht konsistent zu einer einzigen Beschreibung vereint werden können, allgemein repräsentativ. Der Interaktionsinterpretationismus unter Berücksichtigung dieser Imprägnationen erlaubt und fordert die Wahl der entsprechenden Beobachterperspektiven und gestattet es, die Komplementaritäten einzubeziehen und isolierende Betrachtungsweisen einerseits zu überformen, andererseits als approximative Untergliederungen im Meß- und Beobachtungsprozeß zu benutzen und anzunähern. Das gilt keineswegs nur für die Quantenwelt, sondern für die Wirklichkeit allgemein: Diese ist nur interpretatorisch und in diesem Sinne interaktionistisch und interventionistisch bzw. als mitimprägniert von „Weltfaktoren" darzustellen, in entsprechenden Komplementäransätzen oder in relativen Perspektivenwahlen zu erfassen und sogar *nur* interpretatorisch von uns als erkennenden Subjekten zu konzipieren.

Das Eingreifen in Weltzusammenhänge ist – wie wir sahen – methodologisch insbesondere deutlich und wichtig geworden in der Quantenmechanik, in der Anwendung der Quantentheorie, genauer beim Meßprozeß. Wie zum Experimentalismus im eher klassischen Sinne sind daraus nochmals zusammenfassend generell einige Schlußfolgerungen zu ziehen. Es ist ja bekannt, daß bei Messungen in der Quantenmechanik die Heisenbergsche Unschärfe- oder Unbestimmtheitsrelation besteht – derart, daß man entweder nur genau den Ort oder den Impuls eines Teilchens, eines „quantenartigen", also eines mikrokosmischen Teilchens bzw. eines Wellenpakets messen kann, aber nicht beides zugleich. Dasselbe gilt auch für die anderen konjugierten Größen, nämlich die Energie und die Zeit. Man kann also entweder eine Versuchanordnung so aufbauen, daß man scharf einen Impuls eines Elektrons oder eines Photons mißt, hat dann aber keine Möglichkeit, gleichzeitig den genauen Ort festzustellen, sondern, wenn man Experimente insgesamt vornimmt, kann man nur Durchschnittswerte, Wahrscheinlichkeitserwartungswerte hinsichtlich der Aufenthaltswahrscheinlichkeit in Bezug etwa auf den Ort oder hinsichtlich der wahrscheinlichen Impulsgröße im anderen Fall ermitteln. Diese Quantenentitäten, oder, wie sie gelegentlich auch von Nick Herbert interessanterweise genannt werden: „Quonen" (1987, 92), sind also im gewissen Sinne keine mesokosmischen Gegenstände, wie wir sie gewohnt sind, sondern sie unterliegen auch dem sogenannten Welle/Teilchen-Dualismus. Man kann also nicht genau sagen, was sie sind. Sie benehmen sich in vielen Zusammenhängen, etwa bei Beugungsexperimenten, beim Durchgang durch den Doppelspalt wie Wellen oder Wellenpakete. Deswegen werden sie auch gelegentlich als Wellenpakete aufgefaßt, z. B. als Lichtwellenpakete; diese Quonen werden heute auch „Phononen" genannt. Niels Bohr hat von einer *Komplementarität* der Zugangsweisen bzw. der Messungen, ja, der Observablen (Größen) selbst, gesprochen und meinte, daß die gesamte Quantentheorie unter dem Vorbehalt einer einschränkenden Deutung steht, nämlich unter dem Wahlgesichtspunkt, daß man entweder nur eine Teilchenanordnung der Versuche erreicht oder eine Wellenanordnung. Man kann zwar (nur) in klassischer Weise Experimente vornehmen. Aber man hat zu entscheiden: das, was als Meßergebnis bzw. experimentelles Resultat herauskommt, ist von der Wahl der Versuchsanordnung abhängig. Das nenne ich eine *präparative Auffassung* des Experiments: Man muß davon ausgehen, daß man in die Versuchsanordnung und damit auch in Bezug auf das zu erreichende Ergebnis eben notwendig durch eine entsprechende Intervention einwirkt. Man könnte also von einem präparationistischen Perspektivismus der Komplementarität bei der Anwendung und Deutung der Quantenmechanik reden. Man sieht hier schon, daß es sich hier um einen Spezialfall des Eingreifens handelt, nämlich um ein Eingreifen in bestimmte Versuchsbedingungen: Man muß grundsätzlich Entscheidungen hinsichtlich dieser vornehmen, aber hat dann entsprechend auch eine, sozusagen die Ergebnisform vorentscheidende Verzweigung, also eine merkliche Auswirkung der Präparation auf die entsprechenden Ergebnisse in Kauf zu nehmen. Diese stehen somit immer nur in konditionalisierter Form, nämlich abhängig von der zuvor getroffenen Wahl, zur Verfügung. „Das erste steht uns frei, beim zweiten sind wir Knechte", heißt es ja in Goethes *Faust* (I, 2. Studierzimmerszene), sinnigerweise von Mephistopheles geäußert, und das trifft wohl auch hier zu. Jedoch gilt das meines Erachtens auch für die Erkenntnissituation generell, wie noch deutlicher werden wird. Wir müssen also diese präparationistische Sichtweise von der Quantenmechanik und deren Deutung, insofern sie mittelbar die Erscheinungsweise der Ergebnisse beeinflußt, erweitern auf die Gegenstandserkenntnis auch mesokosmischer Art, auf Erkenntnis und den Zusammenhang von Handeln und Erkennen allgemein. Das ist meines Erachtens durchaus eine sinnvolle Vermutung. Hans Primas (1984) hat sich, wie bereits erwähnt, näher mit diesen quantenmechanischen Systemen und der Erkenntnistheorie – insbesondere auch in Bezug auf die Erkenntnis der Welt generell und in Bezug auf das Problem des Realismus – befaßt. Er meint, daß man im Grunde nur *„verschränkte Systeme"* (ebd. 244, 258 – nach Schrödinger) in der Realität findet, jedenfalls in bzw. nach der Quantenmechanik (ebd. 252). Der Mensch fände im Grunde nur ein großes in sich verschränktes und vernetztes System vor, nämlich „das ganze Universum" (ebd. 253). Alles, was er an Teilerkenntnissen gewinnt, werde erst unter der Bedingung gewonnen, daß man etwas aus diesem Gesamtsystem nach gewissen Aspekten herausschneidet, z. B. nach Gesichtspunkten eines bestimmten Versuches unter dem Teilchenaspekt. Primas schlägt also eine holistische Deutung vor: Praktisch aber zerschneidet man notwendig bei jeder Messung und – so können wir erweitern – bei jedem Wirkeingriff das verschränkte System. Der Mensch ist in diesem Sinne ein „Macher", ein Sezierer der Natur, der, wie erwähnt (S. 271), die Natur zerschneidet, unter bestimmten Gesichtspunkte selektiert und eingreift, weil Systemunterteilungen von vornherein eben Strukturierungen, Manipulationen, Zerspaltungen, Präparationen der Versuchsbedingungen enthalten. Wer eingreift, verändert die Situation, die Versuchsanordnung und – wie wenig merklich auch immer – stets auch das System. (In der klassischen Physik spielte die systemverändernde Präparierung nur wegen der Geringfügigkeit und kleinen Größenordnung keine merkliche Rolle.)

Die Identifikation und Erkenntnis von Gegenständen als Objekten ist also nicht nur „kontextabhängig", sondern auch methodenwahlabhängig, ist abhängig von Präparationen, evtl. im wörtlichen Sinne gemeint, aber auch im übertragenen oder metaphorischen Sinne, aber erst recht in einem methodologischen Sinne, weil Zurechtstutzungen der Instrumente der Erfassung, also der Theorien, aber auch der entsprechenden instrumentellen Anordnungen für Versuche vorausgesetzt sind. Die Messungsabhängigkeit der quantentheoretischen Ergebnisse zeigte, daß das handelnde Intervenieren und Eingreifen, Primas nennt das sogar „Weltgestalten" durch präparierende Vor(aus)strukturierung und Projizierung charakteristisch ist für die Erkenntnis von Quantenrealitäten. Wenn man aber der Meinung ist, daß die Quantenmechanik grundsätzlich auch allgemein gilt, d.h. also auch für makrokosmische und mesokosmische Entitäten, dann muß das natürlich für unser Welterkennen und Einwirken auf die Welt generell gelten, selbst wenn die Auswirkungen der präparierenden Eingriffe im Normalfall minimal sind und vernachlässigt werden können.

Die Welt wird sekundär unterteilt, indem man aktiv mit ihr umgeht. Sie ist nicht von vornherein schon in „compartments", wie Primas sagt, unterteilt. Die Quantentheorie lehrt, „daß die übliche Beschreibung durch Kompartimentalisierung nicht mehr möglich ist" (ebd. 258). Sondern sie stellt einen holistischen Zusammenhang dar, in den man (erst) eingreift, den man aktiv zerschneidet, wenn man Instrumente anwendet und eben besondere, auch theoretische und eben experimentelle Unterteilungen und Untergliederungen der Versuchsanordnungen und Eingriffsvorbedingungen trifft, um sie – die Welt und ihre Teile – beschreibend und erklärend erfassen zu können. Eigentlich müßte die Welt insgesamt als ein *einziges* verschränktes Objekt aufgefaßt werden, meint Primas: Im Grunde wäre die Realität dann lediglich als eine Beziehung zwischen dem Beobachtenden und dem beobachteten und manipulierten System aufzufassen bzw. stets in Bezug auf die präparierte Versuchsanordnung zu sehen. Die „Realität", schreibt er (1984, 258), „ist eine *Beziehung* zwischen Beobachtendem und Beobachtetem", genauer zwischen experimentell erzeugten, kontrollierten und nach Vorpräparierung zustandegekommenen Beobachtungseingriffen und Experimenten und dem beobachenden oder experimentierenden „Subjekt"[15] (bzw. dem messenden System) und dem zu beobachtenden System. Deswegen kann man auch allgemein – wie in der Quantenmechanik – Experimente als notwendige vorausentscheidende

---

[15] Wieweit ein „Subjekt" (das ja durch ein erkenntnistheoretisches Interpretationskonstrukt erfaßt, umschrieben wird) überhaupt Teil eines physikalischen Systems sein oder in bezug auf ein solches wirken kann, ist fraglich. Andererseits scheinen auch rein wechselwirkung*physikalische* Deutungen des quantenmechanischen Meßprozesses nicht auszureichen, wie Wheelers Überlegungen und seine Experimente der „verzögerten Entscheidung" schon früher nahelegten und die oben skizzierten neuen Experimente von Mandel und Chiao zeigen. Diese wie auch die Designationsdeutung Lockwoods (1989) stützen m. E. einen prinzipiell interpretationistischen Ansatz zur Deutung des quantenmechanischen Präparationismus.

Maßnahmen und Gesichtspunkte bei der Erfassung der Realität auffassen. Man könnte das Reale in diesem Sinne als Imprägnation und Interaktion, d. h. als innig verwobene Wechselwirkung durch diese präparativen Eingriffe, *auffassen*, bezogen natürlich auch auf „Weltfaktoren", was immer diese „an sich" sind. Die „Weltfaktoren" werden erst „abgegrenzt" bzw. erfaßt und als Teilzustände des gesamten, zunächst als verschränkt gedachten, einheitlichen Systems „gefaßt" – eben durch diese vorausentscheidenden Präparationen, durch methodenprägende Eingriffe, natürlich auch durch theoretische Interpretationskonstrukte und Theorieanwendung, durch das intervenierende Experiment generell. Die „Erfassung" von Weltfaktoren ist stets interpretationistisch gefärbt, bedingt und auch präparationistisch geprägt. Man hat also im Grunde drei Faktoren: Einmal die Welt als zugrundegelegtes reales, aber in sich völlig verschränktes System, andererseits den eingreifenden Beobachter, der mit Experimenten eingreift, und dann eben die präparative Zurechtschneidung der Versuchsbedingungen selbst, durch Anwendung spezifischer Instrumente und Versuchsanordnungen, dann die Entscheidung bei einer bestimmten Komplementaritätswahlsituation zustande bringt oder „designiert".[16] Auf diese Weise haben wir es also immer mit Perspektivenvorentscheidungen zu tun, die über die Meßmittel, Beobachtungsmittel, über die Abgrenzung des Systems, über die Operationsformen, über die Möglichkeiten des Eingriffs in das System entscheiden. Somit werden sie in gewisser Weise jedenfalls die konditionalisierte Ergebnisgewinnung präparativ und alternativ i. w. S. voraus(mit)bestimmen, vorausbedingen, mitformen. Das kann man sich leicht an dem Teilchen-Welle-Dualismus deutlich machen. Wie erwähnt meint Primas (1984, 258) explizit, daß „alle unsere Aussagen über die Materie ... immer Aussagen unserer Beziehungen zur äußeren Welt" sind: *„die Gesetze der Naturwissenschaften sind nicht Gesetze der Natur, sondern Handlungsanweisungen an die Naturwissenschaftler"*. Die Phänomene der Quantenrealität seien „kontextabhängig" und sind somit nur interpretationsabhän-

---

[16] Alle drei Faktoren sind- in *unterschiedlicher* Weise und auf verschiedenen Ebenen – nur in Abhängigkeit von Interpretationskonstrukten zu erfassen. Die Weltfaktoren sind *ontologisch* bzw. *erkenntnistheoretisch* unterstellt, der Beobachter ist ein erkenntnistheoretischer Akteur (und somit *handlungs-* und *erkenntnistheoretisch* als – analytisches – Interpretationskonstrukt aufzufassen); die Präparationen; der Versuchsbedingungen sind aufgrund von theoriegeleiteten und methodischen Vorentscheidungen methodologische Interpretations- und selektierende Interventionsresultate.

gig konstituiert. Sie sind also konstitutiv von der Wahl der Perspektiven, von der Art der Messung, vom Eingreifen in das System, von Vorentscheidungen abhängig: „Nur die Gesamtheit aller komplementären Beschreibungen" repräsentiere noch die „ungeteilte Realität" (ebd.). Letztlich muß man also sagen, daß wir damit eine Art von Naturauffassung hegen, die unvermeidlich von (der Wahl) einer bestimmten Perspektive abhängig ist.

Diese Sicht kann sich auch beim erwähnten Paradox von Einstein, Podolsky und Rosen als fruchtbar erweisen. Dieses oben kurz beschriebene berühmte Paradox der Quantenmechanik, das 1935 von Einstein, Podolsky und Rosen in einem Gedankenexperiment entwickelt wurde, wird bis heute noch eifrig diskutiert. Es besagt, daß eine systemgekoppelte Korrespondenz, eine Korrelation zwischen Quantenobjekten, die einmal in einem System vorhanden waren, beispielsweise bei zwei gekoppelten Elektronen, immer erhalten bleibt; daß diese Koppelung weiter bestehen bleibt, ist eine paradoxale Eigenschaft, weil u. U. eine entstandene (Zustands·)Veränderung des einen Elektrons (z. B. eine Ortsmessung) mit Überlichtgeschwindigkeit, Veränderungen am anderen, evtl. weit entfernten Elektron herbeiführen müßte. Und das kann eigentlich nicht sein, daß mit Überlichtgeschwindigkeit Veränderungen von Größen stattfinden, ohne daß es sich um einen kausalen Wirkungsprozeß handelt. Dieses Paradoxon meinte Nick Herbert lösen zu können, wenn er sagt, daß wir jeweils die verschränkte Gesamtwelt unter dem Gesichtspunkt durchaus *objektivierender* Verfahren, aber dennoch selektiv in Abhängigkeit von einer Perspektive sehen können.

Herbert hat, wie erwähnt, versucht, dies in ein plastisches Bild zu fassen. Er spricht von einer „Regenbogenrealität" (1987, 217, 307 u. a.) der Quantenobjekte (oder der „Quonen" in seiner Sprechweise). Er vergleicht das Quantenphänomen der Konditionalisierung also mit einem Regenbogen. Ein Regenbogen ist in der Tat ein völlig objektiv feststellbares Phänomen. Man kann es sehen, man kann es auch fotografieren – insofern ist es also nicht bloß subjektiv, aber es ist auch kein Objekt, kein „Ding": Wenn wir näher herangehen, dann verschwindet der Regenbogen, oder er weicht zurück, wenn entsprechend noch Regen vor uns ist und Beleuchtungslicht im richtigen Winkel einfällt, was zu der Newtonschen Brechung in die Regenbogenfarben führt. Der Regenbogen ist eben ein Phänomen, das zwar „objektiv" ist, gemessen werden kann, aber dennoch kein Objekt im eigentlichen Sinne darstellt. So,

meint Herbert, seien eben auch die perspektiven- und eingriffsver-
fahrenabhängigen Quantenobjekte aufzufassen, eben als, wie Bohr
gesagt hat, „beziehungsabhängige Realitäten".

Nun glaube ich, daß dieses Bild zwar recht plastisch und plausibel ist, daß es uns aber eigentlich immer noch auf eine falsche Spur
führt. Es ist nämlich zu passivistisch. Einen Regenbogen *beobachtet* man ja, man *macht* ihn *nicht*. Allenfalls kann man die Perspektive wechseln – und sieht ihn dann nicht mehr. Es wäre also besser,
hier ein anderes Bild zu nehmen. Ich erwähnte, daß in der Tat diese
Quantenrealitäten noch anders aufgefaßt werden können, nämlich
unter dem Modellbild eines Kaleidoskops. Ein Kaleidoskop ist bekanntlich eine Röhre, in der bunte Kristalle angeordnet sind. Man
schüttelt und bekommt dann schöne Strukturmuster, die dann
beim nächsten Schütteln wieder wechseln und zu einer anderen
Zusammenordnung führen. Dieses Bild scheint mir besser geeignet
zu sein als die Regenbogenauffassung. Es ist zwar auch so, daß in
der Tat am Ende ein objektives, objektiv bzw. intersubjektiv feststellbares, Phänomen vorliegt. Man kann z. B. auch die Strukturen
im Kaleidoskop fotografieren. Es ist also dem Regenbogenbild
ähnlich, gleicht diesem aber doch nicht völlig: Man *tut* etwas
(dazu), um die Strukturen zu erzeugen, zu verändern. Man kann
schütteln und von neuem schütteln, und hat auf diese Weise eine
Analogie zu den entsprechenden Meßverfahren, die man vornimmt. Das Kaleidoskopbild trifft die Handlungabhängigkeit der
Quonen- und Objekterfassung besser als die Regenbogen-Meta-
pher. Die Ausgrenzungen von Teilsystemen, die entsprechenden
imprägnationsgebundenen Vorformierungen sind also eher in diesem Sinne der Kaleidoskopmodellhaftigkeit vorzustellen.

In der Tat handelt es sich um einen wichtigen Gesichtspunkt,
der geeignet ist, uns zu weiteren, allgemeineren Überlegungen, zu
führen. Die experimentalistisch-interventionistische Einstellung,
das *Schütteln* des Kaleidoskops, erst ermöglicht das präparations-
abhängige Zustandekommen eines Endergebnisses, einer Struktur,
die in gewisser Weise durchaus bedingt ist, aber objektiv die Realität wiederzugeben scheint.

12. Resümee: Interpretieren, Interagieren und Intervenieren in erkennender und handelnder Auseinandersetzung mit der Welt

Ich denke – wie Hans Primas –, daß das, was für die Quantenmechanik gilt, mutatis mutandis auch in *gewissem*, interpretationistischen Sinne *allgemein* vertretbar ist. Man kann dieses methodologische Bedingtsein durch Handlungsformierungen verallgemeinern und auf den Ansatz unserer Erkenntnistheorie generell ausdehnen. Denn alles, was wir über das Ausgrenzen von Teilsystemen, das Bilden von Interpretationskonstrukten in Abhängigkeit von Handlungssystemen, das Aktivieren von Schemata und das adaptiv-funktionale dynamische Einschleifen, z. B. durch konnektionistisch zu verstehendes Lernen bei Schemata, analysiert haben, läßt sich hierauf durchaus anwenden. Das heißt, alle strukturierte Erfassung von „Etwassen" in der Erkenntnis und im Handeln (seien sie nun Gegenstände, Ereignisse, Prozesse, Vorgänge, Phänomene oder was auch immer) ist in dieser Weise abhängig von bestimmten Vorgaben, z. B. Schematisierungen, Theoriebildungen, Präparierungen bei den Experimentalanordnungen oder bei den Eingriffsversuchen, durch die Wahl von Perspektiven usw.. Insbesondere lassen sich natürlich die wissenschaftlichen Auffassungen der Welt auf diese Weise als schematisierungs- und interpretationskonstruktgebunden auffassen. Wir sprachen jedoch auch von „Imprägnierungen" insofern, als „Weltfaktoren" als wirksam und miteinflußreich gedacht werden, aber es handelt sich immer um einen *Wechsel*prozeß der Weltfaktoren und des Beobachters und Interpreten samt seiner erklärenden Theorie und der Theorie des Meß- bzw. Eingriffsprozesses, also um eine *Interaktion*. Die Welt generell hat die Eigenschaft – wenn man überhaupt so distanzierend sprechen darf –, daß uns Konstruktbildungen von ihr in spezifizierter Weise möglich sind, erfolgreich angewendet werden können. Doch wir wissen, erfahren, erfassen etwas über die Welt immer nur in solchen Konstruktbildungen, *immer nur in Abhän-*

*gigkeit von unseren eigenen (und eigens) entwickelten, vorgefaß-
ten, eingeschliffenen Mustern, Theorien, Schematisierungen, Interpretationen usw.* (Darunter sind natürlich dann auch die von uns
praktisch nicht veränderbaren Primärinterpretationen, die Urinterpretationen, beispielsweise die Erkennung von Hell und Dunkel
und Konstrasten usw. einzuordnen.)

Die erkenntnistheoretische Gesamtsicht läuft darauf hinaus, daß
man eine methodologisch geleitete – und methodologisch veranlaßte
– Zwischenschaltung von Interpretationskonstrukten zwischen der
(hypostasierten) Realität „an sich" und uns als erkennenden und
handelnden Personen („Subjekten") vornehmen muß. Es ist eine
(analytische) Zwischenstufe, die wir aus praktischen Gründen und
auch aus theoretischen Gründen unterstellen, um Widersprüche zu
vermeiden. Diese ihrerseits unterschiedlich verfaßten Interpretati-
onsformungen sind den gleichsam „bloßen" Beobachtungsphänomenen nur (methodo)"logisch" vorgelagert, aber beeinflussen
dennoch die Bedingungen dieser Beobachtungen in Gestalt von experimentellen Anordnungen, durch Perspektiven, durch unterbewußte oder bewußte Präparationen oder Einstellungen, selbst wenn
diese faktisch erst nachträglich analytisch herauspräpariert und beschrieben werden können. Diese interpretatorischen Formierungen
weisen also in diesem Sinne eine Art von indirektem Konstruktcharakter und auch gleichzeitig Interaktionscharakter auf. Einige von
ihnen sind gleichsam aufgeprägte Schematamuster, die man vielleicht
„Imprägnierungen" nennen kann, aber auch als solche sind sie
immer unter Konstruktbildungen und präparierten Perspekti-
veneinstellungen zustande gekommen. Interaktionen und (wenigstens minimale) Interventionen sind prinzipiell für Imprägnationen
nötig. Das Wissen ist also in der Tat und stets prinzipiell von solchen
schematagebundenen Interaktionen abhängig, insbesondere, wenn
es sich um Wissen von der sog. Außenwelt, von uns „Gegenüberstehendem", „Entgegengeworfenem" (Ob-jekten), von Gegenständen
der üblichen Außenwelt handelt.

Imprägnationen sind also Prozesse und Konstruktergebnisse
von Einwirkungen der Weltfaktoren einerseits und von unseren
überformenden Einflüssen andererseits, seien diese nun bewußt (z.
B. begrifflich-theoretisch oder handelnd) oder unterbewußt strukturiert. In diesem Sinne kann man also stets eine gewisse „reale"
Wechselwirkung, entweder im Prozeß des Experimentierens, des
Messens, des Beobachtens oder eine indirekte methodisch-konstruktive Beeinflussung, bei der Bildung und Konstitution der

Schemata und Strukturen selber, unterstellen. Jede Realität kann immer nur in Abhängigkeit von Perspektiven, Schema- und Interpretationsgesichtspunkten und entsprechenden Formierungen sowie Präparierungen (letzteres insbesondere bei Experimenten) aufgefaßt werden. Es handelt sich also stets um eine *Interaktion* zwischen unterschiedlichen Teilen dieses system(at)ischen Zusammenhangs – und prinzipiell auch um (wenigstens minimale oder den Erfassungsrahmen mitprägende) *Interventionen*, jedenfalls in bezug auf die experimentelle Situation oder die Versuchsanordnung oder das Interagieren zwischen System und Beobachter. Das kann einerseits eben als *direkter* Eingriff gesehen werden, oder es kann indirekt als ein Präparieren der Veruschsanordungen selber verstanden werden, also im feineren Sinne als ein Eingreifen methodischer und methodologisch notwendiger Art, das die Erfassungsmöglichkeiten (mit) vorpräpariert, etwa einschränkt, und somit die schließlich „erfaßten" Ergebnisse in Gestalt der Formen und schemagebundenen Gehalte des Erfaßten mitprägt. (Man denke wieder an den Teilchen-Welle-Dualismus der Quantenmechanik-Deutung.) Deutungen prägen unsere Welterfassungen mit.

Das kann man natürlich für die Erkenntnissituation auch ganz generell so verstehen. In der Tat sind in dieser Weise Erkennen und Handeln zuinnerst miteinander verwoben, so daß wir hier zu einer notwendigen Beziehung zwischen dem Handelnden und dem Erkennenden gelangen. Handeln und Erkennen lassen sich nur analytisch und nicht völlig voneinander trennen. Primas meint sogar, daß das klassische Wissenschaftsbild der Descartes'schen und Newtonschen Physik auf diese Weise aufgegeben wird, daß unsere klassischen Erkenntniskategorien abgeändert werden mußten/müssen. Das klassische Gegenstandsbild wird ein besonders einfacher Sonderfall, leicht zugänglich, leicht verständlich, aber es ist dann nur idealisierend zu verstehen und stellt einen sehr simplifizierten Fall dar. Insgesamt war die Auftrennbarkeit der verschränkten Systeme dabei vorausgesetzt, aber sie ist nicht generell gewährleistet. Man muß also sagen, daß *eigentlich die klassische Auffassung,* sowohl die traditionelle deterministische Physik und Wissenschaft als auch der Common-sense-Ansatz der Gegenstanderkennung dieser Art von Zustands(erfassungs)beschränkung (der perspektivischen und pragmatisch-methodischen Einschränkung der Zustandsbeschreibung), wie sie in der Quantentheorie zugrundegelegt wird, nicht gerecht wird und insofern eigentlich *eher der Ausnahmefall* zu sein scheint. Was wir als „das Normale" ansehen, dürfte eher die Aus-

nahme sein. Tatsächlich ist demgegenüber *alle* unsere Weltunter-
gliederung im Erkennen und Handeln abhängig von den vorgegebenen Formen, Schemata, Perspektiven, Eingriffen, Präparationen,
Interventionen und Interaktionen sowie natürlich auch von den
Aktionen i. e. S., also den direkt gegenstandsbezogenen Handlungen selbst. Wir können sagen, daß diese Art von Schemainterpretieren ein letztlich alles „Erfassen" durch"wirkendes", wenn auch
u. U. in bezug auf die Versuchsanordnungen „schwaches" Intervenieren und Prägen ist, an das eben alle Erkenntnis gebunden ist.

Theoretisch sind auch die üblichen mesokosmischen, also in der
normalen Welt vorfindlichen Gegenstände und Prozesse dann entsprechend aufzufassen. Die Quantenmechaniker versuchen das ja
zu konzipieren, wenn sie normalerweise die grundsätzliche Gültigkeit der Quantenmechanik ebenfalls für die makroskopischen,
meso- und gar makrokosmischen Weltgegenstände vertreten. Das
bleibt quantentheoretisch derzeit natürlich noch etwas umstrit-
ten.[1,2]

Grundsätzlich und allgemein kann man jedenfalls sagen, daß die
Realitätserfassung immer handlungsgebunden ist, abhängig ist von
präparativen und experimentellen bzw. handelnden und perspekti-
venselektierenden Eingriffen sowie schematisierend-interpretatorischen Formierungen der Erfassungsrahmen. Eine Imprägnation
ist zudem immer auch eine Interaktion und abhängig von Interventionen; sie ist niemals interpretationsfrei oder schematisie-

---

[1] Man versuchte z. B. auch nichtlineare Korrekturglieder in die Schrödinger-
gleichung einzufügen, welche zur Folge haben, daß die Quantenzustände in
einen einzigen zusammenlaufen, wenn System und Gegenstand makroskopische bzw. mesokosmische Dimensionen erreichen (vgl. Ghirardi – Weber –
Rimini nach Horgan 1992, Neuser 1996, 137).

[2] Insbesondere braucht man sehr lange Zeiten, um beispielsweise die Überlagerungszustände von normalen, und sei es auch noch kleinen, mesokosmischen
Gegenständen (wie Amöben) verfolgen zu können. Jemand hat spaßeshalber
ausgerechnet, wieviel Zeit es kosten würde, einen Philosophen als Überlage-
rungszustand von Wellenpaketen darzustellen; das würde mehr als die Ge-
samtzeit des Universums erfordern. Man kann solche eher witzigen Paradoxa
in dem Artikel von Horgan (1992) nachlesen. Das hängt natürlich mit der
Nichtseparabilität der entsprechenden verschränkten Systeme zusammenhängen, mit der Nichtlokalität bestimmter Wirkungen bei korrelierten Größen
oder Entitäten, und ist letztlich immer auf die erwähnten Gesichtspunkte der
Präparation, der experimentellen Bedingungen und der Manipulation der
(praktischen und theoretischen) Erfassungsformen bezogen.

rungsfrei oder eingriffsfrei (zu haben). Das ist erkenntnistheoretisch das wichtigste Resultat: Erkennen und Handeln, Handeln gegen Weltwiderstand gehen also immer zusammen. *Interpretation, Interaktion und Intervention sind prinzipiell aufeinander angewiesen.*

Man kann das Gesagte durchaus mit einem Restrealismus verbinden, der quasi-kantianische Form hat, der jedoch in gewissem Sinne den Cartesianischen Schluß – *„cogito, ergo sum"* – geradezu umdreht, wenigstens (und nur) als *ratio cognoscendi*: Indem ich schematisiere und interpretiere, vergewissere ich mich dessen, daß es die Realität der Welt gibt. Das Erkennen ist auf Weltinteraktion angewiesen. *Interpretor, ergo realitas (supponenda) est.* (Schema-) Interpretation ist auf Welt(inter)aktion und somit prinzipiell auf Intervention verwiesen[3] – ein umgekehrter quasi-cartesianischer Schluß: Ich interpretiere, verwende meine Erkenntnis- und Handlungskonstrukte und kann auf diese Weise überhaupt erst die Welt als (sicher) gegeben einsehen.[4] Es ist dies ein recht interessanter Gesichtspunkt, der sich natürlich auch erkenntnistheoretisch kontrastieren läßt mit der Überlegung (s. o. S. 112f), daß beispielsweise auch das sog. „Innere", die Differenzierung des Mentalen beim Menschen auf Außenrealisierung, Außendarstellung, auf Auslegung in ein „Nicht-Ich", wie Fichte gesagt hat, angewiesen ist. Die Verschränkung zwischen Weltaktion und Erkenntnis ist also in einem viel stärkeren Maße auch in der Alltagswelt gegeben und wichtiger, als wir uns das normalerweise in unserer immer noch allzu cartesisch geprägten Kulturtradition vorstellen.

Man kann also sagen, daß durch die methodologischen Probleme bei der Deutung der Quantentheorie etwas nahegelegt wird, was unserem (schema-)interpretationistischen oder interpretationskonstruktionistischen Ansatz genau entspricht. Umgekehrt

---

[3] Schemata müssen, da sie nur funktional-dynamisch „existieren" und je wieder (durch stets wiederholte Aktivierungen) repräsentiert werden müssen, auch *geübt*, d. h., angewendet werden können. Dies setzt voraus, daß wir ein (in gewissem Sinne abtrennbares) „entgegenstehendes" Material, einen „realen" „Gegenpart", „Gegen-wurf", „Gegenstand", eben „Realität" (er)fassen können. Leerlaufende Schemata würden ebensowenig „greifen" wie leerlaufende Sprachspiele nach Wittgensten (PU § 132).

[4] Diese Vergewisserung ähnelt formal ein wenig der „Widerlegung" des Idealismus bei Kant (KrV B 275), ist aber höherstufig, weil interpretationsmethodologisch zu verstehen (und bezieht sich auch nicht auf <u>zeitlich</u> Beharrendes).

kann man natürlich auch entsprechend eine synthetische, aber immerhin neuartige Deutung der quantentheoretischen Objekte in Anlehnung an diese interpretationistischen Gesichtspunkte durchführen. (s. o. S. 277ff und Verf. 1995a, 231 ff.). Das alles läßt sich leicht unter Verwendung der Kaleidoskop-Metapher „Schütteln-Intervenieren-Handeln-Strukturieren-Erkennen" als notwendig zur Erfassung von Weltzuständen und Systemzuständen verschränkter Systeme auffassen und verstehen. Interpretieren – Interagieren (im Doppelsinne von Reagieren auf Weltbegebenheiten und sozialem Austauschen) – Intervenieren (im Doppelsinne von Experimentieren und Präparieren der (Erfassungs-)Bedingungen) sind Wechselkonzeptionen. Interpretieren ist auf Interagieren und Intervenieren angewiesen. Und für den bewußtseinsfähigen Menschen gilt auch das Umgekehrte: Handeln und Erkennen sind Wechselbegriffe. (Unter den Handlungen spielen die *repräsentierenden* dabei eine besonders wesentliche Rolle.)

Wir haben gesehen, daß das Bilden der Strukturen oder der Konstruktformen, der Kategorien oder Schemata, handlungsförmig geprägt und konstituiert ist, daß wir bei der Konstitution, Strukturbildung, bei der Intervention in Weltzusammenhänge in der Tat von Schematisierungen abhängig sind und daß das für das Erkennen und Handeln in gleicher Weise gilt. Darüber hinaus verfügen wir sogar nur über Begriffe, die auch Ergebnisse einer *sozialen* Interaktion und Abgleichung sind, mit einer bestimmten sozialen Geformtheit, in einer Gemeinschaft entstanden und entsprechend verfaßt sind, durch letztlich sozial fundierte Regeln beherrscht und kontrolliert werden. Vielleicht sollte man hier, um das soziale Verfaßtsein nicht mit dem „dinglichen" Interagieren, dem Wechselwirken im physischen Sinne zu verwechseln, von „*Koagieren*" oder „*sozialem* Interagieren", i.S.v. „Zusammenhandeln", sprechen, aber das ist eine bloß terminologische Frage. Es gibt natürlich gerade bei diesem Koagieren auch ein grundsätzlich *dialogisches* Zusammenhandeln oder Abstimmen bei solchen „soziointeraktiven" Konstitutionspraktiken; denn es handelt sich ja bei solchen Abstimmungen eben um soziale Interpretationspraktiken. Handlungen, Messungen, Eingriffsmöglichkeiten, Strukturierungen und Projektionen verweisen immer auf alternative Durchführungs- und Entscheidungsmöglichkeiten, und sie können durchaus auch dann, wenn sie von anderen Bedingungen ausgehen, intersubjektiv kontrollierbare Ergebnisse abgeben. Generell gilt also: Entwerfen, Handeln, Erkennen sind schemainterpretierende oder wesentlich interpretationskonstruierte, interaktionsgebundene, in dem eben genannten Sinne koaktionsmitgeformte (soziointeraktive) und interventionsgeprägte Aktivitäten. Der Mensch kann also nicht bloß als das erkennende Wesen, in observatorischer Passivität verharrend, gekennzeichnet werden, wie ihn die traditionelle theoretische Philosophie oft auffaßte und definierte, aber auch nicht nur als das bloß frei aus sich heraus etwas setzende, produzierende und handelnde Wesen, wie ihn sich Fichte vorgestellt hat und wie es manchmal auch in der philosophischen Anthropologie dieses Jahrhunderts anklingt, sondern als das in prozessualen Schematisierungen der „Erfassungsformen" wirkende Wesen, das stets nur in „realen" (dinglichen) *und* sozialen Interaktionen ein handelndes „Erfassen" (im Sinne sowohl von „Erkennen" und von „Ergreifen" oder „Fassen") leistet. Der Mensch steht grundsätzlich in Wechselwirkung mit dem System der Umwelt. Auch wenn er nur beobachtet, wirkt er in sozialen „Zusammenwirkungen", Koaktionen, und muß entsprechend seine Begriffe sozial abstimmen, unter bestimmten sozial konventionalisierten, institutionalisierten Regeln „fassen" und unter diese bringen. Er ist ferner das Wesen, das schon durch die Gestaltung von Sprache, Kultur – kurz in der Symbolwelt – oder beim Gestalten der entsprechenden Perspektive wie aber auch beim experimentellen Eingreifen in Weltzusammenhänge präparierend intervenieren muß. Alle Konstituierungs- und Konstruktionsprozesse sind in diesem Sinne sowohl („real" wie sozial) interaktiv als auch interventiv. Wir könnten also sagen, daß Interpretation in diesem aktiv-konstruktivistischen Sinne des Schemainterpretierens immer auch Interaktion und Intervention umfassen muß oder zumindest darauf bezogen sein muß. Der Mensch ist jenes Wesen, das nicht nur zielorientiert und planmäßig handelt, sondern auch die Ziele und Mittel sowie die Verfahren und Erfassungsformen und schließlich selbst wiederum seine Interpretationen und Interpretationskonstrukte oder gar -produkte[5] beurteilt und bewertet, zum großen Teil sogar gezielt verändern kann. (Dennoch finden sich generell auch geschichtliche Wandlungen, die keineswegs bewußt geplante Veränderungen umfassen.) *Der Mensch: das aktiv entwerfende, präparierende, interpretierende, in-*

---

[5] Das Soziale ist ja ein bloßes Interpretations*produkt* und primär nicht ein Imprägnat, wird aber sekundär auch dazu: Soziogene Fakten sind auch in der Welt, sind dann sekundär auch „Weltfaktoren", die sich uns imprägnieren (s. a. o. S. 60, 131, 135 u.a.).

teragierende, konstruierende, testende sowie reflektierend beurtei-lende Wesen, das mittels seiner geschaffenen Modelle zugleich Be-griffs- und Welt*gestalten* in die praktisch notwendig unterstellte Realität einbringt, diese zumindest präparierend beim Erfassen und Gestalten strukturiert und umstrukturiert, diese sich also ge-genüberstellt und ständig mit diesem, nur im erfaßten Konstrukt zugänglichen Gegenüber wechselwirkt, interagiert – dies ist ein Modell, das Handeln und Erkennen, Interpretieren, Interagieren und Intervenieren zusammenführt. „Erfassen" ist immer aktiv, wie das „Fassen" im wörtlichen Sinne, wie das Schematisieren, das Schema-Aktivieren. Jedes Schematisieren und Interpretieren ist in diesem Sinne immer prozessual-dynamisch, wandelbar, abhängig von Entscheidungen, von „realen" und sozialen Interaktionen und Interventionen. Insofern haben wir die Auffassung des Menschen als des aktiv handelnden und erkennenden Wesens zu einer neuer-lichen pragmatischen Einheit geführt, unter einer interaktioni-stisch-interventionistischen Handlungs- und Erkenntnistheorie, die natürlich durchaus auch weitere Differenzierungen erlaubt, wie beispielsweise die Unterscheidung der verschiedenen Interpretati-onsstufen, die wir besprochen haben.

Wir können auf diese notwendige (Schema-)Interpretativität allen Erfassens – und zwar im aktiven und im passiven Sinne – überhaupt nicht verzichten. Man muß alles für uns Erfaßbare hier schon prinzipiell einbegreifen, insofern als dieses, würde es erfaßt, eben nur interpretationsgebunden erfaßt werden könnte. Es kann gar nur so analytisch distanziert bezeichnet, „gemeint" werden. Man könnte geradezu von einem Universum der Schemainterpre-tationen, vom Spektrum oder vom Horizont des Interpretierens oder Schematisierens sprechen, von einem Schematisierungskos-mos des „Faßbaren" und „Erfaßbaren", aus dem wir nicht ausstei-gen können. Der Interpretationshorizont, der immer im Hintergrund steht, den wir immer erkenntnis- und handlungsana-lytisch, ja, generell berücksichtigen müssen, weicht – dem Bilde entsprechend – allenfalls zurück, wenn wir versuchen, ihm näher-zukommen, aber er bleibt. Das Spektrum des Interpretierens ist offen, aber unausweichlich. Man kann den Horizont nicht ein für allemal überschreiten. Er allenfalls scheint zurückzuweichen. Er ist immer „vorhanden", besser: als rahmenbestimmend zu denken. (Und auch das ist notwendig Interpretation.)

Dasselbe gilt natürlich sogar schon für das bloße Erfassen im Sinne von Wahrnehmen oder Beobachten. Es gibt kein uninterpre-

tiertes „Gegebenes" in dem Sinne, daß man etwa Zugangsmöglich-
keiten bzw. Zugriffe zur Realität hätte, die nicht interpretatorisch
gebunden oder geprägt wären. Ein solcher „Direktismus", wie
man ihn nennen könnte (Verf. 1995a, 102ff., 107f., 136), und wie er
in der Psychologie und besonders auch von Gibson verfolgt worden ist (in der Philosophie gelegentlich auch, etwa von Pollock
oder im positivistischen Traditionszusammenhang oder auch bei
strikt phänomenologischen Philosophien), ist also auszuschließen
und ist durch einen notwendigen interpretationistischen Schema-
*in*direktismus zu ersetzen.

Man kann natürlich fragen, ob wir hier nicht in Begründungs-
zirkel geraten, ähnlich wie die notorischen Zirkel, die in der Evo-
lutionären Erkenntnistheorie auftreten, wo eben eine empirische
Theorie, die Evolutionstheorie, als Grundlage einer Erkenntnistheorie bemüht wird und umgekehrt natürlich jede empirische
Theorie wieder abhängig ist von einer Erkenntnistheorie. So
könnte man dies wohl zunächst auch hier sehen und sagen: Wenn
Handlungen interpretationsgebunden sind und Interpretieren
seinerseits ein Handeln ist, dann würde auch hier notwendig ein
Zirkel auftreten. Aber ich denke, daß hier zwar eine solche Ver-
schaltung zirkulärer Art gegeben ist, daß diese aber keineswegs
selbst schädlich oder vitiös ist, keineswegs fatal ist, sondern eher,
wie Gerhard Vollmer das in bezug auf die Evolutionäre Erkenntnistheorie behauptet, ein „virtuoser Zirkel" entsteht und besteht.
Man muß eben auf der Klaviatur dieser Möglichkeiten spielen und
muß, schrittweise wechselseitig auf beide Seiten jeweils zurück-
greifend, pragmatisch die Situation immer verbessern. Die *Spirale*
scheint ein besseres Bild als der Zirkel. Ein wirklicher Zirkel würde
auch nur dann entstehen, wenn man eine philosophische *Letzt*fundierung als Begründung der Erkenntnis auf einer bestimmten
festen Basis noch vertreten wollte. Dann würde man zu einer Art
von Münchhausen-Trilemma des Handlungs- und Schemainterpretationismus gelangen. Aber wenn man diese pragmatische Auffassung der Erkenntnistheorie der methodologischen Konstrukte
nur als eine konstruktiv vorausentwerfende Disziplin pragmatischer Provenienz auffaßt, entsteht kein Begründungsdilemma oder
-trilemma, sondern allenfalls die pragmatische Unerläßlichkeit, daß
wir immer nur schon schematisierend, interpretationsimprägniert
oder interpretationsgebunden erkennen und handeln können. Das
ist ja der Inhalt des oben aufgestellten Grundsatzes des Interpreta-
tionsgeprägtseins und des Schemainterpretierens generell. Diese

Handlungsinterpretationszirkel sind also in diesem Sinne durchaus nicht vitiös, nicht schädlich oder irgendwie „vernichtend" für die Gesamtauffassung, sondern sind pragmatisch in den methodologischen Gesamtzusammenhang einzuordnen. Hinzu kommt auch, daß sogar die Anwendung dieser Methode auf sich selber geleistet werden kann, auch das habe ich schon angedeutet (s. o. S. 75f, Verf. 1993, 27f., 174f., 619f., 1995, 109f.). Man kann und muß auch die Erkenntnistheorie der Schemainterpretationen und das, was ich im Anschluß daran in bezug auf die Interaktion und Intervention beschrieben habe, ihrerseits als ein *Interpretation*konstrukt*modell* auffassen. Man kann dabei Stufungen und Schichtungen vornehmen, das widerspricht sich nicht und dem Modell nicht, sondern dieses Modell bestätigt sich gerade kumulativ dadurch, daß es auf sich selber anwendbar ist[6]. Das ist ganz anders beispielsweise als beim Modell des Kritischen Rationalismus, der dabei methodologisch in eine Schwierigkeit gerät, weil er grundsätzlich die allgemeinen Bedingungen nicht spezifizieren kann, unter denen er generell aufzugeben wäre.

Auf die Frage, wie und ob man dennoch Realität unterstellen kann und muß, will ich hier nicht näher eingehen. Auch nicht auf die Frage, was für letzte Begründungs- und Anknüpfungspunkte an „reale" Entitäten gegeben sind, „gegeben" in einer indirekten Auffassung, nicht in „direktistischer" Interpretation. (Beides ist, Verf. 1995 a, weitgehend geschehen, das ist hier nicht zu wiederholen.) Aber wichtig ist, hier zu betonen, daß alles Erfassen stets „pragmatisch", handlungsgebunden in einer sozial vermittelten Praxis der sozialen Interaktionen, der Koaktionen, der Schematisierungsangleichungen und auch letztlich in „realen" (dinglichen) Interaktionen des Intervenierens in die Welt verankert ist, daß wir also zutiefst weltgebundene, auf Welt angewiesene, auf Handlungskontexte bezogene Wesen sind, die nur in diesem Zusammenhang Begriffe entwickeln, Regeln fassen, formulieren und befolgen können. Nur insofern wir entwerfende, konstituierende, interpretierende und experimentierende, schematisierende und auch die entsprechend aufnahme- und formenpräparierenden Wesen sind, können wir erkennen; das ist wohl deutlich geworden. So Interpretieren wir, indem wir und wie wir handeln, d. h., wie wir interagieren, koagieren und intervenieren. Das interpretierende Wesen

---

[6] Vielleicht wäre das geradezu als eine positive methodologische Deutung des Münchhausen-Gleichnisses zu bezeichnen!

ist *notwendigerweise das interagierende und intervenierende Wesen.*

Wir können – wenn wir das Beispiel des Eingangskapitels von Bacon wieder aufgreifen – unsere Konstrukte eigentlich nur wie die Bienen bilden, weniger wie die Spinnen im Baconschen Vergleich. Wir bauen praktisch-handelnd die „Fassungen", die Formen, in die wir die Welt „fassen" in denen wir diese „erfassen" – eine „Fassung", in die wir insbesondere auch unsere, in diesem Falle natürlich *intellektuelle* Nahrung einbringen. Die Bienen produzieren durch ihren eigenen Leib hindurch die Wabenstruktur, in der sie dann wohnen und in der sie ihre Nahrung, ihre Lebensmittel auch aufbewahren. Und selbst diese haben sie durch ihre eigenen Organe selbst transportiert – *und transformiert.* Es ist also nicht nur so wie bei den Spinnen, die ihre Netze auslegen und darin die Beute fangen. Zwar produziert auch die Spinne die Netzfasern durch sich selber, aber sie fängt doch eine unabhängig außengegebene Fliege, die sie selber nicht mitbeeinflußt hat. Die Bienen hingegen prägen der Nahrung und Wohnung ihre eigene Form auf. Aber all das sind natürlich lediglich Analogien und Metaphern. Vielleicht hat das Spinnenbeispiel auch u.U. einige Vorteile vor der Bienen-Metapher: z. B. bei der Erläuterung des Hypothesenausbildens und der Referentenjagd (s. S. 74 u. Verf. 1995a, IV). Doch von Bacon selbst wird ja das Bienenbeispiel dem Spinnengleichnis vorgezogen. Er setzt beides von dem Ameisenbeispiel ab, demzufolge Erkenntnis einfach nur gesammelt, zusammengehäuft wird, woraufhin aus dem Gesammelten, empirisch Angehäuften dann Erkenntnis oder Gesamtordnung entstehen soll. Wir arbeiten also mit selbst"gestrickten" Einteilungen, Strukturen, Erfassungsmöglichkeiten, die handlungsgebunden, handlungsgeformt sind, die natürlich in der Auseinandersetzung mit der Welt z. T. unterbewußt, primärschematisiert, aber sozio- und „real"interaktiv zustandegekommen sind, z. T. konnektionistisch eingeschliffen sind. Man kann sich das durchaus als Lernprozeß im Sinne der Bestätigung oder teilweise auch im Sinne der interaktiv und durch „Feedback" und „Feedforward" verbesserten Gewichtung der Verbindungsfaktoren vorstellen, wie in den konnektionistischen Modellen, die wir besprochen haben. Zu einem Gutteil könnte das Lernen „konnektionistisches Lernen" sein.

Um kurz zusammenzufassen: Wir wissen, daß unsere Erfassungsweisen von uns (teils im weiteren und teils im engeren Sinne) konstruiert und konstituiert sind, und zwar auf unterschiedlichen

Ebenen, daß sie *sozial* konventionalisiert sind, sprachlich oder zeichengebunden dimensioniert sind, daß sie „real"-interaktiv durch Wechselwirkung, Interaktion, Intervention, präparierendes Vorbereiten der Formen zustandegekommen sind, daß jede Form der Welterfasssung unvermeidlich und zutiefst, ja, geradezu per se interpretations- und schematisierungsverwoben ist und damit von Handlungen, Theorien, Eingriffs- und Eingreifsformen mitgeprägt und durchtränkt ist, ein Interventions- und Interaktionsgefüge immer voraussetzt und in dieses einzubetten ist. Jede Erfaßbarkeit ist schemainterpretationsgebunden, ist grundsätzlich auch interaktionsimprägniert, also von Weltfaktoren in Wechselwirkung hervorgebracht. Die Welt können wir, müssen wir aus praktischen und theoretischen Gründen als real unterstellen, aber jede Erfassung ist interpretatorisch, ist interaktiv, intervenierend, ist auch aktiv, ist an Eingriffe in die Natur gebunden.

Wir haben das Interagieren mit der Welt als einem ganzheitlichen, von uns distanzierten Universalobjekt und als einem in (Teil)Objekten sich darstellenden Widerpart, das Erfinden und „Erfassen" bzw. Verändern von „Erfassungsformen", Reaktionsweisen, das wir Präparieren genannt haben, unterschieden von dem sozialen Interagieren oder Koagieren mit Partnern, also von den Interaktionen mit und in der sozialen Umwelt, somit von der Prägung unserer Formen durch eine bestimmte Einbettung in soziale Zusammenhänge – wir könnten sagen: in ein *Soziotop*. Wir haben dabei herausgefunden, daß im wesentlichen der *Interpretationismus* ein *Interaktionismus* ist oder ein Interaktivismus prozessualer Art *und* zugleich grundsätzlich auch ein *Interventionismus* ist, der nicht nur Interventionen in die Welt umfaßt, sondern sich in der Formenbildung recht stark auch auf soziale Wechselwirkungen, auf (Sozio-)Interaktionen stützt, also in soziale Zusammenhänge eingebunden ist. Wir sind als Personen nicht nur in Weltzusammenhänge eingebunden, sondern auch in Soziosysteme und Soziotope. Intervenieren ist also immer soziales *und* „reales" Interagieren, und soweit Interpretieren an Interagieren gebunden ist – und das ist insbesondere beim Umgang mit der Außenwelt, der realen Welt, der Fall –, handelt es sich natürlich immer um ein Intervenieren und *Imprägnieren* zugleich. Um es nochmals zu betonen: *Interpretation, Intervention, Interaktion sind wechselseitig aufeinander bezogen und angewiesen – sowie ineinander verwoben.* Wir können die Schemata, von denen wir gesprochen haben, immer nur aktiv, interaktiv und interventiv dynamisch und in ge-

wissem Sinne prozessual realisieren. Sie kommen durch Interakti-
ons- und Interventionsprozesse zustande; wir können uns ihre
Einspielung durchaus anhand der konnektionistischen Lernvor-
gänge vorstellen, wobei Veränderungen dadurch vorgenommen
werden, daß nach der Regel des „Back-propagation" oder der Deltaregel[7] Gewichtungen bestimmter Verbindungen von Netzwerk-
knoten verändert werden; die Gewichtsanpassung geschieht
rückwirkend durch eine Art von rückwärtigem Durchgehen der
entsprechenden Fehlerbeurteilungsprozesse durch reale Durchläufe. Man lernt demach also in Interaktion und durch Rückkopplung, durch Wiederanpassung der entsprechenden Beurteilungs-
und Bewertungskriterien, durch Anpassung von Gewichtungsko-
effizienten, die beispielsweise die entsprechende Bedeutsamkeit
eines Teils oder einer bestimmten Verbindung realisieren oder repräsentieren. Jede Handlung ist also in diesem Sinne auf ein Lernen
oder ein erlerntes Interagieren angewiesen.

Wir haben nicht nur die Realisierung von rein theoretischen
Konstrukten zu leisten, sondern *alle* unsere Schemaaktivierungen
sind stets an Interaktionsformen und Interventionsformen gebunden und durch diese gebunden. Sie stellen kleine Lebensformen à
la Wittgenstein oder „Handlungsspiele" dar; deswegen habe ich
auch in meinem Buch *Schemaspiele* (1995) von „Schemaspielen"
gesprochen, analog zu den Wittgensteinschen „Sprachspielen".
Man kann das ebenso auch auf Handlungs- und Zeichenspiele beziehen. Jedenfalls ist wichtig, daß die Formen der Erfassung, die
dabei eine Rolle spielen, praxisgebunden sind. Man könnte also
generell von einer Praxis*ein*bindung des Interpretierens, des Schematisierens in der Weise sprechen, daß eben das interaktive Auseinandersetzen mit der Welt in pragmatischen Zusammenhängen,
in wirklich praktisch vorkommenden, quasi experimentellen Kon-
frontationen notwendig ist zum Repräsentieren und Interpretieren
und zu deren Erlernung. Und ebenso notwendig ist das praxisge-
bundene Einbetten in *soziale* Zusammenhänge, wodurch man erst
form-, identifizierungs- und handlungskontrollierbare Begriffe,
Formen, Theorien, Regeln einspielt, eben auf „sprachspielerische"
Weise erlernt.

---

[7] Vgl. hierzu z. B. Bechtel – Abrahamsen 1991, 74, 76 f., 85 ff., 88 ff. Eine gezielte und geschichtete Variante der statistischen Methode der kleinsten Ab-
weichungsquadrate spielt hierbei neben der spiraligen Feedback-Architektur
der Korrekturen eine entscheidende Rolle.

Man muß bei den Schemaspielen offensichtlich zweierlei Formen unterscheiden, einmal die Schematisierungen, die wir in unseren Interaktion mit der Welt ausprägen, und jene andere, die wir durch Anpassung oder auch Wechselspiel mit unserer kulturellen Tradition der Zeichenverwendung übernehmen, gleichsam etablieren und sozial veranlaßt stabilisieren. Das ist zwar beides analytisch zu unterscheiden, aber faktisch-praktisch kann es und wird es natürlich beim Lernprozeß ineinandergehen.

Das Gesagte läßt sich durchaus auch – wie Josef Perner (1993) gezeigt hat – an der typischen Entwicklung des Kindes und dessen Fähigkeit(en) zum modellmäßigen Repräsentieren und Vorstellen nachvollziehen. Das zeigt sich schon beim Übergang etwa von der ersten Erfassungsform („single update model"), dergemäß das Kind nur ein einziges Modell der Realitätsdeutung zur Verfügung hat, zu der Verwendung von *mehreren* Modellen, die gegeneinandergesetzt und voneinander unterschieden werden können, die dann (etwa ab dem zweiten Lebensjahr) auch erlauben, so etwas wie hypothetische oder konditionale Zusammenhänge darzustellen, Bezug zu nehmen auf abwesende Dinge und Sachverhalte. Das wird besonders deutlich ab jener Phase (etwa ab vier Jahren), in der das modellmäßige Repräsentieren selber wieder vorgestellt, wieder repräsentiert werden kann, also zu der Phase des „Metarepräsentierens", wie Perner sagt. Nach unseren Überlegungen gilt es aber ebenso auf höheren Stufen der Kognition mit den Möglichkeiten des höherstufigen Metainterpretierens (des Repräsentierens und Interpretierens des Metainterpretierens selber usw.), wie wir sie anfänglich entwickelt haben.

Schemainterpretation ist also in diesem Sinne immer auf Interaktion und Reaktion in einer bestimmten Situation in der Welt und in einer Sozialität angewiesen. Deswegen habe ich oben von einem Interreaktionismus, Interaktionismus, Interaktions- und Interventionsinterpretationismus, spezifischer verbunden mit einem perspektivistischem Präparationismus und Imprägnationismus, gesprochen. Das sind zwar alles recht plakative und ungewohnte Fremdworte, die, so klischeehaft sie hier klingen, natürlich durch die Erläuterungen, die ich in dem vorliegenden Buch zu geben versucht habe, durchaus ihre spezifische Bedeutung gewinnen und damit natürlich auch einen theoretischen Gehalt, nämlich in der systematischen Verbindung dieser „Ismen" und der ihnen entsprechenden Aktivitäten und durch die Einsicht und Begründung, daß eine solche Verbindung für den Menschen notwendig, konstitutiv ist. Man muß also schlußendlich daraus für die Situation des Erkennens und des Handelns folgern, um das zum wiederholten Mal zu betonen: Wir haben in dem hier entwickelten *pragmatischen Inter(re)aktionsschemainterpretationismus realistischer Provenienz* so etwas wie eine innige, *notwendige Verbindung von Erkennen und Handeln, von Interpretieren, Intervenieren und Interagieren* in der *Auseinandersetzung mit der Welt und auch der entsprechenden Kultur* begründet. Interaktion, Interpretation, Intervention sind also von gleichartigem Charakter; sie sind letztlich zurückzuführen auf die dynamisch-prozessuale und funktionale Realisierung, Aktivierung von Musterbildungen, die eben „Schemata" genannt werden, aber natürlich nichts Statisches, Festes oder Fixes sind, in diesem Sinne nicht den eher statischen Kantischen Kategoriensystemen entsprechen, sondern genauer verlaufskonkretisierte und nur durch prozessuale Stabilisierung zu realisierende und zu spezifizierende Formen darstellen, die eben per se dynamisch verfaßt sind und mithin nur in funktionalen Zusammenhängen als solche dann auch analytisch herausgehoben und bezeichnet werden können. Jedes Erkennen ist in diesem Sinne an Handlungen und an Präformierungen, Präparationen der entsprechenden Situationen und Perspektiven gebunden, und umgekehrt ist natürlich jegliches Handeln auch immer gebunden an die Erfassungen und Erkenntnisse der entsprechenden Situationen bzw. auch der Ziele und Normen oder Zwecke, denen das Handeln zu genügen trachtet oder zu genügen hat.

Der Gang durch die Problembereiche des Erkennens und Handelns unter dem Gesichtspunkt des Interpretationskonstruktionismus – genauer: dieses Schemainterpretationskonstruktionismus funktional-dynamischer und pragmatischer Art – ergab also ein vielschichtiges und vielfältiges Bild. Wir haben kein letztes unbezweifelbares und unerschütterbares Fundament, das uns als begriffliches oder sprachlich formiertes jederzeit explizit zur Verfügung stünde und auf das wir aufbauen könnten. Es gibt kein statisches fixes Fundament der Vernunftformen, das insbesondere – wie Kant sich das noch vorgestellt hatte – etwa für jedes vernünftige Wesen ein und dasselbe sein müßte und auch sogar als ein solches *letzt*begründet werden, also logisch geradezu zwingend nachgewiesen werden könnte. Sondern wir operieren durchaus (relativ) freier – mit selbststrukturierten, „gemachten", durch unsere eigenen Entscheidungen oder Perspektivenwahlen bewußter oder unterbewußter Art zustandegekommenen funktional verfaßten Formen. Wir operieren zwar nicht wie Drahlseilkünstler ohne Netz, sondern wir knüpfen uns selbst – bewußt *und* zum großen Teil unterbewußt – unsere Netze von Konstrukten, von Schemata, Interpretationsmustern, in die wir die Welt „fassen", in denen wir deren Teileelemente zu „erfassen", zu „fangen" streben (dann etwa im Sinne des Baconschen Spinnenmodells). Wir erarbeiten uns und spannen somit ebenfalls das Seil, auf dem wir selbst zu balancieren versuchen. Wir arbeiten also in gewissem Sinne mit „selbstgestrickten" Einteilungen und Strukturen, Erfassungsmöglichkeiten. Wir wissen, daß sie schematisierungserzeugt oder -geprägt, (i. w. und i. e. S.) interpretationskonstruiert sind, konstituiert auf unterschiedlichen Ebenen der Interpretation, daß sie *sozial* konventionalisiert sind, sprachlich oder zeichengebunden dimensioniert und entsprechend dann auch durch Regeln als allgemeiner gültig sanktioniert oder institutionalisiert sind. Wir erlernen solche Formen, Verhaltensweisen, Musterstrukturierungen, theoretischen Stilisierungen und „Erfassungen" in entsprechenden Mustern oder Formen – wie es beispielsweise das Baconsche Spinnenbeispiel, aber auch das entsprechende Bienenbeispiel darstellt – interaktiv, d. h. durch Wechselwirkung mit der Welt, durch fortwährendes Intervenieren in Weltzusammenhänge und durch das kontrollierende Prüfen, Überprüfen und Testen, durch präparierendes Zurechtmachen der entsprechenden „Erfassungsformen" und der betreffenden (von uns selektierten) Ausschnitte der Realität, die uns so in der jeweiligen Situation perspektivisch und präparationsabhängig zugänglich ist oder wird. *Jede Form der Welterfassung ist unvermeidlich zutiefst und per se verwoben mit solchen Formen der Intervention, Interaktion, Interreaktion, Imprägnation und Schemainterpretation prozessualer Art.* Das ist also die zentrale Botschaft: *Welt ist real, aber Welterfassung stets interpretatorisch, interaktiv und auch interventionsgebunden.* Prinzipiell sind wir nicht außerhalb der Welt als Subjekte anzuordnen, sondern wir konstituieren auch interpretatorisch erst unsere Subjektverfassung in der Welt, im Handlungs- und Interaktionszusammenhang selber. Das „Subjekt" ist in Interaktion mit der Welt selbst erst – und nur – interpretativ zu erfassen: Es ist nicht als ein Etwas außerhalb der Welt in einer idealen platonischen oder sonstigen Zone der Ideen zu verorten, sondern es handelt sich auch bei der Selbsterfassung wie bei der Erfassung von entsprechenden Weltfaktoren um – jedenfalls methodologisch gesehen – Interpretationserzeugnisse, die eben auf Interaktionen mit einer tatsächlich pragmatisch und theoretisch zu unterstellenden realen Welt angewiesen sind und zurückgehen. Aber nicht nur das gilt, sondern es ist eingebettet in einen Wechselwirkungsprozeß, einen wechselseitigen Abgleichungs- und Korrekturprozeß, der aus Interaktion mit der Welt und der sozialen Umwelt, also der Tradition und Kultur, und aus Interventionsversuchen und den entsprechenden Zurechtstutzungen der Erfassungssituationen erst erwächst. Ich denke, daß auf diese Weise eine umfassendere Erkenntnistheorie, die das Handeln und Erkennen zugleich in sich birgt, entwickelt werden kann und muß. Diese um Handlungs- und Interaktionsansätze erweiterte Erkenntnistheorie verbindet Elemente der traditionellen theoretischen Philosophie mit den pragmatischen Umständen etwa des Zustandekommens von entsprechenden Lernmitteln und Formen bei der Entwicklung des Menschen selbst, ebenso wie sie praktische Umgangsformen des Handelns einbegreift, die wir normalerweise in die praktische Philosophie einordnen. Praktische und theoretische Philosophie sind also keineswegs so getrennt, wie sich das die Tradition zumeist vorgestellt hat. Bei Kant hatten immerhin die Moralphilosophie und die i. w. S. praktische Philosophie dennoch eine Art von Primat gegenüber der theoretischen Philosophie, so daß eigentlich die Vereinigung von Theorie und Praxis der höchste Ausgangspunkt war, der ihm vorschwebte, aber faktisch ist das in seiner rein *theoretischen* Erkenntnislehre eigentlich nicht genügend berücksichtigt worden; insbesondere ist Kant – abgesehen von seiner Theorie der Arithmetik, die geradezu konstruktivistisch aufgefaßt werden kann – nicht zu einer wirklich innigen Verknüpfung von theoretischen und praktischen Gesichtspunkten bei der Grundlegung seiner Philosophie der Erkenntnis und des Handelns fortgeschritten, obwohl gerade er aus seinem Ansatz heraus diese explizite Vereinigung hätte ohne weiteres leisten können, weil ja in der Tat jede Erkenntnis von Gegenständen und Naturzusammenhängen bei ihm auch *erarbeitet* wird, sozusagen operational geschieht – durch Anwendung der Formen des Verstandes auf das sinnliche Material. Wir haben gesehen, daß das alles nicht so einfach ist, wie Kant sich es noch vorstellte: Das sinnliche Material ist nicht einfach „gegeben", wird nicht ohne Formen, formlos oder unschematisiert von der Natur bereitgestellt, so daß es nur *nachträglich* vom Verstand (der von Kant ja in gewissem Sinne homunkulusartig als einer Art kleiner Formenakteur aufgefaßt wird) bearbeitet wird. Sondern es muß hier in einem viel tieferen Sinne um eine innige Interaktion und ein Ineinanderwirken von Interpretieren, Interagieren und Intervenieren gehen, wie ich versucht habe, es in diesem Buche nachzuzeichnen.

Literatur

Abelson, R.D., Psychological Status of the Script Concept, in: *American Psychologist* 36 (1981), 715-729.

Anscombe, G.E.M.: *Intention.* Oxford 1957 (dt.: Absicht. Freiburg 1986).

Bacon, F., *Novum Organon*, Hamburg 1990.

Bannister, D. – Fransella, F., *Der Mensch als Forscher*, Münster 1981.

Bartlett, F.C., *Remembering*, New York – London 1932.

Bechtel, W., Abrahamsen, A., *Connectionism and the Mind.* An Introduction to Parallel Processing in Networks, Oxford 1991.

Becker, P.-R., *Werkzeuggebrauch im Tierreich*, Stuttgart 1993.

Bridgman, P.W., *The Logic of Modern Physics.* New York 1927.

Burge, T., Individualism and the Mental, in: *Midwest Studies in Philosophy* 5(1979), 73-122.

Burge, T., Individualism and Psychology, in: *Philosophical Review* 95 (1986), 3-46.

Cassirer, E., *Philosophie der symbolischen Formen.* 3 Bde. Bd. I, Oxford 1956[2] (Orig. 1923) Nachdr.; Bd. II, Darmstadt 1977[7]; Bd. III, 1964[4]. Darmstadt o.J.

Cassirer, E., *Versuch über den Menschen.* (Orig. 1944) Frankfurt a. M. 1990.

Cassirer, E., *Wesen und Wirkung des Symbolbegriffs.* Darmstadt 1977.

Damasio, A., *Descartes' Irrtum*, (1994), München dt. 1995.

Danto, A.C., Basic Actions, in: *American Philosophical Quarterly* 2 (1965), 141-148 (dt. in Meggle, G. (Hg.): *Analytische Handlungstheorie*, Bd. I: Handlungsbeschreibungen. Frankfurt a.M. 1977, 89ff).

Danto, A.C., Deep Interpretation. In: *The Journal of Philosophy* 78 (1981), 691-706.

Davidson, D., Was ist eigentlich ein Begriffsschema?, in: ders., *Wahrheit und Interpretation*, Frankfurt a. M. 1986, 261-282.

Dingler, H., *Das Experiment, sein Wesen und seine Geschichte.* München 1928.

Dingler, H., *Der Aufbau der exakten Fundamentalwissenschaften* (1943), München 1964.

Dingler, H., *Die Ergreifung des Wirklichen.* (1952), Frankfurt a. M. 1969.

Eco, U., *Lector in fabula*, München 1990.

Feyerabend, P., *Der wissenschaftliche Realismus und die Autorität der Wissenschaften.* Braunschweig – Wiesbaden 1978.

Feyerabend, P., *Probleme des Empirismus.* Braunschweig – Wiesbaden 1981.

Fiebig, H., *Erkenntnis und technische Erzeugung*, Meisenheim am Glan 1973.

Flach, W., Über symbolische Schemata im produktiven Denkprozeß, in: *Archiv für die gesamte Psychologie*,52 (1925, 369-440).

Fodor, J.A.: *The Language of Thought.* New York 1979.

Fodor, J. A., *Representations.* Cambridge, MA 1981.

Fodor, J.A., *Psychosemantics*. Cambridge, MA 1987.

Fodor, J. A., *A Theory of Content and Other Essays*. Cambridge, MA 1990.

Gebauer, G., Analytische Sprachphilosophie und das Verstehen (z.T. unveröffentlichte Habilitationsschrift, Universität Karlsruhe 1975).

Geerts, C., *Dichte Beschreibung*. Beiträge zum Verstehen kultureller Systeme, Frankfurt a. M. 1983.

Gehlen, A., *Der Mensch*. Seine Natur und seine Stellung in der Welt, (1940) Bonn 1950, Frankfurt a. M. 1960.

Gibson, J. J., *Die Sinne und der Prozeß der Wahrnehmung*. Bern u.a. 1973 (Orig. 1966).

Gibson, J. J., *Wahrnehmung und Umwelt*: Der ökologische Ansatz in der visuellen Wahrnehmung. München u.a. 1982.

Giere, R.N. *Explaining Science*, Chicago 1988.

Gillet, G., *Representation, Meaning, and Thought*, Oxford 1992.

Goffman, E., *Rahmen-Analyse*. Frankfurt a. M. 1977 (Orig. 1974).

Gooding, D. – Pinch, T. – Schaffer, S. (Hg.), *The Uses of Experiment*. Studies in the Natural Sciences. Cambridge / UK 1989.

Gooding, D., *Experiment and the Making of Meaning*. Human Agency in Scientific Observation and Experiment, Dordrecht 1990.

Gooding, D., Putting Agency Back into Experiment, in: Pickering, A., *Science as Practice and Culture*. Chicago 1992, 65-111.

Gooding, D. – James, F.A.J.L. (Hg.): *Faraday Rediscovered*: Essays on the Life and Work of Michael Faraday, 1791-1867. London: Macmillan 1985, 1989.

Goodman, N. – Elgin, C. Z., *Reconceptions in Philosophy and Other Arts and Sciences*. London 1988 (dt., *Revisionen*, Frankfurt a. M. 1989).

Goodman, N., *Languages of Art*. o. O. 1968. (dt.: *Sprachen der Kunst*. Frankfurt a.M. 1973.)

Goodman, N., *Weisen der Welterzeugung*. Frankfurt a. M. 1984.

Gorman, R.P., Sejnowski, T. J., Analysis of Hidden Units in a Layered Network Trained to Classify Sonar Targets, in *Natural Networks* 1 (1988), 75-89.

Greve, W.: *Handlungserklärung*, Bern 1994.

Gribbin, J., *Auf der Suche nach Schrödingers Katze*. Quantenphysik und Wirklichkeit. (1984), dt. München 1987.

Hacking, I., *Representing and Intervening*, Cambridge, UK 1983, dt.: *Einführung in die Philosophie der Naturwissenschaften*. Stuttgart 1996.

Hadamard, J., *The Psychology of Invention in the Mathematical Field*. New York 1954.

Hanson, N. R., *Patterns of Discovery*. Cambridge, UK (1958) 1972.

Harré, R., *Varieties of Realism*, Oxford 1986.

Hebb, D., *The Organization of Behavior*, A Neuropsychological Theory, New York 1949.

Heidegger, M., Frage nach der Technik, in: *Die Künste im technischen Zeitalter*, München 1954, 13-44.

Herbert, N., *Quantenrealität*. Jenseits der Neuen Physik, Basel 1987.

Herder, J.G., *Sämtliche Werke*, Berlin 1891.

Hinton, G.E., *Connectionist Learning Procedures*, Pittsburgh 1987.

Horgan, J., *Quanten-Philosophie*, in: Spektrum der Wissenschaft 1992, H. 9, 82-91, auch in Neuser 1996, 130-140.

Horgan, T., Tienson, J., *Connectionism and the Philosophy of Mind*. Dordrecht 1991.

Kant, I., *Kants Werke*, Akademie Textausgabe, Berlin 1968.

Kelly, G. A., *The Psychology of Personal Constructs*. 2 Bde. New York 1955

Kitcher, P., *The Advancement of Science*. Science without Legend, Objectivity without Illusions, Oxford – New York 1993.

Kripke, S. A., *Wittgenstein über Regeln und Privatsprachen*, Frankfurt a. M. 1987.

Kuhn, Th. S., *Die Struktur wissenschaftlicher Revolutionen*. (Orig. 1962) Frankfurt a. M. 1967.

Kuhn, Th. S., *Die Entstehung des Neuen*. Frankfurt a. M. 1977.

Külpe, O., *Die Realisierung*. Ein Beitrag zur Grundlegung der Realwissenschaften, Bd. 2, Leipzig 1912.

Kutschera, F.v. Kripke's Doubts about Meaning, in: Schurz, G. – Dorn, G.J.W. (Hg.), *Advances in Scientific Philosophy*, Amsterdam-Atlanta 1991, 367-378.

Lenk, H., *Kritik der logischen Konstanten*. Berlin 1968.

Lenk, H., *Philosophie im technologischen Zeitalter*. Stuttgart 1970, 1971².

Lenk, H., *Metalogik und Sprachanalyse*. Freiburg 1973.

Lenk, H. (Hg.), *Technokratie als Ideologie*. Stuttgart 1973a.

Lenk, H., *Pragmatische Philosophie*. Hamburg 1975.

Lenk, H., Handlung als Interpretationskonstrukt. Entwurf einer konstituenten- und beschreibungstheoretischen Handlungsphilosophie, in: Lenk, H. (Hg.), *Handlungstheorien interdisziplinär* II, 1. München 1978, S. 279-350.

Lenk, H., Motive als Interpretationskonstrukte: Zur Anwendung eines interpretationstheoretischen Handlungsmodells in der Sozialwissenschaft, in: ders., *Zwischen Sozialpsychologie und Sozialphilosophie*, Frankfurt a. M. 1987, S. 183-206 (Zuerst veröffentlicht in *Soziale Welt*, 29 (1978a), S. 201-216).

Lenk, H., *Pragmatische Vernunft*. Stuttgart 1979.

Lenk, H., Deutungen in der Handlungstheorie. In: *Allgemeine Zeitschrift für Philosophie*, 1979, S. 28-33.

Lenk, H., Bemerkungen zur Begründung der Geometrie aus homogenen Grundformen. In: Lorenz, K. (Hg.), *Konstruktionen versus Positionen*. Bd. I: Spezielle Wissenschaftstheorie. Berlin – New York 1979, 254-265.

Lenk, H., Interpretive Action Constructs. In: I. Agassi, R. S. Cohen (Hg.), *Scientific Philosophy Today*, Dordrecht 1981, S. 151-157.

Lenk, H., Der Macher der Natur? Über operativistische Fehldeutungen von Naturbegriffen der Neuzeit. In: Großklaus, G. – Oldemeyer, E. (Hg.), *Natur als Gegenwelt*. Beiträge zur Kulturgeschichte der Natur. Karlsruhe 1983, 59-86.

Lenk, H., *Eigenleistung*. Osnabrück – Zürich 1983a.

Lenk, H., Zur Kritik und Ergänzungsbedürftigkeit des methodologischen Behaviorismus. In: H. Lenk (Hg.), *Handlungstheorien interdisziplinär*, III, 2, München 1984, S. 607-632.

Lenk, H., Zu Kants Begriffen des transzendentalen und normativen Handelns. In: G. Prauss (Hg.), *Handlungstheorie und Transzendentalphilosophie*, Frankfurt a. M. 1986, 185-203.

Lenk, H., *Zwischen Wissenschaftstheorie und Sozialwissenschaft*. Frankfurt a.m 1986.

Lenk, H., Vernunft als Idee und Interpretationskonstrukt. Zur Rekonstruktion des Kantischen Vernunftbegriffs. In: H. Lenk (Hg.), *Zur Kritik der wissenschaftlichen Rationalität*. (Festschrift für Kurt Hübner). Freiburg/München 1986, 265-273.

Lenk, H., *Zwischen Sozialpsychologie und Sozialphilosophie*. Frankfurt a. M. 1987.

Lenk, H., Handlungsinterpretationskonstrukte: Zum Stand der philosophischen Handlungstheorie als eines Grundbausteins der Sozialwissenschaften. In: ders., *Zwischen Sozialpsychologie und Sozialphilosophie*, Frankfurt a. M. 1987, S. 207-226.

Lenk, H., Werte als Interpretationskonstrukte. In: ders., 1987, S. 227-237.

Lenk, H., Das Ich als Interpretationskonstrukt: Vom kognitiven Subjektivitätskonzept zum pragmatischen Handlungszusammenhang. In: H. Lenk, *Zwischen Sozialpsychologie und Sozialphilosophie*, Frankfurt a. M. 1987, S. 152-182 (zuerst veröffentlicht unter dem Titel: Vom kognitiven Subjektivitätskonstrukt zum pragmatischen Handlungszusammenhang. In: H. Radermacher (Hg.), *Aktuelle Probleme der Subjektivität*. Bern – Frankfurt 1983, S. 9-38).

Lenk, H., Welterfassung als Interpretationskonstrukt. Bemerkungen zum methodologischen und transzendentalen Interpretionismus. In: *Allgemeine Zeitschrift für Philosophie* 13 (1988), H. 3, S. 69-78.

Lenk, H., Transzendentaler Interpretationismus – ein philosophischer Entwurf. In: Holz, H. (Hg.), *Die goldene Regel der Kritik*. Festschrift für Hans Radermacher zum 60. Geburtstag. Bern-Frankfurt-New York-Paris 1990, S. 121-135.

Lenk, H., Zu einem methodologischen Interpretationskonstruktionismus. In: *Zeitschrift für allgemeine Wissenschaftstheorie (Journal for General Philosophy of Science)* 22 (1991), S. 283-302.

Lenk, H., Logik, cheng ming und Interpretationskonstrukte. In: *Zeitschrift für philosophische Forschung*, Band 45 (1991a), 3, S. 391-401.

Lenk, H., *Prometheisches Philosophieren zwischen Praxis und Paradox*. Stuttgart 1991b.

Lenk, H., Interpretation und Interpret. Für Paul Weiss zum 90. Geburtstag (19.05.1991). In: *Allgemeine Zeitschrift für Philosophie*, (17.1.1992), S. 49-56.

Lenk, H., *Interpretationskonstrukte*. Zur Kritik der interpretatorischen Vernunft. Frankfurt a. M. 1993.

Lenk, H., *Philosophie und Interpretation*. Frankfurt a. M. 1993 a.

Lenk, H., *Von Deutungen zu Wertungen*. Frankfurt a. M. 1994.

Lenk, H., *Schemaspiele*. Über Interpretationskonstrukte und Schemainterpretationen. Frankfurt a. M. 1995.

Lenk, H., *Interpretation und Realität*. Frankfurt a. M. 1995 a.

Lenk, H., Das Denken und sein Gehalt, Ms. i. Vorb.

Levy, J. – Trevarthen, C., Metacontrol of Hemispheric Function in Human Split Brain Patients. In: *Journal of Experimental Psychology*, Human Perception and Performance 2 (1976), 299-313.

Levy, J. – Trevarthen, C., Perceptual, Semantic Language Processes in Split Brain Patients. In: *Brain* 100 (1977), 105-118.

Link, G., *Intensionale Semantik*. München 1976.

Lorenz, Konrad – Leyhausen, P., *Antriebe tierischen und menschlichen Verhaltens*. München 1968.

Lorenz, Konrad, Der Kumpan in der Umwelt des Vogels. In: *Journal für Ornithologie* 83 (1935), 137-213, 389-413 (wiederabgedruckt in: Lorenz, K., *Über tierisches und menschliches Verhalten*, Band 1, München 1965, 115-282).

Lorenz, Kuno, *Elemente der Sprachkritik*. Frankfurt a. M. 1970.

Lorenz, Kuno, Artikulation und Prädikation. In: Dascal, M. – Gerhardus, D. – Lorenz, K. – Meggle, G. (Hg.), *Sprachphilosophie – Philosophy of Language – La philosophie du langage* (internat. Handbuch). Berlin – New York 1996, 2. Halbband, 1098-1122.

Lorenzen, P., Das Begründungsproblem der Geometrie als Wissenschaft der räumlichen Ordnung, in *Philosophia naturalis* 6 (1961), 415-431 (Wiederabgedr. in ders. 1968, 120-142).

Lorenzen, P., Das menschliche Fundament der Mathematik, in: Weingartner, P. (Hg.), *Grundfragen der Wissenschaften und ihre Wurzeln in der Metaphysik*. Salzburg – München 1967, 27-36.

Lorenzen, P., *Methodisches Denken*. Frankfurt a. M. 1968.

MacCormac, E.R., *A Cognitive Theory of Metaphor*, Cambridge, MA – London 1985.

MacDonald, C. – MacDonald, G. (Hg.), *Connectionism*. Oxford – Cambridge, MA 1995.

Mainzer, K., *Computer – Neue Flügel des Geistes?*. Die Evolution computergestützter Technik, Wissenschaft, Kultur und Philosophie, Berlin 1995.

Malsburg, Chr. v.d., Am I Thinking Assemblies? In: Palm, G. – Aertson, A. (Hg.), *Brain Theory*. Heidelberg – New York 1986, S. 161-176.

Marquard, O., Homo Compensator. In Frey, G., Zelger, J. (Hg.): *Der Mensch und die Wissenschaften vom Menschen*. Innsbruck 1983, Bd. I, 55-66.

McClelland, J.L. – Rumelhart, D.E. (Hg.), *Parallel Distributed Processing*, 2 Bde., Cambridge, MA 1986.

McCulloch, W.S., Pitts, W., A Logical Calculus of the Ideas Immanent in Nervous Activity. In: *Bulletin of Mathematical Biophysics* 5 (1943), 115-139.

Mead, G.H., *Geist, Identität und Gesellschaft*. Frankfurt a.M. 1968.

Miller, G.A., Galanter, E., Pribram K.H., *Plans and the Structure of Behavior*, New York 1960.

Millikan, R.G., *Language, Thought and other Biological Categories*. New Foundation for Realism. Cambridge, MA – London 1984.

Millikan, R.G., Images der Identität. Unpubl. Vortrag, 17. Dt. Kongreß für Philosophie Leipzig 1996.

Minsky, M. – Papert, S. *Perceptrons*. Cambridge, MA 1969.

Minsky, M., Frame-System Theory. In: Schank, R.C. – Nash-Weber, B.L. (Hg.), *Theoretical Issues in Natural Language Processing*. 1975 (reprint MIT). Wiederabgedruckt in: Johnson-Laird, P.N. – Wason, P.C. (Hg.), *Thinking*, Cambridge 1977.

Minsky, M.J., A Framework for Representing Knowledge. In: Winston, P.H. (Hg.), *The Psychology of Computer Vision*, New York 1975.

Minsky-Papert

Neisser, U., *Kognitive Psychologie*, Stuttgart 1974.

Neisser, U., *Kognition und Wirklichkeit*. Stuttgart 1979.

Neuser, W. u. K. (Hg.), *Quantenphilosophie*. Heidelberg 1996.

Nietzsche, F., *Kritische Gesamtausgabe*, hg.v. Colli, G. – Montinari, M., Berlin 1970ff.

Oehler, K., Idee und Grundriß der Peirceschen Semiotik, in: Krampen, M. et al. (Hg.), *Die Welt als Zeichen*. Klassiker der Semiotik, Berlin 1981, 15-49.

Ogden, C.K. – Richards, J.A., *Die Bedeutung der Bedeutung*, Frankfurt a. M. 1974.

Peirce, Ch. S., *Collected Papers*, I-VIII (Bd. I-VI hg. von Hartshorne, Ch. – Weiss, P.; Band VII, VIII, hg. von Burcks, A. W.) Cambridge, MA 1931ff.

Peirce, Ch. S., *Phänomen und Logik der Zeichen*. (Hg., Pape, H.) Frankfurt a. M. 1983.

Perner, J., *Understanding the Representational Mind*, Cambridge MA 1993.

Piaget, J., *Abriß der genetischen Epistemologie*. Olten – Freiburg 1974.

Piaget, J., *Biologie und Erkenntnis*. Frankfurt a. M. 1974.

Pitcher, G., A *Theory of Perception*, Princeton 1971.

Plessner, H., *Die Stufen des Organischen und der Mensch*. (1928) Berlin 1965[2].

Pollock, J.L., *The Foundation of Philosophical Semantics*. Princeton 1984.

Pollock, J. L., *Contemporary Theories of Knowledge*. London 1987.

Poincaré, H., *The Foundation of Science*. New York 1921.

Popper, K.R., *Logik der Forschung*, 1934/35, Tübingen 1966.

Primas, H., Verschränkte Systeme und Komplementarität, in: Kanitscheider, B. (Hg.), *Moderne Naturphilosophie*. Würzburg 1984, 243-260.

Primas, H., Zur Quantenmechanik makroskopischer Systeme, in: Audretsch, A. – Mainzer, K. (Hg.), *Wieviele Leben hat Schrödingers Katze?* Mannheim 1990, 209-243.

Putnam, H., *Die Bedeutung von „Bedeutung"* (1975). Frankfurt a. M. 1979.

Putnam, H., *Representation and Reality*. Cambridge, MA 1988 (dt., Frankfurt a. M. 1991).

Putnam, H., *The Many Faces of Realism*. La Salle, Illinois 1987.

Pylyshyn, Z. W., The Imagery Debate. In: *Psychological Review* 88 (1981), 16-45.

Pylyshyn, Z.W., What the Mind's Eye tells the Mind's Brain. A Critique of Mental Imagery. In: *Psychological Bulletin* 80 (1973), S. 1-24.

Pylyshyn, Z.W., When is Attribution of Beliefs Justified? In: *The Behavioral and Brain Sciences* 1 (1978), 592-593.

Quine, W.V.O., *Ontologische Relativität und andere Schriften*, Stuttgart 1975.

Röd, W., *Erfahrung und Reflexion*. Theorien der Erfahrung in transzendental-philosophischer Sicht. München 1991.

Röd, W., Das Realitätsproblem in der Transzendentalphilosophie. Vortrag zum 16. Deutschen Kongreß für Philosophie, Berlin 1993. In: Lenk, H. – Poser, H. (Hg.): *Neue Realitäten – Herausforderung der Philosophie*. Berlin 1995, S. 424-442.

Rogers, L.R., Representation and Schemata, in: *British Journal of Aesthetics* 5 (1965), 159-178.

Rosch, E. – Mervis, C. B. – Gray, W. D. – Johnson, D. M. – Boyes-Braem, P., Basic Objects and Natural Categories. In: *Cognitive Psychology* 8 (1976), S. 382-439.

Rosch, E., Classification of Real-World Objects: Origins and Representations in Cognition. In, Ehrlich, S. – Tulving, E. (Hg.), *La Mémoire Sémantique*. Paris 1976. (Wiederabgedruckt in Johnson-Laird, Wason, *Thinking*. Cambridge 1977.)

Rosch, E.H., Human Categorization. In: Warren, N. (Hg.), *Studies in Cross-cultural Psychology*. Band 1, London-New York-San Francisco 1977, S. 3-49.

Rosenblatt F., *The Principles of Neurodynamics*. New York 1962.

Roth, G., *Das konstruktive Gehirn*: Neurobiologische Grundlagen von Wahrnehmung und Erkenntnis. In: Schmidt, S. J. (Hg.), *Kognition und Gesellschaft*. Frankfurt a. M. 1992, S. 277-336.

Roth, G., *Das Gehirn und seine Wirklichkeit*. Frankfurt a. M. 1994.

Rumelhart, D.E., Schemata. The Building Blocks of Cognition. Center for Human Information Processing, University of California, San Diego-La Jolla, CHIP-Report 79, 1978 (veröffentlicht auch in Spiro, R. – Bruce, B. – Brewer, W. (Hg.): *Theoretical Issues in Reading Comprehension*. Hillsdale, N.J. 1980).

Rumelhart, D.E. – Smolensky, P. – McClelland, J. L. – Hinton, G. E.: Schemata and Consequential Thought Processes in PDP Models. In: McClelland, J. L. – Rumelhart, D.E. (Hg.): *Parallel Distributed Processing*. Vol. II.: Psychological and Biological Models. Cambridge, MA – London 1986, 7-57.

Ryle, G., *Der Begriff des Geistes*, Stuttgart 1982 (Orig. 1949).

Schank, R. – Abelson, R., *Scripts, Plans, Goals, and Understanding*. An Inquiry into Human Knowlege Structures. Hillsdale, NJ 1977.

Schank, R.C., *Conceptional Information Processing*, Amsterdam 1975.

Scheler, M., *Die Stellung des Menschen im Kosmos* (1927). München 1947, 1949.

Scherer, B.-M., *Prolegomena zu einer einheitlichen Zeichentheorie*. Ch.S. Peirce' Einbettung der Semiotik in die Pragmatik, Tübingen 1984.

Scholz, O.R., *Bild, Darstellung, Zeichen*, Freiburg – München 1991.

Selz, O., *Über die Gesetze des geordneten Denkverlaufs*, Stuttgart 1913.

Singer, W. (Hg.), *Gehirn und Kognition*. Sonderband Spektrum der Wissenschaft, Heidelberg 1990.

Singer, W., Einführung: Das Ziel der Hirnforschung. In: ders., (red. Hg.), *Gehirn und Kognition*. Sonderband Spektrum der Wissenschaft. Heidelberg 1990, S. 7-9.

Singer, W., Hirnentwicklung und Umwelt. In: Singer (Hg.), *Gehirn und Kognition*, 1990, S. 50-65. (Orig. Spektrum der Wissenschaft 3/1985, im Sammelband aktualisiert.)

Singer, W., Zur Selbstorganisation kognitiver Strukturen. In: E. Pöppel (Hg.), *Gehirn und Bewußtsein*. Weinheim 1989, S. 45-58.

Smolensky, P., On the Proper Treatment of Connectionism, in *Behavioral and Brain Sciences* 11 (1988), zit. n. MacDonald, C. u. G. (Hg.) 1995, 28-89.

Smolensky, P., Connectionism, Constituency and the Language of Thought. In: Loewer, B. – Rey, G. (Hg.), *Meaning in Mind*. Fodor and his Critics. Oxford 1991, zit. n. MacDonald, C. u. G. (Hg.) 1995, 164-198.

Smolensky, P., Reply: Constituent Structure and Explanation in an Integrated Connectionist/Symbolic Cognitive Architecture, in: MacDonald, C. u. G. (Hg.) 1995, 223-290.

Smythe, W.E. Wie sind Symbole zu interpretieren? Repräsentationen bei Frege und Peirce, in: *Zeitschrift für Semiotik* 12 (1990), 47-62.

Sommer, V., *Lob der Lüge*. Täuschung und Selbstbetrug bei Tier und Mensch. München 1992.

Sterelny, K., *The Representational Theory of Mind*. Oxford 1990.

Thalberg, I., *Perception, Emotion and Action*. A Component Approach. Oxford 1977.

Tiles, J.E., Experiment als Intervention, in: *British Journal of the Philosophy of Science* 4 (1993), 463-475.

Touretzky, D. S. – Hinton, G. E. A., Distributed Connectionist Production System, in: *Cognitive* Science 12 (1988), 423-466.

Wittgenstein, L., *Philosophische Grammatik*. Frankfurt a.M. 1973.

Wittgenstein, L., *Bemerkungen über die Grundlagen der Mathematik*. Frankfurt a.M. 1974.

Wittgenstein, L., *Philosophische Untersuchungen*. Frankfurt a. M. 1977.

Wittgenstein, L., *Über Gewißheit*. Frankfurt a.M. 1979.

Wolf, F.A., *Der Quantensprung ist keine Hexerei*. Frankfurt a.M. 1979.

Für vielfältige Korrekturhilfen und Formulierungs- wie auch Sachhinweise danke ich Renate Dürr, Matthias Maring, Viktor Schubert und Joachim Schummer.

Namenregister